DAS HEERLAGER DER HEILIGEN

Die Zeit der tausend Jahre vollendet sich. Es werden die Völker von den vier Enden der Erde ausgehen, und ihre Zahl ist wie der Sand am Meer. Sie werden heraufziehen auf die Breite der Erde und das Heerlager der Heiligen und die geliebte Stadt umringen.

Aus OFFENBARUNG 20. Kapitel

Jean Raspail

DAS HEERLAGER DER HEILIGEN

Eine Vision

Roman

HOHENRAIN-VERLAG
Tübingen-Zürich-Paris

Gesamtherstellung: Wilhelm Röck GmbH, Weinsberg

Ins Deutsche übersetzt von Dr. Erich Kopp
Die französische Originalausgabe »Le Camps des Saints«
erschien im Verlag Robert Laffont, Paris
1. Auflage 1973
2. Auflage 1978
3. Auflage 1985
Weitere Übersetzungen sind erschienen:
im Verlag Charles Scribner, New York, 1975,
im Verlag Plaza y Janes, Barcelona, 1975,
im Verlag Europa-America, Lissabon und Rio de Janeiro, 1977,
im Verlag Sphere Books und Michael Joseph, London, 1977,
im Verlag Ace Book, New York, 1977.

CIP-Kurztitelaufnahme der Deutschen Bibliothek

Raspail, Jean:
Das Heerlager der Heiligen: e. Vision; Roman / Jean Raspail.
[Aus d. Franz. übers. von Erich Kopp]. –
Tübingen; Zürich; Paris: Hohenrain-Verlag, 1985.
Einheitssacht.: Le camp des saints <dt.>
ISBN 3-89180-004-5

© by Edition Robert Laffont, Paris
Deutsche Ausgabe © 1985 by HOHENRAIN-Verlag GmbH, Tübingen
Printed in Germany
Alle Rechte der Verbreitung durch Film, Funk, Fernsehen, fotomechanische Wiedergabe,
Tonträger aller Art oder durch auszugsweisen Nachdruck sind vorbehalten.

VORWORT DES VERFASSERS

ZUR 3. FRANZÖSISCHEN AUFLAGE

Der 1973 erstmalig erschienene Roman »Das Lager der Heiligen« hat damals eine Lage und eine Bedrohung geschildert, die heute erkennbar ist und niemand mehr unwahrscheinlich vorkommt. Das Buch beschreibt die friedliche Eroberung Frankreichs und anschließend des Abendlandes durch die Dritte Welt, welche der Zahl nach die Mehrheit geworden ist. Das Weltgewissen, die Regierungen, das Gleichgewicht der Zivilisationen und jeder einzelne, alle fragen sich – allerdings zu spät – was tun?

Was tun, wenn keiner auf die Menschenwürde zugunsten des Rassestandpunkts verzichten will? Was tun, wenn gleichzeitig jedermann – und jede Nation – das heilige Recht hat, seine Identität im Namen seiner Zukunft und seiner Vergangenheit und seiner Besonderheiten zu bewahren?

In unserer Welt haben sich völlig verschiedene Kulturen und Rassen gebildet, die sich oft nur durch eine gebotene vollkommene Trennung voneinander bis zur Höchststufe entwickeln konnten. Die dabei entstandenen Auseinandersetzungen, die es immer geben wird, sind weder aus rassischen Gegensätzen noch aus rassenkämpferischen Motiven hervorgegangen. Sie sind einfach Teil einer fortgesetzten Kräftebewegung, die nun einmal die Weltgeschichte erfüllt. Die Schwachen gehen unter und verschwinden, die Starken vermehren sich und triumphieren über die anderen.

Die europäische Entfaltung zum Beispiel, von den Kreuzzügen angefangen über die Entdeckungen zu Land und zur See bis zu den Kolonialkriegen und ihren Nachwehen, hatte verschiedene Beweggründe, edle, politische und merkantile, wobei jedoch der Rassegedanke nicht mitwirkte und überhaupt keine Rolle spielte oder höchstens bei unbedeutenden Geistern. Im Kräfteverhältnis waren wir nur die Stärkeren. Das ist alles. Daß dies oft überwiegend auf Kosten anderer Rassen ging – wobei manche sogar aus ihrem tödlichen Dahindämmern aufgeweckt wurden –, war nur die Folge unserer Eroberungslust und hatte keine ideologischen Motive. Heute, da das Kräfteverhältnis sich umgekehrt hat, ist unser altes Europa tragischerweise auf der Erde eine Minderheit geworden. Es zieht sich hinter seine brüchigen Mauern zurück und verliert schon Schlachten auf dem eigenen Boden. Jetzt bemerkt es langsam ganz verwundert das dumpfe Getöse der riesigen Flut, die es zu ersäufen droht, und erinnert sich notgedrungen, was die alten Sonnenuhren verkündeten: »Es ist später, als du denkst...« Der letztere Hinweis stammt nicht aus meiner Feder. Thierry Maulnier hat dies nach der Lektüre meines Buches geschrieben. Man möge es mir nachsehen, daß ich dazu noch Professor Jeffrey Hart von der Universität Princeton anführe. Dieser Literaturchronist und berühmte amerikanische Kolumnist bemerkte: »Raspail schreibt nicht über Rasse, sondern über Kultur...«

Im übrigen ist das Buch »Das Lager der Heiligen« ein symbolisches Buch, eine Art brutale Prophezeiung, wie sie mir gerade einfiel. Wenn ich je eine Inspiration hatte, so war es zugestandenermaßen hier der Fall. Wo zum Teufel hätte ich sonst den Mut gefunden, es zu schreiben? Nach achtzehn Monaten Arbeit war ich ein anderer geworden, wenn ich mein Foto auf der Umschlagseite der ersten Ausgabe von 1973 betrachte. Ein erschöpftes, zehn Jahre älteres Gesicht als heute, mit einem Blick, als ob ihn zu viele Visionen gequält hätten. Trotzdem, was von meiner wirklichen Natur in diesem Buch in Erscheinung trat, das war eigentlich ein gesunder Humor, den man auch vorfindet, eine Art Spott, die Komik über Tragischem, eine gewisse Dosis Possenhaftigkeit als Gegengift gegen die Apokalypse. Ich bin immer dafür gewesen, »Das Lager der Heiligen« trotz seines Themas nicht als trauriges Buch zu betrachten, und ich bin gewissermaßen Jean Dutourd dankbar, der dies verstanden hat. »Unser Abendland ist ein Clown geworden. Sein tragisches Ende könnte ebenso eine große Posse sein. Deshalb ist dieses schreckliche Buch im Grunde genommen so komödienhaft.«

Wenn das Buch »Das Lager der Heiligen« ein Symbol bildet, so steckt darin keine Utopie, überhaupt keine Utopie mehr. Wenn eine Prophezeiung darin enthalten ist, so erleben wir heute die Vorboten. Kurz gesagt, im »Lager der Heiligen« ist sie abgehandelt wie eine Tragödie im alten Stil. Zeit und Ort der Handlung bilden eine Einheit. Alles spielt sich innerhalb von drei Tagen an der Südküste Frankreichs ab und dort besiegelt sich das Schicksal der weißen Welt. Obwohl die Handlung schon voll im Gang war und genau nach den Erscheinungsbildern (boat people, Radikalisierung des maghrebischen Volksteils in Frankreich und anderer fremdrassischer Gruppen, psychologische Einflußnahme der humanitären Vereine, Verdrehung des Evangeliums durch die verantwortlichen Geistlichen, falsche Gewissensengel, Weigerung, der Wahrheit ins Gesicht zu sehen), wie sie schon in »Das Lager der Heiligen«, Ausgabe 1973, beschrieben wurde, vollzieht sich das Ende in Wirklichkeit nicht in drei Tagen, wohl aber mit Sicherheit nach zahlreichen Krisen in den ersten Jahrzehnten des dritten Jahrtausends, also in kaum einer oder zwei Generationen. Wenn man weiß, was eine Generation in unseren alten europäischen Landen bedeutet, eine müde Generation, bei müden Familien und einer müden Nation, so greift dies einem schon jetzt ans Herz, und man ist entmutigt. Es genügt der Hinblick auf die erschreckenden demografischen Vorhersagen für die nächsten dreißig

Jahre, wobei die von mir erwähnten noch die günstigsten sind. Eingeschlossen inmitten von sieben Milliarden Menschen leben nur siebenhundert Millionen Weiße, davon in unserem kleinen Europa ein nicht mehr junges, sondern sehr gealtertes knappes Drittel, gegenüber einer Vorhut von fast vierhundert Millionen Maghrebinern und Muselmanen auf dem gegenüberliegenden Ufer des Mittelmeers, wovon fünfzig Prozent jünger als zwanzig Jahre alt sind und die dem Rest der Dritten Welt vorausgehen. Kann man bei einem solchen Mißverhältnis nur eine Sekunde und im Namen irgendeiner Vogelstraußblindheit an ein Überleben glauben?

Hier ist genau der Augenblick gekommen, um zu erklären, warum in meinem Buch »Das Lager der Heiligen« die Masse Menschen von dem weit entfernten Ganges eher gekommen ist und den Süden Frankreichs überschwemmt hat und nicht von den Ufern des Mittelmeers. Dafür gibt es mehrere Gründe. Einer betrifft meine Vorsicht, insbesondere meine Ablehnung, mich in die tägliche, trügerische Debatte über Rassismus und Antirassismus in Frankreich einzulassen, ebenso meine Abneigung, schon merklich wahrnehmbare rassische Spannungen zu beleuchten, weil dies die Lage noch verschlimmern könnte, zumal augenblicklich kein Anlaß besteht. Gewiß, eine beachtliche Vorhut befindet sich bereits bei uns, die lauthals ihre Absicht bekundet, hier zu bleiben, unter gleichzeitiger Weigerung, sich zu assimilieren. Man wird in zwanzig Jahren im Schoß des ehemaligen französischen Volkes mehr als dreißig Prozent sehr »motivierte« Fremdrassige zählen. Das ist schon ein Zeichen, aber eben nur ein Zeichen. Man kann sich dabei aufhalten. Man kann in diesem Zusammenhang etwas plänkeln und dabei übersehen – oder so tun, als ob –, daß die wirkliche Gefahr nicht allein hier liegt, sondern woanders, daß sie erst kommt und durch ihren Umfang von anderer Art sein wird. Denn ich bin überzeugt, daß weltweit alles losgeht wie bei einem Billard, wo die Kugeln aufeinanderstoßen, nachdem sie nach einem Anstoß eine nach der andern in Bewegung geraten sind. Ein solcher Anstoß könnte in irgendeinem Reservoir des Elends und der Menschenballung wie dort am Ufer des Ganges entstehen. Das geht natürlich nicht so plötzlich vor sich, wie ich es beschrieben habe, denn »Das Lager der Heiligen« ist nur ein Gleichnis. Aber am Ende der Rechnung ist das Ergebnis nicht anders, vielleicht weitschweifiger und wahrscheinlich erträglicher. Das Römische Reich ist auch nicht anders untergegangen. Bei gelindem Feuer kann man sich aber sicher auf einen großen Brand gefaßt machen. Man sagt, die Geschichte wiederhole sich nicht. Das ist eine riesige Dummheit. Die Geschichte unseres Planeten besteht aus einander folgenden Leerräumen und aus Ruinen, die andere nacheinander ausgefüllt und neu gestaltet haben.

Das Abendland ist leer, auch wenn es sich dessen noch nicht bewußt ist. Seine Zivilisation ist außerordentlich erfinderisch, sicher die einzige, die fähig ist, die unüberwindbare Herausforderung des dritten Jahrtausends zu meistern. Aber das Abendland ist seelenlos geworden. In der Rangfolge der Nationen, Rassen und Kulturen wie beim einzelnen ist es immer die Seele, welche die entscheidenden Kämpfe gewinnt. Sie und nur sie allein bildet den goldenen und ehernen Grund, aus dem der Schutzschild zur Rettung starker Völker besteht. Bei uns kann ich kaum noch Seele erkennen. Wenn ich zum Beispiel mein eigenes Land Frankreich betrachte, so kommt es mir oft vor, als ob ich aus einem bösen Traum erwache, da heute viele Franzosen träge sind. Sie sind nur noch »Bernharde der Eremit«, die in leeren Muscheln leben als Vertreter einer nunmehr verschwundenen Art, die sich französische Art nannte und die in nichts, etwa durch irgendein genetisches Mysterium, die Art erkennen ließe, die am Ende des Jahrhunderts sich dieses Namens bedient. Sie begnügen sich damit weiterzuleben. Sie stellen mechanisch von Woche zu Woche ihr Überleben sicher und werden immer weicher. Unter den Bannern einer trügerischen inneren und »beruhigenden« Solidarität fühlen sie sich zu nichts mehr verpflichtet und haben auch kein Bewußtsein mehr für das, was das gemeinsame Wesentliche eines Volkes bildet. Auf der praktischen und materialistischen Ebene, die in ihrem neidischen Blick allein noch einen Schimmer Interesse entzünden kann, sind sie eine Nation von Kleinbürgern, die sich mit Millionen von Bediensteten, den Einwanderern, zufriedengegeben hat und inmitten der Krise noch gibt, und dies im Namen eines ererbten jedoch immer weniger eines verdienten Reichtums. Ah, wie sie zittern werden! Die Bediensteten haben diesseits und jenseits des Meeres unzählige Familien, eine einzige ausgehungerte Familie, welche die ganze Erde bevölkert. Spartakus in weltweitem Maßstab . . . Um nur ein Beispiel unter hundert anzuführen: Die Bevölkerung von Nigeria in Afrika zählt fast siebzig Millionen Einwohner, die zu ernähren dieses Land unfähig ist, wobei es mehr als fünfzig Prozent seiner Einnahmen aus Erdöl für den Kauf von Lebensmitteln aufwendet. Bei Beginn des dritten Jahrtausends wird es hundert Millionen Nigerianer geben, der Erdölfluß wird jedoch versiegen.

Aber der taube und blinde Kleinbürger bleibt ein Clown, ohne es zu wissen. Noch wunderbarerweise ungeschoren auf seinen fetten westlichen Wiesen schreitet er, auf seinen allernächsten Nachbarn schielend: »Laßt die Reichen zahlen!« Weiß er eigentlich, weiß er endlich, daß er selbst der Reiche ist und daß dieser Schrei nach Gerechtigkeit, dieser Schrei aller Revolten, von Milliarden Stimmen ausgestoßen, gegen ihn und gegen ihn allein gerichtet ist, sobald er sich erheben wird? Dies ist das ganze Thema des Buches »Das Lager der Heiligen«.

Nun, was tun?

Ich bin Romanschriftsteller. Ich habe weder eine Theorie noch ein System noch eine Ideologie vorzuschlagen oder zu verteidigen. Es scheint mir jedoch, daß sich uns nur eine Alternative bietet: den schicksalergebenen Mut aufzubringen, arm zu sein, oder den entschlossenen Mut wiederzufinden, reich zu sein. In beiden Fällen wird sich die sogenannte christliche Nächstenliebe als ohnmächtig erweisen. Diese kommenden Zeiten werden grausam sein.

Jean Raspail

VORBEMERKUNG

ZUR DEUTSCHEN AUFLAGE

In unseren Schulbüchern von 1917 wurde die Weltbevölkerung mit 1,630 Milliarden beziffert. Im Jahr 1930 war sie auf 2 Milliarden, 1965 auf 3,3 Milliarden angestiegen. Die Bevölkerungskonferenz in Mexico City im August 1984 gab den derzeitigen Stand mit über 4,5 Milliarden Menschen bekannt. Bevölkerungswissenschaftler errechneten, daß bis zum Jahr 2025, also in 40 Jahren, 8 Milliarden Menschen die Erde bevölkern werden, wobei zu beachten ist, daß in immer kürzeren Zeiträumen eine immer raschere Steigerung eintreten wird.

Mit Bedauern wurde in Mexico City der sprunghafte Anstieg der Bevölkerung in der Dritten Welt vermerkt, so beispielsweise in Indien um jährlich 15 Millionen, in Mexico selbst um jährlich 2 Millionen, und in Kenia gäbe es geradezu kriminelle Geburtenraten. Jede erwachsene Frau bekäme dort im Durchschnitt acht Kinder. Aber wie üblich stand »der Westen« – also die von der weißen Rasse bevölkerten Staaten – wieder einmal mehr am Pranger. Er soll zahlen und keine Ratschläge über Geburtenkontrollen erteilen, denn die Völker der Dritten Welt seien mündig und souverän. Und ebenfalls wie üblich verlief die Konferenz ohne Ergebnis. Der Papst mahnte, ja keine Eingriffe in den Geburtenablauf zu unternehmen, und der Weltkirchenrat zeigte wie schon so oft seine abstruse Einstellung zu dem Problem.

Keine Erwähnung fand bei der Konferenz die Tatsache, daß die 700 Millionen zählende weiße Rasse, also diejenige, welche für die anderen aufkommen soll, mehr und mehr schrumpft. Ein besonders auffälliges Beispiel hierfür ist der rasante Geburtenschwund in der Bundesrepublik Deutschland. Eine von der Bundesregierung eingesetzte Arbeitsgruppe meldete um die Jahreswende 1983/84, daß die westdeutsche Bevölkerung von derzeit 57 Millionen Einwohnern bis zum Jahr 2030, also in 45 Jahren, auf 38 Millionen zurückgehen wird. Der französische Bevölkerungshistoriker Pierre Chaunu hat anhand der Bevölkerungsentwicklung Münchens ausgerechnet, daß im Jahr 2278, mithin in 10 Generationen, bei gleichem Ablauf gerade noch 6400 Deutsche leben werden.

Das gleiche gilt von unserem Nachbarland Schweiz. Der Chef des Statistischen Amtes des Kantons Waadt, Marc Diserens, alarmierte jüngst die 6,4 Millionen Einwohner der Schweiz mit der schockierenden Feststellung, daß, wenn die zeugungs- und gebärfähigen Landsleute weiterhin im wohlstandsträgen Verhalten verharren würden, es im Jahr 2284 nur noch wenige Schweizer und Schweizerinnen geben würde.

Während so weder dem Rückgang der weißen Rasse noch dem gewaltigen Anwachsen der nichtweißen Rassen die notwendige Korrektur mit einem umfassenden Programm entgegengestellt wird, erreichen uns täglich die Horrormeldungen über den Hunger in der Dritten Welt. Fortgesetzt wird für die Welthungerhilfe geworben und geklagt, daß ein Viertel der Weltbevölkerung hungert, während auf der Nordhalbkugel der Erde Überfluß herrscht und sogar Lebensmittel vernichtet werden. »Wohltätige« Organisationen und Massenmedien vernebeln hier eindeutig die Tatsache, daß alle Hilfen, abgesehen von einigen wirklichen Katastrophenfällen (Dürren, Mißernten), bisher versagt und den Hunger eher noch vermehrt haben, weil solche gewohnheitsmäßigen Nöte nur durch eigene Arbeit und eigene Leistung der Betroffenen überwunden werden können, nicht aber durch milde Gaben anderer.

In seinem Roman versetzt uns der Verfasser in eine kommende Zeit, etwa in die Jahre 1990 oder 1995. Die Dritte Welt, die ihre dauernde Notlage trotz längst überwundener »Kolonialzeit« nicht zu meistern versteht, setzt sich eines Tages in Bewegung, um »das Paradies, wo Milch und Honig fließt«, zu gewinnen. Eine Million Hindus landen an einem Ostersonntag an der Südküste Frankreichs. Ihre einzigen Waffen sind ihre Massen und das Mitleid, das ihr jammervoller Zustand erregt. Was soll Frankreich, was Europa, was »der Westen« tun? Aus Mitleid die farbigen »Brüder« aufnehmen oder die Invasion mit Gewalt abwehren? Denn bald folgen weitere Heerscharen, welche die abendländische Jahrtausende alte Kultur auszulöschen sich anschicken.

Jean Raspail versteht es meisterhaft, den Zwiespalt zwischen angeborener Menschlichkeit und dem gebotenen Widerstand gegen den drohenden Untergang des weißen Mannes offenzulegen. Von einmaliger Treffsicherheit ist die mit beißendem Spott erfolgte Abrechnung des Verfassers mit den heuchlerischen, von Humanität triefenden Institutionen – vor allem mit den Massenmedien, Presse, Funk und Fernsehen, »das Tier«, wie er sie bezeichnet, das sich stets anmaßt, »die öffentliche Meinung« zu verkörpern, und dessen pausenloses Trommelfeuer das Gehirn und die Widerstandskraft des weißen Mannes aufgeweicht hat.

Was dem aufmerksamen deutschen Leser auffallen muß, ist, abgesehen von einigen typisch französischen Eigenheiten, die erstaunliche Ähnlichkeit mancher Schilderung mit bundesdeutschen Verhältnissen. Es erweckt gelegentlich den Eindruck, als ob man nur die Personen und Örtlichkeiten auszutauschen brauchte.

Wie immer die Kritik ausfallen mag, unverkennbar ist bei allem die Liebe Jean Raspails zum alten, ehrwürdigen Europa, um dessen Schicksal er schweren Herzens bangt. Daher ist seine bewegende Frage »Werde ich auch richtig verstanden?« zugleich das Grundanliegen dieses Buches.

Dr. Erich Kopp

1.

Der alte Professor überlegte vor sich hin. Er hatte in seinem Leben viel gelesen, viel nachgedacht und viel geschrieben. Aber im Augenblick hatte er in seiner Einsamkeit selbst unter den jetzigen so außergewöhnlichen Umständen keinen höheren Gedankenflug als ein Schüler der dritten Schulklasse.

Das Wetter war schön. Es war heiß, aber nicht zu heiß, denn ein frischer Frühlingswind strich sanft und leise über die überdeckte Terrasse. Sein Haus war einer der letzten hügelaufwärts gelegenen Bauten. Es lag an einen Felsen angeschmiegt, wie ein Vorposten des alten braunfarbenen Dorfes, das die ganze Landschaft bis zu der unten gelegenen Touristenstadt beherrschte, ja bis zu dem ruhigen blauen Meer, an dessen Ufer sich die Prachtallee mit grünen Palmen und weißen Bungalows hinzog.

Das Bild des Überflusses, das gewöhnlich zu sehen war, verchromte Yachten, muskulöse Wasserschifahrer, bezaubernde Mädchen, dicke Bäuche, die sich auf der Brücke der großen Segelschiffe zeigten, war heute wie weggefegt. Auf dem leeren Meer lag diese unsäglich verrostete Flotte, die vom andern Ende der Erde gekommen zu sein schien und nun, nur fünfzig Meter vom Ufer entfernt, auf Grund aufgelaufen war. Seit dem frühen Morgen richteten sich die Blicke des alten Professors auf diesen Vorgang. Der üble Latrinengeruch, der dem Auftreten dieser Flotte wie der Donner dem Gewitter vorausgegangen war, hatte sich jetzt verflüchtigt.

Der alte Mann wandte seine Augen von dem Teleskop ab, durch welches diese unfaßbare Invasionsflotte so nahe erschien, als wäre sie schon die Hänge heraufgekommen und in sein Haus eingedrungen. Er rieb seine müden Augenlider und richtete den Blick unwillkürlich auf die Haustür. Sie war aus massivem Eichenholz, eine unzerstörbare Masse, ähnlich wie ein Festungstor. Auf dem dunklen Holz war der Familienname des alten Herrn eingraviert und die Zahl 1673, das Jahr der Fertigung durch seinen Vorfahren. Diese Tür war der einzige Zugang zu einem Raum, der gleichzeitig als Wohnzimmer, Bibliothek und Büro diente. Von ihm aus gelangte man über die ebenerdig dazu gelegene Terrasse zu einer kleinen Treppe mit fünf Stufen, die in einen abwärts führenden Pfad mündete. Das Anwesen war nicht abgeschlossen und jeder Passant hatte freien Zutritt, wie es im Dorf üblich war, wenn einer Lust hatte, dem Besitzer einen Besuch abzustatten. Daher blieb auch das Haus des Professors jeden Tag von morgens früh bis in die Nacht offen. Dies stellte der alte Herr zum ersten Mal fest. Entzückt hierüber kam es über seine Lippen: »Ich frage mich, ob eine Tür offen oder geschlossen sein soll?«

Dann setzte er wieder seine Beobachtungen am Teleskop fort, denn er wollte die letzten Strahlen der untergehenden Sonne ausnutzen, um vor Einbruch der Nacht das unwahrscheinliche Schauspiel nochmals zu betrachten. Wieviel Menschen mögen wohl dort unten an Bord der gestrandeten Wracks sein? Wenn man die fast unglaubliche Anzahl für wahr hält, die in den knappen Nachrichten im Radio seit dem frühen Morgen genannt wird, so sollen riesige Menschenhaufen in den Schiffsladeräumen und auf den Brücken zusammengepfercht liegen und diese Massen sich bis zu den Kommandobrücken und Schornsteinen ausdehnen. Und im Innern sollen Lebende auf Leichenbergen stehen, ähnlich wie man es bei Ameisen in Marschbewegung beobachten kann, deren sichtbarer Teil ein lebendiges Gewimmel bildet, darunter aber ein Ameisenweg mit Millionen von Kadavern liegt.

Der alte Professor – er hieß Calguès – richtete das Rohr des Teleskops auf ein von der Sonne besonders gut angestrahltes Schiff und regelte die Einstellung auf klarste Sicht, wie ein Forscher, der in einer Bakterienkultur die von ihm zu beschreibende Mikrobenkolonie entdeckt. Das Schiff war ein über sechzig Jahre alter Postdampfer, dessen fünf senkrechte Schornsteine in Röhrenform auf das Alter schließen ließen. Vier von ihnen hatten in verschiedenen Höhen große Risse, die vom Alter, vom Rost, von mangelnder Pflege oder von Schicksalsschlägen herrühren mochten. Jetzt lag das Schiff vor dem Strand abgesackt in einem Neigungswinkel von etlichen zehn Grad. Als der Tag zu Ende ging, zeigte sich bei ihm so wenig wie bei den andern Schiffen der Gespensterflotte ein Lichtschimmer. Feuer, Dampfkessel und Generatoren mußten wohl bei dem Schiffbruch schlagartig gelöscht worden sein. Möglicherweise war auch Betriebsstoffmangel schuld, da dieser genau für die einmalige Fahrt berechnet worden war. Es kann auch sein, daß niemand an Bord es für nötig hielt, sich um etwas zu kümmern, da nun der Exodus an den Toren des Paradieses sein Ende gefunden hatte.

Der alte Herr Calguès stellte dies alles fest, ohne daß es ihn im geringsten berührte. Er war lediglich an dieser Vorhut einer anderen Welt, die an die Tore des Wohlstands pochte, sichtlich interessiert.

Das Auge an die Linse gedrückt, sah er zunächst nur Arme. Er errechnete, daß der Kreis auf der Schiffsbrücke, den er überblickte, einen Durchmesser von etwa 10 Meter hatte. Dann begann er ruhig zu zählen, was aber so schwer war, wie wenn er die Bäume eines Waldes zählen wollte. Alle Arme waren erhoben und senkten sich dem nahen Ufer zu, nackte, magere, schwarze und braune Arme, die aus weißen Leinengewändern herausragten, die den Tuniken, Togen oder Saris von Pilgern glichen. Als der Professor beim Zählen dieser hageren Gandhiarme bei 200 ankam, hörte er auf, da er den Rand des Kreises erreicht hatte.

Er machte nun eine kurze Überschlagsrechnung. Bei der Länge und Breite des Oberdecks kam er zum Ergebnis, daß man dreißig solcher aneinanderliegenden Kreise annehmen konnte, daß außerdem zwischen den Kreisen zwei Räume in Form von Dreiecken lagen, deren Spitzen sich berührten und deren Fläche etwa ein Drittel der anliegenden Kreise ausmachte. 30 plus 10 = 40 Kreisflächen mit je 200 Armen ergaben somit 8000 Arme. Viertausend Personen allein auf dieser Schiffsbrücke! Dazu kamen bei vermutlich gleicher Dichte der Belegung die Zwischendecks und Laderäume, demzufolge der Professor die gewonnene Zahl mit 8 multiplizierte. Somit waren auf einem einzigen Schiff rund dreißigtausend Menschen! Ohne die Toten zu zählen, die um die Schiffswandung herumschwammen und ihre Lumpen an der Oberfläche des Wassers hinter sich herzogen, denn die Überlebenden hatten sie schon am Morgen über Bord geworfen.

Langsam senkte sich die Nacht über das Schauspiel. Ein letztes Mal huschte ein roter Schein über die gestrandete Flotte. Mehr als hundert verrostete, außer Dienst gestellte Schiffe lagen da als Zeugen eines Wunders, das sie vom anderen Ende der Welt hierhergeführt und bis dahin geschützt hatte, mit Ausnahme eines einzigen Schiffs, das auf der Höhe von Ceylon durch einen Schiffbruch verlorengegangen war. Fast umsichtig aneinandergereiht waren sie hier auf Felsen oder Sand aufgelaufen. Ihr wie mit einem letzten Schwung hochgerissener Bug war dem Ufer zugekehrt. Hundert Schiffe! Der alte Professor spürte in sich eine Mischung von Schaudern und Erregung aufkommen, wie man es manchmal verspürt, wenn die Gedanken sich in der Unendlichkeit und Ewigkeit verlieren.

An diesem Ostersonntagabend belagerten 800 000 Lebende und Tote friedlich die Grenze des Abendlandes. Am nächsten Morgen wird alles abgelaufen sein. Vom Ufer her stiegen zu den Hügeln, zum Dorf, ja bis zur Terrasse des Professors weiche Gesänge empor, die trotz ihrer Sanftheit mit der Kraft eines Chores von 800 000 Stimmen ertönten. Einst zogen die Kreuzfahrer am Vorabend des Angriffs singend gen Jerusalem. Beim siebten Trompetenstoß waren die Mauern von Jericho kampflos eingestürzt. Und als nach dem Gesang Stille eintrat, haben die auserwählten Völker gespürt, was es heißt, in göttliche Ungnade gefallen zu sein. Jetzt hörte man gleichzeitig den Lärm von Hunderten von Lastwagen. Seit den Morgenstunden bezog die Armee am Ufer des Mittelmeers Stellung.

In der eingebrochenen Nacht wölbte sich über der Terrasse ein Sternenhimmel. Es war etwas kühl im Haus, als der Professor hineinging. Dennoch beschloß er, die Tür offen zu lassen. Kann eine dreihundert Jahre alte, kunsthandwerklich gefertigte Eichentür eine Welt schützen, die schon zuviel erlebt hat? Das Licht ging nicht. Sicher sind die Elektriker des an der Küste liegenden Elektrizitätswerks auch nach Norden geflohen. Wahrscheinlich haben sie sich mit dem übrigen Volk, das allem den Rücken gekehrt hat, aus dem Staub gemacht. Sie alle sehen nicht, sehen nichts, verstehen nichts und wollen auch nichts verstehen.

Der Professor zündete die Petroleumlampe an, die er im Falle einer Panne stets bereit hatte. Dann warf er ein Streichholz in den Kamin, wo das sorgfältig vorbereitete Feuer sofort aufflammte, brummte und prasselte und Wärme und Licht verbreitete. Er stellte seinen Transistor an, der dauernd auf die Nachrichtenwelle eingestellt war. Popmusik, Jazz, Sängerinnen, einfältiges Geschwätz, Neger als Saxophonisten, Gurus, Filmstars, Berater für Gesundheit, Herz und Sex, dies alles wurde plötzlich als lästig betrachtet, als ob das bedrohte Abendland sein letztes glanzvolles Gesicht besonders bewahren wollte. Das Programm aller Stationen brachte Mozarts »Kleine Nachtmusik«. Der alte Professor dachte höchst freundlich an den Programmgestalter im Studio Paris. Ohne etwas zu wissen oder zu sehen, hatte dieser offenbar begriffen. Auf den Singsang der 800 000 Stimmen, die er nicht hören konnte, hatte er offensichtlich instinktiv die richtige Antwort gefunden.

Die Stimme eines Ansagers riß den Professor aus seinen Überlegungen. »Die beim Präsidenten der Republik versammelte Regierung hat den ganzen Tag im Elyseepalast beraten. Im Hinblick auf den Ernst der Lage waren die Stabschefs der drei Truppenteile ebenfalls anwesend, dazu die Spitze der Polizei und Gendarmerie, die Präfekten der Departements Var und Alpes-Maritimes, ausnahmsweise in beratender Funktion der Kardinalerzbischof von Paris sowie der apostolische Nuntius und der größte Teil der in der Hauptstadt ansässigen europäischen Botschafter. In diesem Augenblick ist die Sitzung noch nicht beendet, aber der Regierungssprecher teilte mit, daß sich der Präsident der Republik um Mitternacht in einer feierlichen Erklärung an das Land wenden wird. Nach den aus dem Süden vorliegenden Nachrichten scheint sich an Bord der Einwandererflotte noch nichts zu rühren. Ein Bericht des Generalstabs der Armee bestätigt, daß zwei Divisionen gegenüber den... gegenüber dem (Der Ansager zögerte. Und wie man ihn versteht! Wie soll man denn diese zahllose elende Menge bezeichnen? Feind? Horde? Invasion? Die Dritte Welt auf dem Vormarsch?) gegenüber dieser außergewöhnlichen Invasion (Also! Er hat sich nicht schlecht herausgeredet!) bereitstehen und drei Divisionen trotz Transportschwierigkeiten zur Verstärkung nach Süden auf dem Marsch sind. Schließlich kündete der Stabschef, Oberst Dragasès, in einem letzten Kommuniqué vor fünf Minuten an, daß die Armee an der Küste etwa zwanzig Scheiterhaufen angezündet hat, auf welchen... (Der Ansager zögerte wieder; man hört ihn seufzen. Der alte Herr glaubt sogar, die Worte »mein Gott« zu vernehmen) auf denen Tausende von Leichen verbrannt werden, die von den Schiffen ins Wasser geworfen worden waren.«

Das war alles. Und Mozart trat erneut an die Stelle der drei Divisionen, die unterwegs nach Süden waren, und der zwanzig Scheiterhaufen, die jetzt in der trockenen Luft voll brennen mußten.

Der Professor betrat die Terrasse. Unten war der Strand vom roten Feuerschein erleuchtet. Eine Rauchwolke lag darüber. Er zog von seinem Teleskop die Schutzkappe ab und richtete es auf den höchsten Scheiterhaufen, der wie ein mehrstöckiger Turm voller Leichen brannte. Die Soldaten hatten ihn sorgfältig aufgebaut. Immer eine Schicht Holz und eine Schicht Leichen. In der Anordnung spürte man noch die Achtung vor dem Tod. Plötzlich stürzte der Turm zusammen. Er brannte zwar noch weiter, war aber nur noch eine häßliche Masse, die wie ein Schuttabladeplatz rauchte. Männer in Schutzanzügen führten Planierraupen herbei und andere Fahrzeuge, die mit Gelenkgreifern und Schaufelkasten ausgerüstet waren. Die Maschinen schichteten die Kadaver zu weichen schlammigen Massen zusammen und warfen sie auf die Scheiterhaufen. Arme, Beine, Köpfe oder auch ganze Leichen kullerten durcheinander.

Dann sah der Professor den ersten Soldaten fliehen und seine Gangart erinnerte ihn an einen an der Schnur gezogenen Hampelmann. Eine kontrollierte Panik schien sich abzuzeichnen. Der junge Mann hatte eine von ihm herbeigeschleifte Leiche einfach liegengelassen, hastig Helm, Gasmaske und Schutzhandschuhe weggeworfen, schließlich beide Hände an seine Schläfen gepreßt und war dann wie ein erschreckter Hase im Zickzack davongerannt und hinter dem Scheiterhaufen im Dunkel der Nacht verschwunden. In den nächsten fünf Minuten taten zehn andere Soldaten das gleiche. Der Professor verschloß sein Teleskop. Er wußte genug. Die allgemeine Abneigung gegenüber andern Rassen, die selbstbewußte Überlegenheit, das Gefühl der Freude darüber, was die Menschheit schon Gutes geschaffen hat, dies alles hat in den abgestumpften Gehirnen dieser jungen Leute noch nie existiert, oder so wenig, daß die krebsartige Wucherung, die sich im abendländischen Gewissen zutiefst eingenistet hatte, rasch Oberhand gewann. In dieser Nacht kämpften nur noch beherzte Männer wirklich.

Während der junge nette Mann davonlief, hatte der alte Calguès sein Teleskop nochmals kurz auf eine Art Koloß in Uniform gerichtet, der mit gespreizten Beinen vor dem Scheiterhaufen stand. Mit großen regelmäßigen Bewegungen seiner Arme schleuderte er die ihm gereichten Leichen hinein, ähnlich wie ein Trimmer die Kohlen in den Heizkessel eines Schiffes schaufelt. Vielleicht litt auch er bei diesem Schauspiel, aber äußerlich sah man ihm kein Mitleid an. Sicherlich überlegte er auch nicht lange, da ihm klar war, daß das Menschengeschlecht kein solidarisches Ganzes mehr bildete, wie es lange Zeit Päpste, Philosophen,

Intellektuelle, Priester und Politiker des Abendlandes behauptet hatten. Zumindest unterstellte der alte Professor, daß jener Mann, der so entschlossene Ruhe bewahrte und den er Trimmer nannte, ebenso dachte wie er selbst. Jener Mann aber, der in vorderster Linie ein Beispiel gab, war niemand anderes als der Stabschef Oberst Dragasès.

Auch die Liebe war an diesem Abend geteilt. Der Mensch hat nie das Menschengeschlecht, die Rassen, Religionen und Kulturen en bloc geliebt, sondern immer nur diejenigen, die er als seinesgleichen betrachtete, die, wenn auch im weitesten Sinn, zu seiner Sippe gehörten. Bei den übrigen mußte er sich zwingen, und man hat ihn gezwungen. Und wenn ein Übel passiert war, blieb nur noch die Auflösung übrig. In diesem seltsamen Krieg, der sich jetzt ankündigte, werden die triumphieren, die sich am meisten liebten.

Wieviele werden es sein, die am Morgen am Strand noch stehen und fröhlich standhalten werden, wenn diese furchtbare Armee zu Tausenden ins Wasser steigen und der Ansturm der Lebenden beginnen wird, die den Toten nachfolgen? Fröhlich! Das ist wesentlich. Bei der Prüfung des Gesichts des Trimmers glaubte der Professor einen Augenblick, jener habe die Lippen bewegt, als ob er singen würde. Mein Gott! Wenn wenigstens zwei singen würden, nur zwei! Vielleicht könnten sie dann die anderen aus ihrem Todesschlaf aufwecken. Aber vom Strand hörte man nur den weichen und drohenden Singsang aus 800 000 Kehlen.

»Prima, was!« sagte eine Stimme im Dunkeln.

2.

Über die kleine Treppe zum Gäßchen war ein junger Mann geräuschlos auf die Terrasse gelangt. Mit nackten Füßen, langen schmutzigen Haaren, bekleidet mit einem blumengemusterten Hemd, einem Hinduschal und einer Afghanenjacke.

»Ich komme von unten« sagte der junge Mann. »Fabelhaft! Fünf Jahre wartete ich schon darauf.«

»Sind Sie allein?«

»Augenblicklich ja. Mit Ausnahme von einigen, die schon an der Küste sind. Aber andere kommen nach. Zu Fuß. Alle Schweine hasten nach Norden. Kein Auto in die Gegenrichtung. Werden verrecken, wollen es aber nicht anders. Werden toben, sich beschießen, werden zu Fuß marschieren, statt im Schlafwagen zu fahren.«

»Waren Sie unten, in der Nähe der Küste?«

»Ganz nahe. Aber nicht lange. Habe Kolbenschläge bekommen. Ein Offizier hat mich Ungeziefer geheißen. Aber ich habe Soldaten gesehen, die heulten. Das ist gut so. Morgen wird man das Land nicht mehr wiedererkennen. Es wird wie neugeboren sein.«

»Haben Sie die gesehen, die von den Schiffen gekommen sind?«

»Ja.«

»Und Sie glauben, daß Sie jenen gleichen? Sie haben doch eine weiße Haut. Sie sind sicher getauft. Sie sprechen französisch mit dem hiesigen Dialekt. Sie haben vielleicht in dieser Gegend Eltern?«

»Was soll's? Meine Familie geht jetzt an Land. Ich gehöre zu der Million Brüder, Schwestern, Väter, Mütter und Verlobten. Mit der ersten, die sich bietet, werde ich ein Kind machen, ein dunkelhäutiges Kind. Dann bin ich ihresgleichen.«

»Sie werden gar nicht mehr leben. In dieser Masse gehen Sie unter. Sie werden nicht mal beachtet werden.«

»Mehr will ich nicht. Heute morgen sind meine Eltern abgereist, mit meinen beiden Schwestern, die plötzlich Angst bekamen, vergewaltigt zu werden. Waren vor Angst entstellt. Sie werden sie doch erwischen. Alle werden erwischt werden. Sie konnten wohl abhauen, aber diese Leute sind erledigt. Wenn Sie das Bild gesehen hätten. Meinen Vater, wie er die Schuhe aus seinem Laden in seinem hübschen kleinen Lieferwagen verstaut hat, und meine Mutter, die heulend aussortierte. Die billigeren Schuhe wurden liegengelassen, die teureren mitgenommen. Und meine Schwestern, die schon auf der vorderen Sitzbank saßen. Beide drückten sich eng aneinander. Sie betrachteten mich entsetzt, als wollte ich sie als erster vergewaltigen. Ich habe mich krumm und schief gelacht, besonders als mein Vater den eisernen Rolladen heruntergelassen und den Schlüssel eingesteckt hat. Ich sagte zu ihm: ›Glaubst Du, daß das was nützt? Ich mache Deine Tür ohne Schlüssel auf und zwar morgen. Und Deine Schuhe im Laden? Sie werden darauf pinkeln oder sie auch fressen, denn sie gehen ja barfuß.‹ So sind wir auseinandergegangen.«

»Und Sie? Was wollen Sie hier tun? In diesem Dorf? Bei mir?«

»Ich plündere. Ich glaube, daß außer der Armee und etlichen Kumpels im Umkreis von hundert Kilometern niemand mehr da ist. So plündere ich eben. Hunger habe ich keinen mehr. Ich habe schon zuviel gegessen. Um es richtig zu sagen. Ich brauche nicht viel, und außerdem gehört mir alles. Morgen werde ich ihnen alles anbieten. Ich bin sozusagen ein König und werde sie aus meinem Königreich beschenken. Ich meine, heute ist Ostern.«

»Ich verstehe nicht.«

»An Bord dieser Schiffe befinden sich eine Million Christusse, die morgen auferstehen werden. Und Sie, ganz allein... mit Ihnen wird auch Schluß sein.«

»Sind Sie gläubig?«

»Keineswegs.«

»Und diese Million Christusse, ist das Ihre Idee?«

»Nein. Aber bei der Sorte von Pfarrern finde ich sie hübsch. Sie fiel mir übrigens bei einem Pfarrer ein. Als ich hier heraufstieg, lief einer wie ein Verrückter hinunter. Nicht etwa verlegen, sondern ganz seltsam. Von Zeit zu Zeit blieb er stehen, hob seine Arme gen Himmel, wie die andern unten, und schrie: ›Danke mein Gott!‹ Dann setzte er den Weg zum Strand fort. Ich glaube, daß noch andere folgen.«

»Wer andere?«

»Andere Pfarrer von der gleichen Sorte. Aber Sie langweilen mich. Ich bin nicht zum Plaudern gekommen. Sie sind nur noch ein Gespenst. Was machen Sie noch hier?«

»Ich höre Ihnen zu.«

»Interessieren Sie meine Dummheiten?«

»Gewaltig.«

»Sie sind verdorben. Sie denken noch nach. Es gibt nichts mehr nachzudenken. Das ist auch vorbei. Hauen sie ab!«

»O nein!«

»Hören Sie mal! Sie und Ihr Haus gleichen einander. Man könnte sagen, Sie beide sind schon 1000 Jahre hier.«

»Seit 1673 genau«, sagte der alte Herr und lächelte zum ersten Mal.

»Dreihundert Jahre gesichertes Erbe. Widerlich. Ich schaue Sie an und finde Sie tadellos. Deshalb hasse ich Sie. Und zu Ihnen werde ich morgen die Lumpigsten führen. Diese wissen nicht, wer Sie sind und was

Sie darstellen. Für sie hat Ihre Welt keinerlei Bedeutung. Sie werden gar nicht versuchen, dies zu begreifen. Sie werden müde sein, Hunger haben und mit Ihrer schönen Eichentür Feuer machen. Sie werden auf Ihre Terrasse kacken und sich mit den Büchern Ihrer Bibliothek die Hände reinigen. Ihren Wein werden sie ausspucken. Mit ihren Fingern werden sie aus Ihren hübschen Zinntellern essen, die ich an Ihrer Wand sehe. Sie werden auf den Fersen hocken und zusehen, wie Ihre Sessel brennen. Aus der Goldstickerei Ihrer Decken werden sie sich Schmuck machen. Jeder Gegenstand wird den Sinn verlieren, den Sie dafür haben. Das Schöne wird nicht mehr schön sein, das Nützliche wird lächerlich und das Unnütze absurd werden. Nichts wird mehr einen echten Wert haben mit Ausnahme vielleicht eines in einer Ecke vergessenen Kordelstücks, um das sie sich streiten werden, wer weiß? Alles um Sie herum wird in Stücke gehen. Es wird furchtbar sein. Machen Sie sich aus dem Staub!«
»Noch eins: Jene werden verständnislos zerstören. Aber Sie?«
»Ich? Weil ich dies alles hasse. Weil das Weltgewissen verlangt, daß man dies alles haßt. Hauen Sie ab! Ich pfeife auf Sie!«
Der alte Herr ging ins Haus, kam aber gleich wieder zurück mit einem Gewehr in der Hand.
»Was machen Sie da?« fragte der junge Mann.
»Ich werde Sie wohl töten. Meine Welt wird vielleicht nach morgen früh nicht mehr leben, daher habe ich die Absicht, die letzten Minuten noch voll auszunutzen. Ich werde in dieser Nacht, ohne mich vom Fleck zu rühren, ein zweites Leben führen, und ich glaube, daß es noch schöner als das erste sein wird. Da meinesgleichen abgereist ist, will ich es allein erleben.«
»Und ich?«
»Sie sind nicht meinesgleichen. Sie sind mein Gegner. Ich will diese kostbare Nacht nicht in Gesellschaft meines Gegners vergeuden. Daher werde ich Sie töten.«
»Sie können das nicht. Ich bin sicher, daß Sie noch nie jemand getötet haben.«
»Das ist wahr. Ich habe immer das friedliche Leben eines Literaturprofessors geführt, der seinen Beruf liebte. Im Krieg brauchte man mich nicht, und die offenbar unnütze Töterei bedrückt mich auch physisch. Ich wäre wahrscheinlich ein schlechter Soldat gewesen. Dennoch glaube ich, daß ich mit Actius zusammen fröhlich einen Hunnen getötet hätte. Und mit Karl Martell arabisches Fleisch zu durchlöchern hätte mich sehr begeistert, ebenso mit Gottfried von Bouillon oder mit Balduin dem Aussätzigen. Unter den Mauern von Byzanz tot an der Seite von Konstantin Dragasès, mein Gott! Wieviel Türken hätte ich noch umgebracht, bevor ich selbst dran gewesen wäre. Glücklicherweise sterben Menschen, die den Zweifel nicht kennen, nicht so leicht. Nachdem ich wiederauferstanden war, habe ich gemeinsam mit Teutonen Slawen erschlagen. Ich

trug das Kreuz auf meinem weißen Mantel und verließ mit dem blutigen Schwert in der Hand zusammen mit der vorbildlichen kleinen Truppe des Villiers de l'Isle-Adam die Insel Rhodos. Als Matrose Johanns von Österreich habe ich mich in Lepanto gerächt. Eine schöne Schlachterei! Dann hat man mich nicht mehr verwendet. Nur ein paar Lappalien, die langsam schlecht beurteilt werden. Alles wird so häßlich. Es gibt keine Fanfaren, keine Standarten und kein Te Deum mehr. Natürlich habe ich niemand getötet. Aber alle diese Schlachten, mit denen ich mich solidarisch fühle, erlebe ich jetzt mit einem Schlag, und mit einem einzigen Schuß bin ich die Hauptperson. Da ist er!«

Der junge Mann brach graziös zusammen, glitt am Geländer, an das er sich angelehnt hatte, hinunter und saß schließlich mit hängenden Armen auf seinen Fersen, in einer Stellung, die für ihn üblich war. Der rote Fleck auf seiner linken Brustseite wurde etwas größer, hörte aber dann rasch auf zu bluten. Er starb ganz ordentlich. Ein Sieg nach Art des Abendlandes, so endgültig wie nutzlos und lächerlich. Im Frieden mit sich selbst wandte der alte Herr Calguès dem Toten den Rücken zu und kehrte in das Haus zurück.

3.

Seelisch ausgewogen spürte der Professor ein deutliches Hungergefühl in seinem Magen. Dabei kamen bei ihm einige Erinnerungen an andere Heißhungerzustände auf, besonders an diese herrlichen Hungergefühle, wie sie beim Mann nach dem Liebesakt auftreten. Von diesen einstigen Nächten hatte der Professor nur noch verschwommene Eindrücke behalten, die nicht von Belang waren. Aber an andere, zufällige Essen, sogar zu zweit, erinnerte er sich sehr genau. Graues Brot in großen feinen Scheiben, schwarzer Schinken aus den benachbarten Bergen, trockener Ziegenkäse vom Dorf, Oliven aus den Terrassenobstgärten, von der Sonne verwöhnte Aprikosen und etwas herber Wein aus steinigen Halden. Und er beschloß, an diesem Abend noch einmal der Liebe zu huldigen.

Er nahm ein großes Glas für den Durst und ein weiteres zum Kosten, denn es war ja genug da. Genießerisch leckte er sich die Lippen. Dann schnitt er Schinken in dünne Scheiben, die er mit ein paar Oliven auf einen Zinnteller aufreihte, legte Käse auf ein Rebblatt und Früchte in einen großen flachen Korb. Glücklich lächelnd setzte er sich an seine Tafel. Er liebte. Wie jeder von der Gunst der Stunde bedachte Liebhaber fand er sich mit der allein, welche er liebte. An diesem Abend war es aber keine Frau noch ein sonstiges Lebewesen, sondern eine Art Eigenprojektion von unzähligen Gesichtern, mit denen er sich identifizierte. Die silberne Gabel zum Beispiel, mit den abgenutzten Zinken und den fast ausgelöschten Initialen eines mütterlichen Vorfahren. Ein merkwürdiger Gegenstand, wenn man bedenkt, daß der Westen ihn aus einem Stilbedürfnis erfunden hat, während ein Drittel der Menschheit noch das Essen mit den Fingern greift. Das Glas, dieses unnütze Kristall. Man stellt vier Stück nebeneinander hin. Warum? Müßte man nicht einfach keine Gläser mehr hinstellen, weil Sertao verdurstete oder Indien im Schlamm seiner versiegten Brunnen Typhus aufkommen ließ? Die Tür. Die betrogenen Ehemänner können an die Tür klopfen, drohen, sich rächen. Bei der Liebe teilt man nicht, und über die übrigen Leute spottet man. Sie existieren einfach nicht. Marschieren die vom Glück betrogenen Ehemänner zu Tausenden heran? Vortrefflich!

Der Professor stellte vier Gläser nebeneinander und rückte die Lampe heran, um sie zu beleuchten. Sie funkelten wie Sterne. Etwas weiter entfernt stand eine riesige massive Bauerntruhe, ein vier Jahrhunderte altes Erbstück, wie der junge Mann gesagt hatte. In dieser Truhe lag dicht zusammengepreßt viele Wäsche. Tischtücher, Handtücher, Laken, Kopfkissenbezüge, Scheuertücher, unverwüstliche Leintücher aus einer vergangenen Zeit und noch weitere nach Lavendel duftende Haushaltsschätze. Der Professor erinnerte sich nicht, daß er von diesen Haufen jemals etwas benötigt hätte, die seine Mutter oder Großmutter ehedem eingeordnet hatten. Sie haben sich bei Sammlungen für Arme nur von gebrauchter Wäsche getrennt, die sorgfältig geflickt, aber noch brauchbar war. Die lieben Frauen mit den umsichtigen Herzen!

Ist leichtfertige Nächstenliebe nicht in erster Linie eine Versündigung gegen sich selbst? Außerdem stieg die Zahl der Armen inzwischen gewaltig an. Man kannte sie nicht. Sie waren nicht von hier. Sie waren namenlos geworden, überschwemmten alles und wurden zur Plage. Sie drangen in die Familien ein, in die Häuser, in die Städte. Auf tausenderlei Arten bahnten sie sich einen Weg. Sie riefen über die Briefkästen um Hilfe. Jeden Morgen sprangen ihre schrecklichen Fotos ins Gesicht und forderten im Namen aller. Zeitungen, Rundfunk, Kirchen und politische Parteien standen in ihrem Dienst. Man sah nur noch sie. Ihre Völker brauchten auch keine Wäsche mehr, sondern nur noch Postscheckkonten. In herzzerreißenden, fast drohenden Aufrufen wurde zur Zahlung gemahnt. Es gab noch Schlimmeres. Im Fernsehen, in welchem sie sich zu regen begannen, sah man sie zu Tausenden sterben. Das anonyme Blutbad wurde ein dauerndes Schauspiel, vorgeführt von Berufsdichtern und Drahtziehern. Die Erde war mit Armen geradezu überflutet. Und überall regten sich Gewissensbisse. Glück wurde als Makel empfunden, von der Freude ganz zu schweigen. Kurz, es war keine Wohltat mehr, wenn man etwas schenkte, sondern eine Verhöhnung.

Der Professor hatte vor einiger Zeit seine Schränke und Truhen sowie Keller und Speiseschrank abgeschlossen. Er erinnerte sich noch sehr gut daran, da am gleichen Tag der Papst den Vatikan geleert hatte. Tresore, Bibliothek, Bilder, Fresken, Tiara, Möbel und Statuen hatte er unter dem Beifall der Christen verkauft, von denen diejenigen, die vor Rührung am meisten ergriffen und wie von einer Epidemie befallen waren, sich fragten, ob sie ihn nicht nachahmen und arm werden sollten. Mit einer geradezu lächerlichen Geste angesichts der Ewigkeit hatte der Papst alles in ein Faß ohne Boden geworfen. Mit dem Ergebnis hatte man noch nicht einmal den Landwirtschaftsetat eines Jahres von Pakistan ausgleichen können. Moralisch gesehen hatte er nur seinen Reichtum enthüllt. Die Dritte Welt machte ihm daher auch schnell Vorwürfe, und er verlor jede Glaubwürdigkeit.

Seitdem war Seine Heiligkeit infolge selbst gewählter Mittellosigkeit in ihrem öden, schäbigen Palast umhergeirrt und schließlich in einer leeren Wohnung auf einem eisernen Bettgestell zwischen einem Küchentisch und drei Strohstühlen wie ein armer Landpfarrer gestorben. Man hatte den neuen Papst ungefähr zur gleichen Zeit gewählt, als Herr Calguès in den Ruhestand getreten war. Der eine hatte traurig den Platz auf einem Strohthron eingenommen, während der andere in sein idyllisches Dorf zog und entschlossen war, es nicht mehr zu verlassen und nunmehr alles in dem seiner würdigen Rahmen zu genießen... Gott sei gedankt für den weichen Schinken, das duftende Brot und den frischen Wein! Ein Prosit auf die alte Welt und auf alle, die sich darin wohl fühlen!

Während der alte Herr bedächtig aß und trank und jeden Bissen und jeden Schluck genießerisch verzehrte, ließ er die Blicke in seinem großen Zimmer umherschweifen. Dazu brauchte er viel Zeit, denn er verweilte bei jedem Gegenstand, und jede Betrachtung war für ihn ein Liebesakt. Manchmal kamen ihm die Tränen, Tränen der Freude. In diesem Haus erzählte alles vom Ansehen derer, die es bewohnt hatten, von ihrem Milieu, ihrem Wissen, ihrer Bescheidenheit und ihrem Geschmack für Tradition, wohl wissend, daß die Menschen sich weiter entfalten können, wenn sie sich gegenseitig achten. Gegenstände formen den Menschen besser als das Spiel der Ideen. Ihrethalben ist es soweit gekommen, daß der weiße Mann sich aufgab. Bei der Massenflucht nach Norden schien ihm jedoch irgendwie bewußt geworden zu sein, daß er schon verloren war und daß sich bei dem Dreck, den sie ausschied, eine Verteidigung kaum noch lohnte. Vielleicht war dies auch eine Erklärung?

Um 11 Uhr abends verlas ein Sprecher des französischen Rundfunks ein weiteres Kommuniqué:

»Die Regierung hat mit Befremden von der allgemeinen Flucht der Bevölkerung des Südens Kenntnis genommen. Trotz Bedauerns fühlt sie sich bei dieser neuen Lage nicht ermächtigt, davon abzuraten. Gendarmerie und Armee haben genaue Anweisungen erhalten, damit die Abwanderung ordnungsgemäß verläuft und die vom Norden her in Anmarsch befindlichen militärischen Kolonnen nicht gestört werden. In den vier Küstendepartements ist der Notstand ausgerufen worden. Herr Jean Perret, Staatssekretär und persönlicher Beauftragter des Präsidenten der Republik, hat die Verantwortung übernommen. Die Armee wird im Rahmen des Möglichen und in den Grenzen, die durch andere Aufgaben gezogen sind, für den Schutz des hinterlassenen Besitzes sorgen. Die Regierung bestätigt, daß der Präsident der Republik heute um Mitternacht einen feierlichen Aufruf an die Nation verkünden wird.«

Das war wieder alles. In einer Gesellschaft, die sich gewohnheitsmäßig von Worten berauschen läßt, muß diese Kürze Eindruck machen. »Sterben die Schwätzer in aller Stille?« fragte sich der Professor. Dann nahm er ein Buch, füllte sich ein Glas, zündete seine Pfeife an und wartete auf die Mitternacht...

4.

Es war eine seltsame Nacht. Sie war so friedlich, daß New York sich nicht erinnern konnte, seit mehr als dreißig Jahren ähnliches erlebt zu haben. Der Central Park war wie leergefegt von den Tausenden von Kains. Man hätte jetzt blonde Mädchen zum Spielen hinschicken können, frische Mädchen mit kurzen Röcken und mit vor Freude geröteten Gesichtern, weil sie endlich einmal hinter einem Reifen herrennen können. Die Gettos der Neger und Portorikaner waren still wie Kirchen.

Doktor Norman Haller hatte seine Fenster geöffnet. Er lauschte in die Stadt, hörte jedoch nichts. Gewöhnlich stiegen um diese nächtliche Stunde schreckliche Töne zu ihm hoch. Er nannte sie die »Höllensymphonie«. Verzweiflungsschreie, klappernde Absätze auf der Flucht, Schreckensrufe, Schüsse oder Feuerstöße, Polizeisirenen, Geklirr zerbrochener Scheiben, ängstliches Hupen und das viele Nein! Nein! Nein! *Nein!* hoffnungslos in die Nacht geheult.

Dreißig Jahre lang war das schon so. Eine beachtliche Statistik, die von Jahr zu Jahr größer wurde, bis in den letzten Tagen die Kurve jäh absank und in dieser Nacht den unfaßbaren Nullpunkt erreicht hatte. Dreißig Jahre Ohnmacht, ohne daß sich dieserhalb jemand Vorwürfe machte. Als beratender Soziologe der Stadt hatte Doktor Norman Haller alles genau vorausgesehen. Seine einleuchtenden Berichte blieben wirkungslos. Keinerlei Abhilfe! Man ändert den weißen Mann nicht, und man ändert den schwarzen Mann nicht, solange der eine weiß und der andere schwarz ist und nicht alles in Milchkaffee aufgegangen ist. Sie haben, seit sie sich gesehen haben, eine Abscheu voreinander, und seit sie sich kennen, verachten sie sich. Vor dem Gesetz sind sie gleich, aber sie hassen sich unbändig. Der Soziologe stellte dies fest und lernte daraus. Die Stadt New York hat sein Monumentalwerk, das die verheerenden Schäden und ihre Folgen beschrieb, teuer bezahlt.

Wie schön und behaglich ist doch die Wohnung Norman Hallers im fünfundzwanzigsten Stockwerk des vornehmsten Wohnviertels des Central Park! Von der Außenwelt abgeschnitten und vor dem Dschungel geschützt. Unten in der großen Halle befindet sich ein Dutzend bewaffneter Posten und überall Detektoren, unsichtbare Strahlen, wilde Wachhunde, Alarmanlagen und darunter eine Garage wie ein Haarsieb, eine Zugbrücke zwischen Leben und Tod, zwischen Haß und Liebe. Und darüber ein Elfenbeinturm, eine Mondstation, ein Luxusbunker. Doktor Norman Haller hatte sich in diesem Wirbelsturm eine heile Welt aufgebaut, und von dieser Sicht aus betrachtete er den Sturm, der den Sieg davontrug. Eisgekühlter Whisky und leise Musik dazu gestalteten die Sache erträglich.

Da klingelt das Telefon. Der Bürgermeister von New York. »Norman! Alles hängt von den Franzosen ab, nicht wahr? Glauben Sie, daß die Leute dort noch fähig sein werden, eine Million armer, waffenloser Typen zu töten? Ich hoffe es noch nicht mal. Die Gettos von New York glauben es auch nicht, ebensowenig die von Chicago und Los Angeles... Sie sind alle Hammel geworden in ihren Tierkäfigen. Sie können nur noch Nachrichten im Rundfunk hören oder in ihren verrückten Kirchen singen und für diese Unglücksflotte beten. Sind Sie schon einmal von einer galoppierenden Hammelherde mitgerissen worden, Norman?«

»Der Wolf will nicht mehr Wolf sein, das ist es wohl. Machen Sie es wie ich, Jack. Trinken Sie noch ein Glas, streicheln Sie lange die weiße Haut ihrer Gattin, und warten Sie ab.«

5.

Wenn es bei der Bildung eines Volksmythus so etwas wie eine logische Entwicklung gibt, so muß man im belgischen Generalkonsulat in Kalkutta den Ursprung dessen suchen, was wir augenblicklich als Mythus des neuen Paradieses bezeichnen können. Dieses kleine unbedeutende Konsulat in einer alten Villa im Kolonialstil am Rand des Diplomatenviertels erwachte eines Morgens, als eine stillschweigende Menge vor dem Portal stand. Seit Tagesanbruch hatte der Sikh-Wachposten das Gitter des Portals geschlossen. Von Zeit zu Zeit steckte er den Lauf eines alte Gewehrs durch die Gitterstäbe, um die vordersten Reihen der Menge zurückzutreiben. Und da er ein braver Mann war und ihn wirklich niemand bedrohte, weder ihn noch das Tor, das er bewachte, so sagte er gutmütig:

»Vielleicht bekommt ihr bald etwas zu essen. Aber nach dem Reis müßt ihr gehen. Warten hat keinen Zweck. Es steht auf dem Aushang und ist vom Herrn Konsul persönlich unterschrieben.«

»Was steht auf dem Aushang?« fragte die Menge, die nicht lesen konnte. »Lies bitte vor.«

Man konnte allerdings auf dem Papier, das außen am Gitter befestigt war, nicht mehr viel erkennen. Es war von tausend Händen beschmutzt, die es berührt und abgetastet hatten, ohne an das Unglück zu glauben, das es beinhaltete. Der Wachposten kannte jedoch den Text auswendig. Vor einer Woche hatte er ihn einen ganzen Tag vor sich hingesprochen, ohne ein Wort zu ändern, so daß eine Litanei daraus wurde.

»Durch königlichen Erlaß vom soundsovielten hatte die belgische Regierung bestimmt, alle augenblicklich im Gang befindlichen Adoptionsverfahren auf unbestimmte Zeit einzustellen. Neue Adoptionsanträge werden daher nicht mehr angenommen. Desgleichen wird auch den Kindern, die bereits vor der Ausreise stehen, kein Visum für die Einreise nach Belgien erteilt, selbst wenn sie vor dem Erlaß schon rechtsgültig adoptiert worden waren.«

Ein klägliches Gezeter ging durch die Menge. Nach der Zahl der Klagelaute, ihrer Dauer und da sie nach kurzer Zeit immer wieder ertönten, schloß der erfahrene Wachposten, daß diese Volksmenge sich seit dem Vorabend mindestens verdoppelt haben mußte.

»Los! Los!« sagte er und bewegte sein Gewehr. »Zurück! Beruhigt euch! Bevor ihr in eure Dörfer geht, bekommt ihr Reis. Aber ihr dürft nicht mehr kommen. So steht es geschrieben.«

Aus der vordersten Reihe löste sich eine Frau und begann zu sprechen. Jeder hörte ihr zu, als ob sie im Namen aller auftreten würde. In ihren ausgestreckten Armen hielt sie einen etwa zwei Jahre alten Jungen, der dicht am Gitter mit großen Augen hindurchblinzelte.

Hundert Frauen drängten nach und streckten ihre Babys entgegen. Es sind meist schöne Babys, die noch durch die Nabelschnur mit ihren bleichen, abgezehrten Müttern verbunden zu sein scheinen. Hinter der ersten Reihe drücken sich Hunderte von anderen Müttern mit Hunderten von Babys vor oder stoßen Hunderte von Kindern als Adoptionsanwärter für den großen Sprung ins Paradies vor sich her. Obwohl dieses Paradies offenbar in weite Ferne gerückt ist, hat die Bekanntgabe des belgischen Erlasses das Begehren eher noch gesteigert. Der Mensch, der zunächst keine Möglichkeiten sieht, ist angeblich feststehenden Dingen gegenüber mißtrauisch. Erfahrungsgemäß ist er immer benachteiligt. Wenn die Chance schwindet, taucht die Fantasie auf und läßt die Hoffnung gerade dann anschwellen, wenn keine Gewißheit mehr besteht.

In der letzten Reihe der Menge bewegten sich Frauen mit Mißgeburten, die von vornherein keine Erfolgsaussichten hatten. Diese Frauen jammerten lauter als die andern, weil ihre Hoffnung grenzenlos war. Da sie täglich gejagt, zurückgescheucht und abgewiesen wurden, schien es ihnen klar zu sein, daß ein so behütetes Paradies es wert war, daß man notfalls ein Leben lang darum kämpfen mußte.

Zur Zeit, als das Gitter noch offen war, gelang es manchmal einer Mutter, sich mit ihrer Mißgeburt neben den Müttern mit den schönen Babys einzuschleichen. Das war schon ein Fortschritt auf dem Weg zum Heil, wenn auch der Sikh mit seinem Gewehr vor dem Tor des Konsuls herumfuchtelte. Man war immerhin näher gekommen. Das nährte die Hoffnung, ließ in der Fantasie Brunnen auftauchen, aus denen Milch und Honig nutzlos in fischreiche Flüsse fließen, die bis zum Horizont reichende durch Dauerernten gesegnete Felder bewässern, und wo sich im Spiel glückliche Mißgeburten trollen.

Es sind die primitivsten Menschen, die den Erfolg solcher Mythen garantieren. Man hörte diesen begeisterten Schwätzern zu, und jeder nahm billig diese verrückte Vorstellung vom Abendland in sich auf. In dem von Hungersnot geplagten Kalkutta artete sie um ein Vielfaches aus. Ist dies vielleicht eine Erklärung des Geschehens?

Hinter den Frauen in der letzten Reihe der Menge schwang ein halbnackter Paria, ein Mann von hohem Wuchs, irgend etwas wie eine Fahne über seinem Kopf. Als Berufskotfahrer, Kotstampfer und Former von Kotbriketts hielt dieser Mistkäfer bei der derzeitigen Hungersnot in seinen stinkenden Händen eine Art Lebewesen. Es hatte unten zwei Stümpfe an einem großen Rumpf, bei dem Rücken und Hüften zusammengequetscht erschienen. Ein Hals fehlte. Ein dritter Stummel bildete den Kopf. Im kahlen Schädel lagen zwei Augenlöcher, darunter ein Loch als Mund, ohne Zähne und ohne Kehle, eine Art Speiseröhrenklappe.

Die Augen dieses Wesens lebten und blickten starr gerade vor sich hin, hoch über die Menge hinweg. Sie zeigten zwar Leben, aber keine Bewegung, außer der einzigen, welche der Paria seinem mißgestalten Kind verschaffte. Der Blick aus den Augen ohne Lider traf durch die Gitterschranke den Konsul, der vor Schreck wie hypnotisiert war. Er war zum Tor gekommen, um die Lage zu beurteilen. Er sah die Menge nicht mehr. Er schloß sofort die Augen und schrie:

»Kein Reis mehr! Kein Visum mehr! Nichts mehr für euch! Schert euch weg! Alle!«

Als er gerade flüchten wollte, traf ihn ein scharfkantiger Kiesel mitten auf die Stirn und verursachte eine blutende Schramme. Die Augen der Mißgeburt leuchteten auf. Mit einer wackelnden Bewegung dankte sie dem Vater. Dies war die einzige feindselige Handlung. Der Wächter über Milch und Honig aber, der sich mit beiden Händen die Stirn hielt und strauchelnd in sein Konsulat wankte, erschien plötzlich der Menge nur noch ein schwacher Verteidiger der heiligen Tore zum Abendland zu sein. Würde er in seiner Schwäche demjenigen, der warten konnte, nicht doch noch die Schlüssel überlassen? Vielleicht ist dies eine Erklärung?

Der Sikh schulterte sein Gewehr. Diese Geste genügte. Jeder setzte sich auf die Fersen. Eine stille Ebbe kündigte die Flut an.

6.

»Mitleid!« sagte der Konsul. »Dieses bedauerliche, abscheuliche, hassenswerte Mitleid! Sie nennen es Nächstenliebe, Solidarität, Weltgewissen, aber wenn ich Sie anschaue, sehe ich in jedem von Ihnen nur Selbstverachtung und Verachtung dessen, was Sie vertreten.«

Mit verbundener Stirn sah sich der Konsul in seinem Büro einem Dutzend Personen gegenüber, die auf ihren Stühlen wie Apostelfiguren auf der Giebelseite einer Kirche saßen. Was diese Statuen gemeinsam kennzeichnete, war ihre weiße Hautfarbe, ihre schmalen Gesichter und ihre schlichte Kleidung – Shorts oder Leinenhosen, khakifarbene Hemden und Leinensandalen –, besonders aber die unruhige Tiefe ihres Blicks, wie er Propheten, Schwärmern, Wohltätern, Fanatikern, Märtyrern, begeisterten Kriminellen und versponnenen Menschen eigen ist, kurz gesagt all denen, welche an Bewußtseinsspaltung leiden, weil sie sich in ihrer Haut nicht wohl fühlen. Unter ihnen befand sich ein Bischof. Wenn man es aber nicht gewußt hätte, so hätte man ihn nicht von dem Missionsarzt oder von dem weltlichen Idealisten unterscheiden können, welche ihn begleiteten. Man konnte auch nicht den atheistischen Philosophen und den abtrünnigen katholischen Schriftsteller, der zum Buddhismus übergetreten war, herausfinden. Sie waren die geistigen Anführer dieser kleinen Gruppe. Alle blieben schweigsam.

»Sie sind zu weit gegangen«, fuhr der Konsul fort, »und Sie taten es, weil Sie innerlich so denken, wie Sie handeln. Wissen Sie, wieviel Kinder des Ganges Sie nach Belgien geschickt haben? Ich spreche nicht von Europa, wo einzelne nüchtern denkende Länder ihre Grenzen schon früher als wir geschlossen haben. Vierzigtausend in fünf Jahren! Vierzigtausend! Etwa soviel wie die französischen Kanadier Mitte des 18. Jahrhunderts. Im Herzen unserer weißen Welt haben Sie ein vollendetes Rassenproblem geschaffen, das diese Welt zerstören wird. Und das ist offenbar Ihr Ziel. Keiner von Ihnen besitzt noch den Stolz seiner weißen Haut und weiß, was sie bedeutet.«

»Weder Stolz noch Gewissen«, bemerkte eine der Statuen. »Der Preis ist die Gleichheit unter den Menschen. Wir werden ihn bezahlen.«

»Übrigens ist dies alles schon überholt«, sagte der Konsul. »Es geht nicht mehr um Adoptionen, ob verboten oder nicht. Ich habe mit meinen europäischen Kollegen hier im Land telefoniert. Auch sie werden wie ich von einer schweigenden Menge belagert, die auf irgend etwas wartet. Zehntausend Menschen lagern in den Gärten ihrer Konsulate. Überall in der Stadt, wo eine europäische Fahne weht, wartet eine Menschenmenge, ohne ersichtlichen Grund. Noch mehr! Man hat mir gemeldet, daß im Hinterland ganze Dörfer auf der Straße nach Kalkutta unterwegs sind.«

»Richtig«, sagte eine Statue, deren Gesicht ein blonder Bart zierte. »Viele sind aus Dörfern, die wir betreuen.«

»Wenn Sie es schon wissen, was wollen die Leute? Was suchen sie? Was erwarten sie?«

»Offen gesagt, wir wissen es nicht.«

»Zweifeln Sie noch?«

»Vielleicht.«

Auf den Lippen der bärtigen Statue zeigte sich ein merkwürdiges Lächeln. War dies der Bischof oder der Schriftstellerrenegat?

»Würden Sie es gewagt haben...?« fuhr der Konsul fort, ohne den Satz zu beenden oder seine Gedanken zu äußern. »Nein! Unmöglich! Soweit würden Sie nicht gehen!«

»Wirklich«, sagte eine dritte Statue – diesmal war es wohl der Bischof – »soweit wäre ich nicht gegangen.«

»Überrollt also?«

»Sicher. Aber einige von uns werden mitmachen. Es passieren augenblicklich Dinge von außergewöhnlicher Bedeutung. Sie betreffen diese Volksmenge, ohne daß sie es weiß oder begreift. Ich kann dazu eine Hypothese aufstellen. An die Stelle der einzelnen Adoptionen, die so viele dieser armen Leute mit Hoffnung erfüllt haben, ist eine noch unglaublichere, geradezu verrückte Hoffnung getreten, nämlich die auf eine Generaladoption. Es braucht nicht viel, um nichtumkehrbare Bewegungen in Gang zu setzen.«

»Eine hübsche Erkenntnis, Monsignore«, sagte der Konsul. »Sie sind ein Prachtexemplar eines römisch-katholischen Bischofs. Ein moderner Kondottiere der Heiden. Sie haben den Zeitpunkt gut ausgesucht. An Armen fehlt es nicht. Millionen! Das Jahr ist noch keine drei Monate alt, und schon ist die Hälfte dieser Provinz von Hungersnot heimgesucht. Die Regierungen dieser Gebiete sind völlig überfordert. Was auch kommen mag, sie werden sich die Hände in Unschuld waschen. Das konsularische Korps dieser Stadt ist heute früh inoffiziell unterrichtet worden. Indessen legen Sie Zeugnis ab. Das ist doch der Ausdruck, den Sie verwenden, nicht wahr? Sie legen Zeugnis ab, von was eigentlich? Von Ihrem Glauben? Ihrer Religion? Ihrer christlichen Kultur? Nach den Anbauarbeiten, nach unseren Bemühungen, unserer ärztlichen Versorgung und technischen Beratung hat man herausgefunden, daß es einfacher ist, Sie zu bitten: ›Nimm meinen Sohn und mich, und führe uns von hier weg in Dein Land.‹ Diese Idee geht schnell um, und das entgeht Ihnen wohl. Eine Flut, eine unkontrollierbare Flut ist im Gang. Gott sei Dank ist noch ein Meer zwischen diesem Land und dem unsrigen in Europa.«

»Ja, das Meer ist noch da!« sagte eine vierte Statue.

»Es gibt ein altes Wort«, sagte noch der Konsul, »das auf Leute Ihres Schlags paßt: Verräter. Der Fall ist nicht neu. Es ist dies eine Sorte Menschen, von denen Europa immer mehr im Überfluß hat, je mehr es zusammenschrumpft. Sicher kann man da nichts machen. Auch ich bin machtlos. Aber selbst wenn ich mich im Ergebnis täuschen sollte, Ihr Handeln mißbillige ich auf alle Fälle. Ihre Pässe werden nicht mehr erneuert. Dies ist das einzige Mittel, das ich noch habe, um meiner offiziellen Mißbilligung Ausdruck zu verleihen. Meine europäischen Kollegen tun im Augenblick das gleiche mit ihrem europäischen Personal.«

Die Statue, die vom Meer gesprochen hatte, erhob sich. Diesmal war es der atheistische Philosoph, der bei uns unter dem Namen Ballan bekannt ist.

»Pässe, Nationen, Religionen, Ideale, Rassen, Grenzen und Meere, alles Quatsch!« sagte Ballan. Ohne noch etwas hinzuzufügen, ging er weg.

»Daß Sie mir zugehört haben«, sagte der Konsul, »dafür danke ich Ihnen. Sicher werde ich Sie nicht mehr sehen. Für Sie vertrete ich nichts mehr. Deshalb waren Sie auch so geduldig. Wie mit einem Sterbenden.«

»Irrtum«, sagte der Bischof, »ohne daß wir uns einig sind, werden wir zwei Sterbende sein. Ich werde Indien nie verlassen.«

Nachdem Ballan durch das Gittertor des Konsulats gegangen war, hatte er sich einen Weg durch die Menge gebahnt. Ballan faszinierte die Mißgeburten, und diese faszinierten ihn. Er stopfte in die unförmigen Mäuler schmutzige Bonbons, von denen er seine Taschen immer voll hatte. Beim Anblick des großen Mistkäfers, auf dem immer noch das scheußliche Totem saß, rief Ballan ihm zu:

»Und Du, Kotkneter, was suchst Du hier?«

»Nimm uns mit, ich bitte Dich.«

»Heute noch wirst Du mit mir im Paradiese sein.«

»Heute?« erwiderte der arme Mann völlig durcheinander.

Ballan lächelte ihn liebevoll an.

Vielleicht ist dies eine Erklärung?

7.

».. . in den vier Küstendepartements. Die Armee wird im Rahmen des Möglichen und in den Grenzen, die durch andere Aufgaben gezogen sind, für die Absicherung des zurückgelassenen Besitzes sorgen. Die Regierung bestätigt, daß der Präsident der Republik um Mitternacht einen feierlichen Aufruf an die Nation richten wird.«

Diejenigen, die französisch verstanden, stellten die Radios leiser ein und übersetzten ihren dicht zusammengedrückten Landsleuten den Bericht. Nie zuvor war der Keller so voll wie an diesem Abend. Hier wohnten die schwarzen Arbeiter vom Reinigungsdienst der nördlichen Pariser Bezirke. Auf zweistöckigen Betten saßen je acht Mann Kopf an Kopf mit herunterhängenden Beinen. Bei dieser Massierung wurde ihnen zum ersten Mal ihre Stärke bewußt. Keiner wagte einen Kommentar, auch nicht die paar Weißen in dieser schwarzen Menge, unter der sich ein Pfarrer der Straßenkehrer und ein harter Verfechter des Klassenkampfes befanden. Jeder strengte sein Gehirn an. Es ist nicht leicht, sich die schwindelerregenden Ausmaße eines so unglaublichen Ereignisses vorzustellen.

»Wenn sie ohne Bruch landen«, sagte einer, den sie »Doyen« nannten, weil er seit langem in Frankreich lebte, »wenn sie landen, kommt Ihr dann auch aus Euren Rattenlöchern heraus?«

Aus dem Dunkel einer Bettstelle fragte eine tiefe Stimme: »Ist das Rattenvolk zahlreich?«

»Das Rattenvolk«, sagte der Straßenkehrerpfarrer, »wird am Tageslicht wie ein riesiger Wald sein, der mit einem Schlag in der Nacht entstanden ist.« Dies verstanden sie besser, und ein beifälliges Murmeln ging durch die Reihen. Dann warteten sie wieder.

In dieser Nacht hörten auch die Straßenkehrer und Kanalarbeiter aller Depots von Groß-Paris zu, ebenso das Wartepersonal und die Nachttopfleererinnen der Krankenhäuser, die Geschirrspüler der Volksküchen, die Arbeiter von Billancourt, Javel, Saint-Denis und sonstwo, die lahmen Arbeiter der Gas- und Elektrizitätswerke, die Verdammten der giftigen chemischen Industrie, die Maschinenwärter, die Höhlenbewohner der Metro, die stinkigen Arbeiter der Kloakendienste und viele andere. Sie alle arbeiteten in Hunderten von wichtigen Berufen, die für die weichen Hände der Franzosen nicht mehr passend waren. Es waren insgesamt einige hunderttausend Schwarze und Araber, die merkwürdigerweise den Augen der Pariser entgingen, zumal niemand mehr ihre wahre Zahl kannte, seit die Behörde die Statistik fälschte aus Furcht, das Gleichgewicht der nachtwandelnden Großstadt zu stören, wenn sie brutal aufgeschreckt wird. Paris war nicht New York. Man wartete, wie man lebte, unbekümmert um alles.

Nur bei den Arabern nahm die Aussicht auf den Zusammenprall an der Südküste Frankreichs gelegentlich herausfordernde Formen an. Aber abgesehen von dunklen Wünschen oder sachten Anläufen, wie etwa dem Versuch, einer Französin ein Lächeln zu entlocken, blieb es beim Traum, sie zu vergewaltigen. Noch wollte man einfach glücklich in einem öffentlichen Park spazierengehen und den Kindern beim Spiel zuschauen. Nur die Fanatischsten dachten an einen neuen heiligen Krieg. Ein gewisser Mohammed, »einäugiger Kadi« genannt, schien sich in einer Diktatorrolle zu üben. Seit elf Uhr abends gab er über geheime Boten den Verantwortlichen des Stadtviertels seine Befehle.

»Die Zeit der Waffen ist vorbei. Jeder werfe seinen Rasierapparat weg und zerbreche sein Rasiermesser. Der erste, der Blut vergießt, wird auf meinen Befehl entmannt.«

Er war Araber, der mit den Arabern sprechen konnte. Alle gehorchten ihm, mit Ausnahme seiner eigenen Frau, einer französischen Lehrerin. Der Rasierapparat des »Kadi« verschwand sofort, versteckt am rechten Oberschenkel im Innern ihres Strumpfes. Elise kannte die Verachtung der Leute. In den zehn Jahren ihrer Ehe war ihr keine Feinheit dieser Verachtung entgangen. Sie träumte vom reinigenden Blut und war dabei nicht allein. Unter den etwa tausend Französinnen, die mit Ghetto-Arabern verheiratet waren, fingen viele an, den Preis für diese Verachtung auszurechnen.

Andere wiederum überlegten kühl, was sich am nächsten Tag abspielen könnte. Sie hatten ihre Fensterläden geschlossen, die Türen verbarrikadiert und die Vorhänge in ihren Wohnungen und Büros zusammengezogen. Dahinter scharten sie sich gruppenweise um ihre Radios und warteten gespannt auf Nachrichten und auf die Ansprache des Präsidenten der Republik. Es waren die Diplomaten der Dritten Welt und die afrikanischen, arabischen und asiatischen Studenten. So wie das Ereignis sie plötzlich überfiel, waren sie, die Reichen, die Führer, die Elite, die privilegierten Kämpfer fassungslos am Rand des schrecklichen Geschehens. Diese Haltung war um so merkwürdiger, als sie während der fünfzig Tage dramatischer Fahrt der Flotte über zwei Ozeane noch von einem Taumel ergriffen waren. Damals jagten sich die Kommuniqués, Pressekonferenzen, Interviews, Debatten und Zusammenkünfte, während die Flotte immer näherkam. Sie war ein derart außergewöhnliches Ereignis, daß man sie geradezu erwartete, um es zu glauben. In Gibraltar hatte man schließlich gesehen!... Jetzt schwiegen alle diese Schwätzer plötzlich, und ihre Begeisterung verwandelte sich in Panik, bei den Verschwiegensten mit verhaltenem Haß am Rand des Abgrunds.

Auch die Antillen-Bars, die China-Restaurants, die afrikanischen Dancing-Clubs hatten ihre Pforten geschlossen. Die Lage in Paris, achthundert Kilometer von der Einwandererflotte entfernt, schien ebenso besorgniserregend zu sein wie an der von der Invasion betroffenen Mittelmeerküste. Hier wie dort war bei allen zu treffenden Vorsorgemaßnahmen Eile geboten, solange es noch Zeit war. Der Polizeipräsident, der mit dem Innenminister im Elysee-Palast in Verbindung treten wollte, hörte, daß der Rat immer noch tagte. Dreiviertel Stunden vor der angekündigten Rede zögerte die Regierung noch immer. Der Polizeipräsident kam zum Ergebnis, daß er eben warten mußte.

Ist dies vielleicht eine Erklärung?

8.

Ballans Lächeln hatte ein Wunder vollbracht. Es braucht oft nicht mehr, um einen Menschen zu erkennen. Gott sei gelobt! Und Ballan lobte Gott, indem er sich als Atheist auf seine Art über ihn lustig machte.

Zwischen dem Pfahlwerk am Kai schwammen Leichen, deren aufgelöste Saris auf dem dunklen Wasser wie ein Lichtteppich wirkten. Einige zappelten noch, aber von oben beugte sich keiner herunter und streckte eine Hand hin. Zu was? Die den Rand des Wassers erreicht hatten, wußten, daß sie dort unter die Füße der riesigen Mengen geraten würden, die alle Kais des Hafens besetzt hatten. Ihr Sturz in den feuchten Bereich bedeutete auch nicht den Tod, sondern das Leben, weil sie die lang ersehnte unwiderstehliche Kraft wahrgenommen hatten, die nichts mehr aufhalten konnte.

Oben auf dem Kai stand auf einem Karren der Mistkäfer und deklamierte. Auf seinen Schultern saß die Mißgeburt, immer steif wie ein Stock. Es war unglaublich. Die Augen der Mißgeburt strahlten! Sie bekamen durch die Worte des neuen Christophorus einen solchen Glanz, daß die Menge nur noch auf diese Augen schaute und sie förmlich verschlang. Jetzt sprach der Mistkäfer:

»Buddha und Allah« – die Menge brummte – »Schiwa, Wischnu, Garuda, Krischna, Partawi, Indra, Deruga, Surija, Bhairaw, Rawana und Kali haben beraten und besuchten den kleinen Gott der Christen. Sie haben ihn vom Kreuz heruntergeholt, haben ihm das Gesicht getrocknet und ihn mit heiligem Balsam gepflegt. Sie haben ihn geheilt und zwischen sich gesetzt. Sie haben ihn begrüßt und zu ihm gesagt: Jetzt verdankst Du uns Dein Leben, was gibst Du uns dafür?«

»Ökumenischer als der Papst«, dachte Ballan, der eifrig zuhörte. »Der Kotsammler schlägt die Christen auf ihrem eigenen Feld. Er hat die Ökumene der ganzen Erde.«

Der Mistkäfer fuhr fort: »Dann rieb der kleine Gott ohne Kreuz seine steifen Glieder, bewegte Arme und Beine, drehte mehrmals seinen Kopf und sprach: ›Es ist wahr. Euch verdanke ich mein Leben, daher schenke ich Euch mein Reich. Die Zeit der tausend Jahre erfüllt sich. Jetzt versammeln sich die Völker an den Enden der Erde. Ihre Zahl ist so groß wie der Sand am Meer. Sie werden auf die Breite der Erde heraufziehen und das Heerlager der Heiligen und die geliebte Stadt umringen...‹«

»Schau mal an«, dachte Ballan, »das ist doch unglaublich. Da ist ja die Offenbarungsgeschichte Kapitel 20 Vers 8 und 9!«

Trotz einer am Ufer des Ganges dicht gedrängt sitzenden Menge von fünfhunderttausend Menschen, zu denen auf allen Zugangsstraßen zum Hafen noch weitere hinzuströmten, war es unglaublich still, als der Mistkäfer seine Rede fortsetzte.

»So sprach der kleine Gott der Christen. Dann führten ihn Allah und Buddha, Schiwa, Kali, Krischna und Wischnu um das leere Kreuz herum. Hierauf machten sie sich zusammen an die Arbeit. Mit dem Holz aus dem Kreuz bauten sie ein großes Boot, das Meere und Ozeane befahren konnte, ein Boot so groß wie die INDIA STAR. Dann sammelten sie ihre Halsketten ein, ihre Diademe, Armbänder und Ringe und sagten zum Kapitän: ›Es ist angebracht, daß Du bezahlt wirst. Nimm das alles, und da Du die Seewege der Welt kennst, so führe uns heute ins Paradies.‹

Als das Schiff die offene See erreicht hatte, gefolgt von Tausenden von weiteren Schiffen, lief der kleine Gott der Christen auf seinen weißen, ungeschickten Beinen am Ufer entlang und rief: ›Und ich! Und ich! Warum habt Ihr mich im Stich gelassen?‹ Buddha und Allah antworteten ihm durch ein Sprachrohr: ›Wenn Du Gottes Sohn bist, dann laufe über das Wasser und komme zu uns.‹ Mutig betrat der kleine Gott das Wasser. Als es ihm bis zum Mund und dann zu den Augen ging, ertrank er.

Die Reise war lang und gefährlich. Viele starben unterwegs. Neue Menschen wurden geboren und ersetzten jene. Dann hörte die Sonne auf zu brennen. Die Luft wurde mild und schmeichelnd, als das Paradies im Westen auftauchte. Man sah Brunnen, aus denen Milch und Honig flossen, sah fischreiche Flüsse und Felder, die bis zum Horizont überreiche Ernten versprachen. Aber man entdeckte keine Menschen, was nicht verwunderlich schien, da der kleine Gott der Christen gestorben war. Nun tanzten die Mißgeburten und das Volk tanzte die ganze Nacht auf der Brücke der INDIA STAR. Wir waren angekommen.«

Ein Heulen brach los, das einem einzigen Triumphschrei glich. Als Ballan aufblickte, sah er gerade noch auf dem glatten Gesicht der Totemfigur eine Art Fleischklappe, die wohl als Mund diente und sich jetzt schloß. Auf dieses offenbare Zeichen der Vorsehung hin setzte sich die Menge in Bewegung. Vielleicht ist dies eine Erklärung. Das erste Schiff, das besetzt wurde, hieß INDIA STAR.

9.

Die INDIA STAR, die seit einem Jahr am Kai lag, war ein sechzig Jahre alter Postdampfer, ein Veteran unter den indischen Kästen dieser Art aus der englischen Zeit. Von seinen fünf senkrechten Kaminen in Röhrenform hatte er vier eingebüßt. Sie waren in unterschiedlichen Höhen durch Wetter, Rost, mangelnde Pflege und wohl auch durch Schicksalsschläge aufgerissen. So wie das Schiff jetzt aussah, schien es zu nichts mehr zu taugen, es sei denn in einer letzten verzweifelten Heldentat das Zeitliche zu segnen. Vielleicht war dies auch die Absicht des Kapitäns, der durch seine zerlumpte Mannschaft die aus verfaulten Brettern bestehenden, zum Kai führenden Fallreeps wieder herrichten ließ. Noch drei Tage zuvor waren sie hochgezogen worden, als die Menschenmenge sich gefährlich zusammenrottete.

Die Anordnung des Kapitäns wäre dennoch unerklärlich gewesen, wenn sie ihm nicht vermutlich von irgend jemandem eingeredet worden wäre. Ballan war die Nacht zuvor an Bord gekommen. Er war dort nicht allein. Andere hatten die gleiche Idee gehabt. Es waren geheime Rädelsführer, die mit der Psyche der Masse vertraut waren. Ihre Namen hat man nie erfahren.

»Und wie steht's mit der Rückkehr?« hatte der Kapitän gefragt. »Wenn das Schiff dazu noch fähig ist...«

»Es gibt keine Rückkehr«, hat irgendeiner geantwortet.

In diesem Augenblick kam Ballan. Sie erkannten sich, ohne sich zu kennen. Sie verstanden sich, ohne sich abzusprechen. Wie Eingeweihte. In was eingeweiht? Und wie?

Selten werden spontane Massenbewegungen nicht mehr oder weniger manipuliert. Man könnte sich vorstellen, daß eine Art mächtiger Dirigent, ein führender Manipulator an tausend Fäden in allen Ländern der Welt zieht und dabei von genialen Solisten unterstützt wird. Aber das wäre falsch gedacht. In dieser Welt der geistigen Verwirrung handeln nur einige unter den Intelligentesten, Großzügigsten oder auch Bösartigsten spontan. Sie kämpfen auf ihre besondere Art gegen den Zweifel und entziehen sich den menschlichen Lebensbedingungen, deren jahrhundertaltes Gleichgewicht sie ablehnen. Ohne zu wissen, was die Zukunft bringt, rennen sie auf einer Flucht nach vorne mit und brechen auf ihrem Weg alle Brücken hinter sich ab. Vor allem geben sie das Denken auf. Jeder zieht an den Fäden, die mit dem eigenen Gehirn verbunden sind, und genau da liegt das Geheimnis unserer Zeit begraben. Alle diese

Fäden laufen zusammen und bewirken ohne vorherige Abstimmung den gleichen Gedankenablauf. Die Welt scheint nicht einem bestimmten Dirigenten, sondern einem neuen apokalyptischen Tier unterworfen zu sein, einer Art anonymen, allgegenwärtigen Mißgeburt, die sich vordergründig der Zerstörung des Abendlandes verschworen hat. Nichts hält das Tier auf. Das weiß jeder, und es erzeugt bei den Eingeweihten ein Triumphgefühl, während die, welche noch dagegen ankämpfen, von der Nutzlosigkeit des Kampfes gepackt sind. Dies ist auch eine Erklärung.

10.

Als erster ging der Mistkäfer an Bord. Als der steife Kopf der Totem-Mißgeburt sich wie ein aufgetauchtes Periskop einen Weg durch die Menge bahnte, schwieg diese. Das Schweigen dehnte sich wellenförmig vom Kai über das ganze Hafenviertel bis zu den entferntesten Straßen aus, wo neu Hinzukommende zu gewaltigen Rudeln anschwollen. Aus der Masse vor der Seitenfront des Schiffes ragten die Köpfe der Mißgeburt und des Mistkäfers heraus, und bald sah jeder das symbolische Paar langsam auf dem Fallreep hochsteigen. Für die in der Nähe Stehenden wie für die weiter Entfernteren, die nichts sehen konnten, aber von Mund zu Mund auf dem laufenden gehalten wurden, bekam der Aufstieg des Propheten göttliche Bedeutung, wie auch der göttliche Charakter des Unternehmens von niemandem bezweifelt wurde. Wohl aber begann Ballan am Wert seines Atheismus Zweifel zu hegen, als er den plötzlichen Lärm der Menge hörte.

Oben auf der Kommandobrücke der INDIA STAR hob der Mistkäfer beide Hände zum Himmel. Dann ergriff er seinen Sohn an beiden Stümpfen, die als Beine dienten, und schwang ihn wie ein Signal hoch. Jetzt glaubte jeder in der riesigen Menge, persönlich aufgerufen zu sein.

Ein Ansturm begann. Es war keine Schlacht, aber es gab Tote, ein belangloser Makel am Rand dieser Massenflut. Die mißgestalteten Kinder, die von Hand zu Hand weitergereicht wurden, gelangten ohne Schaden an Bord. Die engen Treppenenden der Fallreeps tauchten wie übervolle Wannen in das Wasser zwischen Schiff und Kai. Viele gelangten über das Pfahlwerk zu den ersten Eroberern des neuen Paradieses.

In der Masse der dicht gedrängten Körper, die auf einem der Fallreeps hochstiegen, versuchte Ballan unterzutauchen. Aber die Menschenflut war wie eine mit Scherben gespickte Mauer. Aus dieser ragten Arme heraus, geballte Fäuste, Krallen, offene Kinnladen. Ballan klammerte sich an Saris und umschlang Beine, die ihn schnell abschüttelten, um frei zu werden. Ein Faustschlag verschloß ihm ein Auge. Aus Kratzwunden im Gesicht floß ihm das Blut in den Mund. Er sprach nur noch vor sich hin: »Herr vergib ihnen, denn sie wissen nicht, was sie tun.«

Ballan starb rasch. Als er in das dunkle Wasser stürzte, überkam ihn die Liebe zum Abendland und die Reue. Aber diese letzte Gemütsaufwallung, bei der er sich völlig verleugnete, war ihm offenbar so peinlich, daß er freiwillig den Mund öffnete und gierig den Tod schlürfte.

11.

An diesem Tag und an den folgenden wurden in allen Häfen am Ganges hundert Schiffe auf die gleiche Weise und im Einvernehmen mit Kapitän und Mannschaft besetzt. Es genügte, daß der Mistkäfer auftrat und zur Menge sprach. Die Polizei berichtete dies von der Kommandobrücke zweier Schiffe gleichzeitig, was vermuten ließ, daß sie vom Taumel der Menge mitgerissen worden war.

In Wirklichkeit hatte die Menschenflut in dieser vom Wahn befallenen Stadt auf ihrem Weg jede Art Autorität zerstört. Ein Eliteregiment, das den Befehl erhalten hatte, den Zugang zum Hafen zu sperren, warf seine Waffen in den Ganges und mischte sich unter die Menge. Dieser Befehl ist übrigens die einzige Reaktion seitens der Regierung gewesen, die auch nur unter dem gemeinsamen Druck der europäischen Konsulate ausgelöst worden war. Im weiteren Verlauf versteckten sich die Minister in ihren weit entfernten Villen. Auch die Ressortleiter wurden unsichtbar, und bis zum Auftauchen der Flotte hüllten sich alle, die in der Regierung des Ganges irgendeine Verantwortung trugen, in Stillschweigen und glänzten durch Abwesenheit.

12.

Als später die Flotte ausgelaufen war und die Weltmeinung auf einmal von diesem Auszug und von den Umständen, die zum Tod des Konsuls geführt hatten, erfuhr, gab es keine einzige Stimme, die seine Handlung gebilligt oder ihn verstanden hätte. Ohne Rücksicht auf den kleinen Mann, von dem am Ufer des Ganges nur ein Blutfleck übrig blieb, nachdem die Menge über seinen Körper getrampelt war, sprach man von dem »unüberlegten Streich des Konsuls Himmans«. Die Flotte und ihre Passagiere wurden als Tragik empfunden, der Konsul als lächerliche Figur betrachtet. Der einzige Leitartikler, der sich um Wahrheit bemühte, tat es mit einer Art traurigem Humor. Er überschrieb seinen Artikel mit »Das letzte Kanonenboot oder das Ende einer Politik« und schilderte die hauptsächlichsten bewaffneten Interventionen Europas bei den ehemals unterentwickelten Völkern bis zum allmählichen Schwächerwerden seines Einflusses. Der Gewehrschuß des kleinen Konsuls war schließlich Symbol der verlorenen Überlegenheit.

Der kleine Konsul wollte kein Aufsehen erregen. Er ging keinen Empfehlungen nach und keinen vergleichbaren Vorgängen. Er fühlte sich weder als Held, noch hatte er Lust an einem Theater. Und doch verursachte sein Tod einen ganz hübschen Spektakel. Seine Armee, zum Beispiel, die aus einem einzigen Mann, einem Sikh, bestand, war nur noch eine symbolhafte, armselige, ausgehungerte Theatertruppe, die mit ungeschicktem Schritt über die Bühne ging, gleichsam mit einem Plakat in der Hand, auf dem jeder lesen konnte: »Armee des Herrn Konsuls aus Europa«. Immerhin achtete die Armee des Konsuls die alten Traditionen, welche die Größe und Macht des Abendlandes außerhalb seiner Mauern verankert hatten. Es war eine Armee aus Eingeborenen. Daß sie nur noch aus einem einzigen Mann bestand, machte sie noch eindrucksvoller. Wenn die Größe nicht mehr von allen anerkannt wird, ist die Groteske der einzige vernünftige Ausweg. Was soll's! Die Hofnarren waren intelligenter als die Könige. In dieser Welt von neuen, schwarzen Königen wird der weiße Mann zum Hofnarren. Das ist alles.

Der kleine Konsul aus dem Abendland erschien am hellen Mittag an der Spitze seiner »Armee«. Wenn man sagen würde, diese wäre demoralisiert gewesen, so hätte dies kaum der Wahrheit entsprochen. Sie brach einfach zusammen. Das alte Gewehr zitterte in der Hand seines von Furcht gepackten Trägers. Doch ohne zu überlegen, setzte die »Armee« mit weichen Knien ihre Fußstapfen in die des Generals. Unter Befolgung der belgischen, nach englischem Muster ausgerichteten Exerzierregeln – Kopf hoch, Blick gerade aus, ohne irgendwo hinzuschauen – erreichte die »Armee« gerade noch soviel Überraschungswirkung, daß die Menge ihr den Weg freigab. Mitten durch sie hindurch gelangte der Konsul schließlich zum Kai. Dort lag ein großes Schiff, das fast ebenso hoch war wie die INDIA STAR. Es war mit dem Festland durch drei Laufstege verbunden, auf denen sich dichte Menschenhaufen nach oben zwängten. Am Fuß einer der Stege stand ein weißer Mann mit dem Rücken zur Menge gekehrt. Sein Blick war in die Ferne gerichtet. Traurig erhob er seine Arme.

»Was machen Sie denn hier?« fragte der Konsul den Bischof. »Glauben Sie, daß der Augenblick gekommen ist, wo wir beide sterben werden, ohne einig zu sein?«

Der Bischof brach seine Betrachtung ab und lächelte.

»Sie gleichen dem toten Christus«, fuhr der Konsul fort. »Ich habe meine Stellung verloren, aber ich weiß warum. Das ist der Unterschied zwischen uns beiden, Sie schweben in Illusionen, im Namen eines närrischen Gottesglaubens, der nur in Ihrem Kopf besteht. Aber schauen Sie sich doch einmal ernstlich dieses Gewimmel um uns herum an, und entscheiden Sie dann offen. Sie sind nur ein blinder, stummer und unnützer Apostel. Für diese Menge bedeuten Sie gar nichts, während ich ihr binnen kurzem wenigstens einen Augenblick gegenübertreten werde. Sie stehen, schlicht gesagt, allein da, Monsignore. Alle diese Menschen betrachten Sie verständnislos, und trotzdem haben Sie ihnen den Segen erteilt. Das haben Sie doch gemacht, nicht wahr?«

»Sicher«, erwiderte der Bischof. »Ich bin der apostolische Präfekt vom Ganges. Jetzt zieht meine Diözese fort. Ich wünsche ihr gute Reise und bitte Gott, daß er ihr helfen möge.«

»Jämmerliche Phrasen!« sagte der Konsul. »Als ob der Ganges je einen Bischof gebraucht hätte. Und Sie glauben, daß Gott diesem Pack helfen wird? Ihr Gott vielleicht, aber nicht der meinige.«

Der von Angst gepackte Sikh war fassungslos. Er wandte sich den beiden Männern zu, die ganz allein inmitten der Menge unbekümmert plauderten. Dann schwenkte er schnell den Lauf seines Gewehrs wie ein Panzerturm in einem närrischen Film und fuhr mit ihm die Mauer der im Kreis herumstehenden Gesichter entlang. Als er beim Konsul ankam, hoffte er in seiner panischen Furcht, daß sein Herr endlich auf ihn hören werde.

»Konsul Sahib! Wir müssen weg! Ich kann niemand mehr Angst machen! Sie sind zu nahe da. In wenigen Sekunden wird niemand mehr vor Ihnen Angst haben, und wir werden dann nicht mehr lebend herauskommen, Konsul Sahib!«

»Hast Du eine Kugel in Deiner Kanone?«

»Nein, Konsul Sahib. Wozu auch?«

»Gut, stecke eine hinein, Schafskopf!«
Schande über die Sikhs, den einstigen Ruhm des Kaiserreichs. Beim fünften Versuch wurde der Befehl von dem völlig entnervten und zitternden Krieger endlich ausgeführt. Jetzt antwortete der Bischof:
»Gottes Hilfe? Hören Sie! Gott hilft ihnen, denn soeben geht das Unmögliche in Erfüllung. Jene fahren weg!«
Die Sirene der INDIA STAR heulte so traurig, daß ein abergläubischer Kapitän das Zittern bekommen hätte. Es hörte sich an, als ob ein taubstummer Riese sein defektes Stimmband quält. Zunächst waren es kurze Versuche, schrille, ernste, abgehackte, ungleichmäßige Töne. Dann endete das Ganze in einem ungeheuren Pfeifenkonzert, bei dem jeder Ton der Skala den nächsten überdeckte, ohne ihn ganz zum Verstummen zu bringen. Die Orgelpfeife der INDIA STAR, die vom Rost durchlöchert war, tat ihren letzten Dienst. Sie barst im gleichen Augenblick, als auf dem Fallreep die Totem-Mißgeburt den zahnlosen Mund schloß.
Auf der am Kai liegenden CALCUTTA STAR, einem verkommenen Stern einer verkommenen Stadt, gab der Kapitän dem Bootsmaat heftige Zeichen. Dieser war mit einem Pilgerrock bekleidet, hatte aber seine mit Tressen besetzte Mütze aufbehalten, was ihm das Aussehen einer Kasperlefigur gab. Zwei Fallreeps wurden hochgezogen. Am oberen Ende des dritten, an dessen Fuß der kleine Konsul und seine »Armee« stand, schien noch eine Ecke auf der Schiffsbrücke für die am Kai wartende Menge frei zu sein. Diese setzte sich jetzt langsam in Bewegung, wie ein riesiges Tier mit einer Million Tatzen und hundert aneinandergereihten Köpfen. Einer derselben, der schöne Kopf eines jungen begeisterten Mannes, dessen leuchtende Augen das ganze Gesicht überstrahlten, stieß mit der jämmerlichen Kanone der europäischen Artillerie zusammen.
»Feuer!« befahl der Konsul.
Dieses inhaltsschwere Wort hatte er noch nie gebraucht. Er sprach es zum ersten Mal aus und war darüber selbst verwundert. Im Augenblick des Todes entdeckte der kleine Konsul mit Entzücken das militärische Schauspiel. Feuer! Sehen Sie, Sire, eine weitere Kolonie liegt zu Ihren Füßen. Feuer! Die Kanaken ergeben sich und hissen die Flagge mit den drei Farben. Feuer! Der Sultan von Patacauet bittet um Schutz. Feuer und nochmals Feuer! An den Hinrichtungspfählen im Festungshof fallen die rebellischen Schweine, denn wir sind zwar stark und großzügig, aber... Feuer! Der Konsul wachte aus seinem Traum auf, weil kein Schuß fiel und die »Armee« zurückging.
»Auf was wartest Du denn, Du Schwachkopf!«
Die »Armee« desertierte, wie üblich, auf die feigste Art und Weise. Gott gibt uns eines Tages siegreiche Armeen, die angesichts des besiegten Feindes desertieren. Er wird sie uns sicher schenken, wenn er alle

diese Jämmerlinge hört, die sich seines Namens bedienen. Der Sikh gab dem Konsul sein Gewehr und sprang in den Ganges.

»Sie werden trotzdem nicht schießen!« sagte der Bischof.

»Ich werde schießen und töten«, erwiderte der Konsul und hob entschlossen den Gewehrlauf bis in Höhe der Kuhaugen der Tiermenge.

»In wessen Namen?« fragte der Bischof.

Seit einigen Momenten richtete der Konsul seine Blicke auf die Augen des jungen dunkelhäutigen Mannes in Zielrichtung seines Gewehres. Das Drängen der Menge ließ kurz nach.

»Was glauben Sie wohl, was ich Ihnen antworten werde? Im Namen des Ruhms? Der Ehre? Aus Prinzip? Im Namen der christlichen Zivilisation? Im Namen von was weiß ich? Nichts von all dem. Ich werde diesen Blick auslöschen, weil mir dies gefällt. Ich erkenne keinen von diesen Tausenden von Marsbewohnern als Bruder an. Mit ihnen erkläre ich mich nicht solidarisch, und ein einziges Mal werde ich es beweisen.«

Er schoß. Mit einem blutenden Loch zwischen beiden Augen verschwand einer der hundert Tierköpfe, an dessen Stelle sofort ein anderer mit einem schwarzkarierten Gesicht und starken Kieferknochen trat und dessen haßerfüllter Blick sich auf den Konsul richtete. Sofort lag dieser zusammengeschlagen auf der Erde. Der Bischof beugte sich über den schmächtigen hingestreckten Körper.

»Im Namen Gottes vergebe ich Ihnen«, sagte der Bischof.

»Im Namen Gottes pfeife ich darauf«, antwortete der Konsul.

Jetzt drängten die hundert Köpfe nach vorne. Das in Bewegung geratene Tier machte sich auf den Stufen des Fallreeps dünn und kletterte auf seinen Tausenden von Tatzen zur Brücke der CALCUTTA STAR hoch. Der Bischof wurde von der Menschenflut davongetragen und schließlich zur Schiffsbrücke hochgespült. Er war noch am Leben, aber matt wie ein Schiffbrüchiger, der auf dem Sand einer unbekannten Insel gestrandet war. In dieser Masse, die sich in einem Zustand mystischer Erregung befand, hatte er fast das Bewußtsein verloren.

Als die CALCUTTA STAR den Hafen verließ, glaubte der Bischof auf dem verlassenen Kai eine Blutlache zu sehen, an der zwanzig Hunde leckten, während weitere hundert Hunde aus den leeren Straßen herbeiliefen, um sich an dem Schmaus zu beteiligen. »Wahrhaftig! Ist das alles, was vom Konsul übrig bleibt?« war der einzige Gedanke, der sein Gehirn durchzuckte. Es war ihm, als ob einer der Hunde mit der Zunge Worte in das Blut zeichnete. Von dem sich absetzenden Schiff aus konnte er sie nicht lesen. Auch war er nicht sicher, ob es wirklich Worte waren, obwohl er einen Augenblick geglaubt hatte, lateinische Silben erkannt zu haben. Auf der Schiffbrücke zerbrach er sich in der verkrampften Sitzstellung eines Yogi täglich den Kopf und versuchte im Rhythmus des Wassers etwas zu entdecken, was seine Netzhaut nicht festgehalten hatte. Langsam verdunkelte sich sein Verstand.

13.

Am Ende des Ganges löste sich die Rötung des Deltas im Golf von Bengalen plötzlich auf. Die hundert Schiffe der Emigrantenflotte nahmen Südwestkurs in Richtung der Meerenge von Ceylon. Die Kapitäne hatten vereinbart, die Geschwindigkeit nach dem baufälligsten Schiff zu richten. Es war ein Krüppel unter dieser merkwürdigen Flotte, der bisher im ruhigen Küstengewässer als Schleppdampfer gedient hatte. Sein niedriger Bug, der wie die ganze, flache Schiffbrücke dicht mit Pilgern besetzt war, tauchte bei jeder Woge ins Wasser, wobei immer etliche Überzählige als Tribut in der Gischt verschwanden. Es war, als ob am Schluß des Konvois der kleine Däumling den Rückweg mit menschlichen Kieselsteinen hätte kennzeichnen wollen.

Auf der INDIA STAR an der Spitze hatte die Mütze des Kapitäns ihren Besitzer gewechselt und saß nun auf einem kahlköpfigen Stumpf. Die Stirn desselben war mit vier Goldlitzen geschmückt, die starren Augen ohne Lider gegen die Meeressonne durch den glänzenden Mützenschirm geschützt. Die Mißgeburt kommandierte jetzt die Flotte. Sie tat es nach Art eines Orakels, das vor jeder ernsten Entscheidung befragt wurde. Ein Blitzen der Augen gab den Ausschlag. Seltsamerweise wurde erst später klar, daß das Schicksal der Flotte bei mehreren Fällen vom Glück begünstigt war.

An der Reise nahmen auch Statisten teil. Seit dem Heulen der Sirene der INDIA STAR waren sie sehr überrascht, daß sie völlig nebensächlich geworden waren. Sei es, daß sie als verfemt galten oder Rassenhaß oder nur offensichtliche Gleichgültigkeit mitspielten, jetzt saßen sie als Gefangene von einer Mauer von Menschenleibern umgeben im untersten Deck des Schiffes oder in dunklen, heißen Kammern neben dem Maschinenraum. Es waren Weiße darunter. Auf ihren Absätzen hockend unterhielten sie sich, ein einsamer, hungriger, primitiver Haufen. Sie redeten eine Woche lang. Das Ereignis, an dem sie teilnahmen und dessen nutzlose Zeugen sie blieben, stürzte sie in Angstzustände, die sich durch die Erschöpfung steigerten. Jeder baute eine neue Welt auf, wie sie in irgendeinem Wochenblatt der westlichen Linken angepriesen wird. Es war gut so, daß sie sich in ihrer augenblicklichen Notlage nicht mit Tiraden erschöpften und sich gegenseitig ihre Namen, ihren Glauben und ihre Ansichten vorhielten, was ohnedies keinen Wert hat, wenn man im Dunkel eines Bunkers hockt. Da sie nichts zu beißen hatten, zerpflückten sie den Westen mit Worten. Der Hunger machte sie dabei bösartig.

Sie sahen sich als gute Apostel, welche die Schritte der Menge auf westlichen Boden lenken werden. Der eine wollte dann die Kranken aus unsern Krankenhäusern hinauswerfen und auf den weißen Leintüchern die Lepra- und Cholerakranken betten. Ein anderer wollte unsere fröhlichsten Kinderschulen mit mißgestalteten Kindern bevölkern. Ein weiterer predigte im Namen einer künftigen Einheitsrasse den schrankenlosen Geschlechtsverkehr. Er meinte, daß dies nicht schwierig wäre, weil die unterschiedlichen Hautfarben sich anziehen würden. Wieder einer wollte die Supermärkte den Heerscharen der dunklen Nacktfüßler ausliefern. »Du kannst Dir vorstellen, was da los wäre! Hunderttausende von Frauen und Kindern in den riesigen Milchbars losgelassen. Wie glücklich sich diese vollstopfen und alles kaputtmachen würden...«

Von Zeit zu Zeit unterbrach eine dieser Vipernzungen ihre Ergüsse und leckte am Eisengitter, wo sich kondensierte Feuchtigkeit in süßen Wassertropfen absetzte. »Nichts zu trinken für die Unglücklichen«, sagte der abtrünnige Schriftsteller. »Elende Welt! Bereite dich vor, du mußt deine Vorräte teilen. Der Idiot von Wasserträger wird sich in deinen Schwimmbädern tummeln. Er wird vielleicht verrückt werden, wenn er abschätzt, wieviele Wasserkübel der Inhalt dieser Bäder ergibt, und du, du wirst an deine Tür klopfen und um ein Glas Wasser bitten!...« darauf legte er sich hin und sprach kein Wort mehr.

Am neunten Tag verstummte ein Kämpfer nach dem andern. Es waren Laienmissionare, der Kirche feindlich gesinnte Priester, idealistische Pedanten, aktivistische Denker, die sich da als harte Vertreter einer andern Welt auf den Schiffen befanden. Manchmal erhob sich einer und löschte seinen Durst am eisernen Geländer. Aber keiner sprach mehr ein Wort. Sie waren mit dem Leben davongekommen. Ein Kind brachte ihnen Reis. Es dachte dabei sicher an die schmutzigen Bonbons von Ballan...

Als die Flotte durch die Meerenge von Ceylon fuhr, um dann um die Südspitze Indiens herum in nordwestlicher Richtung dem Roten Meer und dem Suez-Kanal zuzustreben, wurde die Welt plötzlich wach. Eine Flut von Funk- und Fernsehmeldungen und ein Meer von Pressenachrichten befaßten sich mit dem Vorgang.

14.

Die Behauptung, der Aufbruch der Flotte hätte nach ihrem Bekanntwerden die westliche Welt beunruhigt, wäre zu diesem Zeitpunkt falsch gewesen. Viele Leute redeten sofort salbungsvolle Worte. Die Milchkühe westlichen zeitgemäßen Denkens trösteten sich täglich schweifwedelnd und fröhlich, daß vorerst kein Problem bestehen würde.

Wenn man angesichts der Auswandererflotte oder auch einer anderen außergewöhnlichen Sache die westliche Meinung verstehen will, muß man von der westlichen Vorstellung ausgehen, daß sie sich grundsätzlich über alles lustig macht. O ja! Sie spiegelt Stimmungen wider, wie sie ins Kino geht oder sich im Fernsehen spontan oder berufsbedingt einsetzt. Das Welttheater, das durch diese Hure Massenmedien frei Haus geliefert wird, bringt nur etwas Abwechslung in das absolute Nichts, in das sie seit langem abgesunken ist. Wer noch denken kann, dem kommt dabei der Speichel hoch. Wir wollen aber nicht spucken. Wenn die Nachrichten kommen oder die Presseschau, geifert die Hure und beweist, daß sie offenbar etwas denkt, wie auch der Geifer von Pawlows Hund von seinem wachen Instinkt zeugt. Die Trägheit wird von der Meinung aufgerüttelt. Das ist ihre Tätigkeit. Glaubt man aber wirklich ernstlich, daß irgendein Durchschnittsbewohner im Westen, wenn er aus der Fabrik oder aus dem Büro kommt und mit den Ereignissen der Welt konfrontiert wird, etwas anderes fühlt als eine vorübergehende Unterbrechung der gewaltigen Langeweile, in der er sich bewegt?

Als der erste Pressehubschrauber über der Küste Ceylons aus geringer Höhe die ersten Aufnahmen von der Emigrantenflotte machte, erschütternde Fotos, die über Radar in der gesamten Weltpresse erschienen, was glauben Sie wohl, was der Normalverbraucher im Westen dabei dachte?

Er wäre bedroht? Das Todesglöcklein würde für ihn läuten? Keineswegs. Er dachte ganz einfach, daß er diesmal mit dem Bericht über die verzweifelte Fahrt dieser Flotte, die ihre Toten im Ozean verstreute, einen guten Unterhaltungsartikel vorgesetzt bekommen hat.

Indessen sah die Wirklichkeit ganz anders aus. Es gab ein brutales Erwachen, wie es die Menschheit seit dem Zweiten Weltkrieg nicht mehr erlebt hatte. Die Nachrichten sprengten die Bildschirme, daß die Fetzen in die Beefsteaks flogen. Die Leute sprangen auf und nieder wie in einem Aquarium, in welchem sie sich noch kurz zuvor vergnügt hatten. Da aber das schützende Glas geborsten war, nahmen Elend,

Plage und Klagen, Haß und Maschinengewehre ihren Lauf und hinterließen auf ihrem Weg geplünderte Wohnungen, zerstörte Harmonien und zu Stein gewordene Familien. Sie verbreiteten sich über die ganze Stadt, das ganze Land, über die ganze Welt, als lebensnahe Photos, als Probleme, die alle angingen. Es war wie in einem Film mit großen Filmschauspielern, die, plötzlich toll geworden und unbeherrscht, zum Regisseur »Scheiße« sagen.

Auch der kleine Mann merkte auf einmal, daß er schlecht zugehört oder gelesen hatte, daß diesmal die Nachricht nicht zu seinem stillen Vergnügen über den Lautsprecher kam. Was er jetzt hört, lautet schlicht: »Eine Million Flüchtlinge vom Ganges wollen morgen früh in Frankreich an Land gehen. Fünf weitere Flotten aus Afrika, Indien und Asien sind unterwegs auf dem Meer.« Jetzt rennt der kleine Mann und kauft schnell Zucker und Öl, Nudeln und Wurst. Er packt seine »Napoleons« in Socken und versteckt sie unter dem Parkettboden. Er leckt dem Herrn Tankwart die schmierigen Stiefel wegen zwei Kanistern Benzin für seine Flucht. Schließlich betrachtet er mit vor männlicher Rührung feuchten Augen seine Frau, seine Tochter und seine alte Mutter, die schon mit einem Heiligenschein umgeben sind. Nach einem letzten Rülpser beim Abschiedsessen der Stammtischrunde ist er bereit, »dem Ereignis entgegenzusehen«. Sein Blick hat sich schon geändert; er ist jetzt halb verschlagen, halb unterwürfig. Der kleine Mann sucht bereits einen Ausweg für sich. Aber soweit ist es noch nicht. Augenblicklich ist der kleine Mann noch eingeschläfert wie Millionen andere und hört friedlich auf das Gebimmel, das ihm die vorsetzen, die für ihn denken.

Was für ein Konzert! Welches Talent! Nur Klassisches aus der Tradition der großen menschenfreundlichen Musikwelt. Unmöglich, alle Meister aufzuführen. In den ersten Tagen war es eine Sintflut, eine Lawine engelhafter, zu Tränen rührender Töne. Und was die Meinungsmacher dazu sagten und schrieben, machte einen schon vorzeitig müde, obwohl sie alle eine schwere Verantwortung trugen. Sie wickelten den kleinen Mann ein. Wenige gaben sich freiwillig dazu her. Aber jene Diener der Mißgeburt wußten, was sie taten. Sie machten es gut. Die andern vergeudeten aus herzergreifenden Gründen Worte und Tinte, wobei die Anwendung jeder Härte abgelehnt wurde, wie wenn das am Rand seines duftenden und fruchtbaren Waldes bedrohte Tier sich plötzlich weigern würde, zu brüllen und seine Zähne zu zeigen, wenn dies zu seinem Schutz genügen würde.

In die epidemische Schlappheit ihrer Kommentare streuten sie auch moralische Bedenken ein – das gemeinste Verhalten – wie etwa, man solle nicht im Konzert der Hyänen mitlachen und nicht im Chor der Heuchler weinen, nicht mit den Einfältigen meckern, unbedacht Unterscheidungsgedanken äußern, und besonders solle das Weltgewissen auf einen deuten, weil man den Verrat ringsum verhindert. Ah! die schönen

Federfuchser, die hübschen Phrasendrescher, die wir in diesen Galgenfristtagen hatten.

An der Spitze der Blütenlese stand der unmögliche Herr Jean Orelle. Als Sprecher der französischen Regierung plapperte er als erster, denn es war sein Amt, das Licht bei der Versteigerung anzuzünden. Jeder hoffte, daß er das Gebot ziemlich hoch ansetzen würde. Daran fehlte es nicht. Das ewige Frankreich war es sich schuldig, bei Beachtung der weltweit anerkannten Sitte ein Solo herrlicher Liebesrufe zu blasen, ohne sich im geringsten zu überlegen, wie es sich dann wieder lösen kann, wenn die Karotten gekocht sind.

15.

»Ohne den Vorgang überbewerten zu wollen«, begann der Minister und legte ein kleines leichtes Aktenstück vor die Mikrophone...
Die Minister hatten sich überhaupt nicht geäußert.
»Und wenn sie nach Europa kommen und in Frankreich an Land gehen?« bemerkte einer von ihnen.
»Sie werden nie bis hierher kommen«, antwortete ein Admiral. »Ich habe mir die Fotos angesehen. Ein Sturm da drüben, und man spricht nicht mehr davon.«
Eine Million Armer ertrinkt im Erdgeschoß des Elysee-Palastes, während ein Wind sachte die Bäume im Park bewegt, die im zarten und frischen Grün prangen.
»Summa summarum«, sagt der Präsident und lächelt gewohnheitsgemäß, wie beim Nachtisch zwischen Birne und Käse, »es genügt, sich auf Äolus und Neptun zu verlassen.«
Einer hüstelt und sucht nach einer einfachen Lösung. »Kann man nicht die Regierungen Indiens auffordern, sie aufzuhalten, solange es noch Zeit ist?«
Grinsen am Ende des Tisches.
»Gibt es in Indien überhaupt eine Regierung?« fragt ein kleiner Staatssekretär, der gewöhnlich schweigt.
Auf den obersten Rangplätzen hört man Seufzen.
»Ich könnte Ihnen schon jetzt ihre Antwort mitteilen«, antwortet der Minister für Auswärtige Angelegenheiten. »Die Regierungen Indiens, die mit der neuen Lage beschäftigt sind, besonders mit der zunehmenden Verschlechterung der Ernährungslage...«
Erneutes Grinsen. »Ein Bordell«, sagt der kleine Staatssekretär.
Der Präsident freut sich über solche Nachtischgeschichten, meint aber, daß es dafür jetzt noch zu früh sei! »Herr Staatssekretär«, sagt er streng, »wahren Sie bitte den geziemenden Anstand! Fahren Sie fort, Herr Außenminister!«
Erneutes Seufzen.
»Die indischen Regierungen erklären diesbezüglich, daß jedes Einschreiten unmöglich ist und lehnen im voraus eine Verantwortung ab. Sie drücken ihr Bedauern aus...«
Wieder ist man am Nullpunkt. »Alles klar«, sagt der Präsident. »Wie leicht ist doch das Regieren! Ich frage mich, ob es irgendwo auf der Welt eine Regierung gibt, die für etwas verantwortlich ist? Wenn der Admiral

sich täuscht, könnte man nicht doch etwas unternehmen? Eine offizielle Maßnahme? Eine vernünftige natürlich. Zum Beispiel seitens der UNO?«

Wie ein Teufel springt der kleine Staatssekretär von seinem Stuhl hoch. Er jubelt: »Fordern wir die UNO auf. Internationalisierung der Nomadenflotte unter der blauen Flagge der UNO, mit Verladung auf schwedische, äthiopische und paraguayanische Schiffe. Die UNRRA übernimmt mittels Hubschrauber die Verpflegung der Passagiere und die Unterhaltung der Schiffe. Und die Flotte fährt zwanzig Jahre lang zur allgemeinen Zufriedenheit über die Ozeane. Der Gedanke ist übrigens nicht neu. Er war schon oft von Nutzen. Natürlich wird sich die Bevölkerung an Bord in zwanzig Jahren mehr als verdoppeln. Untätigkeit und Hitze... Man müßte zur Verstärkung der Flotte Schiffslager anlegen. Glauben Sie, meine Herren, so könnte das lange laufen. Die Enkel der Emigranten wüßten nicht einmal mehr, warum sie das Meer als Horizont und die Schiffbrücken als nationales Territorium haben. Man muß auch daran denken: sie werden politisch zu denken beginnen. Untätigkeit und Hitze... Sie werden Forderungen erheben, werden Unabhängigkeit verlangen. Und warum nicht? Auf den Bänken der UNO sitzen Vertreter von hundert nicht lebensfähigen Völkern. Man wird eben den hundertundeinen Sitz schaffen, das ist alles! Die ambulante Republik der Meere. Selbstverständlich wird man üblicherweise eine Aufteilung vornehmen. Man wird die Flotte in zwei Teile trennen und dafür sorgen, daß diese sich in verschiedenen Richtungen bewegen und sich nie treffen. Das kostet natürlich Geld. Die westlichen Staaten werden aufgefordert werden, sich entsprechend ihrem Vermögen an der Unterhaltung der beiden ozeanischen Republiken zu beteiligen. Wir haben da Übung. Was machen wir denn sonst, wenn in der Dritten Welt ein Problem auftaucht und wir unsere Ruhe haben wollen? Wir zahlen. Wir murren, aber wir zahlen. Mit Hilfe der Zuteilungen der UNRRA und Aspirinschachteln des Weltgesundheitsdienstes bedeutet das nichts, das müssen Sie zugeben. Ein billiger Friede und ein ruhiges dauerndes Glück, ohne sich um die Nachbarn kümmern zu müssen, das wünschen Sie doch? Herr Präsident, ich schenke Ihnen meine Idee.«

Der Präsident betrachtete verstohlen den kleinen Staatssekretär. »Von was gehen Sie aus, Herr Perret? Von einer Außenseitermehrheit. Ich möchte sagen, vorher? Von einer Philologenhochschule. Ich zweifle daran. Sie scherzen wohl?«

Die Mißbilligung erzeugte einen schmerzlichen Eindruck auf den Gesichtern, da alle verzweifelt nach einer Idee suchten.

»Meine Herren«, sagte der Präsident, »man glaubt, man sei im mündlichen Abitur. Sie sind sehr um Antworten verlegen! Was Sie betrifft, Herr Staatssekretär...«

Beide lächelten. »Es ist wahr, ich scherze, Herr Präsident. Aber es scheint, daß ich der einzige bin, der die Behauptung von einer friedlichen Besetzung der westlichen Welt lächerlich und verrückt findet. Hat man je schon erlebt, daß der Hammel sich auf den Wolf stürzt und ihn frißt?«

Aktentaschen rutschen hin und her. »Häßlich! Häßlich! Schändlich! Herzlos!« Wenn man schon keinen Kopf hat, dann sollte man wenigstens Seele haben.

»Herr Präsident«, sagte der Staatssekretär, »wenn meine Kollegen sich doch endlich vernünftig unterhalten würden. Ich könnte ihnen zwanzig ernsthafte Lösungen zu diesem verrückten Problem bieten.«

Der Präsident: »Zum Beispiel;«

Der Staatssekretär wandte sich um, und mit einer Bewegung, wie wenn ein Kind eine Waffe in den Händen hält, fegte er über den Konferenztisch: »Tak- tak- tak- etak- etak- etak- tak- tak. Sie sind alle tot.«

Als man den Admiral, der auf einem Hocker hinter dem Sessel des Ministers versteckt war, »bum – bum – bum« rufen hörte, war das Maß der Bestürzung voll.

»Was soll das?« fragte der Minister mit verstörtem Blick und wandte sich um.

»Das ist eine Kanone, Herr Minister«, antwortete der Admiral.

Drei Minister verbargen ihr Gesicht in den Händen. Ein anderer klopfte sich an die Schläfen. Zwei gerieten vor Zorn außer Atem. Drei weitere rieben sich den Kopf. Einer weinte sogar. Dieser brach das betretene Schweigen und wandte seine tragische Maske des königlichen Beraters langsam der Ratsversammlung zu.

»Sind wir die französische Regierung«, sprach er, »die sich in einer außergewöhnlichen Stunde beim Herrn Präsidenten der Republik eingefunden hat, um ein seit dem tiefen Mittelalter nicht mehr dagewesenes Drama menschlich zu lösen, und zwar in einer ehrbaren Weise, wie sie am Ende der großen materialistischen Veränderung der Mensch sich selbst schuldig ist? Oder sind wir nur ein Dorfgemeinderat, der sich beim Bürgermeister versammelt hat, um auf bäuerliche und borniert Art einen Beschluß schärfer abzufassen, der den Aufenthalt von Zigeunern im Gemeindebereich regelt?« Der Mann, der so sprach, war Herr Jean Orelle.

Der Präsident hatte boshafterweise Lust, diesen Angriff zu unterstützen. »Sieh mal an«, sagte er, »das ist genau der Kummer, den ich im Rat beim Generalstreik im vergangenen Jahr und auch bei der letzten Franc-Abwertung hatte. Sind wir die französische Regierung?« Zufrieden sagte er: »Fahren Sie fort, Herr Minister.«

Es pfiff der Wind der Geschichte, der die blinden Flotten, die prophetischen Nationen, die kämpfenden Heere, die vom Geschrei trunkenen Völker und die Gottesreiche zu jenen ruhigen Tiefen führt, wo sich am

Ende die wildesten Stürme beruhigen. Dieser Wind richtete auch die Oberkörper rings um den Tisch im Elysee-Palast wieder auf, ließ das Kinn wieder erheben und öffnete die Blicke auf das menschlich Unendliche. Wenn man wenig im Kopf und das Herz auf dem falschen Fleck hat, muß man wenigstens eine Seele erfinden, um alle Gemeinheiten zu ertragen. Nur der kleine Staatssekretär lachte mit spöttischer Miene in seiner Ecke. Keiner dachte jedoch an ihn, vielleicht seltsamerweise nur der Präsident.

»Frankreichs Genialität«, fuhr Minister Jean Orelle fort, »hat das Land stets durch das zeitgemäße Ideenlabyrinth hindurchgeführt, wie ein Flaggschiff, das instinktiv den Weg findet, sich mit gehißter Flagge und mit erkennbarem Kurs an die Spitze der Flotte der aufgeklärten Nationen setzt und die nötigen Manöver anzeigt, um den Stürmen zu begegnen, welche die Menschheit hochwirbeln, die sich in den Klauen heftiger Fortschrittsströmungen befindet...«

Und die Denkmaschine zum Surren bringt – Orelle garantiert dafür – der letzte Schrei moderner Technik, die vernickelte Intelligenz, das Gehirn aus Plastik zum Schutz gegen den Rost des Zweifels, das Serienherz, das kostenlos die blöden sechzig Schläge pro Minute macht, das vollkommene Modell für höhere Vorgesetzte, das mit Luxus ausgestattete Modell für gesellschaftliche Millionäre und Zeitungsbosse.

»Meine Herren«, sprach der Minister, »was soll es schon, wenn diese Flotte, die sich wie ein im Sterben liegender Vorwurf mit den letzten Kräften einen Weg durch unser Gewissen bahnt, den westlichen Ufern zustrebt und an der Küste Frankreichs, Englands oder Deutschlands landet. Alles in allem müßten die betroffenen Länder ernsthaft die ewige Frage hören, die letztmalig und auf tragische Weise gestellt wird: Kain, was hast du mit deinem Bruder gemacht? Glauben Sie nicht, meine Herren, daß Frankreich hier brüderlich antworten müßte, indem es schon jetzt einen Aufnahmeplan vorschlägt, der unserem materiellen und moralischen Reichtum entspricht? Wenn der Augenblick gekommen ist, müssen wir die Zeichen erkennen und unsern Egoismus besiegen!«

Ah, was für ein schönes Lied! Wie doch das Volk sich in die Brust wirft, wenn es nur ums Singen geht! Mit nichtssagenden Refrains. Dabei versteht es heutzutage sehr gut, so zu tun als ob, unter Fanfarenklängen auf der Stelle zu treten, auf die Straße zu gehen und für irgend etwas zu revoltieren, ohne daß auch nur ein Toter jemals das Pflaster heiligt, und nicht zuletzt sich großen Illusionen hinzugeben bei wenig Kosten. Die beratenden Minister stimmten rasch zu. Ein Plan? Wie denn? Setzt man nicht die aufhorchende Welt in Erstaunen?

»Heißt das nicht, die Dinge unnötig übers Knie brechen?« meinte der Präsident.

»Im spontanen Entschluß zeigt sich der Edelmut!« erwiderte der Minister. »Frankreich muß...«

Mit erhobener Stimme sagte der Präsident: »Frankreich muß wirklich.« Schweigen im Raum.

»Frankreich schuldet sich überhaupt nichts dergleichen, es sei denn die Wahrheit. Sollte es nicht endlich aufhören, sich mit dem Unabwendbaren zu befassen und sich einfach weigern, was seine Spannkraft erhöht?«

So dachte der Präsident und zuckte unmerklich mit den Achseln. War er nicht der erste unter den Franzosen, der bis zum Hals im Maul der Mißgeburt steckte und doch auf die Dauer vom Gegenteil von allem überzeugt war? War er nicht Rassist und zugleich Antirassist, Patriot, der den Patriotismus ablehnt, marxistischer Genußmensch, demokratischer Faschist, kommunistischer Kapitalist, ökumenischer Katholik, syndikalistischer Individualist mit Versicherung und Pensionsberechtigung, für nichts verantwortlich, kurz ein menschenfreundlicher Egoist?

Der Präsident wiederholte: »Frankreich muß der Welt eine Gesamtschau des Vorgangs übermitteln. Der Herr Minister ist bevollmächtigt, der Presse im Rahmen der gebotenen Vorsicht und, nicht zu vergessen, angesichts des noch entfernten Standorts der Emigrantenflotte und ihres ungewissen Schicksals erste Notizen über einen ganz allgemein gehaltenen Aufnahmeplan zu geben mit der Möglichkeit, jederzeit einen Rückzieher machen zu können. Eine internationale Zusammenarbeit soll uns davor bewahren, daß wir gegebenenfalls allein die Folgen einer Großzügigkeit zu tragen haben, die ich meinerseits befürchte. Wenn Sie wissen wollen, was ich im Grunde genommen denke...«

Er ertappte sich dabei, wie er beide Hände in Hüfthöhe erhob und mit einer flüchtigen Geste, die sofort abgebrochen und geschickt in ablehnende Pendelbewegungen verwandelt wurde, andeutete, daß er an diesem Tag fertig sei und seine eigentlichen Gedanken nicht offenbaren wolle. Der Staatssekretär am Ende des Tisches täuschte sich nicht. Er schaute dem Präsidenten in die Augen und sprach leise vier Worte vor sich hin: Tak-tak-tak-tak.

»Schluß für heute, meine Herren«, sagte der Präsident und erhob sich. Dann ging er in sein Büro und gab Anweisung, ihn auf keinen Fall zu stören. Er goß sich einen bernsteinfarbenen Whisky ein, lockerte seine Krawatte, machte den ersten Knopf seines Hemdes auf und stellte das riesige Fernsehgerät an. Leicht seufzend ließ er sich in einen Sessel fallen. In Farbe erschien Jean Orelle.

»Ohne die Tragweite des Vorgangs zu überschätzen«, begann der Minister und legte ein kleines Aktenstück vor die Mikrophone, »so hat die französische Regierung doch das Gefühl, daß es sich auf weltweiter Ebene symbolisch um die Ankündigung einer neuen Form von Sozialismus handelt. Der Flügel dieses Symbols streift plötzlich die alte Welt, die bei der Berührung aus Furcht oder Stolz erschaudert. Schließlich bin ich hier, meine Herren, um diese historische Wahl klarzumachen und auf Ihre Fragen zu antworten.«

16.

»Herr Minister, wird die französische Regierung, abgesehen von dem noch nicht absehbaren Schicksal der tragischen Flotte, Hilfsmaßnahmen ergreifen, um die nach den letzten Nachrichten offensichtlich bestehenden Leiden der Passagiere in mäßigen Schranken zu halten?«

Der dies sagte, Ben Souad, genannt Clément Dio, war ein wahrer Diener der Mißgeburt, einer, der am meisten in vergifteten Suppen herumrührte, die dampfend jeden Montag die süchtigen, leeren Gehirne der sechshunderttausend Leser seiner so hübsch angebotenen Wochenzeitung vernebelten. Er war, nach seinen gekräuselten Haaren und seiner dunklen Hautfarbe zu schließen, erkennbar nordafrikanischer Herkunft und stammte zweifellos von einer schwarzen Haremssklavin ab. Unter seinen Familienurkunden fand er einen Kaufvertrag, wonach sie an ein französisches Offiziersbordell verkauft worden war. Dio war mit einer Eurasierin chinesischer Herkunft verheiratet und war erfolgreicher Romanschriftsteller. Seine streitlustige Intelligenz nährte sich von den starken Quellen eines auf die Hautfarbe abgestimmten Rassismus, dessen Durchschlagskraft nur wenige Leute ahnten. Das Spinnennetz, das dem französischen Denken ins Gehirn gepflanzt worden war, hatte er mit feinsten Fäden ausgestattet. Er blieb die hochherzige Seele, sehr mitteilsam, wenn auch immer in der gleichen Richtung, und doch aufrichtig genug, um Kritik zu ermöglichen. Von Zeit zu Zeit wurde er von intelligenten Kollegen aufgescheucht, die leider immer seltener werden und die niemand mehr liest. In diesen zwiespältigen Zeiten leistet man sich den Luxus, nach links abzutriften, während die schlecht aufgebaute Presse der Rechten, von ihrer Anhängerschaft verlassen, dahinvegetiert, weil diese schamlos mit allen Schichten der Gesellschaft zusammenarbeitet.

Politisch gesehen vermengte Dio alles miteinander und wirbelte seine Verleger mit Utopien hoch. Da war er unschlagbar und besonders gefährlich. Das war der Blütensumpf bei der Oberschicht der zeitgenössischen französischen Gesellschaft. Hier streute er überall Samen aus. Auf besonders geniale Weise machte er die noch gesunden Räume ausfindig und stopfte sie mit mörderischem Sprengmaterial voll, das massenhaft aus seinem Denken floß.

Herr Jean Orelle las ihn übrigens jede Woche gläubig und ruhte sich dabei mit seiner alternden Einbildungskraft wie in einer Zufluchtsstätte aus. Den ihm nahe Stehenden gestand er, »daß der kleine Dio mit seinen

Nerven, seiner Dreistigkeit, seinen neuen Ideen und als vielseitig besorgter Mensch« ihn oft an den alten Kampfgefährten erinnerte. Indessen war doch dieser kleine Dio nur ein düsteres, abstoßendes Tier. Mit seiner Feder griff er alles an. Besonders lehnte er sich ständig gegen den westlichen Menschen und den nationalen Franzosen auf. Diese Ablehnung sah er in einer Art Jeanne d'Arc im gegensätzlichen Sinn verkörpert, die von König Dio mit dem stets aktuellen Auftrag betraut war, den mit Schande und Gewissensbissen beladenen kleinen Infanteristen des Westens, den Macher aller Schlachten zu vernichten, der zwar von seinen Generalen im Stich gelassen wurde, zahlenmäßig aber immer noch stark ist. Diese Anti-Jeanne d'Arc-Figur war im Zug der Leitartikel bald ein verachteter arabischer Arbeiter, bald ein verfolgter Verleger von Schundliteratur, ein ausgebeuteter schwarzer Maurer, ein zensierter Regisseur, eine rote heilige Jungfrau aus dem Elendsviertel, ein verprügelter Einbrecher, ein ermordeter Kneipentyrann, ein Studententerrorist, eine pillenschluckende Schülerin, ein verdienter Direktor eines Kulturhauses, ein Marihuanaprophet, der Staatsanwalt eines Volksgerichtshofs, ein verheirateter Pfarrer, ein fünfzehnjähriger Beischläfer, ein blutschänderischer Schriftsteller, ein Popmagier, ein nicht mehr liebesfähiges Weib, ein geprellter Ägypter, ein eingesperrter Grieche, ein erschossener Spanier, ein niedergeschlagener Journalist, ein unbekannter Kacker von einem Soldaten, ein Neurotiker im Hungerstreik, ein Deserteur, ein Bandenführer, ein durch Pornobilder erkrankter Lüstling, ein aus gutem Grund Eingesperrter, ein durch erbliche Belastung oder durch soziale Verhältnisse rückfällig gewordener Täter, einer, der Kinder mißhandelt und nach Menschenwürde schreit, eine Brasilianerin, die in die Salons von Sao Paulo verkauft wurde, ein Inder, der an den Masern eines Touristen starb, ein Mörder, der Mustergefängnisse fordert, ein Bischof, der marxistische Hirtenbriefe verbreitet, ein von der Geschwindigkeit des Fahrzeugs begeisterter Autodieb, ein vom Reklameluxus begeisterter Bankräuber, einer der, von der sexuellen Freiheit angefeuert, Mädchen entjungfert, ein verhungerter Bengali und viele andere. Sie sind alle Kreuzzugshelden und manchmal geschickt ausgewählt. Vieles gefiel und überzeugte und warum nicht? Ein offenes Herz ist nicht mehr als eine Karawanserei, und die Freiheit ist nicht teilbar. Dio wußte nur zu genau, daß mit Hilfe dieser falsches Mitleid und abartige Zuneigung erregenden Methode, die als Rammbär diente, früher oder später die Tore aufbrechen würden. Die auf der Grundlage der Instinkte und der antisozialen Konzessionen verbreitete Freiheit ist eine tote Freiheit. Auf ihrer Leiche verwandeln sich alle Dios aus klebrigen Raupen in schwarze Schmetterlinge, die Erzengel einer Gegenwelt.

Hallo! Hallo! Hört den Lärm des Rammbärs am Südtor!

In den Pressesaal des Elyseepalastes, mitten unter die fünfhundert Journalisten, die vom Wort mehr begeistert waren als von der Wahrheit, drang jetzt der letzte Stoß des Rammbärs: das Wort vom hungrigen Passagier der tragischen Flotte. Die Frage war sehr geschickt gestellt, wie eine zweitrangige Frage, die das Problem nicht unmittelbar ansprach und die ängstlichen Gemüter nicht erschreckte, aber dann, scheinbar nebenbei, den empfindlichsten Punkt traf: »Wird die französische Regierung Maßnahmen ergreifen, um den Passagieren zu helfen und ihre Leiden in den Grenzen des Erträglichen zu halten?« Denn für den Westen ist nichts mehr erträglich. Dies muß man wie eine Neurose in die Gehirne eintrichtern. Wenn unter Milliarden Menschen ein einzelner Indianer in den Anden, ein Neger im Tschad oder ein Pakistani im Elend umkommt, da muß den Westen die Reue packen. Diejenigen, die ihn dazu drängen, kennen ihn. Sie verlangen nicht einmal, daß er in den Geldbeutel greift und vier Fünftel des Globus adoptiert, die undeutlich in seinem Schlepptau schwimmen. Man zielt auf den Kopf, das ist alles, auf entfernte Gehirnzellen, von wo aus Gewissensbisse, Selbstanklage und der Ekel vor sich selbst, durch tausend Stiche gereizt, hervortreten und sich in einem gesunden Körper ausbreiten, wie wenn er plötzlich von der Leukämie befallen wäre. Es ist unerträglich!... Sicher! Das ist nicht zu ertragen! Welche Frage! Der Minister erstickt beinahe daran.

»Meine Herren, wir müssen uns weltweit solidarisch Gedanken machen. Und da es sich hier mehr um eine Herzensangelegenheit als um eine Verstandessache handelt, so werden Sie zugeben, daß wir ›erzittern‹ müßten, wenn ich so sagen darf. Mit dem Auszug dieser Flotte ist eine Million Menschen von ihrem Ursprungsland getrennt. Wir werden uns hüten, sie zu verurteilen. Auf der Suche nach einem gelobten Land irren sie heimatlos umher. Man kann sie doch als Weltbürger ansehen? Die französische Regierung hat ihren westlichen Partnern die Schaffung einer internationalen Kommission vorgeschlagen, die beauftragt wird, dieser Flotte sofort Hilfe und Lebensmittel zu bringen. Wie auch die Meinung über den Ausgang dieses außergewöhnlichen und verzweifelten Abenteuers sein mag, es ist Pflicht, still zu sein und zu sagen: Diese Menschen sind auch unsere Brüder!«

»Unverbesserlich«, dachte der Präsident. »Er liefert sogar mit einem Strich der Presse die Schlagzeilen! Alte Hure!«

An den Farbfernsehgeräten in ihren Büros hörten auch die meisten Chefs der französischen Schiffahrtsgesellschaften diese Pressekonferenz. Es gehört zu ihrem Beruf, daß sie am Meer und an allem, was den raschen und rentablen Weg ihrer Schiffe verzögern könnte, interessiert sind. Ihre ablehnende Reaktion verdient beachtet zu werden. Sie riefen sich gegenseitig an, und von allen Hochantennen auf den Dächern ihrer Firmensitze gingen verschlüsselte Nachrichten an ihre Schiffe, die im Indischen Ozean kreuzten: »... Befehl, Ihren Reiseweg entsprechend zu ändern, so daß er sich unbeschadet der Umstände in keinem Fall dem der Emigrantenflotte nähert. Deren vermutliche Position liegt wie folgt...«

Es gab keinen Kapitän, der nach Empfang dieses Befehls nicht begriffen hätte, daß diese angeordnete Flucht eine Gewissensflucht war. Man wollte sie schützen, und sie gehorchten bereitwillig. Als Seeleute konnten sie das Unmögliche beurteilen und das Unlösbare abmessen. Wenn ein Taifun diese Flotte alter Kästen packen würde und auf dem Meer eine Million Ausgehungerter dem Tod ausgeliefert wäre, so würden alle Schiffe des Westens, auch wenn sie wie durch ein Wunder beisammen wären, nicht ausreichen, um auch nur ein Hundertstel dieser Menschen retten zu können, und wenn schon, um welchen Preis! Unterbrechung jedes Handelsverkehrs, Demoralisierung der Menschen angesichts der umherschwimmenden Leichen, Umwandlung schöner Handelsschiffe in Lazarettschiffe, die zeitweise als Krankentransporter herumirren. Im Namen des Lebens? Kaum. Im Namen des Todes. Im Namen eines Todes, der in das westliche Mark eindringt.

Die englischen, deutschen, italienischen und die andern Gesellschaften erließen gleichlautende Befehle. Von diesem Tag an fuhr die Emigrantenflotte auf einem ausgestorbenen Meer. Kein Rauch am Horizont ließ auf Menschen schließen. Kein Herz schlug. Auf die Ermahnungen des Ministers war dies die erste Antwort. Da sie im Namen der Menschenwürde geheimgehalten wurde, hatte sie nur wenig Einfluß auf den Lauf der Dinge...

»Herr Minister«, fragte ein Journalist, »muß man annehmen, daß Sie eine Zensur verhängen?«

»Ei, Herr Machefer! Fürchten Sie nicht, sich lächerlich zu machen? Wer erlaubt Ihnen, derartige Extravaganzen zu behaupten?«

Solche Ausfälle zwischen dem Minister und dem Journalisten war man gewohnt. Das brachte Abwechslung, und manchmal amüsierten sie sich dabei. Aber an diesem Tag haßten sie sich offenbar. Es kommt immer ein Augenblick, wo man sich mit seinesgleichen mißt.

»Sie selbst, Herr Minister! Sie sagten, es sei Pflicht, die Meinung, die man bezüglich der Folgen dieses Abenteuers hat, zu verschweigen. Haben Sie da nicht eine Art Selbstzensur im Auge? Einerseits das gute Gewissen, andererseits...«

»Andererseits das Ihrige! Wir wissen es, Herr Machefer. Seien Sie dessen gewiß, Sie können, wie gewohnt, schreiben, was Sie wollen.«

»Ich werde mich danach richten«, sagte der Journalist. »Ab morgen früh.«

»Und ich werde es lesen, Herr Machefer«, antwortete der Minister. »Ich bin einer Ihrer treuen Leser. Sicher berufsbedingt, aber das sollte Ihnen Spaß machen. Nach allem sind wir nicht viele, die Ihre Artikel lesen.«

Ein serviles Lächeln huschte durch den Pressesaal. Jeder kannte die fast unüberwindbaren Schwierigkeiten, mit denen die Zeitung Machefers zu kämpfen hatte, und die meisten freuten sich darüber. Als armselige, acht Seiten starke Tageszeitung, ohne Werbung, ohne Fotos und schlecht gedruckt, blieb sie nur schwer verkäuflich und auch nur dank der Unterstützung einiger anonymer, bescheidener Mäzene am Leben. Nur so kam sie in den letzten Tagen des Monats immer wieder über die Runde, ähnlich wie in einem guten Western die first cavalry in letzter Minute die Belagerten rettet. Jeden Monat blies wider Erwarten das Rettungshorn. Keiner erfuhr je, daß der Präsident der Republik zu den unbekannten Wohltätern zählte. Die Zeitung Machefers stand weder links noch rechts noch in der weichen Mitte. Sie schlug unerwartet zu, indem sie die erhaltenen Nachrichten zerpflückte. Diejenigen, die ihr treu blieben, meinten, daß sie immer den Nagel auf den Kopf treffen würde. Das war sicher der Fall, solange der Haß, den sie entfachte, ihre wirkliche Bedeutung nicht übertraf. Da die Presse von sich behauptete, keinen Haß zu hegen, sondern nur Meinungen zu vertreten, gab man sich den Anschein, die Zeitung Machefers als ein komisches Blatt zu betrachten, als eine Art Kasperle der Zunft.

Machefer hatte überhaupt nichts von einem Kasperle an sich, denn er war ein großer, alter Herr mit ganz blauen Augen, war geschniegelt und gebügelt, mit weißen Haaren im Bürstenschnitt und trug einen weißen Schnurrbart nach gallischer Art. Als nun jeder über Machefer genug gelacht hatte, nahm der Minister seine Schüler wieder an die Hand und deutete an, daß die Erholungspause lange genug gedauert hatte.

»Laßt uns keine Zeit verlieren! Herr Machefer!«, sagte er, »vermutlich wollen Sie uns nicht mit Lappalien unterhalten. Ich bitte Sie daher, Ihre Frage zu stellen.«

»Herr Minister«, begann Machefer, »nehmen wir an, die westlichen Staaten schließen sich dem Vorschlag der französischen Regierung an und verpflegen die Emigrantenflotte, solange sie unterwegs ist. Glauben Sie nicht, Herr Minister, daß damit der Feind versorgt wird, daß Sie eine Million Eroberer ernährt haben würden? Und wenn diese Flotte« – der Ton, der am Anfang noch beruflich sachlich klang, steigerte sich jetzt zum Verhör und brachte einige noch immer lachende Dummköpfe zum Schweigen – »dann die Küste Frankreichs erreicht hat und eine Million Menschen an Land gehen, hätte dann die französische Regierung noch den Mut, sich so vielen Menschen entgegenzustemmen, denen sie vorher geholfen hat?«

»Das ist die richtige Frage«, dachte Dio, der die seinige nur gestellt hatte, um zu provozieren, weil er wußte, daß Machefer noch darauf eingehen würde. Da er die Debatte unter Hinweis auf humanitäre Verpflichtungen eröffnet hatte, wußte er auch, daß jede andere Betrachtungsweise verabscheut oder mindestens abgelehnt werden würde, weil der Mensch, der sich für edelmütig hält, nicht mehr wagt, böse oder mißmutig zu werden.

»Herr Machefer, Ihre Frage ist gemein«, antwortete der Minister.

»Fragt man einen Ertrinkenden, bevor man ihn aus dem Wasser zieht, wohin er gehen will und warum? Stößt man ihn wieder ins Meer, wenn er im schlimmsten Fall eingesteht, daß er auf Ihren Privatstrand zuschwimmt, um in Ihre Villa einzubrechen?«

»Man zieht ihn aus dem Wasser und übergibt ihn der Gendarmerie«, sagt Machefer. »Aber wieviele Gendarmen haben Sie zur Verfügung, wenn eine Million Diebe aus dem Wasser gezogen werden?«

Herr Jean Orelle zog sich glänzend zurück. Der Schriftsteller wurde wieder Minister. Er erwiderte:

»Es besteht kein Grund zur Annahme, daß diese Flotte die Küste Frankreichs anlaufen wird, ja noch nicht einmal Europa scheint das Ziel zu sein. Aber menschlich gesehen könnten wir sie nicht aufhalten – wie sollte dies auch geschehen? Die französische Regierung hat beschlossen – ich werde Ihnen den Bericht noch vorlesen –, mit ihren westlichen Partnern einen allgemeinen Aufnahmeplan im Rahmen der internationalen Zusammenarbeit zu erörtern, der uns in jedem Fall in die Lage versetzt, daß wir die Folgen unserer Großzügigkeit nicht allein zu tragen haben!«

»Bei fünf Knoten Geschwindigkeit«, sagt Machefer, »könnte die Flotte, selbst wenn sie um Afrika herumfahren müßte, draußen vor der Küste der Provence ungefähr in eineinhalb Monaten aufkreuzen. So viel Zeit braucht man etwa, um die Geschäftsordnung einer internationalen Kommission aufzustellen. Bis die Flotte ihr endgültiges Bestimmungsziel zu erkennen gibt, wird niemand großen Eifer an den Tag legen, und auch dann, wenn es soweit ist, wird jeder leise die Kommission verlassen und es dem glücklichen Betroffenen anheimstellen, wie er allein zurechtkommt. Und wenn Frankreich das Los zieht, Herr Minister, dann können Sie mir glauben, daß unsere Freunde froh sind, uns diese Menschen überlassen zu können! Ich wiederhole daher meine Frage...«

»Sie wiederholen überhaupt nichts, Herr Machefer. Ich entziehe Ihnen das Wort!«

»Es handelt sich um eine Million Einwanderer!« brüllt Machefer, während im Saal ein Tumult entstand.

Dio, der in der zwanzigsten Reihe ruhig auf seinem Stuhl saß, trampelte mit den Füßen, rührte aber sonst keinen Muskel. Fünfhundert Journalisten trampelten ebenfalls mit den Füßen. Seien wir gerecht! Sieben mindestens nahmen davon Abstand. Sie vertraten zweiundvierzigtausend Leser.

»Ich habe Ihnen das Wort entzogen, Herr Machefer! Zwingen Sie mich nicht, die Saalordner zu rufen. Das wäre das erste Mal bei einer Pressekonferenz. Ihre Haltung steht im Gegensatz zur humanitären Aufgabe Frankreichs, die ich Ihnen im Namen der französischen Regierung heute eindeutig klarmachen mußte.«

»Kapelle, Tusch!« dachte der Präsident.

»Die Herren Journalisten aus dem Ausland, welche die Presse der Dritten Welt vertreten, werden von mir herzlich gebeten, keine Meinungen zu berücksichtigen, die von der einmütigen Meinung des französischen Volkes völlig abweichen. Ich bin überzeugt, Sie werden dies morgen in der nettesten Form berichten.«

»Wir sind da bei einem hübschen Spiel«, bemerkte Dio zu seinem Stellvertreter. »Halten Sie Ihren Federhalter bereit. Wer sich am härtesten schlägt, gewinnt die Herzen.«

Der Tonfall des Ministers senkte sich plötzlich um mehrere Stufen, als ob er den Glauben verloren hätte, wie ein Verwundeter sein Blut. Und er verlor ihn wirklich. Er verlor ihn beim Klang eines lieben, kurz zuvor gefallenen Wortes, das ihm im Unterbewußtsein wieder hoch kam: Provence, Provence, Provence...

In der Provence am Hang eines duftenden Hügels nahm ein altes Bauernhaus, das durch Nobelpreis-Millionen in ein Paradies verwandelt worden war, den Minister jeden Sommer, an Ostern, an Weihnachten und am Dreifaltigkeitsfest auf. Wenn man Jean Orelle heißt und Prophet seiner Zeit, Held der großen vergangenen Revolution, Freund toter Führer und Berater der Großen der Welt ist und das Alter kommt und will alles ausradieren, weil die Zeit einfach vorbei ist, sich mit Ideen zu beschäftigen, sondern dazu da, sich im Schatten einer hundertjährigen Kiefer zu erfrischen, soll man da nicht aus schlichter Treue zu sich selbst noch ein letztes Mal den Kopf erheben? Man lächelt vielleicht darüber, und es mag ein mit Tränen vermischtes Lächeln sein, wie eine Würdigung des Vergänglichen. Der Minister hob den Kopf hoch.

»Sind noch weitere Fragen da?« bemerkte er mit einem müden Ton.

Es gab noch verschiedene Fragen von nebensächlicher Bedeutung. Im Grunde genommen war alles gesagt worden. Nur ein Journalist aus Gabun wollte noch wissen, »was man den Brüdern der Emigrantenflotte zu essen geben würde, denn es komme nicht darauf an, daß man gibt, sondern daß man es mit Vorbedacht gibt«.

Endlich ist wenigstens einer da, der begriffen hatte. Dio behielt sich das Schlußwort vor:

»Herr Minister, wenn man von allem absieht, glauben Sie, daß die Leute noch eine Chance haben?«

»Eine Chance! Eine Chance!« antwortete der Minister. »Weiß man, ob der Mensch überhaupt je eine Chance hat?«

Er zog sich gut aus der Schlinge. Dio beherrschte sich. Ein genialer Zug! »Die Armada ist die letzte Chance«, sagte er.

Das Wort wurde zwar nur halblaut ausgesprochen, gerade, daß es noch gehört werden konnte, aber es schlug ein. Da es in der Folgezeit tausende Male verwendet wurde, hat vielleicht seine Stoßwirkung zur Lähmung des Westens geführt. Schlägt man nicht eine letzte Chance ab? Es könnte sein, daß dies eine Deutung ist.

17.

Entgegen seiner Erklärung dem Minister gegenüber, schrieb Machefer nichts in seiner Zeitung, weder am nächsten Morgen noch in den folgenden Tagen, während welcher die unendlich lange Anfahrt der Armada zum Mittelmeer verlief. Erst an jenem Morgen der unmittelbaren Bedrohung und der wirklichen Gefahr wachte Machefer aus seinem freiwilligen Schlaf auf. Bis dahin müssen wir uns noch gedulden.

Vorläufig hören wir die ersten falschen Töne des großen humanitären Festivals... Der erste Teil, der schweigend verlief, fand am gleichen Abend der Pressekonferenz statt, als man am Radio die Abendmeldungen von zwei äußerst talentierten Journalisten hörte, von denen jeder täglich in der Hauptsendezeit auf den bedeutendsten Kanälen zu Wort kam. Im Krieg der Funkwellen verschleiert der Kommentar immer das Ereignis nach dem Prinzip, wonach der Hörer, der glaubt, beim Anhören des Meinungsmachers noch zu denken, auf die Dauer viel beeinflußbarer ist, als einer, der Zeit zum Nachdenken hat. Im ersteren Fall springt die Werbung rasch in die von schwachen Gehirnen offengehaltenen Breschen, zumal sie sich für die wenigen Sekunden vor und nach den Ansagen recht teuer verkaufen läßt. Die Kommentatoren der Liebediener der Mißgeburt waren Albert Durfort und Boris Vilsberg. Der erstere sprach um 19 Uhr 30, der zweite um 19 Uhr 45. Machefer hatte Zeit, von einem zum andern zu springen.

Durfort machte in Menschlichkeit. Machefer verwendete dazu ein viel groberes Wort. Er sagte auch, daß diese berufsmäßigen Retter zum Kotzen seien. Das war sicher ein wenig zu ausfällig. Durfort war kein übler Mann. Er überschlug sich nur ständig und rückte über den Äther allen angeblich verzweifelten Ursachen zu Leibe. Er nahm sich Zeit, zwischen zwei Manövern das Pferd zu wechseln. Dabei erweckte er stets den Eindruck, daß er zwar atemlos, aber rechtzeitig zur Stelle war, um einen Unterdrückten zu retten, eine Ungerechtigkeit abzubiegen und einen Skandal aufzudecken. Er war ein Zorro am Mikrophon. Das Publikum liebte dies, so daß selbst die Abgestumpftesten den Bericht Durforts für einen Fortsetzungsroman hielten: Durfort bei den verlorenen Strolchen, Durfort bei den Arabern, Durfort und das Elendsviertel, Durfort gegen die Rassisten, Durfort und die Polizei, Durfort und die Gewalttätigkeit, Durfort gegen Gefängnisse, Durfort und die Todesstrafe usw. Aber angefangen bei Durfort selbst, merkte niemand, daß der Zorro am Mikrophon offene Türen einrannte und sie ihm zur Hilfe eilten. Seltsamerweise stellte Durfort eine Zeitlang das Sinnbild der Geistesfreiheit dar. Man hätte ihn aber verärgert, wenn man ihm gesagt hätte, daß er ein Gefangener der Mode wäre und durch einen dreißig Jahre langen intellektuellen Terrorismus an die neuen Tabus gebunden sei. Und wenn der Abteilungsleiter, der ihn eingestellt hat, ihm jeden Abend zehn Millionen gute Franzosen anvertraut, dann geschähe dies bestimmt nicht deshalb, daß er genau das Gegenteil von dem sagen dürfe, was jenen gedanklich vorschweben würde.

Durfort konnte sich meisterhaft entrüsten. Die Leute neben ihm und die luxuriösen Werbungen brachten auch erstaunliche Dinge zuwege, was aber niemand störte. Die Gewissen waren seit langem zugeschüttet wie ein stinkender Kothaufen auf dem Boden einer Klosettschüssel. Die gesamte Presse, mit wenigen Ausnahmen, spielte da mit und Dios Zeitung, auf farbigem Glanzpapier gedruckt, an erster Stelle. Das gefiel. Das ließ sich verkaufen. Nichts anderes. Warum Hemmungen haben? Seien Sie ein Mensch Ihrer Zeit! Kaufen Sie Ihr schlechtes Gewissen. Gewiß, in unserer Welt sind Leute, die Meinungen fabrizieren, wie Durfort, Orelle, Vilsberg und Compagnie, abhängig, weil sie davon leben müssen. Aber wenn ihnen je einfallen würde, den Ast abzusägen, auf dem sie sitzen, weil etwa der Baumeigentümer sie dazu reizt, so kann man sicher sein, daß sie bereits nach einem anderen Ast in der Nähe schielen. Am Ende kommen sie wieder auf die Beine, denn in unserer neuen Welt geschieht nichts ohne sie. Es wäre auch zu schön! Sie sind keine Menschen, die umsonst arbeiten. Bei der Narretei, die sie vor unserer Nase aufführen, schwimmen sie immer oben.

So fand auch Durfort, rittlings auf seinem schon halb abgesägten Ast sitzend, beim Gespräch über die Armada die überzeugendsten Worte und traf mit einem in jedes Herz dringenden schlammweichen Ton genau ins Schwarze.

»Die mir die Ehre geben, mir jeden Tag zuzuhören und mich zu ermutigen, wissen, daß ich kein Blatt vor den Mund nehme. Man findet sich mit dem Elend und der Ungerechtigkeit ab. Dies entschuldigt den Gebrauch harter Worte. Erinnern Sie sich! Wenn ich mit Ihrer Hilfe das Los griechischer Deportierter mildern konnte und wenn es mir gelang, das schändlichste Kollektivverbrechen zu verhindern, nämlich die Hinrichtung eines unschuldig zum Tode Verurteilten, dann deshalb, weil ich eine harte Sprache gesprochen habe. Nun, heute komme ich mit einer Nachricht in Ihre Wohnung, die eine Million freiwillig Deportierter betrifft, welche Opfer des ungeheuerlichsten Justizirrtums aller Zeiten geworden sind. Ich werde dabei mit der gleichen Unbekümmertheit und Entschiedenheit sprechen. Mögen diejenigen, welche ruhig essen wollen, für fünf Minuten ihr Radio abstellen...!«

»Marcel! Horch! Durfort hat noch etwas gefunden!«

»Josiane, sieh zu, daß das Kind etwas still wird!«

In den bescheidenen Mietshäusern goß man sich schnell ein Glas Rotwein ein, denn so eine Herzenssache geht besser unter die Haut, wenn man sie begießt. In der Salonecke der vornehmen Appartements begoß man sie mit Whisky, wenn auch auf feinere Art. Statt gierig zu trinken, stellt man, um die geistige Nahrung besser in sich aufzunehmen, während der Sendung das Glas bedächtig hin. Man bändigt in wonniger Erregung den Durst, um ihm dann in einem Orgasmus als Krönung des Koitus mit dem Ereignis freien Lauf zu lassen.

Dreitausendzweihundertsiebenundsechzig Pfarrer kritzeln fieberhaft eine Predigt für den nächsten Sonntag, frei Haus geliefert, was mit dem für diesen Tag vorgesehenen Evangelium nichts zu tun hat. Aber was kümmert es schon. Bei solchen Einzelheiten hielt man sich schon längst nicht mehr auf. Unter den Statisten war auch ein katholischer Geistlicher. Er war verheiratet, aber zugleich ein betrogener Ehemann. Er wußte dies zwar, trug aber seine Hörner in christlicher Geduld. Dieser völlig neue und beschämende Zustand brachte jedoch den Unglücklichen derart durcheinander, daß er schon mehr als einen Monat lang jeden Sonntag seine Predigt versäumte. Albert Durfort riß ihn mit seiner Roßkur aus der Sterilität. Die Prozedur wirkte derart, daß der Gehörnte mit den gesalbten Händen seine gesegneten Hörner bald vergaß und mit neuer Kraft zu donnern und zu verdammen begann, so daß er der beste Sammler der masochistischen Gläubigen seiner Diözese wurde. Vielleicht begegnen wir ihm wieder...

Zweiunddreißigtausendsiebenhundertzweiundvierzig Lehrer entdeckten in der gleichen Sekunde das Arbeitsthema für den Unterricht am nächsten Tag. »Beschreibt das Leben an Bord der Schiffe der unglücklichen Armada. Schreibt, was für Gefühle Ihr für sie hegt, wobei Ihr zum Beispiel davon ausgeht, daß eine dieser verzweifelten Familien Euch um Gastfreundschaft bittet.«

Fabelhaft! Der liebe kleine Engel mit der naiven Seele und dem empfindsamen Kinderherz wird auf vier Seiten einen kindlichen Unsinn hinblättern, der die Pförtnerinnen zum Weinen bringt. Er wird Erster werden. Man wird seinen Aufsatz in der Klasse vorlesen und alle Klassenkameraden werden sich ärgern, weil sie mit ihren Tränen zu knauserig waren. Auf diese Weise macht man heutzutage die Menschen zurecht. Auch ein herzloser Balg, der sonst alle Voraussetzungen für ein erfolgreiches Leben besitzt, muß sich ins Zeug legen, weil eben alle Kinder Angst haben aufzufallen. Er muß dem Zug der Zeit folgen und sich heuchlerisch den Aufsatz über diesen humanitären Blödsinn aus den Rippen schwitzen. Da er begabt ist, wird er dabei sogar glänzen, und am Ende glaubt er auch noch daran, denn diese Jungen sind nie schlecht, sondern einfach urwüchsig unverdorben.

So geht einer wie der andere stolz über den schönen Aufsatz nach Hause. Der Vater kennt das Leben. Nachdem er zwanzigmal das Meisterwerk gelesen hat, wird er schließlich erschrecken, wenn er daran denkt, daß diese achtköpfige, fremde Familie in seiner Dreizimmerwohnung untergebracht werden soll, und den Aufsatz kurzerhand einschließen. Man darf den kleinen Engel nicht enttäuschen, man darf auch nicht schimpfen, und man darf auch seine anständigen Empfindungen nicht verletzen, selbst auf die Gefahr hin, daß er später ein unheilbarer Einfaltspinsel wird. Vor Rührung wird der Vater die vor Freude geröteten Wangen des kleinen Engels tätscheln und sich sagen, daß er ein gutes Kind ist. Und wer weiß, ob nicht die Wahrheit aus dem Mund dieses Unschuldigen kommt.

Die Mutter wird in ihr Taschentuch schluchzen, das feuchte Auge voll mütterlicher Liebe. Wenn wirklich eines Morgens die Ausgehungerten vom Ganges vor ihrer Türe stehen würden, dann wäre die ganze Familie ruiniert! Vielleicht würde sie, statt ihre Arme zu öffnen, trotz der rührenden Worte des kleinen vom Fernsehen manipulierten Engels vorher fliehen. Das westliche Herz ist ja voll Illusionen und hat weder die Kraft noch den Willen, nein zu sagen. Eine Million einfältiger Aufsätze, die von einer Million weicher Vaterherzen gutgeheißen werden, können insgesamt ein völlig zerrüttetes Klima erzeugen. Vielleicht ist dies eine Erklärung...

Siebentausendzweihundertzwölf Oberschullehrer wollen am folgenden Tag den Unterricht mit einer Aussprache über Rassismus beginnen. Ob sie Mathematiklehrer oder Lehrer für Englisch, Chemie, Geographie oder sogar für Latein sind, tut nichts zur Sache. Ist es nicht unabhängig vom Fach Aufgabe eines Lehrers, die Gehirne zu ermuntern und das Denken anzuregen? Da man so ausgezeichneten idealen Stoff hat, wird man also über die Fahrt dieser Flotte zum kapitalistischen Westen sprechen! Ein gutes, sehr politisches Thema, wo jeder etwas sagen kann. Ein unerschöpfliches Drehbuch dieses ewigen Kollektivkinos, wo bei der Verschwommenheit der immer wiedergekäuten Dinge der Sinn für Wirklichkeit und Verantwortung verlorengegangen ist. Auch hier müßte man einmal die negative Seite all dieser schwammigen Debatten festhalten. Schließlich wird der Eroberer vom Ganges an der Côte d'Azur erscheinen. Abgesehen von den Irregeführten, die wir zum Süden ziehen sehen werden, so wie es Brandstifter zum Feuer zieht, werden die kleinen Schreihälse wie Papa alles verlieren. Sie werden nach ihrer stupiden Logik brüllen, weil sie den Tritt in den Hintern bekommen, der schon längst fällig war und den sie ehrlich verdient haben! Mit diesem Ergebnis haben die Diener des Tiers gerechnet... Es ist überflüssig, noch länger die Millionen Zuhörer Durforts zu zählen. Ganz Frankreich hat die betäubende Droge geschluckt. Wenn der Augenblick gekommen ist, wo man ihm beide Beine absägt, wird es dazu bereit sein...

»Offensichtlich«, ertönte die Stimme Durforts im Radio, eine schneidende, klare, nie zweifelnde Stimme, »offensichtlich ist diese im Gang befindliche Deportation eine freiwillige. Dieser Justizirrtum ist nicht die Tat irgendeines Gerichts. Diese Deportation ist das Kind des Elends und der Hilflosigkeit. Bezüglich des Justizirrtums bitte ich um Nachsicht, wenn ich Ihnen sagen muß, daß wir alle verantwortlich sind. Die reiche Welt hat die Dritte Welt verdammt. Sie hat Schranken aller Art errichtet, moralische, wirtschaftliche und politische Schranken, hinter denen sie gegenwärtiges und zukünftiges Leben von Dreiviertel der Weltbevölkerung eingesperrt hat. Nun revoltiert dieses ungeheuere Gefängnis auf friedliche Weise. Verdammte sind entkommen. Ich glaube, daß diese Millionenzahl, ohne Waffen und ohne Haß, nur kommt, um Gerechtigkeit zu verlangen. Ich komme nicht von dem Gedanken los, daß, wenn auf unserer Erde ein seit hundert Jahren ansteigender Fortschritt besteht und nur fünf Flugstunden entfernt Menschen leben, deren durchschnittliches Jahreseinkommen nicht mehr als 50 Dollar beträgt gegenüber 2500 Dollar bei uns, daß man dann, nehmen Sie es mir nicht übel, von Ausbeutern und Ausgebeuteten sprechen kann...«

»Ausbeuter!« sagte Marcel zu Josiane. »Er geht etwas zu weit! Was essen wir heute Abend? (Er schielte auf das Wachstuch auf dem Tisch, dem proletarischen Thron in der Wohnung) Nudeln, Preßkopf, Omelette aus vier Eiern. Nichts Erregendes. Und die Rate für das Fernsehgerät? Und die Rate für das Auto? Und meine Schuhe? Hast Du sie gesehen? Völlig futsch.«

»Er spricht Dich nicht an«, sagte sie. »Es geht die an, die was haben.«

»Und? Es wäre besser, mir ihre Moneten zu geben. Ich gehe nicht barfuß. Ich arbeite, ich...«

Da schleicht sich eine falsche Note ein. Die gesunde Volksweisheit muckt auf. Beinahe könnte sie alles retten. Marcel ist kein Gangesflüchtling; er arbeitet und trägt Schuhe. Er ist ein ganzer Mann und darf nicht mit den andern in einen Topf geworfen werden. Wenn noch etwas nachgeholfen wird, könnte man ihn dazu bringen, daß er bekennt, einem zivilisierten Land anzugehören, und daß er stolz darauf ist. Und warum nicht? Zum Kuckuck, da ist er wieder, der kleine weiße Mann! Der Infanterist des Westens, der Held und das Opfer der Schlachten, der mit Schweiß und Blut ein wenig Lebensglück des Westens verkörpert. Aber er ist nicht mehr der gleiche Mann. Er handelt nicht mehr, er deutet nur noch an. Das Aufbegehren wird nichts bringen. Es gibt ja nichts anderes. Wenn es soweit ist, wird man weitersehen. Wenn es ihn dann selber trifft, wird es allerdings zu spät sein. Bis dahin wird man ihm vormachen, daß er nichts verlieren würde, sondern nur die andern, die Besitzenden. Diese würden im Namen der Gleichheit, der Gerechtigkeit und der allgemeinen Brüderlichkeit bezahlen müssen, im Namen von irgend so etwas, worüber niemand mehr zu zweifeln wagt. Auch im Namen des Tieres. Aber davon wird man Marcel nichts sagen. Würde er es überhaupt verstehen?...

Im Namen des Tieres bezog Durfort an den Schießscharten des Rundfunks Stellung. Er ahnte alles. Jetzt legte er los.

»Ich glaube an Vorahnungen«, fuhr die Orakelstimme fort. »Offenbar bin ich nicht der einzige. Ich habe wie Sie vor kurzem den Regierungssprecher, Herrn Jean Orelle, gehört. Nun, ich bin überzeugt, daß dieser Mann mit Herz trotz offizieller Zurückhaltung meine Vorahnungen teilt. Die Emigrantenflotte nimmt Kurs auf Europa, sie wird sich auf unseren Garten Frankreich zubewegen. Und ich sage es offen, hoffentlich täusche ich mich nicht, ich möchte Ihnen das offizielle Kommuniqué, den besten Text, den Frankreich seit der Verkündung der Menschenrechte der Welt vorgeschlagen hat, bekanntgeben. Ich zitiere:

›Da wir aus menschlichen Gründen den Lauf dieser Flotte nicht aufhalten dürfen, hat die französische Regierung beschlossen, mit ihren westlichen Partnern im Rahmen der internationalen Zusammenarbeit einen sozialen Aufnahmeplan auszuarbeiten...‹

Ende des Zitats. Das gibt Hoffnung, Freunde! Das ist die ersehnte universelle Gerechtigkeit! Erst mußten sich die Entrechteten der Erde auf den Weg machen, damit die mächtige westliche Gesellschaft wohl oder übel das Gesicht des Elends zu Gesicht bekommt. Ah! Freunde! Welch herrlicher Tag! Glauben Sie nicht, daß mit diesem Plan über Aufnahme und Zusammenarbeit endlich der Augenblick gekommen ist, wo man die Unglücklichsten bei uns integrieren kann, alle diese zahlreichen Menschen, die im Schoß unserer Überflußgesellschaft kaum zu leben haben? Sicher muß man auch vorausschauen, muß die zwischenmenschlichen Beziehungen überdenken, muß Gewinne aufteilen und Überschüsse investieren, muß unsere Wirtschaft von der angenehmen Seite zeigen und nicht von der Rentabilität her, so daß jeder, angefangen beim Gangesflüchtling, von nun an am Wohlstand teilnimmt. Wir werden noch Gelegenheit haben, darüber zu sprechen. Aber ich versichere Euch, liebe Freunde, wir sind eins mit den Menschen vom Ganges! Bis morgen.«

»Sie hörten den Tagesbericht von Albert Durfort... Ein guter Rat! Wenn Sie am Wochenende auf dem Land sind oder auf der Jagd, wenn Sie ausgedehnte Waldspaziergänge machen oder abends vor dem prasselnden Feuer Ihres alten, hübschen Kamins sitzen, dann tragen Sie Lederkleidung. Sie ist nicht nur ein passendes Kleidungsstück. Sie ist Stil, der adelt...«

Marcel war beruhigt. Als Dreher bei Citroën trug er keine Lederbekleidung und ging nicht auf die Jagd. Er ging mit seinen Kumpels nie im Wald spazieren und nahm mit ihnen auch nie einen Imbiß am Rand der Nationalstraße ein, um Straßenkreuzer zu betrachten oder auf Unfälle zu warten. Zu Hause war ihm alles wurscht. Seine ästhetischen Gefühle waren auf den Küchenherd mit den vier Kochplatten gerichtet. Aber da er keine Lästerzunge war, gefielen ihm die hübschen Wortformulierungen. Diese passende Lederkleidung, die adelt, war ihm gleichgültig, aber er fand sie lustig, und daß es so etwas überhaupt gab, befriedigte ihn. Als anständiger Revolutionär und als gelegentlicher Wortführer in der Kneipe verwarf er alles. Die sich abzeichnende ernste Krise beunruhigte ihn insgeheim, und er fragte sich, ob nicht die Brosamen, die vom Tisch der Chefs und Ausbeuter in Lederkleidung fallen, mehr wert seien, als überhaupt keine. Ohne es sich einzugestehen, hatte er begriffen, daß, solange die Arbeitgeber Geld haben und sich abrackern, damit es reinkommt, natürlich auch zwischen Jagdausflügen und eleganten Abendgesellschaften am alten Kamin, das Volk immer gut wegkommt, selbst auf die Gefahr hin, seinen Anteil von Zeit zu Zeit fordern zu müssen. Im Grunde genommen verehrte Marcel die Lederkleiderzivilisation, zumal ihn niemand hinderte, darüber zu denken, was er wollte. Sie bei sich bietender Gelegenheit zerschlagen? Nein, niemals. Oder vielmehr ohne ihn! Sie verteidigen? Auch nicht. Soziale Ungerechtigkeit verteidigt man nicht, selbst wenn man dabei besser lebt als andere bei sozialer Gerechtigkeit. Vielleicht ist dies eine Erklärung?

Marcel verkörpert das Volk, und das Volk denkt wie er, halb Durfort, halb Lederkleiderzivilisation. Beide vertragen sich gut wie der eiserne und der irdene Topf. Das Volk wird keinen Finger rühren, weder nach der einen noch nach der anderen Richtung. Wir sind nicht mehr im Mittelalter, wo die ausgebeuteten Leibeigenen hinter die schützenden Mauern ihrer Herrschaft flüchteten, wenn die Sturmglocke des Bergfrieds läutete und plündernde Banden ankündigte. Wenn die Wachmannschaft des Arbeitgebers – Verzeihung, des Herrn – zahlenmäßig zu gering war, besetzten die Proletarier – Verzeihung, die Leibeigenen – die Schießscharten und ihre Frauen betätigten sich an den Kesseln, in denen das Pech erhitzt wurde. Im Dienst des Schlosses lebte man schlecht, aber man lebte, während man nach einer Plünderung einfach vor Hunger starb.

Marcel ist nicht dümmer als sein Vorfahre, der Leibeigene. Aber die Mißgeburt hat ihn verrückt gemacht, ohne daß er es merkte. Im Kampf gegen die Emigranten vom Ganges, die modernen Plünderer der Festung des Westens wird Marcel nicht zu den Schießscharten eilen. Mögen sich die Soldaten darum kümmern. Es ist ihr Handwerk. Und wenn sie weichen oder gar flüchten, so wird Marcel keineswegs Verstärkung spielen. Die Schlösser unserer Zeit, mit Mauern aus Stahl und Beton, mit Kellern voller Lebensmittel, mit übervollen Lagern von Waren, leistungsfähigen Arbeitsstätten und mit Wehrgängen und Zugbrücken, über die ein toller Verkehr rollt, mit fruchtbaren Böden und Bergfrieden aus Gold und Silber, wird Marcel der Plünderung anheimgeben. Er kann nicht mehr nachdenken. Man hat ihn seines Selbsterhaltungstriebs beraubt...

An diesem Abend schlief Marcel, nachdem er Durfort gehört hatte, dennoch gut ein. »Du siehst doch«, sagte Josiane, »für diese Typen, die da im Schiff kommen, werden die Arbeitgeber bezahlen. Selbst wenn man sich ein wenig fürchten muß, so ist diese Million guter Menschen, die sich selbst einladen, doch nicht schon heute da? Ich wette, daß die Armada nie bis hierher kommt. Aber trotzdem, wenn sie so unglücklich sind, wie man sagte... Ach was! Papperlapapp!«

Der Fisch ist ertrunken, danke, Durfort!

Eine kleine Chance hätte immerhin bestanden, damit Durfort am Mikrophon verschwunden wäre. Es war offensichtlich eine verpaßte Gelegenheit. Nach seinem Ausspruch »Wir sind alle eins mit den Menschen vom Ganges« rief der Direktor von Radio-Ost das Studio der Nachrichtenabteilung an und verlangte Durfort.

»Glauben Sie nicht, lieber Freund, daß Sie ein wenig zu weit gegangen sind? Ich schätze Ihre Beredsamkeit und achte Ihre Großzügigkeit (»Hunderttausend Franc Einkommen im Monat für ein tägliches Fünfminutengespräch«, dachte der Direktor, »ist ja wirklich großzügig«). Aber diesmal handelt es sich nicht um etwas Nebensächliches. Wenn Sie eine Million Hindus bei uns unterbringen wollen, nachdem Sie dafür waren, daß diese Flotte überhaupt unser Land erreicht, und ich entziehe Ihnen auf solches Gerede nicht meine Antenne, dann wird man hinterher dieses Land nicht mehr wiedererkennen.«

»Das hoffe ich. Glauben Sie, ich spreche nur, um meinen Lebensunterhalt zu verdienen, und rede, um nichts zu sagen?«

»Sicher nicht, lieber Freund! (›Ah, der saubere Apostel!‹ dachte der Direktor. ›Und er glaubt sogar noch das Geschwätz‹) Haben Sie aber auch die Folgen bedacht? Die Vermischung der Rassen, der Kulturen, des Lebensrhythmus? Die Ungleichheit der Leistungsfähigkeiten? Das Ende unserer nationalen, ethischen Identität?«

»Der neue Mensch!«

»Reden Sie keinen Unsinn. Glauben Sie an einen neuen Menschen? Es sind jetzt zwei Jahre her, seit ich Ihnen die Sendung um 19 Uhr 30 übertragen habe. Glauben Sie allen Ernstes, daß im Verlauf dieser Zeit Ihre hehren Gefühle einen Einfluß auf die Natur des Menschen gehabt hätten? Sicher nicht!«

»Warum setzen Sie mich dann ein?«

»Ich will es Ihnen offen sagen. Ich verwende Sie, um die Tapete zu amüsieren. Nach den Themen über Hellseher, Heilpraktiker, Bekenner, Psychiater und Ratgeber fürs Herz sind nun die Weltverbesserer dran, die offenbar Ihnen gefallen. Verbessern Sie alles, was Sie wollen. Daran soll es nicht fehlen. Von diesen Themen haben wir für zehn Jahre Stoff genug, wenn Sie ihn richtig einteilen und die Hörer nicht plötzlich eine andere Art Unterhaltung wünschen. Aber rühren Sie nicht am Gefüge der Nation. Rühren Sie nicht am wirtschaftlichen System, das sie eher gut als schlecht im Schwung hält. Trotz Reibungen sind beide gut aufeinander eingestimmt. Und gestatten Sie mir den Hinweis, daß auch Sie dabei sehr gut leben, viel besser als alle Unterdrückten, denen Sie Ihr tägliches Menü vorsetzen. Begnügen Sie sich damit, lediglich die Wunden aufzuzeigen. Das reicht und wird vielleicht, auf lange Sicht gesehen, noch zu etwas nützlich sein.«

»Sie sind hart, spöttisch und gefühllos.«

»Danke. Mit andern Worten: klarsehend.«

»Nicht übel. Wenn an allen Kommandohebeln nur wenige, aber allmächtige Männer wie Sie sitzen, dann sage ich mir, daß die Gesellschaft wirklich verändert werden muß.«

»Nun gut, dann werden Sie sie eben vor andern Mikrophonen als den meinigen verändern, sofern Sie zukünftig nicht mit Ihrem Einsatz für die Gangesflüchtlinge aufhören.«

»Ich weigere mich.«

»Sehr gut. Schauen wir uns mal Ihren Vertrag an. Ein riesiges Abstandsgeld, wie üblich. Sie können ja rechnen! Wir werden zahlen.«

»Sie werden überhaupt nichts zahlen. Ich bleibe. Sie haben die Hauptsache vergessen. Lesen Sie bitte den Vertrag bis zum Schluß. Die Förderung durch die Gesellschaften, wie etwa der Klub ›Horizont‹, die Mineralölgesellschaft PERTAL, die Uhrenfirma TIP, die Immobiliengesellschaft ›Freude am Leben‹, die Französische Bank und die übrigen. Ich kenne meinen Aktenvorgang und alle diese Inserenten, die mit Ihrer Rundfunkstation nur deshalb einen Vertrag geschlossen haben, um die Sendezeit vor und nach meiner Sendung zu bekommen. Denken Sie daran, daß ich es war, der Ihnen diese Kunden gebracht hat. Wenn Sie mich rauswerfen, verlieren Sie dieselben. Viele hunderttausend Francs! Haben Sie diese Mittel? Von diesem Augenblick an geht es nicht mehr so flott...«

»Ich werde Ersatz für Sie bekommen. Sie sind nicht einmalig.«

»Sicher nicht. Aber im Vertrag steht mein Name. Auf jeden Fall werden meine geschätzten Kollegen Ihnen das gleiche Lied singen.«

»Ich werde Pierre Senconac einstellen.«

»Senconac! Mein lieber Freund, lernen Sie Ihren Beruf! Sie wissen genau, daß bezüglich Werbung durch Rechtsstehende nichts mehr verkauft wird, daß aber durch Linksstehende alles verkäuflich ist. Die Inserenten sind nicht verrückt, sie kennen sich aus. Was wird Senconac an meiner Stelle sagen? Ich höre ihn schon! Es gilt die Rasse zu retten, das Vaterland, selbst wenn es zu Grausamkeiten kommt. Laßt die Armada absaufen, jagt sie in ihre Wüste zurück oder sperrt ihre Passagiere in ein Konzentrationslager ein... Ein hübscher Wortschatz, den zukünftig keiner mehr hören will! Sie werden Erfolg haben. Bei solchem Hintergrund wird die Hörerzahl auf Null absinken. Und die Moral von der Geschichte? Nur Großzügigkeit macht sich bezahlt. Wenn Sie dies bezweifeln, dann rufen Sie doch mal an, zum Beispiel die Französische

Bank oder den Klub ›Horizont‹. Sie werden sehen, was sie Ihnen antworten werden..."

Es fand kein Anruf statt. Dies war unnötig, und der Direktor wußte es. Er gab nach.

»Na schön«, sagte er nachdenklich. »Sie sind so etwas wie ein trojanisches Pferd. Wir haben übrigens eine ganze Kavallerie in unseren Mauern. Selbst bei der Regierung findet man einige solcher erstklassigen Pferde. Bevor ich Sie sah, habe ich mit dem Präsidialamt telefoniert. Man hat mir bestätigt, daß der von Jean Orelle vorgelesene Bericht der offiziellen Stellungnahme der Regierung entspricht. Ich entnehme daraus, daß es einen offiziösen Standpunkt gibt, zweifellos den des Präsidenten, mit welchem die Pferde jedoch nicht einverstanden sind. Wenn Sie jedoch von der offiziellen Stellungnahme der Regierung nur um ein Jota abweichen, jage ich Sie davon, ob mit oder ohne Ihre Inserenten. Im Augenblick kann ich sicher nichts gegen Sie unternehmen. Sie haben eine Frist. Mein Verwaltungsrat braucht sehr schnell Geld. Sie haben recht, wenn Sie sagen, er nimmt es von den Linken. Das sind Schweine, aber auch Angsthasen und werden es sich vielleicht überlegen. Und wenn die Regierung ihre Meinung ändert und sich an uns wendet, um ihren Standpunkt der Öffentlichkeit klarzumachen, dann werde ich Sie sofort durch Senconac ersetzen. Hoffentlich wird dies sehr bald möglich sein!«

Es wurde möglich, aber leider zu spät. Das Volk vom Ganges strömte bereits aus seinen Schiffen, als Frankreich eine andere Sprache hörte. Aber in den drogenverseuchten Gehirnen vermochte die Gegenströmung keine Reaktion mehr zu erwecken. Hierzu trugen auch die Kapitalisten bei, weil sie den Drogenhandel, die Quelle vieler Gewinne, zu sehr gefördert hatten. Vielleicht ist dies eine Erklärung...

Nachdem Machefer Durfort angehört hatte, seufzte er:

»Wenn ich daran denke, daß in zehn Minuten Boris Vilsberg uns auf dem Bildschirm beglücken wird! Ich muß den Juliénas aufsuchen. Ich sehe keinen andern Ausweg... Sie sind zu jung und können sich nicht daran erinnern. Es gab eine Zeit, da redete man mit diesen Burschen eine andere Sprache...«

Er unterhielt sich mit drei jungen Leuten, die dicht gedrängt in seinem kleinen Büro saßen. Es waren drei Philologiestudenten, der ganze Redaktionsstab seiner kleinen Zeitung. Sie waren begabt und überzeugt, aber schlecht und häufig gar nicht bezahlt. Die Büromiete – drei Mansardenräume in der Rue du Sentier –, das Papier, die Schreibkraft, der Druck, der Versand und das Telefon verschlangen mehr als der Verkaufsumsatz der Zeitung »La Pensée Nationale« einbrachte. Von zehntausend gedruckten Exemplaren wurden viertausend verkauft, für eine Tageszeitung ein kümmerliches Ergebnis. Mit der Werbung wurde Juliénas bezahlt. Der alte Machefer aß Nudeln oder ließ sich in die Fakultätskantine einladen. In den vier Stockwerken des Gebäudes befanden sich die Druckerei und die Büros der Zeitung »La Grenouille«. Sie war ein satirisches, humanitäres Wochenblatt und Eigentümer des Gebäudes.

Wenn am späten Abend Juliénas anrief und Machefer die einsame Treppe hochstieg, vergaß er nie, auf dem Fußabtreter vor der Redaktion von »La Grenouille« den Inhalt seiner Blase zu leeren. Das war schon Ritus. Das verstand sich von selbst. Der Direktor seufzte, ließ den Treppenabsatz reinigen und schickte einen Boten in die Mansardenräume im fünften Stockwerk, um der Form halber zu protestieren. Aber damit hatte es sein Bewenden. Mit unerklärlicher Langmut nahm er nicht nur die Verunreinigung des Treppenabsatzes hin und gab Machefer und dessen Zeitung Unterschlupf, er druckte auch noch »La Pensée Nationale«, trotz ihres Titels, trotz ihrer Ansichten und trotz der je nach Laune bezahlten Rechnungen. Diese Haltung eines Sonderlings, der offenbar noch Humor besaß, konnte jedermann verwundern, nur Machefer nicht. Als dieser eines Tages wieder einmal Juliénas herausgefordert hatte, weil er am hellen Nachmittag den Türvorleger vollpinkelte, stand er auf dem Treppenabsatz plötzlich dem Direktor von »La Grenouille« gegenüber.

»Sie haben die Grenzen überschritten, Herr Machefer!« sagte der Direktor.

»Nun, was soll's«, erwiderte der alte Machefer mit etwas belegter Stimme. »Ich weiß nicht, über was Sie sich beschweren. Das ist doch der übliche Geruch Ihres Revolverblattes, oder nicht? So riecht es innen wie außen. Wo ist da der Unterschied?«

Der andere hob die Stimme: »Sie wissen, daß Sie keinen Mietvertrag und keine Druckerei haben und daß ich Sie noch heute abend hinauswerfen könnte, wenn ich wollte!... Ich frage mich, warum ich es nicht schon früher getan habe?«

Machefer, dessen Geist zielsicherer war als seine Beine, erwiderte spöttisch: »Ich werde es Ihnen sagen, lieber Herr Kollege! Weil Sie im Namen der Pressefreiheit jede Schweinerei drucken und Millionen Schafsköpfe vergiften. Weil Sie im Namen der Pressefreiheit in aller Ruhe unter der bequemen Maske der Satire die Fundamente des Staates unterminieren können. Aber dem Volk gegenüber, das selbst in seinem jetzigen Zustand noch nicht völlig blind ist, brauchen Sie zur Glaubwürdigkeit und Wertschätzung eine Art Opposition. Augenblicklich haben viele wie Sie und Ihre Komplizen die Partie noch nicht ganz gewonnen. Daher brauchen Sie mich. Ich bin Ihr Alibi. Ohne mich und ein paar andere Überlebende, die fast genau so übel dran sind – Pfui Teufel! –, gibt es keine Pressefreiheit mehr, weil es keine Meinungsunterschiede mehr gibt. Zur gegebenen Zeit wird Sie dies nicht mehr stören. Aber Sie müssen noch etwas warten. Lassen Sie mich also ruhig auf Ihren Türvorleger pinkeln, und belästigen Sie mich nicht mehr. Sie wissen sehr wohl, daß Sie meine Zeitung leicht vernichten könnten. Sie müßten nur drei

Treppen hochsteigen, um es mir zu sagen und... Sie werden mir den Boten schicken. Ich grüße Sie, Herr Direktor...«

Überrascht und nachdenklich ging der Direktor von »La Grenouille« in sein Büro. Am Tag X, wenn die Menschen vom Ganges zu Hunderttausenden aus den an der Küste gestrandeten Schiffen klettern, wird der Bote von »La Grenouille« die drei Treppen hochsteigen und mitteilen, daß »La Pensée Nationale« nicht mehr gedruckt werden wird, weil der Direktor sich vor zehn Minuten aufgehängt hat. Der Leser möge diesen Vorgriff angesichts der Verkettung der ein wenig geheimnisvoll und unterirdisch ablaufenden Ereignisse gestatten. Es dient zum besseren Verständnis...

Wenden wir uns wieder dem Gespräch Machefers mit seinen Mitarbeitern zu. Machefer fuhr fort: »Leider werden keine Killer auf Vilsberg und Durfort in ihren Schlafzimmern warten. Ich fürchte, daß alles übel ausgeht... Laßt uns jetzt Vilsberg anhören, dann wissen wir, wie weit die Katastrophe gediehen ist.«

Boris Vilsberg war kein Zorro. Bezüglich der Weltlage hatte Durfort keine Zweifel. Vilsberg zweifelte an allem. Sie waren typische Vertreter ihrer Zeit. Vilsberg, der einen hohen Bildungsgrad, eine grenzenlose Wißbegierde und eine äußerst ausgeprägte Intelligenz besaß, trug seine Zweifel berufsbedingt wie ein Erlöserkreuz vor sich her. Er wirkte ergreifend, zumal zu spüren war, wie er unter dem Verlust der Grundwerte, an die er sich zu halten schien, ehrlich litt. Er war auch zu klug, um sich in typisch allgemeinen Floskeln zu ergehen, wie etwa »Was wollen Sie, wir müssen mit der Zeit leben, selbst um den Preis bitterer Enttäuschungen, und wir müssen neue Denkformen suchen, mehr Einverständnis« und dergleichen. Die meisten seiner Zuhörer verstanden ihn letzten Endes sehr wohl. Viele sahen in ihm ihr Spiegelbild, vor allem alle, die sich für intelligent hielten oder es sein wollten. Davon gibt es in unsern Tagen nicht wenige. Privat beklagte sich Vilsberg, daß man ihn mißverstand, weil er sich darauf beschränkte zu zweifeln. Im Grunde genommen war Vilsberg eine seltsame Natur. Er war ein erklärter Diener der Mißgeburt, ein Gefangener der Sünde wider den Geist, vergiftet durch eine Droge, den Zweifel, und daher wahrscheinlich unzurechnungsfähig. Tagein, tagaus, Monat für Monat war im Verfolg seiner Zweifel die Ordnung eine Art Faschismus, der Unterricht ein Zwang, die Arbeit eine Entfremdung, die Revolution ein Gratissport, das Vergnügen ein Klassenprivileg, Marihuana ein schlechter Tabak, die Familie ein stickiger Raum, der Konsum eine Beklemmung, der Erfolg eine schändliche Krankheit, der Sex ein unwichtiger Spaß, das Jugendalter eine dauernde Anklage, die Reife eine neue Form der Greisenhaftigkeit, Disziplin ein Schlag gegen die Menschlichkeit, die christliche Religion..., der Westen..., die weiße Hautfarbe... Boris Vilsberg suchte, Boris Vilsberg zweifelte. Das ging so jahrelang. Um ihn herum häuften sich die Trümmer eines alten Landes. Vielleicht ist dies auch eine Erklärung?

»Hier ist der Sender Alpha. Sie hören die genaue Zeit und die Nachrichten. Es ist 19 Uhr 45. Den täglichen Kommentar spricht Boris Vilsberg.«

»Juliénas«, bemerkte kurz Machefer und hob sein Glas. Im Radio ertönte die langsame, gesetzte Stimme von Vilsberg.

»Nach den ersten Kommentaren, die aus Anlaß der Fahrt der Armada vom Ganges nach Europa ausgestrahlt wurden, stelle ich fest, daß sie alle von tiefer Menschlichkeit zeugen und rückhaltlos Großzügigkeit verlangen. Bleibt uns überhaupt noch Zeit, anders zu entscheiden?... Was mich aber gewaltig überrascht, ist der Umstand, daß niemand von dem Risiko gesprochen hat, das die in Minderheit befindliche weiße Rasse eingehen muß. Ich bin Weißer und Angehöriger des Westens. Wir sind Weiße. Wieviele insgesamt? Siebenhundert Millionen Individuen, hauptsächlich in Europa ansässig. Demgegenüber stehen mehrere Milliarden Nichtweiße. Bis heute blieb das Gleichgewicht erhalten, wird aber täglich unsicherer. Die auf uns zukommende Flotte bedeutet doch, ob man will oder nicht, daß die Zeit der Blindheit gegenüber der Dritten Welt abgelaufen ist. Wie soll man sich verhalten? Was tun? Stellen Sie sich diese Fragen? Ich wünsche es. Es ist höchste Zeit!...«

»Jetzt gibt's Arbeit!« sagte Machefer. »Rund um den Bauch, wie üblich. Gut gesehen, klar verständlich für alle. Das macht Angst. Jetzt müßte man hineinknallen, daß es sich von selbst versteht. Aber nein, Vilsberg spricht ja, dieser Idiot.«

»Ich weiß«, fuhr Vilsberg fort, »daß Sie den Ernst der Lage noch nicht richtig erfaßt haben. Wir leben mit der Dritten Welt, überzeugt, daß diese Koexistenz ohne entspannende Lösung auf Weltebene ewig dauern würde. Eine tödliche Illusion! Die Dritte Welt ist eine unkontrollierbare Masse, die unter dem Druck des Elends von Millionen Verzweifelter plötzlich einem Impuls folgt und sich zusammenschließt. Von Bandung bis Addis Abeba sind bisher alle Versuche, Ordnung zu schaffen, gescheitert. Seit heute früh stehen wir dem ersten Impuls gegenüber, und wie Sie wissen, wird ihn nichts aufhalten. Es mußte so kommen. Sie werden mir immer noch nicht glauben. Sie weisen den Gedanken zurück. Der Weg vom Ganges bis Europa ist weit. Vielleicht wird unser Land nicht betroffen. Vielleicht finden die westlichen Regierungen noch eine Wunderlösung... Es steht Ihnen frei, dies zu hoffen und die Augen zu verschließen. Aber wenn Sie sie dann aufmachen und an unserer Küste eine Million Emigranten mit dunkler Hautfarbe sehen, was machen Sie dann? Ich gestehe, daß dies nur eine Vermutung ist. Gut, lassen wir es bei der Vermutung bewenden!...«

»Achtung, Kinder!« sagte Machefer, »Jetzt kommt die Pirouette!«...

»Und da wir bei Vermutungen angelangt sind, sind wir schon bereit, die

Menschen vom Ganges aufzunehmen. Ob mit Vorbehalt oder großzügig, wir werden sie jedenfalls empfangen. Wenn wir sie nicht töten oder in Lager einsperren wollen, können wir gar nicht anders handeln. Bis zu Ihrer friedlichen Landung bleiben uns vielleicht noch vierzig Tage, höchstens zwei Monate. In der Zeit der Vermutungen schlage ich daher vor, uns ehrlich zu bemühen, uns an den Gedanken zu gewöhnen, daß wir mit Menschen zusammenleben müssen, die völlig verschieden von uns sind. Ich lade Sie ein, ab morgen über diese Welle um die gleiche Zeit dreiviertel Stunden lang an einer neuen Sendung teilzunehmen, unter dem Titel ›Die Sonderarmada‹. Alle Fragen, die Sie sich und uns stellen und die sich auf die Bedingungen beziehen, unter denen eine Million Neuankömmlinge vom Ganges unter einer menschlichen und tragbaren Koexistenz mit zweiundfünfzig Millionen Franzosen leben können, werden wir offen beantworten. Rosemonde Réal ist bereit, mir bei dieser überwältigenden Aufgabe zu helfen. Sie schätzen ihren scharfen Verstand, ihre Lebensfreude, ihr Vertrauen in den Menschen und ihre Kenntnisse auf dem Gebiet der innersten Seelenvorgänge...«

»Mein Gott!« sagte Machefer, »da haben wir wieder diese gute Frau. Am Mikrophon ist sie zu allem fähig.«

»...Allerdings werden wir nicht allein sein. Rosemonde und ich haben, um ihre Fragen beantworten zu können, Spezialisten aller Sparten bei uns, Mediziner, Soziologen, Lehrer, Wirtschaftler, Ethnologen, Pfarrer, Historiker, Journalisten, Industrielle, hohe Staatsbeamte und so weiter. Manche besonders delikate Probleme, zum Beispiel sexuelle oder psychologische Fragen, die auch den Rassismus berühren, der in jedem von uns steckt, erfordern längere Überlegung und vielleicht neue Spezialisten. Als gewissenhafte und denkende Menschen werden wir unser Möglichstes tun, um der Wahrheit nahe zu kommen. Und wenn am Ende des dramatischen Abenteuers, das heute früh an den Ufern des Ganges begonnen hat, schließlich keiner der Unglücklichen bei uns erscheint, so beenden wir das größte historische Rundfunksendespiel als Sendung über Antirassismus. Glauben Sie mir, wir werden nicht umsonst gesendet haben! Auf alle Fälle geschah es für die Menschenehre. Eines Tages werden wir vielleicht ernst spielen. Bis morgen.«

»Volk!« sagte Machefer, »Du hast den Rundfunk, den Du verdienst. Ein Spiel! Das ist es! Panem et Circenses. Aber wer erinnert sich dabei an den Spott eines Juvenal? Kinder, verfehlt die Sendung ›Sonderarmada‹ nicht. Wir werden unsern Spaß daran haben! Die Armee der Blödmänner wird die Ätherwellen besetzen, und das Land wird im Strom der Dummheit ertrinken. Oh! Sie wissen, was sie tun!«

»Herr Machefer«, sagte einer der Studenten der Zeitungswissenschaft, »wir müssen dies öffentlich bekanntmachen, wir müssen handeln, müssen diese Verschwörermannschaft aufdecken und alle, die noch geradestehen, alarmieren. Wir müssen mit allen Kräften kämpfen...«

»Mit viertausend verkauften Exemplaren? Daß ich nicht lache!«
Das Telefon läutete.

»La Pensée Nationale? Hier ist das Nachrichtenbüro des Staatssekretärs des Auswärtigen Amts«, sagte eine Stimme, die Machefer nicht bekannt war. Es war Jean Perret persönlich, der kleine Staatssekretär, der seine Stimme verstellte, um anonym zu bleiben.

»Hier Chefredakteur Machefer. Bitte!«

»Ohne natürlich jemanden beeinflussen zu wollen«, fuhr die Stimme fort, »wollen wir auf Wunsch des Ministers eine Presseumfrage durchführen, um anläßlich des Auslaufens der Gangesflotte die öffentliche Meinung zu erfahren...«

»Ich sehe«, sagte Machefer, »Sie haben Schiß!«

Der Staatssekretär unterdrückte ein Lachen. Schiß! Vielleicht. Aber Machefer merkte davon nichts. In Wahrheit handelte es sich auch nicht um eine Umfrage, sondern eben schlicht um einen Anruf.

»Nur eine kleine Sondierung«, sagte die Stimme, »auf Wunsch von Jean Perret. Wollen Sie uns kurz antworten, Machefer? Wie denkt ›La Pensée Nationale?‹«

Im Elysee-Palast wartete der Präsident der Republik auf die Antwort. Er hatte am gleichen Tag nacheinander den jämmerlichen Ministerrat und die Pressekonferenz des Herrn Jean Orelle über sich ergehen lassen müssen. Nachdem er sich in seine Privaträume zurückgezogen hatte, wo er seinem Zorn freien Lauf ließ, hörte er die Berichte von Albert Durfort und Boris Vilsberg, die ihm das Ausmaß der schrecklichen Verwirrung der Meinungsmacher unserer Tage so recht zum Bewußtsein brachten. Er hatte sich auf manches gefaßt gemacht, aber dies ging zu weit. Von einer Seite alles verlangen, von der andern nichts.

Der Präsident hatte dann Jean Perret unter der Privatnummer des Staatssekretärs angerufen. »Herr Perret«, sagte der Präsident, »wundern Sie sich nicht über meinen Anruf, und behalten Sie ihn bitte geheim. In dieser Gangesangelegenheit vertraue ich nur Ihnen. Warum, brauche ich Ihnen nicht zu erklären. Rufen Sie Machefer vertraulich unter irgendeinem Vorwand an und veruchen Sie zu erfahren, ob seine Zeitung Stellung nehmen wird. Es ist unmöglich, daß gewisse Dinge nicht gesagt werden. Beim gegenwärtigen Stand der Meinungen sehe ich nur ihn als denjenigen, der den Mut hat, diese Dinge beim Namen zu nennen...«

»Das ist sehr ehrenvoll!« bemerkte Machefer, als ob er irgendwelche Zweifel hätte. »Darf ich Ihre Anfrage als ernst gemeint betrachten?«

»Sie können es tun«, antwortete die Stimme. »Also?«

»Ich werde mich nicht rühren«, sagte Machefer. »Mit keinem Wort. Ich bin allein und zu schwach. Die andern sind zahlreich und allmächtig. Ich kann nur eine Salve abfeuern und leider nur mit kurzer Reichweite. Wenn sie ihr Ziel erreichen soll, muß ich als letzter schießen, in der Stunde der Wahrheit.«

»Wirklich nicht früher?« fragte die Stimme enttäuscht.

»Nichts. Doch etwas? Ich werde jeden Tag auf der ersten Seite eine Landkarte bringen. Mit einer punktierten Linie werde ich den vermutlichen Weg der Flotte nach Frankreich anzeigen und mit einer fetten Linie den bereits zurückgelegten Weg. Kein Kommentar dazu, aber eine Überschrift: Über X Kilometer vor der Stunde der Wahrheit. Das ist alles.«

»Ich danke Ihnen«, sagte kurz die Stimme...

Am nächsten Tag kam ein Eilbote in das Dachgeschoß von »La Pensée Nationale« und verlangte Herrn Machefer persönlich. »Das bin ich«, sagte Machefer überrascht. »Ein Moment«, erwiderte der Eilbote, zog ein Foto aus seiner Tasche und verglich es mit Machefer. »In Ordnung«, sagte er. Dann legte er ein Paket auf den Schreibtisch und verschwand, ohne ein Wort zu sagen. Im Paket fand Machefer zweihunderttausend Francs in gebrauchten Noten zu hundert Francs, dazu auf einem weißen Zettel folgende mit Schreibmaschine geschriebenen Worte ohne Unterschrift: »Warten Sie nicht zu lange!«

18.

In Zeiten großer nationaler Kriege pflegte bei den betroffenen Völkern mancher in seiner Küche oder seinem Wohnzimmer eine Landkarte aufzuhängen, auf der abends bei den Nachrichten die strategischen Bewegungen und die jeweilige Frontlinie mit kleinen Fähnchen abgesteckt wurden. In Frankreich ist man 1940 von diesem Brauch abgekommen, da der Wind der Katastrophe und später der Gleichgültigkeit die Papierfähnchen wegblies. Im Krieg interessierte sich schon niemand mehr für den Krieg, und daher kam auch dieses Brauchtum völlig abhanden.

Die tägliche Karte von »La Pensée Nationale«, die immerhin ein riesiges Operationsfeld und den Vormarsch einer Armee veranschaulichte, schlug bei der Masse so wenig ein, daß sich der Verkauf der Zeitung um kein Exemplar erhöhte. Nach ein paar Tagen schlug der Student, der Redaktionschef war, vor, die tägliche Überschrift zu ändern und zu schreiben: Es ist Krieg! Nachstehend die Frontkarte!

»Sicher ist Krieg«, sagte Machefer. »Aber wer glaubt uns das schon? Es ist ein Krieg, in welchem der waffenlose Feind einige tausend Kilometer entfernt täglich Tote einbüßt. Man hat das Volk schon zu sehr eingeschläfert, als daß es sich noch eine andere Art Krieg vorstellen kann als den, dessen man stumpfsinnig jedes Jahr gedenkt. Krieg? Der Franzose kann dieses Wort Krieg in acht Spalten schwarz auf weiß gedruckt lesen, ohne daß ihn dies schockiert, es sei denn, er hat den Feind gesehen, eine Kanone gehört oder die Lebensmittelkarten werden ausgeteilt. Alles, was wir erreichen werden, ist ein Ansturm der guten Hausfrauen auf Zucker, Öl, Kaffee und das Toben von Kindern in den Straßen des Quartier Latin. Lassen wir's also sein. Wenn alle diese Hungernden vom Ganges an unserer Küste auftauchen, werden wir das Wort ›Krieg‹ verwenden und hoffen, daß es dann wieder an Wirkung gewinnen wird. Bis dahin wollen wir unsere Überschrift nicht ändern. Jetzt zählt das Wort ›Wahrheit‹. Wir leben in einer Zeit, in der nur die Wahrheit angst macht. Es ist ein mysteriöses Wort. Man weiß nicht, was dahinter steckt. Man will es nicht wissen. Man vermeidet es. Es erweckt Furcht. Bei gesunden Völkern gibt es im gegebenen Fall machmal eine genügende Anzahl Typen, die derart Angst haben, daß sie, statt zu fliehen, Front machen und unter Überwindung ihrer Angst die Ursache ausräumen. Das hoffe ich auch in diesem Fall, glaube allerdings nicht sehr daran. Meinen Sie, daß unser Land noch gesund ist?«

Machefer war mit seiner Ansicht nicht der einzige. Im andern Lager dachten die Intelligentesten genauso, aber aus entgegengesetzten Gründen. Widerstand, Überfall, Rassenkampf, Bußpflicht des Westens, Ende des Imperialismus und andere, am ersten Tag voreilig gebrauchte Schlagworte verschwanden aus dem Vokabularium der meisten Diener der Mißgeburt. Man sprach auch von Wahrheit. Und wie süß war es, sie zu hören! Man genierte sich nicht, sie zu verkünden. Man setzte sogar den Punkt auf das i trotz zwanzig Jahre langem Trommelfeuer mit roten Kugeln auf das nichtsnutzige Paradies. Paradies? Wie denn? Das war doch die Überschrift eines glänzenden Artikels von Clément Dio? Er schilderte ein keineswegs schlechtes Paradies, das uns Bewohnern des Westens alle Ehre machte. Ein riesiges, elastisches, fruchtbares und unerschöpfliches Paradies, in das wir jetzt brüderlich diese Hungernden vom Ganges einladen müssen, die in ihrer verzweifelten Suche nach Glück so rührend sind. Man müßte allerdings auch die Streiks und Lohnforderungen in unserem Land erwähnen, in welchem der Arbeiter ins Paradies verdrängt wurde. Streikt man eigentlich im Paradies? Nein, entschieden die denkenden Köpfe der Spitzengewerkschaft, unter denen zwei oder drei sehr genau wußten, was sie taten. Wenn die Lage unsicher ist, machen eben die andern Gewerkschaften wie üblich stumpfsinnig nach. Vielleicht ist dies auch eine Erklärung.

Am zweiten Tag schoß sich Durfort ein, im Vertrauen darauf, daß keiner mehr ein Wort sagt, wenn das Tier an den Fäden des Hampelmanns zieht, der kein Gewissen mehr hat. Durfort sprach nicht mehr vom »riesigen Gefängnis, das friedlich revoltiert«, oder davon, »die Beziehungen unter Individuen zu überdenken«. Er erzählte einfache Geschichten, die gelegentlich wahr werden – er war ein vielseitiger Mann – über Kinder der Dritten Welt, die einst adoptiert worden sind und heute bei ihren alten französischen Eltern leben, oder von farbigen Einwanderern, die vorzügliche Bürger geworden sind und im Gemeinderat sitzen. Josiane und Marcel weinten vor Rührung. Unter Anwendung weiterer Rezepte spritzten Vilsberg und Rosemonde Réal subkutan in die breiten, weichen Hinterbacken der öffentlichen Meinung. Alle Welt, Frager und Befragte, schienen bezüglich der »Sonderarmada« einig zu sein. Das vom Rundfunk für die Sendung ausgesuchte »gute französische Volk« glaubte, daß die Hautfarben nur etwas Äußerliches darstellen, die Seelen der Menschen darunter aber gleich sind.

Im Lauf der ersten Sendungen hörte man nur einen falschen Ton, als ein Hörer sich über die Welle unbedingt vorstellen wollte.

»Hamadura, französischer Inder, oder Franzose aus Indien, wenn Sie so wollen. Ehemaliger Abgeordneter in Pondichéry.«

»Herzlich willkommen, Herr Hamadura«, sagte die großartige Rosemonde, »Sie sind also die Vorhut, der lebendige Beweis dessen, was möglich ist...«

»Daß ich nicht lache«, unterbrach der willkommene Hamadura kurz, »ich möchte lieber die Nachhut sein, ja sogar der letzte der letzten indischen Einwanderer. Sie kennen mein Volk nicht, noch seinen Schmutz, seinen Fatalismus, seinen idiotischen Aberglauben und seine atavistische Fortschrittsfeindlichkeit. Sie haben keine Ahnung, was Sie erwartet, wenn diese Flotte von Primitiven auf Sie zukommt. In Ihrer Heimat, die auch die meinige geworden ist, wird sich durch diese Menschen alles ändern, und mit ihnen werden Sie alles verlieren. Sie...«

Erschrocken drückte Rosemonde auf den roten Knopf vor ihr, eine Stoppvorrichtung, mit der man lästige Gesprächspartner ausschalten konnte.

Vilsberg blendete sich sachte ein. »Ein kleiner Fehler«, bemerkte er.

»Ich glaube, Rosemonde, der Herr hat wirklich alles gesagt, was er uns zu sagen hatte. Seltsam, daß er Inder sein soll. Sicher werden wir noch eine Erklärung finden. Was halten Sie davon, meine liebe Soziologin?«

Die Soziologin dachte nach. Glänzender Einfall. »Höchst gesteigerte Komplexe. Das geht bis zur Verleugnung der eigenen Rasse... Kastenrassismus, der bei den indischen Völkern häufig vorkommt. Es würde mich nicht wundern, wenn die Haut dieses Herrn sehr hell wäre und er der bürgerlichen Welt der Brahmanen angehören würde...«

Durch eine Panne in der Sendezentrale hörte man plötzlich Herrn Hamadura lachen: »Ich bin ebenso schwarz wie ein Neger«, sagte er.

»Das ist ja übel!« bemerkte die Soziologin und trennte endgültig die Leitung. »Wir haben hier ein klassisches koloniales Phänomen vor uns, nämlich eine Assimilation in die führende Oberschicht und als Folge die Verachtung des Volkes, von dem man abstammt. Der Hund des Weißen haßt den Schwarzen. Das ist bekannt.«

Damit war das Gespräch zu Ende. Wir werden Herrn Hamadura jedoch wiederbegegnen...

Wie immer kam Clément Dio in »La Pensée nouvelle« auf den Kernpunkt zu sprechen. Seine wunderbare Sondernummer über »die Kultur des Ganges« ließ alle nachdenken, die glaubten, sie würden nachdenken können. Kunst, Literatur, Philosophie, Geschichte, Medizin, Moral, soziale und familiäre Sitten fanden beste Beschreibung. Es war ein Rechenschaftsbericht über alles, was die Menschen vom Ganges uns schon gebracht hatten – ernste Musik, Theater, Tanzkunst, Yoga, Mystik, neue Kleidermoden, Schmuck und Handwerk –, und wenn man die letzte Seite gelesen hatte, fragte man sich ernstlich, wie es möglich sein konnte, daß man so lange auf diese Menschen verzichtet hat! Müßten wir, um das Kunstwerk zu vollenden, als geistige Söhne der Griechen und Lateiner, der christlich-jüdischen Mönche und der Barbaren des Ostens nicht vielleicht doch unsere Tür dem so menschlichen Ganges öffnen, und wenn es nur dazu dienen würde, einen Ausgleich zu unserem Materialismus zu schaffen? Der Artikel war vorsichtig geschrieben, aber da Clément Dio ihn schrieb, fand niemand dabei etwas Unnormales...

Das westliche Paradies, die Armada der letzten Chance, die Kultur des Ganges, ein Beitrag zur menschlichen Vollendung, mit diesen drei geschickt miteinander gekoppelten Themen war die Presse in ihrem Element. Die Öffentlichkeit ging vertrauensselig darauf ein, zumal man seit drei Tagen von der Flotte nichts mehr gehört hatte. Fischer aus Madras hatten sie zuletzt auf dem zwölften nördlichen Breitengrad gesichtet. Das war immerhin etwas, im Gegensatz zu den spärlichen amtlichen Nachrichten, die auch keinen Hinweis auf diese Sache brachten, die das Gesicht der Welt verändern konnte. Das Tier wetzte sich daran nur mit Wohlbehagen die Klauen. Der Papst gab ein rührseliges Kommuniqué heraus. Einige soziale Bischöfe äußerten sich im Sinne des III. Vatikanischen Konzils, ebenso Ligen und weltliche humanitäre Vereinigungen, die von dem üblichen Haufen der blinden Anhänger des Tiers animiert wurden. Es genügte für das Vorspiel. Im Geist der Gedankengänge des Ministers Jean Orelle hielt die Kommission für internationale Zusammenarbeit bei der Hilfsaktion für die Flotte vom Ganges in Paris ihre erste Sitzung ab. Die darin tätigen internationalen Funktionäre – berufserfahrene Ratten im Käse der UNO (United Nations Organization), mit allen Wasser gewaschene Typen der FAO (Food and Agricultural Organization), der UNESCO (United Nations Educational, Scientific and Cultural Organization), der UNICEF (United Nations Children's Emergency Found), der UNRRA (United Nations Relief and Rehabilitation Administration) und der WHO (World Health Organization) – kannten ihr Handwerk vorzüglich, vor allem die Tricks für die Erhaltung ihrer goldigen Existenz. Sie kamen überein, erst einmal abzuwarten.

Aus Australien kam die einzige bemerkenswerte Reaktion. Die in diesem Teil der Welt isolierten Australier gehören der weißen Rasse an. Sie leben in ihrem riesigen leeren Land wie Krösusse, denen ein unerschöpflicher Reichtum an Minen und Viehherden zur Verfügung steht. Aber sie können auch geographische Karten lesen. Bei ihrer Ausfahrt vom Ganges schien sich die Armada nach Süden zu wenden. Dort liegt Indonesien. Es genügt die Durchfahrt durch die Meerenge von Timor, um Australien zu sehen. Im pazifischen Krieg war dies genau der Weg der Japaner, die allerdings an der Meerenge von Timor aufgehalten wurden.

Die australische Regierung, die wie jeden Dienstag in Canberra routinemäßig tagte – glückliche, empfindliche Völker verstehen es, eine aufkommende Beunruhigung zu verbergen –, gab ein Kommuniqué heraus. Es war zwischen verschiedene Vorgänge geschickt eingestreut, blieb aber nicht unbeachtet. Es lautete: »Die australische Regierung hält es für geboten, daran zu erinnern, daß der Zuzug von Ausländern unserem Einwanderungsgesetz unterliegt, das weder übertreten werden kann noch abgeschafft wird.« Das war alles. Wenn man aber die strenge Handhabung dieses Gesetzes kennt, das wohl den Zuzug von Griechen, Italienern, Spaniern, Engländern und Franzosen zuläßt, kurz von allen, die eine weiße Haut und eine christliche Seele haben, und alles was gelb, schwarz oder braun ist, zurückweist, so versteht man, daß für die Australier als Antipoden der westlichen Welt der Aufruf ihrer Regierung eine Art Mobilmachung der Geister war. Mit andern Worten, man forderte die Australier auf, sich gegen das Mitleid... und gegen die weit draußen schwimmende Flotte vom Ganges zu wappnen.

Australien ist ein freies Land, und Pressemeldungen werden nicht zensiert. Daher ging besagte Nachricht rund um die Welt. In den kränksten westlichen Ländern wurde sie, begleitet von gehässigen Kommentaren, wie ein rassistisches Glaubensbekenntnis bewertet. Das Medientier begriff sofort, daß nunmehr die Feindseligkeiten eröffnet wurden. Die australischen Botschaften in London, Paris, Washington, Rom und Den Haag wurden von zahlreichen, jungen, struppigen Leuten friedlich belagert, die schrien: »Rassismus, Faschismus, wir alle sind Menschen vom Ganges!« Mit Ausnahme von Washington, wo die »Pigs« einige bedauerliche, wüste Gewohnheiten aus dem »heißen Sommer« wiederholten, begnügte sich die Polizei, die Botschaften fest abzuriegeln. Seit langem wagte keine demokratische Regierung mehr, im Namen des Rassismus den Gummiknüppel zu schwingen. Es wäre auch nicht nötig gewesen. Die Demonstranten beschränkten sich auf ihre Kundgebung, ohne etwas zu zerschlagen oder irgend jemand zu bedrohen. Man sah sogar ganze Gruppen diszipliniert vor roten Verkehrsampeln warten. Schon geraume Zeit hatte das Tier auch begriffen, daß das Aufreizen zu Gewalttätigkeit das Gegenteil bewirkt und die Öffentlichkeit nicht nur erschreckt, sondern auch wachgerüttelt wird. Die einzige Gewalttätigkeit, die es daher in den letzten Jahren immer häufiger zum Gegenstand einer moralischen Aufwertung machte, lag auf einer anderen Ebene. Da wurden Kunstwerke gestohlen und gegen Lösegeld zurückgegeben, das irgendeinem armen Volk zufloß. Oder Luftpiraten entführten Flugzeuge, deren Passagiere man gegen Medikamente, Lebensmittel und Kleider freigab. Oder Banken wurden ausgeraubt zugunsten einer Bevölkerung, die durch eine Katastrophe oder einen Bürgerkrieg in Not geraten war. Man umschrieb dies als »humanitäre« Gewalttätigkeit, die auf der gleichen Rangstufe stehen würde wie etwa eine Kollekte oder eine mildtätige Ausschreibung. Leute mit gesundem Menschenverstand griffen sich an den Kopf, da sie mit solchen moralisch zerrütteten Vorgängen nicht mehr zurechtkamen. Wenn sie aber zum Ergebnis gelangten, daß Großzügigkeit keinesfalls zügellose Gewalttätigkeit entschuldigt, so hüteten sie sich dennoch, dies öffentlich auszusprechen. Hätten Sie es überhaupt wagen können? Vor allem, wenn die Gewalttätigkeit des Tieres weniger wichtige soziale Mißstände aufs Korn nahm? So zum Beispiel einen verprügelten Kolonialwarenhändler in einem Armenviertel oder afrikanische Obdachlose, die im Sommer leerstehende Wohnungen besetzten, oder gestohlene Waren, die an Bewohner eines Barackenviertels verteilt worden waren, oder verprügelte, unreelle Finanzleute, die von einem illegalen »Volksgericht« verurteilt wurden, oder mißliebige Arbeitgeber, die fortgesetzt ihrer Freiheit beraubt wurden... Nein! Niemand protestierte, und die Justiz, die ins Wanken geriet und nicht mehr wußte, ob die Gesetze zur Schikane oder zum Schutz der Gesellschaft da sind, billige den Angeklagten regelmäßig mildernde Umstände zu, worauf sie unbehelligt und mit einem Nimbus versehen die Gerichtssäle verließen. Man schmähte also lieber alle diese Männer und Frauen, die sich für anständig halten, das heißt beinahe die ganze Nation. Das Tier hatte somit mit seinem teuflischen Verhalten die westlichen Polizeibehörden und die Justiz in der Tasche. So abgesichert konnte es ruhig dem Erwachen der öffentlichen Meinung gegenübertreten. Und diese nahm einmal mehr zur Kenntnis, daß Rassismus zum Selbstschutz eine Plage der Menschen ist.

Für das wirkliche Erwachen der westlichen Welt, das heißt für die Wahrnehmung der tödlichen Bedrohung und der Sorge um das Überleben, wäre der Wink der australischen Regierung insofern wertlos gewesen, weil er entstellt, gefälscht und im Zusammenhang verstümmelt worden war. Man hätte sich natürlich auf den Abdruck des Einwanderungsgesetzes, wie er auf der ersten Seite von »La Pensée Nouvelle« stand, berufen können. Statt dessen wandte sich der Westen genau gegen das, was er zu verteidigen vorgab, gegen die weiße Welt. Erinnern wir uns an die Selbstschutzmaßnahme der westlichen Schiffahrtsgesellschaften, die nach der Pressekonferenz des Ministers Jean Orelle ihre Schiffe anwiesen, sich mehr als achtundvierzig Stunden außerhalb der Route der Emigrantenflotte zu bewegen. Das war sicher grausam, aber gesund. Sicher steht auch im Schicksalsbuch der weißen Menschen geschrieben, daß gesunde Geistesblitze und Mutbezeugungen oder einfach Erhaltungstriebe einsame, geheime oder nicht erkennbare Entscheidungen bleiben, ohne von einer bedeutenden Menge getragen zu werden. Vielleicht ist dies eine Erklärung.

Man vergaß dann das Einwanderungsgesetz der australischen Regierung, nachdem die Flotte ihren Weg änderte und Kurs um das südliche Kap nahm. Die Welt erfuhr davon, als die Armada durch die Meerenge von Ceylon fuhr, wo sie zwischen der Südspitze Indiens und der großen Insel auf der Höhe von Tuticorin am Westausgang der Meerenge entdeckt wurde. Ein Hubschrauber der Associated Press, reichlich mit Teleobjektiven und Weitwinkelkameras versehen, überflog sie etwa zwanzigmal in geringer Höhe. Unter den Aufnahmen, die in der ganzen Welt erschienen, lösten etliche Bestürzung aus, da sie empfindliche

Gemüter bewegen konnten. Eine seltsame Sache war eine Großaufnahme des mißgestalteten Kindes vorne auf der Kommandobrücke der INDIA STAR; mit der Mütze des Kapitäns auf dem Kopf saß es auf den Schultern eines riesigen Hindus und betrachtete mit starren Augen das Meer. Diese Aufnahme von einem Schrecken erregenden, unerträglichen Realismus wurde nur sechsmal veröffentlicht, dazu in wenig gelesenen Zeitungen mit politisch schlechtem Ruf, wie »La Pensée Nationale«. Vielleicht sind sich einige der Blindgänger des Tiers in Schlüsselstellungen der furchtbaren Wirkung der Fotos bewußt geworden und haben sich kurz in die Zentrale des Verteilernetzes der Zeitungen eingeschaltet. Oder es hat eine Art Selbstzensur bei den Chefredaktionen der großen westlichen Blätter mitgewirkt. Es ist immer so, daß die Öffentlichkeit in der Mehrheit von diesen Dingen nichts weiß. Vielleicht ist dies eine Erklärung...

In Paris stieß Mohammed, »einäugiger Kadi« genannt, an einem Kiosk am Nordbahnhof durch Zufall auf das mißgebildete Kind auf der ersten Seite von »La Pensée Nationale«. Er kaufte die Zeitung, schnitt das Foto heraus, heftete es mit vier Reißzwecken an die Wand seiner Küche und sagte triumphierend zu seiner Frau: »Ist dieser Bruder, der zu uns kommt, nicht schrecklich? Wenn der hier landet, ist das Sch...!«

So ähnlich dachten auch die Diplomaten und Studenten der Dritten Welt, zu deren Lebensstil inzwischen der Mercedes und das Universitätsviertel ebenso gehörten wie der Zweireiher, ihre Botschaften, weiße Kleidung und gesellschaftliche Anerkennung. Sie alle wiesen das ausgehungerte Schreckgespenst der INDIA STAR entschieden von sich. Sie stürzten sich auf die Landkarten und setzten kleine Papierfähnchen darauf, als ob sie den Weg der Rache markieren wollten. Eine seltsame Erscheinung, welche die ganze soziologische Mannschaft um Boris Vilsberg in Verlegenheit gebracht hätte. Jene Leute verbrachten ihre Ferien in Vichy und kannten von ihren Heimatländern nur noch die Kakaobohne in den Cocktails. Sie lehnten es auch ab, ihre alte Mutter im Heimatdorf zu besuchen, weil sie beharrlich auf ihren Fersen hockte. Sie wünschten nichts inniger als den Zusammenbruch einer Welt, aus der sie sich endlich freigemacht hatten! Wie lästig ist doch dieser heimliche Druck des Hasses und der Mißgunst! Und die Hunde von Weißen! Sie wechselten einfach das Feld. Sie schrien viel, genügend um die Öffentlichkeit zu betäuben. Aber in der Stunde der Wahrheit werden wir sehen, wie sie sich in ihre Nester verkriechen, zweifellos, um dort den Haß zu verbergen, den sie letzten Endes unter sich selbst hegten...

Die Armada der letzten Chance fuhr indessen aus der Meerenge von Ceylon heraus, und die Welt verlor erneut ihre Spur.

19.

In seinem langen Bericht, den der Journalist der Associated Press seinen im Hubschrauber gemachten Aufnahmen beifügte, schrieb er von einem entsetzlichen Geruch, der über dem Meer lag, einer dicken Luft über der Armada. »Nicht zum Atmen. Der Pilot und ich haben unsere Taschentücher mit Gin getränkt und als Maske benutzt. Es roch wirklich nach Sch...!« Auch dieser Satz wurde nie veröffentlicht.

Die Flotte schwamm seit achtundvierzig Stunden im Indischen Ozean und näherte sich den Lakkadiven und dem zehnten Grad nördlicher Breite, als eine westliche Brise den furchtbaren Gestank über die ganze Küste von Malabar bis Kap Comorin verbreitete. Es war für die Geruchsnerven eine letzte Hinterlassenschaft, ein Verwesungsgeruch, der an die Durchfahrt der Flotte erinnerte. Die Menschen in dieser Gegend hoben überrascht und erschrocken die Nase zum Himmel und beschnupperten die Wolken. Ein zäher und übler Geruch zog sich über Land und Städte. Es war so stark, daß dagegen der Geruch des trockenen Kuhmists gar nichts war, den in Indien Millionen Frauen für Millionen Feuerstellen als Brennmaterial für die tägliche, magere Küche verwenden. Der auswandernde Ganges stank, wie es in Indien noch nie gestunken hatte.

Bei der Flotte entstand indessen ein großes Problem: der Brennstoff. Bei der Bescheidenheit der Passagiere mangelte es weder an Reis noch an Wasser. Immerhin mußte täglich für eine Million Menschen auf hundert Schiffen Reis gekocht werden. Vom ersten Tag an entstand Unruhe. Die Küchen auf jedem Schiff erwiesen sich als unzulänglich und unfähig, die Tausenden von Individuen zu ernähren, die sich überall schlugen und gegen jede Disziplin auflehnten. Es bildeten sich Cliquen, Familiengruppen und landsmannschaftliche Zusammenschlüsse, die sich für die Dauer der Reise zusammentaten, sei es auf dem Vorderdeck, auf dem Achterdeck, im Zwischendeck oder im Werkraum. Jede dieser Gruppen organisierte eine eigene Küche. Auf den größten Schiffen wie der INDIA STAR oder der CALCUTTA STAR zählte man bereits auf der Höhe von Ceylon mehr als hundert Küchen, wo man täglich den Reis in Gefäßen aller Art, wie Kasserollen, Kesseln, Kochgeschirren und Konservenbüchsen kochte. Man machte Feuer mit allem, was an Bord aufzutreiben war. Schon bei der Abfahrt war das Holz knapp. Jetzt wurde alles verwendet, die letzten Rettungsboote, die Bettgestelle, Schiffsbohlen, die Kabinentüren der Wachen und Offiziere, ja sogar die wenigen Bücher der Schiffsbibliothek. Es bedurfte der ganzen Autorität des Mistkäfers, damit die Seekarten, die nautischen Anweisungen und die Sextantengehäuse nicht verheizt wurden. Dennoch wäre der notwendigste Bedarf für die Herdstellen bis zum Ende der Reise gesichert gewesen, wenn man nicht auch noch Scheiterhaufen hätte unterhalten müssen.

Indien verbrennt seine Toten. Die Armada verbrannte die ihrigen seit der Abfahrt. Wenigstens die, welche an Bord starben. Nicht dagegen solche, die ins Wasser fielen und als kleine Flöhe am Rand der Armada von der Flut weggespült wurden. Es starben viele. Besonders Greise und Kinder, die schon, bevor sie aufs Schiff gingen, erschöpft waren, ausgehungert am Ende eines Widerstandes und einer sinnlosen Hoffnung. Auf der Brücke der Schiffe ließ man die gräßliche Leichenverbrennung von Benares wiederaufleben. Billige Verbrennung der Armen auf mageren, schlecht geschichteten Scheiterhaufen, unter Verwendung von altem Packmaterial, rostigen Planken und Lukenhauben, wobei die Leichen, besonders die feuchten Eingeweide, nie ganz verbrannten. Dies verursachte einen entsetzlichen Gestank. Immer wieder fielen Gliedmaßen aus den engen Scheiterhaufen. Behaarte, versengte Köpfe rollten der kauernden Menge vor die Füße. Mit Bootshaken scharrten die Leichenverbrenner die Fleischmassen zusammen. Aus den Brandstellen floß Menschenfett. Andere fachten das Feuer neu an und suchten mit Schaufeln in der Asche nach noch nicht ganz verbrannten Holzstücken, um die erlöschende Glut am Leben zu erhalten. Nach der Durchfahrt durch die Meerenge von Ceylon erlöschten mangels Brennstoff die Scheiterhaufen, und ebenso gingen unter den Hunderten von Reistöpfen die Gluten aus. Indien ist die Schwester des Todes und die Mutter seiner Toten. Stille legte sich über die ganze Flotte, indessen der Mistkäfer das stumme Orakel, sein mißgestaltetes Kind befragte. Aus dem offenen Loch seines Mundes floß in Fäden bläulicher Speichel. »Man werfe die Toten ins Meer!« befahl der Mistkäfer.

Was soll mit dem Reis geschehen?

Um Reis zu kochen, bedurfte es keiner besonderen Anordnung. Für jeden Inder gab es nur die für ihn typische Lösung. Ohne die üblichen Kuhfladen verbrannten die meisten nach einer seit dreitausend Jahren bewährten bäuerlichen Technik ihren eigenen Kot. Auf den Schiffbrücken entstanden Werkstätten, wo seltsame Köhler, meist Kinder, auf den Fersen hockend mit den Fingern Kothaufen kneteten, die man ihnen brachte. Um die Flüssigkeit zu entfernen, wurden diese längere Zeit zusammengedrückt und zu einer Art Eierbriketts geformt, wie wir sie für unsere Öfen benutzen. Die tropische Sonne tat ein übriges. Sie erhitzte die von der Menge geräumten Metallböden der Brücken, die so in Trockenöfen verwandelt wurden. So entstand aus Tausenden von stinkenden Briketts ein brauchbares Brennmaterial. Andere Kinder dienten als flinke, listige Zulieferanten. Auf der Lauer liegend spähten sie nach dem Mann oder der Frau, die sich anschickten, kauernd ihre Bedürfnisse zu verrichten, und schwupp! sprangen sie ihnen zwischen die Beine, bemächtigten sich der kostbaren, noch warmen Materie und brachten diese den Kotknetern. Auf diese Weise konnte die Armada während der ganzen Reise ihren Reis kochen, verbreitete aber diesen schrecklichen Gestank über dem Meer, von dem der Journalist erzählt hat und der manche von der Flotte weit entfernte Schiffe heimsuchte.

An Bord lief das Leben eintönig. Essen, schlafen, Kräfte schonen und von der Hoffnung träumen und vom Paradies, wo Milch und Honig fließen und stille, fischreiche Flüsse die erntenreichen Felder bewässern würden. Nur die nach Kot jagenden Kinder, die überall mit vollen Händen herumsprangen, brachten Abwechslung in die unbeweglichen Menschenmassen, die auf den Brücken der Schiffe wie aufgebahrte Tote am Abend nach der Schlacht lagen.

Hitze, Untätigkeit und die Sonne, die auf Haut und Gehirne wie eine Droge wirkte, dazu das mystische Klima, in welchem die Menge sich bewegte und besonders die natürliche Neigung eines Volkes, für welches Sex nie Sünde war, dies alles hatte zur Folge, daß das Fleisch zu kochen anfing. Unter den Herumliegenden entstanden Bewegungen aller Art. Zu gewissen Zeiten glichen die Schiffbrücken den Basreliefs von Tempeln, wo sich ausgelassene oder auch errötende Touristen ergötzten, die jedoch selten die Schönheit und Anmut der Skulpturen empfanden. Hände, Münder, Hintern und männliche Sexorgane erhoben sich. Unter den weißen Tuniken entstanden Wellen von Zärtlichkeiten. Mädchen gingen von Hand zu Hand. Kaum heiratsfähige Mädchen schlummerten in einem weichen Durcheinander von Armen, Beinen und aufgelösten Haaren dahin. Wenn sie aufwachten, leckten sie sich leise. Man nahm das männliche Glied in den Mund, langgestreckte Zungen fanden eine Scheide, Frauen befriedigten ihren Nachbarn. Über Körper, Brüste, Gesäße, Schenkel, Lippen und Finger flossen Bäche von Spermien. Paare waren nicht mehr allein, sondern zu dritt, zu viert zu ganzen Familien vereint, die alle nacheinander in eine tolle Ekstase gerieten, Männer mit Frauen, Männer mit Männern, Frauen mit Frauen, Männer mit Kindern und Kinder unter sich, die mit ihren kleinen Händen das ewige Spiel der sinnlichen Freude spielten. Hagere Greise spürten das Wiederaufleben verlorener Kraft. Über die Gesichter mit geschlossenen Augen huschte das gleiche glückliche Lächeln. Man hörte nur das Rauschen des Meereswindes, das Schnaufen der Körper und manchmal einen Aufschrei, ein Seufzen oder eine Aufforderung zu einer anderen Körperlage, der eine neue Vereinigung folgte.

In diesem Zustand der Scheiße, der Hemmungslosigkeit und auch der Hoffnung bewegte sich die Armada der letzten Chance dem Westen zu.

20.

Der Ozean war der Saison entsprechend ruhig. Eine breite Dünung ohne Störung ließ die jämmerliche Flotte vorwärtskommen. Unter den vielen Erklärungen, die wir seit Beginn dieser Erzählung zu geben versucht haben, müssen wir eine hervorheben, die vielleicht alle andern übertrifft: die merkwürdige Ruhe der Meere und Ozeane während der beinahe sechzig Tage dauernden langen Fahrt. Man hätte glauben können, daß die Hand Gottes über den hundert Schiffen ruhte, da bisher nur eines verlorengegangen war und daher Gläubige und Eingeweihte seine Allmacht und seinen Beistand um so mehr zu erkennen glaubten, als er die weiteren neunundneunzig Schiffe dem westlichen Ufer zuführte. Dem Volk der Weißen sollte es wohl als Zeichen seines Triumphes dienen oder – wer weiß? Vielleicht erfahren wir es in einer andern Welt – seiner Allmacht, wonach er eine Nacht unbarmherzig sein mußte, um die dem auserwählten Volk geschuldete Gnade und Hilfe kundzutun.

Mitten im Indischen Ozean, zwischen den Lakkadiven und der Insel Sokotra sank der den Schluß der Flotte bildenden Flußdampfer im ruhigen, blauen Wasser plötzlich ab. Das für den Ozean nicht geeignete und überladene Schiff hatte seit der Abfahrt vom Ganges Schwierigkeiten. Die Flotte mußte immer wieder das Tempo drosseln oder warten. Die Mißgeburt hatte statt Worte und Augenbewegungen ein feines Gehör. Als die Maschinen der INDIA STAR stoppten, was immer der Fall war, wenn der Flußdampfer außer Sicht geriet, wurde die Mißgeburt äußerst unruhig. Ein Zucken befiehl Gesicht und Körper. Der Mistkäfer und seine Helfer wurden nervös.

Armer Flußdampfer! Beladen mit den Elendestens, den Parias, hatte er schon bisher dem Meer einen schweren Tribut bezahlt. Seine Länge und sein übergroßes Gewicht machten aus ihm einen schwimmenden Baum, der kaum aus dem Wasser herausragte. Wenn eine starke Woge über die Brücke rollte, spülte sie etliche hinweg, die im Kielwasser verschwanden. Manche dieser Leichen wurden von fremden Schiffen entdeckt, die in großem Bogen vorsichtig kreisten und dann gemäß den Anordnungen der Schiffahrtsgesellschaft mit äußerster Kraft verschwanden. Jeden Tag tauchte die Reling des Flußdampfers ein wenig tiefer ein, trotz der Entlastung, die der tägliche Verlust von mehreren Dutzend Parias mit sich brachte.

Dann kam der Augenblick, wo eine Woge, nicht höher als alle andern, über das Schiff ging. Es verschwand und ließ als einzige Spur auf der

Oberfläche des Meeres dreitausend Schiffbrüchige zurück, deren sich wild bewegende Arme und Beine einen braunen Wald auf dem Wasser bildeten. Mit Lichtsignalen verständigten sich die Schiffe der Flotte und hielten an. Dies dauerte aber nur kurze Zeit. Als der Mistkäfer auf der Kommandobrücke sich nach hinten wenden wollte, um etwas von dem Unglück sehen zu können, bekam die um seinen Hals geklammerte Mißgeburt konvulsivische Zuckungen. Tränen flossen aus ihren Augenhöhlen. Ihre Gliederstummel flatterten in der Luft wie die Flügel eines sterbenden Vogels. Der Mistkäfer drehte sich um und blickte wieder zum Bug seines Schiffes und auf das von Leichen freie Meer vor sich. Sofort hörten die Zuckungen der Mißgeburt auf. Nach zweimaliger Wiederholung dieses Experiments erblickte man darin die Aufforderung zur Weiterfahrt der Armada. Als die Schiffbrüchigen erkannten, daß die Flotte sie aufgab, verschwand plötzlich der Wald von Armen und Beinen. Es war der Ausdruck des freiwilligen Verzichts. Nun war die Flotte von dem kranken Däumling frei, der an ihren Rockschößen hing und sie um Gehör anflehte. Mit erhöhter Geschwindigkeit setzte sie ihren Kurs fort.

Diese Beschleunigung war ihre Rettung. Am Ostersonntag strandete die Flotte an der Südküste Frankreichs. Kaum war am Ostermontag früh der letzte Einwanderer bis zu den Hüften im Wasser watend an das Ufer gelangt, als ein schwerer Sturm über das Mittelmeer ging. Hätte sich die Armada nur um wenige Stunden verspätet, wäre sie mit Mann und Maus untergegangen. Vielleicht ist dies eine Erklärung?

Die Welt erfuhr von dem Schiffbruch etwa vierzehn Tage später. Da die Flotte keine Funkgeräte besaß und außerdem auch von niemand Hilfe angefordert hätte, wäre auf diesem Weg auch nichts bekannt geworden. Aber ein betrunkener, griechicher Matrose, der in Marseille in einer Hafenkneipe allein an einem Tisch saß, und ein eifriger Journalist, der durch Zufall hinzukam, brachten den Stein ins Rollen. Der Journalist sprach griechisch, weil er ebenfalls Grieche war. Als in Griechenland die Militärs regierten, war er zusammen mit Musikern, Schauspielern und heute schon vergessenen Schriftstellern freiwillig ins Exil gegangen. Er hatte zunächst Erfolg, aber dann war Griechenland nicht mehr Mode. Andere Unterdrückte traten bei seiner Zeitung an seine Stelle, denn um den Begriff Unterdrückung in der Öffentlichkeit lebendig zu erhalten, muß man flexibel sein. An diesem fraglichen Tag bot sich ihm Gelegenheit, sich zu revanchieren, und er nahm sie wahr. Die sich ergebenden Folgerungen gehören ebenfalls zum Kapitel Erklärungen.

»Auf dem Meer waren Tausende«, schluchzte der griechische Matrose mit starrem Blick in sein Glas. »Alle Schwarzen waren weiß gekleidet. Viele lebten noch, das kann ich bezeugen! Wir sind mit fünfundzwanzig Knoten immer gerade aus, mitten hindurch gefahren!« Er machte eine ausladende Bewegung. Sein Arm fuhr über den Tisch und fegte sein Glas weg, das auf dem Boden zersplitterte. Trotz des Lärms in der Kneipe hatte der Journalist den Satz aufgefangen. Er war, bestürzt über die Ungeheuerlichkeit dieser Enthüllung, näher gekommen und bat nun um weitere Angaben. Kurz entschlossen nahm er den Matrosen mit in seine Wohnung, wo er für seine Ernüchterung sorgte. Dann bewirtete er ihn und brachte ihn zum Sprechen. Offensichtlich hatte der Mann von seinen Offizieren strengste Schweigepflicht auferlegt bekommen. Aber wahrscheinlich war er bestochen worden. Indessen schien nach dem furchtbaren Geschehen, bei dem er gleichzeitig Zeuge und Mittäter war, sein Gewissen völlig erschüttert gewesen zu sein.

Inzwischen hielt der Matrose, ein Steuermann, sein Glas wieder fest in der Hand. Aus seiner Erzählung ging hervor, daß der griechische Frachter »Insel Naxos« unter Kapitän Notaras mit einer Ladung Edelhölzer von Colombo durch den Suezkanal nach Marseille unterwegs war. Als er auf halbem Weg, zwischen Ceylon und Sokotra den 10. nördlichen Breitengrad passiert hatte, stieß er auf einen Schiffbrüchigen, der bei Annäherung des Schiffes gerade wieder zu sich gekommen zu sein schien, denn er hob schwach den Arm, als ob er um Hilfe rufen wollte. Das Meer war glatt, und es war windstill. Der Kapitän ließ das Schiff halten und gab Befehl, ein Boot abzusetzen. Als der Wachoffizier mit dem Fernglas den Unglücklichen beobachtete, sah er plötzlich zahlreiche Leichen um ihn herumschwimmen. Der Kapitän nahm nun ebenfalls das Glas zur Hand und entdeckte weit draußen auf dem Meer eine Unzahl von Körpern, bei denen nicht zu erkennen war, ob sie noch lebten. »Das sind Leute vom Ganges«, sagte er. Er rief das Boot zurück, auf dem man schon Davits heruntergelassen hatte. Dann ließ er langsame Fahrt nach rückwärts machen. Als der Schiffbrüchige sah, wie der Frachter sich entfernte, schloß er ohne einen Laut die Augen und ließ sich abtreiben.

»Kapitän!« fragte der Wachoffizier, »geben Sie ihn auf?« Er war ein ganz junger Mann. Blaß vor innerer Bewegung standen ihm die Tränen nahe.

»Sie kennen die Befehle«, antwortete Kapitän Notaras. »Sie sind bindend. Wenn wir alle diese Leute aufnehmen, dann frage ich Sie, was wir mit ihnen machen sollen. Ich habe Holz zu transportieren. Sonst nichts. Ich bin nicht beauftragt, diese europäische Invasion zu fördern.«

Der junge Offizier fing an zu weinen. »Sie verurteilen jene zum Tode, Kapitän. Dazu haben Sie kein Recht!«

»Aha, das glauben Sie«, sagte der Kapitän. »Nun, Sie täuschen sich.« Mit einem Griff signalisierte er »Volldampf voraus« und rief durch das Maschinenraumtelefon: »Höchste Geschwindigkeit bitte!« Dem Steuermann befahl er: »Im Ruder bleiben. Und wenn Du einen halben Grad abweichst, lasse ich Dich wegen Meuterei auf hoher See in Ketten legen!«

Im Ruder bleiben heißt immer geradeaus fahren. Und geradeaus unter dem Bug des mit Höchstgeschwindigkeit fahrenden Schiffs begann das Seefeld mit den schwarzen und weißen Blumen, mit den Toten und Lebenden, die von den Wogen wie ein Kressenbeet aus Menschenleibern hin und her geschaukelt wurden. Bei fünfundzwanzig Knoten Geschwindigkeit beging der griechische Frachter »Insel Naxos« auf Befehl seines Kapitäns und durch die schuldhafte Passivität seiner Mannschaft in fünf Minuten eintausend Morde. Abgesehen von Kriegshandlungen war dies wahrscheinlich das größte Verbrechen in der Weltgeschichte, das je von einem einzelnen Mann begangen wurde. Dieses Verbrechen betrachtete jedoch Kapitän Notaras, ob mit Recht oder Unrecht, als Kriegshandlung. Sicherlich war er es seinem Namen schuldig und der Erinnerung, die sich mit diesem verband.

In Griechenland rühmten sich die Notaras, einer sehr edlen und alten Familie anzugehören, obwohl nicht genau feststand, ob nicht lediglich eine Namensgleichheit vorlag. In der Kajüte des Kapitäns zeigte ein Portrait einen Mann von hohem Wuchs, mit dunklen Augen und einem energischen Blick. Er hatte eine ziselierte Rüstung an. Der goldene Helmstutz war mit weißen Federn geschmückt. Dieser Mann war Luc Notaras, Großherzog und Großadmiral von Byzanz, Kommandant der letzten christlichen Galeeren bei der Einnahme von Konstantinopel durch den Großen Türken Mohammed. Er war dem Gemetzel entgangen, aber von Janitscharen gefangengenommen worden. Man führte ihn zusammen mit zweien seiner Söhne vor Mohammed. Es waren zwei sehr schöne Jünglinge, »von dieser griechischen Schönheit«, wie der Historiker Doukas schrieb, »die jahrhundertlang Künstler und Dichter inspiriert hatten«. Der Große Türke hatte Geschmack an jungen Menschen, besonders an den beiden Söhnen Notaras. Aber er wollte – seltsamerweise mitten in der Stadt –, daß sie ihm von ihrem Vater auf einem großen, seidenen Bett angeboten werden. War dies die Laune eines Ästheten? Oder verband sich dahinter reine Wollust? Inmitten der Wächter weigerten sich die drei Notaras. Die beiden Jungen wurden vor ihrem Vater sofort enthauptet, dann bot der Großadmiral selbst seinen Kopf dem Henker...

Seitdem haben all die vielen, die in Griechenland den Namen Notaras tragen, diesen dreifachen tragischen Tod unauslöschlich im Gedächtnis behalten. Es ist merkwürdig, daß man den Namen Notaras am häufigsten außerhab Griechenlands antrifft, so in den griechischen Kolonien von Smyrna, Damaskus, Alexandria, Istanbul, am Schwarzen Meer und auf Cypern, als ob bei den Notaras, auch bei solchen zweifelhafter Abstammung, eine gefährliche Vorliebe zurückgeblieben wäre, auf einem Vorposten der Christenheit zu leben. Im Krieg gegen die Türken 1922 befand sich in der griechischen Armee in Kleinasien ein Oberst Notaras und auf Cypern ein Partisanenführer gleichen Namens. Beide waren für begangene Grausamkeiten die Verantwortlichen. Kapitän Luc Notaras, der Kommandant des griechischen Frachters »Insel Naxos«, war also nur einer auf der unendlichen Namensliste.

Mit dem Blick auf das Meer zu seinen Füßen klammerte der junge Offizier seine Hände um das Geländer auf der Kommandobrücke und schaute entsetzt auf die zerfetzten Körper, welche durch die infolge der Geschwindigkeit im Wasser entstandenen Wirbel wie Bälle gegen die Schiffswandung geschleudert wurden.

»Ich war wie hypnotisiert«, erzählte der Steuermann, »und hatte den Eindruck, einen riesigen Sturmpanzer zu fahren und unter meinen Raupen eine kauernde Masse zu zermalmen. Ich hoffe, daß diese Menschen einen schnellen Tod gefunden haben, bevor sie von den Schiffsschrauben erfaßt wurden. Ich habe nicht rückwärts geschaut. Meine Kameraden sagten mir, daß im Kielwasser Fetzen blutigen Fleisches aufgetaucht seien. Während der fünf Minuten, die das Ganze gedauert hat, ist das Schiff keinen Daumen breit vom Kurs abgewichen. Ich kann mir das nicht erklären. Ich habe mit allen Kräften versucht, den Kurs nach rechts zu drücken. Es war schrecklich. Von Zeit zu Zeit sah ich den Kapitän an und wartete auf seinen Zuruf ›genug‹. Aber nein, er blieb unbewegt, mit großen offenen Augen, und lächelte...«

Natürlich verursachte der Vorgang großes Aufsehen. Ein Schiffbruch und gleichzeitig ein Gemetzel? Das war zuviel für den nervenschwachen Westen! Mit dem Bericht einer Marseiller Tageszeitung, der sofort von der ganzen französischen Presse und den führenden westlichen Blättern übernommen wurde, ging die Erzählung des Matrosen um die Welt und entfachte in der Öffentlichkeit Entrüstungsstürme. Die westliche Welt, der man sowieso ein dauerndes Schuldgefühl eingetrichtert hatte, fühlte sich diesmal aus einem klaren Beweggrund wirklich schuldig. Das Tier hatte in Kapitän Notaras unverhofft ein neues Symbol gefunden und gab dies mit Trompetentönen kund. Luc Notaras wurde in der schrecklichen zeitgenössischen Geschichte unter das Kapitel »weiße Schlächter« eingereiht. Dieses Kapitel wurde von den Dienern des Tieres weidlich ausgebaut. Sie verpaßten ja keine Gelegenheit, die traurigsten Dinge ohne Zusammenhang und unterschiedslos lauthals hinauszuposaunen, gleichsam wie eine Drohung, eine Mahnung und ein Schreckgespenst.

Es gab keinen Fall Dreyfuß. Kapitän Notaras, der in Marseille verhaftet und ins Gefängnis gesteckt wurde, hatte alle gegen sich. Wenn irgendein Mörder ein schreckliches Verbrechen begangen hatte, wie Notzucht und Zerstückelung eines Mädchens oder Ermordung eines Greises mit einem Hammer wegen hundert Francs, so leistet die moderne Justiz mit der Psychiatrie immer Hilfe und findet eine Entschuldigung wegen der Fehler unserer Gesellschaft. Bezüglich der Missetat des Kapitäns Notaras suchte man keine weitere Erklärung. Er verkörperte die weiße Rasse. Er war überzeugter »Rassist« und hatte aus blindem Rassenhaß gehandelt. Punktum. Die Psychiater hätten ja fragen können, warum dieser Rassenhaß bestand, wenn es eine richtige Untersuchung und einen Prozeß gegeben hätte.

In Wirklichkeit wurde die Untersuchung unter dem Druck der Öffentlichkeit oberflächlich geführt. Der Prozeß sollte am Dienstag nach Ostern vor dem Gericht in Aix-en-Provence beginnen, fand aber nicht statt. Der Kapitän war am Abend des Ostersonntags aus dem Gefängnis entwichen, nachdem das Wachpersonal selbst geflohen war. Da keine vergleichbaren Tatbestände noch Vermutungen ein derartig unerkläriches Verbrechen aufhellen konnten, hätte man es da nicht unter ganz neuen Gesichtspunkten betrachten müssen? Statt dessen sprach man davon, im Fall Luc Notaras die Todesstrafe wieder einzuführen! Solches schrieben sogar die wildesten Gegner der Todesstrafe in ihren Zeitungen. Allen voran Clément Dio, der so viele unentschuldbare Verbrechen verteidigt hatte, die im Namen der Dritten Welt von zahllosen »Befreiungskommandos« aller Art begangen wurden. Offenbar dachte niemand, daß sich Kapitän Notaras in einer Art Fieberdelirium innerlich von irgend etwas frei gemacht hatte. Aber selbst Machefer schwieg. Einen Augenblick lang packte ihn die Lust, als Überschrift für einen Artikel den berühmten Satz Talleyrands nach der Ermordung des Herzogs von Enghien zu verwenden: »Mehr als ein Verbrechen, ein Fehler!« Aber er verzichtete. Wer hätte ihn auch verstanden? Das wäre zu viel verlangt gewesen. Die Öffentlichkeit kann ja nur mit den Wölfen heulen.

Es war tatsächlich ein Fehler. An jenem Tag wurden, was den westlichen Widerstandsgeist betrifft oder wenigstens die notwendige Aufmerksamkeit, zwei Vorstellungen zerstört oder stark erschüttert. Die eine, die sich auf einen möglichen Angriff oder Einfall bezog, hatte trotz der offensichtlichen Gewaltlosigkeit der Gangesflotte einerseits und dem Trommelfeuer der Presse andererseits schon begonnen, etliche Gehirne zu beschäftigen. Sie scheiterte jedoch zur gleichen Zeit wie der Flußdampfer. Eine noch so bedauernswerte Schwäche konnte und durfte keine Bedrohung bilden. Die andere Vorstellung, die eine Verteidigung ins Auge faßte, wurde von der öffentlichen Meinung des Westens noch weniger anerkannt. Nachdem man in der Person Luc Notaras', des Mannes mit den vom Blut Unschuldiger befleckten Händen, ein abschreckendes Beispiel gefunden hatte, wurde sie schlicht im Keim erstickt. Am Mikrophon zog Albert Durfort die Folgerung »Wir sind keine Notaras!« »Wir werden nie Notaras sein!« Marcel und Josiane waren davon überzeugt. Zweifellos ist dies eine Erklärung...

Der Fall Notaras hatte wenigstens zwei praktische Ergebnisse. Einmal wußte man jetzt, wo die Flotte war, von der seit ihrer Durchfahrt durch die Meerenge von Ceylon keine Nachricht mehr vorlag. Nach einer zurückgelegten Strecke von zweitausend Kilometern wurden nunmehr auf Hunderten von Landkarten Hunderte von Fähnchen weiter westlich gesteckt. In allen Staatskanzleien der Dritten Welt rieb man sich die Hände, mit Ausnahme der arabischen, wo der Jubel aufhörte, als erkennbar wurde, daß die Armada Kurs auf das Rote Meer und den Suezkanal nahm.

Sodann hielt es die Kommission für internationale Zusammenarbeit, die ihren Sitz nach Rom verlegt hatte, weil es dort im Winter wärmer war, für angezeigt, daß etwas geschehen müsse. Statt nutzlosem Palaver und platonischen Wunschtiraden begann man, Erkundungen einzuziehen. So etwas erweckt nicht nur den Anschein einer Tätigkeitsentfaltung, sondern ermöglicht auch angenehme Reisen auf internationale Kosten und zieht nie Folgen nach sich. Zwischen einer Untersuchung und der Berichterstattung vergeht im allgemeinen soviel Zeit, daß das eigentliche Problem mehrmals seine Gestalt ändert. Diesmal wäre allerdings die Reise des Beauftragten nicht erfreulich gewesen. Die Armada vom Ganges, die keine Paläste, keine Schwimmbäder und keine Strände zu bieten hatte, war für diese Herren nicht attraktiv. Daher wurde die Nachforschung der französischen Luftwaffe in Réunion übertragen. Ihr Auftrag erhielt den Namen »Solidaritätsstaffel der Kommission für internationale Zusammenarbeit« und sie erhielt die Kokarde der UNO und, und, und... Die Presse muß ja etwas zu schreiben haben.

Die Besatzung der Staffel kehrte nachdenklich zu ihrer Basis zurück. Sie hatte nie zuvor etwas Derartiges erlebt. Nach mehreren Anflügen in niedriger Höhe über der Flotte, wobei man zum Zeichen der Freundschaft mit den Flügeln schwenkte und Loopings ausführte, mußten die Piloten am Schluß feststellen, daß sich kein Kopf erhoben, kein Arm bewegt, keine Hand ein Taschentuch oder dergleichen geschwenkt und überhaupt niemand das geringste Interesse gezeigt hatte. »Dennoch«, funkte der Staffelkommandant, »sie leben, ich bin sicher. Ich sehe sie von oben. Etliche essen und bewegen sich, kochen, gehen auf der Brücke... Wahrhaftig! Weder ein Grußzeichen, noch sonst eine Geste. Wir sind für diese Leute Luft!« Sicher hat die Mißgeburt an Bord das Beispiel für die Wahrung der Würde gegeben. Die Armada der letzten Chance verstand ihre Rolle zu spielen. Für etliche wurde sie dadurch um so bedrohlicher. Für die meisten jedoch schien dieser Stolz im Elend ein Heldengedicht zu sein. »Das sind keine Bettler, die da kommen«, kommentierte Boris Vilsberg am Mikrophon in seinem Armadabericht. »Das sind Menschen. Wie verhalten wir uns solch hoher Würde gegenüber?«

Außerordentlich vorsichtig war das Kommuniqué der Internationalen Kommission.

»Im Augenblick kann die Öffentlichkeit über das Schicksal der Gangesflotte beruhigt sein. Sie wurde bei ruhiger See in positionsgerechter Fahrt gesichtet. An Bord scheint alles in Ordnung zu sein. Die Schiffe laufen mit zehn Knoten Geschwindigkeit. Von unsern Flugzeugen, welche die Flotte den ganzen Tag überflogen haben, wurde weder Unterstützung noch Hilfe angefordert. Die Wetterkarte zeigt für jene Gegend eine lange Gutwetterfront an. Weitere Erkundungsaufträge werden in regelmäßigen Abständen ausgeführt, um bei jedem Seenotruf sofort einsatzbereit zu sein. Über das Endziel der Flotte kann noch keine Angabe gemacht werden, da eine Landung von Bevollmächtigten, Vermittlern oder Regierungsbeauftragten an Bord der Armada noch nicht stattgefunden hat und auch nicht stattfinden wird, solange dies nicht erwünscht ist. Die in der Internationalen Kommission tätigen Regierungen haben vereinbart, die freie Entscheidung der Einwanderer zu achten, nach dem in der Charta der Vereinten Nationen festgelegten Selbstbestimmungsrecht der Völker.«

Diese guten Apostel! Welche vernünftige Regierung hätte auch ein derart giftiges Geschenk berührt, es sei denn, um zu versuchen, es dem Nachbarn anzubieten? Und was für eine Diplomatenschlacht wäre in diesem Fall entstanden! Was für dreckige Manöver! Was für üble Erpressungen unter den Augen der scheinheiligen, widerlichen Öffentlichkeit. Der Westen war nur noch ein Roulettespiel, bei dem die schwarze Kugel noch rollte. Und alle, die Bescheid wußten, schauten mit Schrecken auf sie.

21.

Während man noch im Glauben war, die Armada würde den Golf von Aden ansteuern, wurde sie sieben Tage später auf der Höhe der Komoren, am Eingang der Straße von Mozambique gesichtet, wo sie Kurs nach Süden zum Kap der Guten Hoffnung hielt. Für die französischen Flugzeuge, die sie abends auf dem Rückflug von einem Routineunternehmen entdeckten, bestand kein Zweifel. Es war die Armada der letzten Chance, neunundneunzig Schiffe, die in zwei Reihen fuhren. An der Spitze sah man zwei große verrostete Passagierdampfer mit beschädigten Kaminen. Es waren die INDIA STAR und die KALKUTTA STAR, deren Silhouetten allen Marinestationen und Flughäfen der westlichen Welt bekannt waren. Das schöne Wetter hielt an. Auf dem seltsam ruhigen Ozean schien nichts den unaufhaltsamen Vormarsch der Gangesflotte zu bedrohen. Ohne es sich erklären zu können, war man über die Änderung der Route erstaunt, die nach den bisherigen Berechnungen, unter Zugrundelegung einer mittleren Geschwindigkeit von zehn Knoten, etwas ostwärts der Insel Sokotra, einem vorgeschobenen Punkt in Höhe des Golfs von Aden, hätte verlaufen müssen.

Obwohl die ägyptische Regierung die Nachricht geheim hielt und weder in der Presse noch in den Staatskanzleien etwas durchsickerte, hatte sie sich eingeschaltet. Sie tat es allein, ohne die arabischen Partner zu fragen und ohne die internationalen Organe oder die ausländischen Regierungen zu unterrichten. Es geschah in einer Atmosphäre der Verschwörung und panikartiger Furcht. Allein der Gedanke, daß eine Million Einwanderer im letzten Grad der Verzweiflung infolge eines Navigationsfehlers oder auch durch ein eventuelles Eingreifen westlicher Mächte im Suezkanal blockiert werden könnte, versetzte die Minister in Schrecken. Man kann sie verstehen. Das arme Ägypten hat lange Zeit seine Elastizität bewiesen. Aber jetzt etwas Unmögliches auf sich zu nehmen?... Diplomatisch, politisch, wirtschaftlich undenkbar.

In aller Heimlichkeit und in der größten Verwirrung wurde dem letzten noch brauchbaren ägyptischen Torpedoboot, das aus dem Krieg mit Israel übrig geblieben war, Befehl erteilt, sich der Armada entgegenzustellen und sie zu einer Kursänderung zu bewegen. »Wie soll ich es anstellen?« fragte der ägyptische Admiral. »Soll ich meine Geschütze einsetzen, wenn es nötig wird? Und gegebenenfalls, wo ist die Grenze des bewaffneten Einsatzes?« Die Antwort war ebenso kurz wie zweideutig. »Sie haben freie Hand, Allah möge Sie führen! Gute Reise!« Die

Minister wollten sich offenbar nicht in Einzelheiten einlassen. Und, hätten sie es überhaupt können? Man darf jedoch daraus nicht schließen, daß die ägyptischen Minister leichtfertig sprachen. In dieser außergewöhnlichen Angelegenheit, wo in jedem Augenblick der göttliche Wille mitspielte, vertrauten sie als gläubige Moslems ihrem Allah. Und Allah erhörte sie. Wer weiß, was entstanden wäre, wenn die westlichen Völker unter den gleichen Umständen sich namentlich an Gott gewandt und die Kirchen belagert hätten wie in den gesegneten Jahrhunderten, als Pest und Invasionen den Glauben stärkten.

Der Zusammenstoß fand etwa sechshundert Kilometer ostwärts Sokotra statt. Er war kurz. Der Admiral, der in einer Ecke der Kommandobrücke stand und betete, sah die ersten Rauchfahnen der Flotte am Horizont auftauchen, nachdem schon zuvor ein entsetzlicher Gestank auf dem Meer ihr Erscheinen ankündigte. Mit der Höchstgeschwindigkeit, welche Maschinen nach fünfundzwanzigjähriger Dienstzeit und drei verlorenen Kriegen noch hergeben konnten, jagte das ägyptische Torpedoboot auf die Flotte zu. Dann machte es in Höhe der INDIA STAR einen weiten Bogen, und da man eine Nachricht durchgeben wollte, fuhr es mit gedrosselter Kraft längsseits des Flußdampfers heran. Es war Mittag. Die Sonne brannte an einem wolkenlosen Himmel. Es war heiß wie in einem Backofen. An Bord der INDIA STAR döste die Menge schläfrig dahin. Nichts schien sie aus ihrer Mittagsruhe reißen zu können, es sei denn die Ankündigung des versprochenen Paradieses. Jedoch der Anblick der ägyptischen Matrosen mit ihrer dunklen Haut und ihren schwarzen Haaren und Augen verhieß keineswegs das weiße Paradies. Einige Passagiere hoben den Kopf hoch, ließen ihn aber gleich wieder fallen, um weiterzuschlafen. Zwei oder drei Kinder winkten für einen Augenblick.

Die Ägypter blickten indessen wie gebannt auf die Kommandobrücke. Dort saß auf den Schultern eines Riesen ein häßlicher Zwerg mit einer goldbedreßten Mütze auf dem Kopf und bewegte seine verkrüppelten Arme ohne Hände. Für die Matrosen war Elend nichts Neues und Verkrüppelungen ein häufiges Bild auf dem Land und in den Städten Ägyptens. Aber plötzlich dachten sie daran nicht mehr. Das Elend da oben, das in dem schrecklichen Gesicht der Mißgeburt zutage trat, hatten sie in den schlimmsten Zeiten des gequälten und verwöhnten Ägypten nicht erlebt. Hier waren dunkle, höhere und unüberwindliche Mächte verantwortlich.

Den Admiral überfiel unwillkürlich ein Schaudern, denn er hatte darin eine göttliche Strafe erkannt. »Möge Allah diejenigen schützen, die bedroht werden«, sagte er. »Ihm sei Dank für unsere Armut! Schickt ihnen unsere Botschaft! Es wird wohl unter ihnen einer sein, der arabisch versteht...« Ein Offizier setzte ein Megaphon an den Mund. »Wenden Sie sich mit dem Megaphon der Kommandobrücke der INDIA

STAR zu«, fuhr der Admiral fort. »Dort befindet sich die Seele und das Gehirn der Flotte. Auf.«

»Der kommandierende Admiral der ägyptischen Marine grüßt die Brüder vom Ganges und wünscht ihnen gute Reise. Die ägyptische Regierung rät dringend davon ab, daß die Flotte durch den Suez-Kanal fährt. Der Kanal bietet keine Sicherheit. Ihre größten Schiffe riskieren, auf Grund aufzulaufen. Das arme Ägypten kann keine Hilfe leisten. Der Admiral hat Befehl, Ihnen dies mitzuteilen und darauf zu achten, daß Sie dem Rechnung tragen. Viel Glück und Gott befohlen!«

Feldstecher richteten sich auf die Kommandobrücke der INDIA STAR. Der Admiral wartete. Konnte von einem Schiff, das keine Ähnlichkeit mit irgend etwas hatte, was je auf dem Meer geschwommen war, etwa durch ein Wunder eine Antwort erwartet werden, sei es durch ein Megaphon, durch Flaggen- oder Lichtsignale oder sonstwie? Hatten davon jene Menschen überhaupt eine Ahnung? Den Admiral überkam ein Angstgefühl, wie er es selbst in der größten Schlacht nicht empfunden hatte. Es war wie eine Erkenntnis menschlicher Ohnmacht vor einem übernatürlichen Phänomen. Dazu diese Botschaft! Lächerlich! Ein Text, von Stabsangehörigen entworfen, ohne Sinn, ohne greifbaren Vorschlag, ohne Überzeugungskraft. Auf der INDIA STAR wachte die Menge plötzlich auf und drehte sich jäh herum. Der Zwerg auf der Kommandobrücke gestikulierte fortgesetzt. Aller Augen waren auf ihn gerichtet.

»Wiederholen Sie die Botschaft«, sagte der Admiral. »Sagen Sie, daß ich fünf Minuten Zeit gebe, um den Kurs zu ändern. Andernfalls...«

»Was andernfalls«, fragte der Offizier.

»Andernfalls nichts... Doch! Sagen Sie einfach: Gott führe Sie auf den richtigen Weg. Und dann, nein! Kommando zurück! Was spielen wir denn! Das alles betrifft weder jene noch uns. Also richten Sie folgendes aus: Sie haben fünf Minuten Zeit zur Umkehr, wenn nicht, eröffne ich das Feuer. Gott wird Ihnen den richtigen Weg zeigen!«

Auf der INDIA STAR machte ein Mann eine Bewegung, als ob er verstanden hätte. Er trug eine blaue Bluse mit vier Tressen auf den Ärmeln, trug aber keine Mütze. Es war sicher der Kapitän. Der Mann zeigte auf den Zwerg auf den Schultern des Riesen. Dann verschwand er in der Ruderkabine.

»Laden Sie die Flakgeschütze«, sagte der Admiral. »Leuchtspurgranaten. Nur eine Salve. Zielen Sie über die Kommandobrücke zwischen Mast und Schornstein. Höhe etwa 45 Grad. Warten Sie auf meinen Befehl.«

Der Admiral schob seine Manschette zurück und schaute auf die Uhr. Während der Zeiger auf dem Zifferblatt vorrückte, fuhren die INDIA STAR und das Torpedoboot Seite an Seite in Richtung Westen, auf Sokotra und den Suez zu. Die riesige Flotte folgte, wie eine gelehrige Herde, blindlings, stumm und unwissend. Die vierte Minute war vorbei.

»Eröffnen Sie das Feuer!« befahlt der Admiral.

Er hatte schon oft den Abschuß eines Geschützes gehört. Aber nie schien eines einen derartigen Knall erzeugt zu haben. Ein schrecklicher Lärm! Wahrscheinlich war dies seinen überreizten Nerven zuzuschreiben. Es sei denn... Es sei denn der Widerhall dieser Schüsse erfolgte unter einem andern Himmel, unter andern Dimensionen und traf auf irgendeinen unbekannten Reflektor. Der Admiral faßte sich. Die Salve ging über die Kommandobrücke der INDIA STAR hinweg irgendwo ins Meer. Nach einer unwirklichen Stille hörte man ein Aufheulen, das weder Menschliches noch Tierisches an sich hatte. Es war, wie wenn Windstöße über eine leere, tiefe Höhlung hinwegblasen. Der Zwerg heulte. Dann geschah etwas Ungewöhnliches. Die Mißgeburt dreht den Kopf. Ein einziges Mal nur. Aber sie drehte ihn. Wenn man bedenkt, daß sie keinen Hals hatte und sich nicht bewegen konnte, sondern nur mit verkrüppelten Armen und einem hysterischen Zucken des Gesichts irgend etwas anzudeuten vermochte, und daß die Fleischklappe anstelle eines Mundes sich nur einmal am Ufer des Ganges bei der Inbesitznahme der INDIA STAR zu einem ähnlichen Geheul geöffnet hatte, dann mußte man fast an ein Wunder glauben. So dachte wohl auch die Menge auf der Kommandobrücke der INDIA STAR und der Führungsstab der Flotte, der um den riesigen Christophorus herumstand. Sicher gibt es eine sinnvollere Erklärung. Als nämlich der gewaltige Donner des Geschützfeuers über dem Kopf der Mißgeburt ertönte, haben sich wohl in ihrem kranken Gehirn durch den Schrecken für einen Augenblick die seit der Geburt ausgeschalteten Nervenzentren gelöst. Daher der Schrei und die Bewegung. So erklärt man sich heutzutage zum Beispiel auch die Wunder von Lourdes und die Sonne von Fatima. Als Kollektivhypnose. Vielleicht ist auch die unterschiedliche Auslegung der Wunder ein Hinweis. Zwei Auffassungen stehen einander gegenüber. Der eine glaubt an Wunder, der andere nicht mehr. Wer Berge versetzen kann, hat seinen Glauben bewahrt. Er wird siegen. Beim andern hat der Zweifel jede treibende Kraft zerstört. Er wird besiegt werden.

Das mißgeborene Kind hatte den Kopf nach Süden gedreht. Der Mann in der blauen Bluse, der aus der Ruderkabine herauskam, wo er sicher die Karten studiert und die Marschroute berechnet hatte, machte auch ein Zeichen und zwar mit der Hand, und sein Blick traf den des ägyptischen Admirals. Trotz der sie trennenden Entfernung waren beide überrascht, daß jeder in den Augen des andern etwas wie eine Art Erleichterung entdeckte. Mit einem Schlag wich die Spannung und die Menge legte sich hin, wie Gras im Wind. Der nasse Graben zwischen beiden Schiffen wurde größer, dann flußbreit und schließlich zum Meer. Die INDIA STAR entfernte sich in Richtung Süden, gefolgt von der ganzen Flotte, deren neunundneunzig Kielwasser einen weiten Bogen von einem viertel Kreisumfang beschrieben. Eine Stunde später war sie am Horizont untergegangen. Dann verschwand das Torpedoboot. Seine

Rückfahrt glich einer Flucht, ähnlich wie die jener europäischen Schiffe, die dem Kurs der Armada aus dem Weg gegangen sind, um sich nicht vom Mitleid übermannen zu lassen. An Bord stand nachdenklich der Admiral. Er befand sich ein wenig in der Haut eines Mannes, der ein Gespenst gesehen hatte und sich nun fragt, ob er es wirklich gesehen hat, und zugleich weiß, daß man es ihm nicht glauben wird.

Bei diesem Punkt unserer Erzählung war das Schicksal des Westens bereits besiegelt. Verweilen wir jedoch noch einen Augenblick. Der Weg durch den Suez-Kanal hätte vielleicht den Westen gerettet. An den Ufern des engen Kanals vor den Toren des Westens wären sicher manche objektive Zeugen gestanden, um die Wahrheit zu berichten, sie als Drohung zu empfinden und anhand von Beweisen diese abartige Verbindung gegen die Natur mitzuteilen. Es wären in Ägypten akkreditierte Diplomaten anwesend gewesen, dazu auf Reisen befindliche Geschäftsleute, sowie Touristen, Ausländer, Journalisten und Fotografen. Sie hätten diese andere Welt vorbeifahren gesehen, hätten sie anstarren und fast greifen können. Man stelle sich diese Konfrontation Kopf an Kopf mit diesen Massen vor. Man stelle sich weiter vor, diese ungeheuere leidende und stinkende Menschenmenge wäre in Bewegung geraten. Schon aus der Nähe gesehen, hätte diese auf ihren gespenstischen Schiffen vorbeifahrende Menge Schrecken eingeflößt. Diesen heilsamen Schrecken hätten etliche, von blinder Anteilnahme und moralischen Prinzipien nicht berührte Zeugen unseren westlichen Ländern rechtzeitig unter die Haut jagen können. Es wäre schwer gewesen, ihre Berichte zu unterschlagen und die Furcht auszutreiben, bevor sie um sich gegriffen hätte. Man hätte sich an den Konsul Himmans erinnert, der einsam am Ufer des Ganges gestorben war, weil er als erster alles vorausgesehen hatte. Man hätte das Verbrechen des Kapitäns Notaras besser verstanden oder den Warnungen eines Mannes wie Hamadura mehr Aufmerksamkeit geschenkt und das Tabu vom Verbrechen gegen die Menschlichkeit verboten. Wenn die Armada der letzten Chance den Suez-Kanal durchquert hätte...

Nun, jetzt fuhr die Armada in Richtung des Kaps der Guten Hoffnung. Der Westen hatte die letzte Chance verloren. Und wenn noch ein Hoffnungsfunke übrig geblieben sein sollte, so wird ihn die Geschichte von der »südafrikanischen Bedrohung« endgültig auslöschen.

22.

Der Fall Notaras hatte sich eben beruhigt – zu schnell nach Ansicht der Meisterdenker –, da kam der Fall »Südafrika« hinzu. Beim ersten floß Blut. Beim zweiten kam es nur zu Drohungen. Sie waren zwar deutlich, aber ohne Ergebnis. »Wie schade«, schloß Clément Dio eine Redaktionssitzung, »daß diese südafrikanischen Schweine keine Gelegenheit zu einem Gemetzel hatten! Konnten sie denn nicht ihre Rolle als Vorsehung zu Ende spielen?« Beide Fälle glichen sich in der Art, wie sie hochgespielt wurden und durch die unheilbaren Folgen, die sie in der Öffentlichkeit hinterließen. Fest steht zudem, daß, wenn die Flotte durch den Suez-Kanal gefahren wäre, das Weltgewissen weder Zeit noch Lust gehabt hätte, den Westen zu wappnen. Vielleicht ist dies auch eine Erklärung...

Die Armada gelangte indessen über den Wendekreis des Steinbocks in die Zonen der Südafrikanischen Republik. Etliche gemäßigte westliche Zeitungen – in Frankreich ein großes Abendblatt – beschäftigten sich, wohl angeregt durch ihre Regierungen, auffällig mit geographischen und wirtschaftlichen Fragen, an die niemand gedacht hatte. Die Gangesflotte suchte ein Paradies. Gut! Man war bereit, ihr zu helfen. Man ist ja nicht unmenschlich! Aber warum Risiken auf sich nehmen und diesen Leidenszug auf dem Meer weiter verfolgen, wo sich doch, wenn man auf die Karte schaut, in Reichweite ein Paradies befindet: Südafrika! Man las dann lobrednerische und katzenfreundliche Betrachtungen über das Land Südafrika, das dreimal so groß wie Frankreich ist, mit einer geringen Bevölkerung von einem Drittel von derjenigen Frankreichs, mit einem vorzüglichen Klima, einem hohen technischen und wirtschaftlichen Niveau und einem fabelhaften, noch nicht ausgebeuteten Reichtum...

Warum soll man bei diesen Gegebenheiten von dem alten, weit entfernten Europa etwas fordern, was es den Einwanderern vom Ganges beim besten Willen nicht mit Sicherheit geben kann, von klimatischen und demographischen Schwierigkeiten abgesehen? (Nebenbei bemerkt kam diese sachte abgefaßte Formulierung »klimatische und demographische Schwierigkeiten« auf eine geheime persönliche Anregung des Präsidenten der Republik zustande. Es war ein schüchterner Versuch, eine Abwehrstimmung aufzubauen, dem aber jeder Erfolg versagt blieb.) Es wurden auch Ziffern, Bilanzen, Statistiken und Pläne aller Art vorgetragen, die »Strategen« haben immer eine Antwort bereit. Die Finanzierung? Kein Problem. Europa würde sich anteilig beteiligen. Man würde Geld, Maschinen, Techniker, Berater, Ärzte und Lehrer schicken, kurz alles, was die Südafrikaner für nötig halten würden. (Hier zeigen sich die ersten Symptome einer Panik! Man ist mit allem einverstanden, wenn nur wir nicht berührt werden. Wir keinesfalls! Aber Panik ist keine nützliche Furcht. Panik macht weich und zerstört. Wir werden es noch erleben.) In der Schlußfolgerung zerstreuten die Leitartikler die Utopie von einem Rückschlag. Eine gangbare, vernünftige, menschliche und hoffnungsträchtige Hypothese. Natürlich müßte man unverzüglich die südafrikanische Regierung fragen und mit den Anführern der Flotte Kontakt aufnehmen. Vielleicht könnte die Kommission für internationale Zusammenarbeit...

Es gab ein tolles Gezeter.

Die Diener der Mißgeburt gingen in die Luft. Apartheid! Neger ausgespielt! Rassendiktatur! Schande der Menschheit! Der ganze Wortschatz ging über die Bühne. Bei Südafrika, dem strapazierfähigen Sündenbock, dem Schutzengel reiner Gewissen, zog schon lange niemand mehr Handschuhe an. Eine Million Unglückliche mit schwarzer Hautfarbe einem solchen Vormund anvertrauen heißt, sie der Sklaverei ausliefern! Weg mit den Gemäßigten und Kompromißlern! Die Menschen vom Ganges sind ohne Zwang ausgezogen und werden frei ihr Schicksal bestimmen!...

Das laute Geschrei, daß man sie bei uns haben wollte, war ein Risiko. Man kann die Öffentlichkeit erschrecken, wenn man von ihr eine voreilige Entscheidung fordert. Statt dessen muß man sie langsam daran gewöhnen, wie man bisher auch das Verzichten schmackhaft gemacht hat. Die großen Schreier hatten die Gefahr erkannt. Sie blieben still, wie Clément Dio. Da sie eine heftige Reaktion Südafrikas erwartet hatten, die jedoch anders verlief, pfiffen sie ihre zuweit vorgegangenen Truppen zurück. Auch hier hatte der Westen eine kleine Chance verpaßt. Was sich jetzt abspielte, war in der Wirkung hundertmal stärker als der Vorgang mit dem australischen Einwanderungsgesetz. Diesmal hatte man es mit Weißen zu tun, die kein Blatt vor den Mund nahmen!

Nachdem die Afrikaner das Commonwealth und seine Metropole nicht mehr anerkannt und alle Brücken hinter sich abgebrochen hatten und auch Rhodesien nicht mehr mit ihnen verbunden war, waren sie in ihrem rechtmäßigen Vaterland gleichsam belagert. Hinzu kamen der schwarzafrikanische Druck an ihren Grenzen und die Verachtung der übrigen Welt sowie im Innern die Wühlarbeit von Regimentern von Priestern, Pfarrern, Sängern und Schriftstellern. Aber jetzt zogen sie die Handschuhe aus. Da das zwanzigste Jahrhundert in einem nicht zu sühnenden Haß gegen die weiße Vorherrschaft zu enden schien, wollten sie mit ihrer Auflehnung dagegen wenigstens ein abschreckendes Beispiel geben. Und sie taten es gründlich und fanden sogar Freude daran.

Da man sie mit Beleidigungen überschüttete, war es auch der Mühe wert. Es war eben ein anderer Erdteil. Es gab kein offizielles Kommuniqué, sondern nur eine kurze Pressekonferenz, die beim Präsidenten von Südafrika persönlich stattfand. Er griff sofort an und wandte sich an den Haufen der ausländischen Korrespondenten der westlichen Presse.

»Ich weiß, daß Sie, wie üblich, als Gegner gekommen sind. Unsere Fernschreiber und Telefone werden Ihnen gleich zur Verfügung stehen, damit Sie der ganzen Welt Ihren ewigen Unwillen mitteilen können. Die Republik Südafrika ist ein weißes Land, wo achtzig Prozent Neger leben und nicht, wie man es im Namen einer illusorischen Gleichheit wünscht, ein schwarzes Land, wo zwanzig Prozent Weiße leben. Das ist der wesentliche Unterschied. Daran halten wir fest. Es ist eine Frage der Stimmung, des geistigen Klimas, was Sie nie begreifen werden. Aber kommen wir zur Sache. Etwa hundert Meilen vor unserer Küste, nach den letzten Meldungen genau auf der Breite von Durban, bewegt sich in dieser Stunde eine Flotte von Eindringlingen aus der Dritten Welt auf das Kap zu. Ihre Waffen sind die Schwäche, das Elend und das Mitleid, die von ihnen ausströmen, und die Wertstellung, welche diese in der Weltmeinung eingenommen haben. Sie sind das Symbol der Rache. Wir andern, die Afrikaner, fragen uns verständnislos, welcher Masochismus die weiße Welt erfaßt hat, daß sie diese Rache gegen sich herbeisehnt. Das heißt, wir verstehen es viel zu gut. Darum erkennen wir dieses Symbol nicht an, und dies mit um so mehr Nachdruck, als es sich eben um ein Symbol handelt. Kein Einwanderer vom Ganges wird lebend den Boden Südafrikas betreten, gleichgültig, welches der Grund sein mag. Sie können jetzt fragen.«

Frage: »Muß man das so verstehen, daß Sie nicht zögern werden, das Feuer auf waffenlose Frauen und Kinder zu eröffnen?«

Antwort: »Ich habe diese Frage erwartet. Sicher werden wir, ohne zu zögern, schießen. In diesem Rassenkrieg, der auch im ideologischen Bereich tobt, ist die Gewaltlosigkeit die Waffe der Massen. Die Gewalt dagegen diejenige der angegriffenen Minderheiten. Wir werden uns verteidigen. Wir werden Gewalt anwenden.«

Frage: »Nehmen wir an, die Gangesflotte will an den Küsten Südafrikas an Land gehen. Würden Sie Befehl erteilen, sie völlig zu vernichten?«

Antwort: »Ich glaube, daß unsere Drohung genügen wird, um jene von einer Invasion abzuhalten. Im übrigen meine ich, daß diese Flotte nach Europa fahren wird. In einigen Wochen werden Sie sich dann selbst die Frage stellen müssen. Ich antworte Ihnen auch gern, wenn Sie auf das Prinzip abheben. Das wünschen Sie doch, nicht wahr? Nun, wenn es sein muß, werden wir diese Flotte mit Bomben vernichten. Wer hat sich übrigens bei Hiroshima, Nagasaki, Dresden, Hamburg und anderen zerstörten Städten um den Preis gekümmert, der für den Sieg bezahlt wurde, wer bei diesen Millionen Opfern von waffen-

losen Zivilisten, die in der Mehrheit verbrannte, zerfetzte und verschüttete Frauen und Kinder waren? Es war Krieg! Ich war damals noch ein Kind, aber ich erinnere mich noch sehr gut: Man spendete sogar Beifall! Heute hat sich der Krieg nur in der Form geändert, das ist alles! Ich kann nur noch hinzufügen, daß, wenn wir Krieg führen müßten, wir traurig darüber wären...«
Das war zweifellos das einzige nicht vorbereitete Wort, das dem Präsidenten entschlüpfte. Es klang wie eine Art gedämpfte Angriffslust. Ein aufrichtiges Wort. Der ärgerliche Ausdruck eines empfindsamen Mannes, der gezwungen ist, seinen tollwütigen Hund zu töten. Das Wort ging um die Welt. CLUNCH, eine besonders ausfällige englische satirische Wochenzeitung veröffentlichte eine Zeichnung, die seit langer Zeit ihre beste war. In ihr sah man den südafrikanischen Präsidenten mit einem Schlächtermesser in der Hand über einen abgemagerten, nackten Hindu geneigt, dessen gespreizte Arme und Beine an eine Folterbank gebunden waren. Dazu an der Ummauerung des Gefängnisses Zangen, Stachelpeitschen, Halseisen mit Nägeln inwendig, Daumenschrauben, ein großer elektrischer Zähler und ein Schweißbrenner. Auf dem Boden war noch eine Badewanne, ein Rad und ein eiserner mit Ratten gefüllter Käfig zu sehen. An dem Gefangenen lief Blut herunter, und seine Augen blickten erschreckt auf den Weißen mit dem Messer. Über das Gesicht des Präsidenten liefen Tränen. Der Begleittext lautete: »Ach, mein lieber Freund! Es ist leider Krieg! Und jetzt bin ich traurig, daß ich Dich töten muß...« Als Farbdruck hing diese Zeichnung des CLUNCH eine Woche lang an allen Kiosken Frankreichs und erschien auf dem Deckblatt von »La pensée nouvelle«. »La Grenouille« tat noch ein übriges. Diese Zeitung brachte auf der ersten Seite ganzseitig den Präsidenten Südafrikas als Burengeneral, dargestellt als bärtiger, gutmütiger Bauer, mit dickem Bauch, behängt mit Patronentaschen und Pistolen, mit einer Pfeife im Mund und einem Filzhut auf dem Kopf, dessen Rand seitlich hochgestülpt war. Er saß am Ufer und betrachtete das Meer. Um ihn herum lagen Leichen und standen Galgen mit Gehenkten. Man sah Stacheldraht, hinter welchem viele schwarze Gestalten kauerten. Der massige Präsident saß auf einem Haufen Körper, die er mit seinem Gewicht zu erdrücken schien. Draußen auf dem Meer zog die Gangesflotte vorbei, stilisierte Schiffe, auf denen sich bewegende Arme zu sehen waren. Auch hier ein Begleittext: »Wir sind traurig, daß wir Euch nicht aufnehmen können! Aber wir haben schon unsere glücklichen Neger...«
Als Poster machten diese beiden Zeichnungen bei den südafrikanischen Botschaften aller westlichen Hauptstädte die Runde. Manifestanten für Gewaltlosigkeit veranstalteten mit Transparenten Schweigemärsche. Ohne Schlagworte, ohne Geschrei verliefen die Demonstrationen lautlos. Etliche hatten sich Arme und Beine mit Stricken zusammen-

gebunden, wie es schon Zuchthausinsassen gelegentlich gemacht haben.
In Paris wies anläßlich eines Empfangs Minister Jean Orelle die angebotene Hand des Botschafters von Südafrika zurück und drehte ihm brüsk den Rücken zu. »Schade«, murmelte der Botschafter, der französisch wie ein Pariser sprach, »daß ein Minister so beschränkt ist.« Der Satz wurde von einem Berichterstatter aufgeschnappt und ging wie ein Lauffeuer durch Paris. Von der Presse wurde er groß aufgemacht und führte zu einem ersten diplomatischen Zwischenfall, als Albert Durfort schrieb: »Und wie schade ist es, Herr Botschafter, daß ein Südafrikaner so ein Schlächter ist!« Boris Vilsberg meinte dazu: »Wir sind von nun an mit Schande beladene Weiße!« »Rote, nicht Weiße«, sagte Marcel, »würde französisch besser klingen.« Nach einigen Augenblicken erwiderte Josiane: »Schändliche Weiße, denn nach solchen Geschichten muß man sich schämen, Weißer zu sein!« Da haben wir's...
Drei berühmte Salons im 16. Bezirk verschlossen den südafrikanischen Diplomaten die Tür. Eine Gastgeberin erklärte voll Charme: »Ach was! Wir ersetzen sie durch Neger. Das genügt. Glauben Sie, daß es in Paris genug Arme gibt, damit wir hell werden? Ich finde die schwarzen Diplomaten viel zu gut gekleidet. Man muß sie beobachten. Augenblicklich beginnen sie mich zu schockieren.«
Die alte Esther Bacouba tauchte altmodisch gekleidet auf. Sie sang nicht mehr, sie trällerte nur noch mit ihrer vom Alter geprägten goldenen Stimme. Aber mit ihren weißen, gekräuselten Haaren und dem edlen und schönen Gesicht wirkte sie immer noch. Im Sportpalast drängte man sich dicht zusammen, um sie zu hören. Für sie holte Clément Dio Schlager hervor. Er war ehemals ein bekannter Texter und etliche seiner Lieder tauchten in der Erinnerung auf, so »Paris, ich hasse Dich!« oder »Ich bin ein Dreckskerl und heiße Ahmed«. Dann der Samba: »Mein weißer Busen auf Deinen kaffeebraunen Schenkeln...« Für die wiedergefundene Esther hatte er »die Ballade der letzten Chance« geschrieben, die jetzt von einem indischen Sitaristen gespielt wurde. Fünfundzwanzig Strophen. Eine gute Viertelstunde. Im Sportpalast herrschte Stille. Alle waren ergriffen. Der Saal war in Dunkelheit gehüllt. Auf dem Podium stand, nur von einem Lichtkegel angestrahlt, die alte schwarze Sängerin, die mit geschlossenen Augen und gefalteten Händen anfing:
Buddha und Allah begrüßten den kleinen christlichen Gott,
Haben ihn von seinem Kreuz heruntergenommen
und sein trauriges Gesicht getrocknet.
Haben ihn dann in ihre Mitte genommen.
Du verdankst uns Dein Leben, kleiner Gott.
Was gibst du uns als Gegenleistung?
Ich gebe Euch mein Königreich,
denn die Zeit der tausend Jahre erfüllt sich.
Es erfüllt sich die Zeit der tausend Jahre...

> ... Sie nahmen den kleinen Gott
> und führten ihn rund um das leere Kreuz.
> Dann machten sie sich an die Arbeit.
> Da sie alle drei Zimmerleute waren,
> bauten sie aus dem Holz des Kreuzes ein großes Schiff.
> Denn die Zeit der tausend Jahre erfüllt sich.
> Es erfüllt sich die Zeit der tausend Jahre.

Die Zeit der tausend Jahre erfüllte sich und trieb die Armada vom Ganges vorwärts, begleitet von drei verschleierten Versen, einer Sitar und dem Hauch einer großen, ermüdeten Stimme, besungen von hunderttausend Musikautomaten mit dem mit einem Oscar ausgezeichneten Lied, das Weltbestseller der Schallplatte wurde. Es ertönte unter den Neonleuchten der Läden und aus den Schallplattenspielern der müden Bürger. Sein Echo klang von den Gewölben der Kathedralen, wo es heidnische Chöre zur Gitarre sangen, während der alte Priester unterwürfig auf die schwarzen Engel blickte. Man hörte es bei langweiligen Tanzabenden bei Hasch und Marihuana. Es lief durch die Straßen und Metrogänge, gesungen von jungen Bettlern, und zehnmal am Tag und in der Nacht erklang es über die Ätherwellen. Die Fernfahrer summten es und die Kinder beim Einschlafen und die Ehepaare, die sich auszogen, ohne sich anzuschauen. »Und die Zeit der tausend Jahre erfüllt sich...« Oh! Diese Ausstrahlung eines schönen Liedes! Worte des großen Unbekannten, die Clément Dio angefeuert haben. Vielleicht ist dies eine Erklärung...

Wo muß man bei diesem Zustand im eigenen Innern, im Labyrinth der Gedanken und Gefühle noch suchen, um einen kümmerlichen Rest des Widerstandes gegen das Mitleid zu finden? Es ist witzlos, wieder mit bischöflichen Hirtenbriefen zu rechnen oder mit Leitartikeln der Presse, mit Petitionen von Verbänden, Aufsätzen von Kindern, Vorhaltungen von Professoren, Gewissensappellen aller Art, mit Reden von Unverantwortlichen, mit Themen über das Leben, mit Salongesprächen und schlechthin mit Tränen. Hier ist das Volumen voll. Die australische Geschichte und der Fall Notaras traten zurück. Und zwar reibungslos, denn das Tier wachte darüber, daß die Öffentlichkeit sich passiv verhält. Wenn sie aktiv wäre, wer weiß, ob sie nicht plötzlich bestürzt aufwachen würde? Der Fall Südafrika war immerhin alarmierend. Er wurde jedoch, wie die vorausgegangenen Vorgänge, gefälscht, verfälscht und aus dem Zusammenhang gerissen. Die Diener der Mißgeburt freuten sich insgeheim! Alles ist für den letzten Akt bereit.

In der gut geölten Maschine gab es indessen eine Panne, gefolgt von einer Schau, welche die außerordentliche Geschicklichkeit des Tiers beleuchtet. Zunächst aber trat ein Ereignis ein, das seine Pläne durcheinanderbrachte.

Nach den heftigen Worten des südafrikanischen Präsidenten fragte man sich, wieso sich die Südafrikaner wenige Tage später völlig unerwartet in barmherzige Schwestern zu verwandeln versuchten. Die Flotte fuhr um das Kap der Guten Hoffnung in den Atlantischen Ozean mit Kurs Nord-Nordwest. Sie hatte sich bereits von der afrikanischen Küste entfernt, als ein Geschwader von Lastkähnen der südafrikanischen Kriegsmarine ganz friedlich bei ihnen aufkreuzte. Journalisten und Kameraleute, die von der Regierung eingeladen waren, verfolgten den Vorgang. Die Operation dauerte nur eine Viertelstunde. Auf strengen Befehl des südafrikanischen Admirals durfte niemand den Boden eines Schiffes betreten, noch wurde ein Wort gewechselt. Die Gleichgültigkeit der Einwanderer und ihr Schweigen, in welchem sie verharrten, hätten auch jeden Kontaktversuch zum Scheitern verurteilt. Südafrika wollte indes nur die Gangesflotte versorgen. Alles war minutiös vorbereitet worden. Reissäcke, Behälter voll Trinkwasser und Kisten mit Medikamenten wurden in Rekordzeit an Bord gehievt. Dann trennte man sich wieder. Die Armada fuhr in Richtung Senegal, das Geschwader der Lastkähne zum Hafen am Kap.

Da geschah etwas Unwahrscheinliches. Es hätte nicht der vielen Ferngläser der Offiziere und Journalisten bedurft, um klar zu erkennen, daß die Flotte alles ins Wasser warf, was ihr geschenkt worden war. Der Ameisenhaufen an Bord war aufgewacht und benahm sich wie verrückt. Auf den Schiffsbrücken bildete die Menge eine Kette. Die Reissäcke gingen von Hand zu Hand und flogen in den Ozean, wo sie reihenweise dahinschwammen. Gruppen von fünfzig Mann stemmten sich mit Schultern und Hebeln gegen die Wassercontainer und warfen sie nacheinander ins Meer, ebenso die Medikamentenkisten. Diese tauchten, da sie leichter waren, wieder auf und bildeten eine tanzende Linie im Kielwasser der Flotte. Dann trat Ruhe ein; es war nichts mehr zum Wegwerfen da. Verblüfft und mit offenem Mund starrte man von den südafrikanischen Lastkähnen auf dieses Schauspiel. Hat man je schon Verhungerte sich so benehmen gesehen? Von allen Erklärungen, die man sich gab, schien die des südafrikanischen Admirals die vernünftigste gewesen zu sein. Als er am Kap an Land ging, umgeben von einer Meute von Journalisten, die ihn mit Fragen überschütteten, steckte er die Hände in die Tasche und zuckte angewidert mit den Schultern.

Laßt uns die Intelligenz des Tieres bewundern und seiner Geschicklichkeit Beifall spenden! Da wurde es soeben in seinem Elan gebremst, weil es etwas witterte, was ihm gar nicht behagte und was doch nichts anderes als ein Akt der Nächstenliebe war. Er kam zwar spät, ließ aber aufatmen. Er schien mit Gewissensbissen belastet, sogar durch versteckte Berechnungen getrübt zu sein, je nachdem man es betrachten mag. Aber er war menschlich, denn es gab Kontakte oder beinahe Kontakte. Eine hilfreiche Hand hat sich wirklich ausgestreckt. In der nachgiebigen Öffentlichkeit konnte die gefährliche Ansicht geweckt werden, daß die Afrikaner ganz sympathische Leute sind! Sympathische Rassisten? Welche Gefahr! Nach fünfzigjähriger Gehirnwäsche gibt sich der Westen wieder dem Rassismus hin und verschanzt sich hinter neuen Mauern? Das wäre ja eine Katastrophe für das Tier, dem so seine Beute entschlüpfen würde! Man stelle sich vor, die Weißen wachen plötzlich erleichtert auf und finden die zuvor so verhaßten Rassisten sympathisch und sich wesensverwandt mit ihnen. Aber nein? Das wäre zu schön! Leider haben wir es nicht mit einem Phönix zu tun, der aus der westlichen Asche hochsteigt, kaum mit einer schwachen verirrten Fliege. Mit einem Prankenhieb schlägt das Tier zu und vernichtet sie. Sympathisch sollen die Südafrikaner sein? Das Tier wird schnell damit fertig werden.

Die Presse gab reichhaltigen Aufschluß. Es war müßig, die Einzelheiten zu lesen, die fetten Überschriften sagten alles. »Fünf Fragen und die Antwort auf die südafrikanische Freigebigkeit« (London, gemäßigt). »Pretoria: Gute Reise, wir sind froh, Euch nie mehr zu sehen!« (Paris, gemäßigt). »Erpressung im Elend« (Den Haag, links gerichtet). »Und wenn sie jene vergiften wollten?« (Paris, links gerichtetes Sensationsblatt). »Almosen geben ist keine Lösung« (Turin, gemäßigt). »Südafrika: beleidigende Nächstenliebe« (Paris, linksradikal). »Halt, mein Lieber. Sieh weiter, wenn ich dort bin« (Frankfurt, links). »Armada: Versuch der Vergiftung vereitelt« (Rom, linksradikal). »Das Gastmahl des Pontius Pilatus« (Brüssel, gemäßigt). »Südafrikanischer Reis im Wasser: Die Armada entschied sich für Würde« (New York, gemäßigt). »Die Menschen vom Ganges lehnen einen Kompromiß ab« (Paris, linksradikal).

Die zuletzt zitierte Überschrift stand über einem Leitartikel von Clément Dio. Über die absurde Hypothese von einer Vergiftung war in seiner Zeitung keine Zeile zu finden. Dieses Thema rührte er nicht an. Aber die Hütten in Schrecken zu versetzen, das verstand er in aller Unschuld meisterhaft. In seiner üblichen Art begnügte er sich, der Wahrheit nahe zu kommen, aber nicht zu sehr, nicht unverblümt, das wäre nicht gut gewesen, sondern eben nur so weit, daß sein Gewissen als guter Journalist nicht belastet wurde. Ein Schaukelspiel, bei dem er glänzte und das ihn gefürchtet machte, wenn er die Zügel schießen ließ. Die Wahrheit hatte nur er oder fast nur er erraten. Dies war ihm um so leichter gelungen, als sie seinem Haß entgegenkam. Die Armada der letzten Chance ernährte sich auf ihrem Weg zum Westen vom Haß. Es war gleichsam ein philosophischer Haß, so rein und tief, daß Worte wie Rache, Tod oder Blut nicht aufkamen. Er schleuderte einfach diejenigen ins Nichts, die er traf, im vorliegenden Fall die Weißen. Für die Menschen vom Ganges auf ihrem Weg nach Europa existierten die Weißen nicht mehr. Man verneinte sie. Das Paradies hatte bereits den Besitzer gewechselt, und Haß stärkt zudem den Glauben. Dies versuchte Clément Dio auszudrücken, ohne dabei weder sich noch jene zu verraten. »Die Menschen vom Ganges lehnen einen Kompromiß ab.«

Am gleichen Tag erhielt Jules Machefer eine weitere anonyme Sendung von hunderttausend Francs. Am ersten Bündel des Pakets war ein weißer Zettel angeheftet mit fünf mit Schreibmaschine geschriebenen Worten: »Warten Sie nicht zu lange!« Diesmal war mit einem Füllhalter noch hastig hinzugefügt worden: »Ich bitte Sie darum!«

Andere Versuche gleicher Art gab es heimlich im neuen Untergrund. Der Direktor von Radio-Ost, wo Albert Durfort auftrat, erhielt in seiner Wohnung zweihunderttausend Francs, was ihn nicht sehr verwunderte. Der Sendung lag die Frage bei: »Muß man die Halsabschneider erst bezahlen, wenn man einen andern Glockenton hören will?« Auch er konnte nichts tun, wenigstens noch nicht. Dies gab er andeutungsweise zu verstehen.

Machefer hielt an seinem Schlachtplan fest und spielte den Toten im Schützengraben. Nach wie vor erschien auf der ersten Seite von »La Pensée Nationale« die geographische Karte, auf der täglich die neue Marschroute der Flotte zu sehen war, eine fortlaufende Linie des zurückgelegten Wegs und eine punktierte des vermutlich weiteren Wegs. Darüber stand eine fette Überschrift: »Mehr als 10 000 km vor der Stunde der Wahrheit!«

Zehntausend Kilometer...

Ist das weit? Oder ganz nahe? Morgen? Oder nie? Was spielt man denn heute Lustiges im Fernsehen?

23.

Zwei Wochen später brachte die Schlagzeile die neue Position der Flotte: »Mehr als 5000 Kilometer vor der Stunde der Wahrheit!« Inzwischen hatte sich nichts ereignet, Stillschweigen. Das Wetter war immer noch schön. Weit entfernt und sich selbst überlassen schwamm die unsichtbare Armada auf dem einsamen Meer. Die Öffentlichkeit stand im Bann der Kreuzfahrt und des Mythos von der Brüderlichkeit und sang »die Ballade von der letzten Chance«. Im Rundfunk gab Rosemonde Réal die Ergebnisse ihrer Wettbewerbsveranstaltung »Kinder zeichnen« bekannt. Thema des Wettbewerbs: Der Ganges bei uns. Unter der Schirmherrschaft des Herrn Jean Orell, Nobelpreisträger für Literatur, Informationsminister und Regierungssprecher wurden die besten Zeichnungen im Petit Palais ausgestellt. Sie wurden eingerahmt und angestrahlt. Die in Leder gebundenen Sachverzeichnisse in Goldschrift enthielten eine Themeneinteilung der Zeichnungen je nach örtlicher Sicht, so zu Hause, in der Schule, im Krankenhaus, in der Fabrik, auf dem Feld, auf der Straße...

Man hatte viel Geld ausgegeben. Eine riesige Werbung war entfaltet worden, und alles, was in Paris Rang und Namen hatte, wollte sich bemerkbar machen. Fünf berühmte Maler, Marxisten und gleichzeitig Milliardäre, die gewöhnlich allen Ehrungen aus dem Weg gingen, mit denen man sie überhäufte, hatten für diesen Abend ihre Schlösser im sonnigen Süden verlassen. Die Gewölbe des Petit Palais hallten von dem närrischen Beifall der zahlreichen Journalisten an ihren Mikrophonen wider. Die jungen Künstler wurden einzeln ausgezeichnet. Nie zuvor hatten unverantwortliche Kinder so viel Talent aufgeboten. Und niemand ließ ein Wort darüber fallen, daß die Meisterwerke dieser Kinder, dieser halb verrückten Zwerge, in die Psychiatrie gehörten. Vor einer auffallenden Gouaschmalerei blieb der Minister stehen. Vor einem roten Hintergrund gestikulierte eine Art Harlekin, bei dem abwechselnd ein Fuß schwarz der andere weiß, eine Wade schwarz die andere weiß, ein Schenkel schwarz der andere weiß war und so weiter bis zum Gesicht, das in vier Felder eingeteilt war. »Was für ein gutes Gemälde«, sagte der Minister. »Es gibt kein Talent, das nicht aus dem Herzen kommt, und kein Genie ohne Seele. Laßt uns über den Unterricht, den uns diese Kinder geben, nachdenken.«

Jean Orelle, Nobelpreisträger und Minister, Ratgeber der Großen dieser Welt, dachte nach, wobei ihn gleichzeitig ein leichter Druck im

Magen und eine peinliche Angst quälten, weil er sich an seinen Bauernhof in der Provence erinnerte, mit den zwölf möblierten Räumen, dem blühenden Garten, der großen Liege unter Tamarisken, und dann im Geist die fuchtelnden Hungergestalten am Portal sah ... Er sagte kein Wort mehr. Man war seine Wunderlichkeiten gewöhnt. Die Presse schrieb dazu: »Überwältigt vom Gefühl und sich selbst treu.« Treu sicher, aber unter welchen Qualen. Verzichten müssen. Und dann seine Vergangenheit als Posten, der im Trommelfeuer der Worte auf Wache zog. Auf diesem engen Pfad, wo jeder Gedanke zur Phrase wurde. Das Gemälde übrigens wurde für hunderttausend Francs zugunsten der Aufnahme der Einwanderer vom Ganges verkauft. Zwanzig Sammler stritten sich darum. Gott weiß, wo es jetzt ist und mit welchen Augen es sein glücklicher Besitzer betrachtet ...

Sonst gab es wenig Neues. Bis auf die Luftbrücke von Sao Tomé. Luftbrücke? Das ist eine Spezialität des Westens, wenn er einmal Lust bekommt, sich für seinen Nächsten zu interessieren. Sie hat den enormen Vorteil, provisorisch zwei weit entfernte Ufer miteinander zu verbinden. Das eine, wo der Nächste in einer verzweifelten Lage sitzt und froh ist, daß man sich seiner annimmt, das andere, von dem aus der Westen in geschützter Lage Zeichen der Freundschaft bekundet, indem er Flugzeuge entsendet. Im Ernstfall ist dies sehr praktisch, denn es verschafft ein gutes Gewissen. Es kann zusätzlich noch zu etwas nützlich sein, obwohl dies keineswegs der tiefere Grund seiner Erfinder war. Die Luftbrücke von Sao Tomé diente überhaupt zu nichts, es sei denn, daß die Öffentlichkeit ratlos zu werden begann. Sie war das Werk der Kommission von Rom, die nach fruchtlosen Sitzungen glaubte, etwas riskieren zu müssen. Es war auch Zeit. Schon sprach die UNO davon, sich des Problems anzunehmen. Wer weiß, was dann diese Leute zu erfinden imstande sind, wenn man sie mit Begriffen wie Imperialismus, Rassismus und anderen derartigen Spielzeugen miteinander spielen läßt, zumal dabei die Dritte Welt in der Mehrzahl ist. Da in der Kommission von Rom die westlichen Regierungen noch unter sich waren, waren sie am Drücker. So sehr die Sache auch auf den Nägeln brannte, so wollte man sich doch noch nicht an die Dritte Welt wenden. Die Luftbrücke von Sao Tomé verdient auf jeden Fall, der Nachwelt überliefert zu werden. Sie war ein Denkmal der Nutzlosigkeit, so etwa wie der Eiffelturm.

Nach Überschreiten des Äquators wurde ersichtlich, daß die Gangesflotte auf die Küste Afrikas zusteuerte, genau gesagt auf die Insel Sao Tomé, ein früher portugiesischer Besitz, der jetzt eine unabhängige Republik ist. Noch vor kurzem diente die Insel den Amerikanern als Luftwaffenstützpunkt, wovon der Flughafen noch etliche ansehnliche Restbestände aufweist. Die Kommission von Rom beschloß, von dieser Basis aus die Armada zu versorgen. Was den Südafrikanern nicht gelang, wollte man um der Sache willen erneut, aber jetzt mit guten Menschen versuchen. Man wollte den Unglücklichen und der ganzen Welt das wahre Gesicht der weißen Rasse zeigen! Bald entstand auf dem Flugplatz von Sao Tomé ein Wirbel. Im Karussell der Nächstenliebe warteten hundert Flugzeuge auf die Landung unter dem bleiernen Himmel des Äquators. Eine wahre Sucht! Eine Auswahl an edlen Gefühlen. Ein Hochflug der Uneigennützigkeit. Ein Meisterwerk eines humanitären Gebäcks, gefüllt mit sahnigem Antirassismus, überdeckt mit einem gezukkerten Gleichheitsprinzip, gefüllt mit der Vanille der Gewissensbisse und das Ganze girlandenförmig ausgeschmückt mit einer zauberhaften Überschrift: mea culpa! Ein besonders herzerweichender Kuchen. Jeder wollte der erste sein beim Hineinbeißen. Drängelt nicht! Es ist für jeden genug da! Ein hübsches Fest. Wichtig war, dabei zu sein und sich zu zeigen. Die Hauptsache war, daß es bekannt wurde.

Weit voraus landete ganz allein das weiße Flugzeug des Vatikans. Es war immer und überall als erstes am Ort. Selbstverständlich hielt man es Tag und Nacht startbereit, beladen mit Medikamenten, Dominikanern in Jeans und mit frommen Botschaften. Wahrscheinlich flog es diese Symbole noch mit Überschallgeschwindigkeit ein.

Um es auszurüsten, verkaufte Papst Benedikt XVI., der durch das Vorgehen seines Vorgängers arm geworden war, seine Tiara und seinen Cadillac. Da aber in der ganzen Welt, besonders in den kleinen Pfarreien in Korsika, der Bretagne, Irland, Lousiana, Galizien oder Kalabrien, zu viele beschränkte und abergläubische Katholiken sich einen Papst ohne Tiara und repräsentatives Auto nicht vorstellen konnten, so flossen alsbald die Spenden. Der Papst gab dem Drängen dieser armen Leute nach. Betrübt nahm er seine Tiara und seinen Wagen wieder an, verkaufte aber beides wieder schnell und fröhlich im Namen der heiligen Demut, als die Öffentlichkeit und die Umstände den Start des Flugzeugs verlangten. Mit herzzerreißender Regelmäßigkeit machte man ihn wieder reich, wo er doch arm bleiben wollte. Ein Glück, daß jetzt das Flugzeug da war und ihm aus der Verlegenheit half! Ein sympathischer Papst, der seine Zeit für sich gewonnen hatte. Und eine gute Titelfigur für die Zeitungen!

Man schrieb über ihn, daß er in einem kleinen Eßzimmer im Dachgeschoß des Vatikans mit einer eisernen Gabel eine Büchse Ölsardinen verzehrte. Wenn man bedenkt, daß er in Rom wohnt, dieser kraftstrotzenden Stadt mit dem Geruch eines jahrhundertealten Reichtums, so kann man sagen, daß er wohl das Seinige dazu beitrug, dieser einzige schlecht ernährte Römer. Es gab aber auch einige Unverbesserliche, die leicht darüber spotteten. Auf jeden Fall kam sein Flugzeug als erstes in Sao Tomé an, während die bretonischen Dörfer mit ihren Steinkreuzen und gezackten Kalvarienhügeln Geld sammelten, um ihm eine noch schönere Tiara als die frühere zu schenken.

Ewig als zweites, aber gleich darauf, landete das graue Flugzeug des ökumenischen Rates der protestantischen Kirche. Seine Reisepläne wurden im Unterschied zu den päpstlichen viel genauer geprüft und jeder Reise ging ein Kampf voraus. Der jetzt gelandete Stoßtrupp von Pastoren war von einem heiligen Haß gegenüber allem beseelt, was die westliche Gesellschaft betraf, und von einer überschwenglichen Liebe für alles, was dieser Gesellschaft schaden konnte. In einem jüngst veröffentlichten Kommuniqué, das für einigen Wirbel sorgte, hatte der Ökumenische Rat betont, »daß die westliche Gesellschaft nicht besserungsfähig ist und man sie daher vernichten muß, damit man auf den Trümmern mit Gottes Hilfe eine neue für alle gerechte Welt errichten kann«. Die Nächstenliebe ist eine sehr bequeme Waffe, sobald man sie nach einer Richtung verwendet. Nie sah man das Flugzeug der Pastoren unaufgefordert Hilfe leisten, so etwa bei einem Erdbeben in der Türkei oder bei einer Überschwemmung in Tunesien. Dagegen versorgte es pausenlos die Palästinenserlager oder die Befreiungsheere der Bantus; es war überall, wo der Haß nach ihm rief. Und wenn die Mehrzahl der Pastoren ihren Lebensmittelpaketen seit langem keine Evangelien mehr beifügten, was soll's, sie lebten ja nach ihrem Evangelium. »Christus hat in seinem ganzen Leben gegen die Staatsgewalten und die bestehenden Religionen gekämpft«, erklärte der Ökumenische Rat. Und jetzt zogen die Pastoren gegen die weiße Macht und die christliche Religion in den Kampf, gemeinsam mit der draußen vor Sao Tomé schwimmenden Armee. Vollgestopft bis zum Leitwerk mit Kalorien, setzte das Flugzeug der Pastoren zur Landung an. Ihm folgten neutrale Flugzeuge, die im Namen des Weltgewissens unterwegs waren, voran das Flugzeug des Roten Kreuzes, dann die schwedischen und schweizerischen Sendboten (Nächstenliebe nach allen Richtungen, Bollwerk der goldenen Neutralität), des weiteren die großen Lufttransporter der hauptsächlichsten europäischen Regierungen, wobei das Flugpersonal aller Beteiligten den gleichen Geheimauftrag hatte (Order: Wohin zieht die Flotte? Hoffentlich zum Nachbarn!). Den Abschluß bildeten Flugzeuge, die man als witzig bezeichnen konnte. Das schönste unter ihnen war eine Boeing des unabhängigen Malteser Ordens. Es glänzte wie eine Ritterrüstung mit seinem Kreuz aus vier rechteckigen Balken auf dem Heck und den Tragflächen. Dazu trug es das Wappen des Großmeisters, das auf beiden Seiten des Bugs wie ein Schnurrbart angebracht war.

Während die schwarzen Zöllner der Republik Sao Tomé, für die dies ein großer Tag war, argwöhnisch die Ladung des Flugzeugs abschätzten, stiegen mehr oder weniger flink die Passagiere aus, an der Spitze ein Generalleutnant, der zu einem Jockey-Klub paßte, dann ein Konnetabel, der in Gedanken beim Golfspiel am Wochenende zu sein schien, drei Landvögte, darunter ein Herzog, alles spanische Granden und schließlich eine Prinzessin, welche die Haube einer Krankenschwester trug. Sie war eine fromme Ehrendame mit einem strahlenden Lächeln auf den Lippen. Als sie ihre zarten Füße auf die afrikanische Erde setzte, sagte sie sogleich Worte ungeduldiger Sympathie: »Führen Sie mich schnell zu den armen Kleinen, daß ich sie umarmen kann!« Man mußte ihr klar machen, daß die armen Kleinen irgendwo draußen auf dem weiten Ozean schwimmen. »Ich hoffe, daß sie nicht krank sind«, sagte sie, und mit einer Wendung zum alten Herzog fuhr sie fort: »Georg, man denkt nie an alles! So viele Medikamente und keine Schachtel Nautamine-Bonbons!« Was für eine großherzige Frau. Immer ist sie da, wo es um Leiden geht. Nun eilte sie herbei und stürzte sich auf »die armen Kleinen«, wie ein Safaribesessener auf das Wild. Jetzt wußten wenigstens die rührenden Herren, warum sie kämpften: für mehr Nächstenliebe, für mehr Malteserorden! Für acht Jahrhunderte Tradition und zur Rettung einer Kaste. Ein Grund, der es wohl wert war, zu kämpfen, lieber Georg! Einfältige und Närrische sind das Salz der Menschlichkeit. Wenn davon noch etwas übrig bleibt.

Da stand noch so ein närrisches Flugzeug. Es ist mit Blumen und Hindusprüchen bemalt wie das 2 CV-Auto eines Hippie aus der Vorstadt. Es ist eine zweimotorige Maschine einer englisch sprechenden Gruppe von singenden Milliardären, die ihre Kisten selbst ausluden. Eine unwahrscheinliche Ladung. »Andere bringen Leben, wir bringen Freude!« sagten sie, als sie London verließen. Am Rand des Flugplatzes von Sao Tomé lagen zwei Kisten mit Spielen und Scherzartikel, eine Harmonika, fünfzig indische Sitaren, Plattenspieler, Parfüm für die Frauen, Weihrauch, dreißig Kilo Marihuana, Schokolade der Londoner Firma Candies & Co., eine Kiste mit erotischen Bildersammlungen, eine weitere mit bunten Bändern und einem vollständigen Feuerwerk, dazu eine Gebrauchsanweisung in indischer Sprache mit der Aufschrift »Abschießen angesichts der europäischen Küste?« Die Helden liefen glückstrahlend von Kiste zu Kiste. War es krankhaftes marktschreierisches Angebertum, in Pubs entstanden, oder wohlüberlegtes Tun? Man erfuhr nie, was sie bewogen hat. Die westliche Welt hatte sehr bald andere Sorgen. Aber eine kleine Geschichte muß noch zu dieser Flugzeugattraktion erwähnt werden.

Ziemlich zuletzt landete auf dem Flugplatz von Sao Tomé ein vierstrahliges Düsenflugzeug der Air France, beflaggt mit den Farben der französischen Rundfunk- und Fernsehanstalt. Ah! Von diesem Flugzeug hatte man viel geredet. Reise und Ladung sind an einem Abend finanziert worden. Es war eine tolle Veranstaltung. Ein Massenrausch. Zweihundert Personen, Sänger, Musiker, Schriftsteller, Schauspieler, Schikanonen, Modeschöpfer, Play-Boys, Tänzerinnen und sogar ein Modebischof, der in der Faubourg Saint-Germain geheiratet hatte, rannten lärmend wie bei einer Zirkusparade durch die Prachtstraßen von Paris und der Provinz. Bataillone von hübschen Mädchen begleiteten sie. Sie sammelten nach patriotischer Art, indem sie eine Trikolore horizontal ausspannten und als Sammelbüchse benutzten. Seit dem 14. Juli 1789 hat man sich in den Straßen von Paris nicht mehr so amüsiert. Im einzigen Programm der drei Kanäle des Fernsehens und der fünf Kanäle des Rundfunks entfaltete der schöne Léo Béon, der geniale Schauspieler und das Idol aller Lebenden, sein höchstes Können.

»Die Regierung unseres Landes sendet ihre eigenen Flugzeuge nach Sao Tomé. Das ist normal. Das ist gerecht. Aber zu dieser etwas nüchternen Gerechtigkeit gehört noch die Solidarität und die Liebe der Menschen. Wir, das französische Volk, werden nach Sao Tomé das Flugzeug des Volkes entsenden! Zwei Stunden stehen uns zur Verfügung, um es zu finanzieren. Und zwei Stunden, um zu zeigen, wer wir sind. Zu euerem Obulos, und wenn er noch so bescheiden ist, fügt ein Kärtchen bei, in welchem ihr in nicht mehr als zehn Zeilen eure Gefühle zum Ausdruck bringt. Der Verfasser des besten Kärtchens gewinnt eine Reise nach Sao Tomé (der Wortschatz des wunderbaren Léo Béon begleitet ihn!) und darf den Menschen vom Ganges persönlich die Sammlung eurer besten Texte übergeben, die wir zuvor übersetzen lassen. Geben ist gut. Aber sagen, warum, ist besser.«

Schluß mit dem Beifall! Es war ein Triumph. Eine Million Menschen auf den Straßen. Hundert Stadtzentren verstopft. Léo Béon bediente seine zehn weißen Telefone: »Ja! Die Bastille? Das ist ja herrlich. Man drängt sich? Man zertrampelt einander? Großartig! Das Herz von Paris schlug immer bei der Bastille! Hallo, Marseille? Die Canebière übervoll? Wunderbar! Das Herz von Marseille schlug immer gleichmäßig!« Als der schöne Léo an seinen Telefonen etwas Ruhe hatte, las er am Mikrophon einige der besten Texte vor. Er weinte dabei. Das Ungeheuer vergoß heiße Tränen. In seiner Mansarde weinte auch Machefer. Aber vor Lachen!

Um zehn Uhr abends war alles vorbei. Frankreich bleibt sich immer gleich. Léo Béon, der fünf Kilo abgenommen hatte, schickte mit gebrochener Stimme das Volk ins Bett und dankte herzlich, daß er nicht enttäuscht wurde, denn er hielt sich für das Gewissen der Franzosen, was leider wahr war! Auf dem Bildschirm erschien dann der glückliche Gewinner, Herr Poupas Stéphane-Patrice, ein Frisör aus Saint-Tropez. Sein Leitspruch war: »Es gibt keine Hindus mehr, es gibt keine Franzosen mehr. Es gibt nur noch Menschen, und darauf allein kommt es an.«

Bravo! Das nennt man denken! Armer Blödel! Am Ostermontagmorgen wird Herr Poupas Stéphane-Patrice zitternd vor Angst, so daß er nicht einmal den Zündschlüssel in sein Auto zu stecken vermag, zu Fuß aus Saint-Tropez flüchten. Auf der Straße nach Norden wird er nach zwanzig Kilometer zusammenbrechen, und über seinen Körper werden Tausende von Kraftwagen achtlos hinwegrollen, geführt von Tausenden Franzosen in heller Panik, für die es noch zwei Wochen vorher »nur noch den Menschen gab (mit einem großen M geschrieben), auf den es allein ankommt«...

Marcel und Josiane gingen erschöpft ins Bett. Sie hatten alles erlebt, sind durch ganz Paris gerannt und haben für ihre zwei silbernen Fünffrancstücke, die sie in das Fahnentuch warfen, hundert Stars die Hand drücken können. Nachdem jetzt die Ruhe eingekehrt, das Fernsehen stumm und das Licht ausgelöscht war, lagen sie unbeweglich und nachdenklich da und waren verwundert, daß sie keineswegs zufrieden waren. Zuviel Lärm! Zuviel Rummel! Zuviel Gerede! Zuviel Liebe, die da wie Honig über berühmte Lippen floß! Ist man etwa zu weit gegangen? Wird bei dem täglichen Genasführtwerden und bei dem Wald von Lügen und Illusionen das gesunde Volksempfinden den verschütteten Weg wiederfinden? Nicht ganz. Josiane und Marcel rücken aneinander und warten auf den Schlaf. Ohne daß sie es sich erklären können, kommt in ihnen ein Gefühl der Panik hoch.

In Sao Tomé salbaderte Herr Poupas Stéphane-Patrice in Gesellschaft fröhlicher Milliardäre für die Presse. Zum zwanzigsten Mal schon wiederholte er: »Es gibt keine Hindus mehr und keine Franzosen. Nur der Mensch zählt!« Man klatschte Beifall. Er fuhr fort. »Es gibt keine Engländer mehr und keine Schweizer.« Er war wie verzückt. Léo Béon küßte die Hand der Prinzessin. Vor den Zelten, die überall am Rand des Flugplatzes standen, sagte er sogar: »Dies ist das Lager der goldenen Herzen.«

Diese Floskel wurde von zwanzig Sonderberichterstattern übernommen. Die Förderer der Nächstenliebe beglückwünschten sich. Man einigte sich auf ein gemeinsames Abzeichen, ein gelbes Stoffstück in Form eines Herzens. Fünfhundert gelbe Herzen wurden auf fünfhundert Brustseiten aufgenäht. Am nahen Ufer suchten geheime Beobachter mit dem Fernglas den Horizont ab oder stritten sich mit Phantasiepreisangeboten um die noch wenigen freien Fischerboote. Die Kommission von Rom hatte alle Motorboote beschlagnahmt. Nun wartete man ab. Die Stimmung war angeheizt. Dominikaner und Pastoren beschlossen einen gemeinsamen Gottesdienst. Die Schwarzen in Sao Tomé machten, ohne es zu wissen, in Ökumene. Als die englische Popgruppe Choräle improvisierte, bewegten sie ihre Hintern hin und her. Poupas Stéphane-Patrice las Evangelien vor. Nach Aufforderung, sie auszulegen, endete er mit dem Spruch: »Es gibt keine Hindus mehr, es zählt nur noch der Mensch.« Die Menge sang: »Aus dem Holz des Kreuzes bauten sie ein großes Schiff, denn die Zeit der tausend Jahre ging in Erfüllung, es erfüllte sich die Zeit der tausend Jahre.« Ein Methodistenpfarrer, für den die heilige Hostie nur ein Symbol war, spendete dem alten Herzog, der Prinzessin und den meisten anwesenden Katholiken die Kommunion. Alle Herzen erhoben sich zu Gott. In den lächelnden Gesichtern standen Tränen. Unter der Hitze des Äquators schwoll die Rührung wie eine fette Frucht an. Als ein

Beobachter am Stand rief, »da ist die Flotte, die Armada!«, antworteten alle wie mit einer Stimme »Deo Gratias!«

Was jetzt folgte, lastete wie ein Alpdruck oder wie ein schlechter Traum auf allen. Das ersehnte Treffen fand zwei Meilen von Sao Tomé entfernt auf dem Meer statt. Es war sofort erkennbar, daß die Gangesflotte keinerlei Absicht zeigte, zu stoppen. Man sah sogar, daß die INDIA STAR eines der Versorgungsschiffe zu rammen versuchte. Die Malteserritter verdankten ihre Rettung nur der Geistesgegenwart ihres Steuermanns, der, um nicht unter den Vordersteven des Dampfers zu kommen, sofort rückwärts fuhr. Der alte Herzog glaubte für einen Augenblick, daß die Zeit wiedergekommen sei, wo die Galeeren des Ordens im Kampf gegen die Türken gestanden sind. Die Prinzessin meinte, sterben zu müssen, als sie statt der »lieben Kleinen« nur einen unförmigen, häßlichen, krampfhaft zuckenden Zwerg sah, der eine Marinemütze auf dem Kopf hatte und mit seinen ausgestreckten Stummeln die Pforten der Hölle zu öffnen schien. Sie murmelte gerade noch »mea culpa«, dann sank sie graziös in Ohnmacht.

Da unter den Förderern der Nächstenliebe sich noch niemand das Unmögliche vorstellen konnte, das heißt einen offenen Akt der Feindseligkeit seitens der Gangesflotte, so glaubte man an einen glücklich verlaufenden Unfall. Die Versorgungslastkähne von Sao Tomé setzten daher ihr Bemühen fort, bei den Schiffen der Flotte anzulegen. Aber gleich darauf wurde der Versuch aufgegeben. Drei Sack Reis, die man, so gut es ging, auf ein altes Torpedoboot gehievt hatte, blieben keine zehn Sekunden liegen. Hunderte von Armen griffen zu und warfen sie ins Wasser. Über die wohlüberlegte Art dieser Zurückweisung konnte kein Zweifel entstehen. Auf einem anderen Schiff sah man einen Wald von erhobenen Fäusten. Manche fuchtelten mit einem Messer, als einer der geheimen Berichterstatter auf sie zukam. Er hatte sich mit seinen kräftigen Armen über ein Tau, das an der Schiffswand herunterhing, auf die Schiffsbrücke geschwungen. Jetzt verdankte er allerdings sein Leben nur einem Ausbildungstraining in Kommandounternehmen. Mit einem Hechtsprung nach rückwärts ins Wasser entging er der Gefahr.

Das englische Feuerwerk traf die Veranstalter der Popgruppe schwer. Ein Schauspieler wurde betäubt, ein Sänger an der Schulter verletzt. Der päpstliche Lastkahn widerstand länger als die andern. Er glich einem starrköpfigen Hund, der eine Herde verfolgte. Bord an Bord mit der KALKUTTA STAR versuchte er zum dritten Mal anzulegen. Da flog eine nackte Leiche, die von der Schiffsbrücke heruntergeworfen wurde, mit einem schrecklichen dumpfen Geräusch vor die Füße der Dominikanermönche. Der Körper war noch warm und beweglich. Der Mann, der eine weiße Hautfarbe, blaue Augen und blonde Bart- und Kopfhaare hatte, war erdrosselt worden. Als man den tief in den Hals eingepreßten Strick löste, konnte er identifiziert werden, und man war bestürzt. Er war über ein Jahrzehnt lang einer der größten katholischen Schriftsteller. Am III. Vatikanischen Konzil hatte er als Laie auf persönliche Einladung des Papstes teilgenommen. Er war auch einer der Reformfreudigsten, und im gesamten geistigen, religiösen Milieu berühmt. Als er plötzlich zum Buddhismus übergetreten war, verschwand er lautlos aus der westlichen Welt. Seitdem hat er auch keine Zeile mehr geschrieben. Etliche nannten ihn einen abtrünnigen Schriftsteller. Der letzte weiße Mann, der ihn noch lebend gesehen hatte, war Konsul Himmans vom belgischen Generalkonsulat in Kalkutta, kurz vor dem Auslaufen der Flotte. Nunmehr wurde er heimlich bei einbrechender Nacht an einem verlassenen Ufer der Insel beerdigt. Nur ein paar Dominikaner waren zugegen. Die Nachricht von seinem Tod wurde nie bekannt gegeben, weder in Sao Tomé noch anderswo. Dies hatten die wenigen Zeugen seiner Ermordung beschlossen, und der davon unterrichtete Vatikan billigte das Vorgehen. Zweifellos war der Papst der Ansicht, daß ein so scheußliches und sinnloses Verbrechen, das an einem der gescheitesten Männer des Jahrhunderts begangen wurde, leicht dazu führen könnte, daß die Meinung der westlichen Welt sich jäh ändern und die Tat als Kollektivverbrechen ansehen könnte. Dies lag nahe, da die außergewöhnlichen Bemühungen des Mannes, der Wahrheit so nahe wie möglich zu kommen, von der ganzen Welt leidenschaftlich verfolgt wurden. Vermutlich hätte sich eine spontane Erregung der westlichen Öffentlichkeit bemächtigt. Sie hätte demzufolge diese ganze nicht zu verantwortende Elendsflotte verdammt. Sie hätte sie gehaßt, statt sie christlich zu lieben. Sie hätte sie ihrem Schicksal überlassen, statt Hilfe zu leisten, und sie hätte sie davongejagt, statt sie aufzunehmen. Und der Papst hätte oft Gott bitten müssen, daß er ihn erleuchte, um sicher zu sein, daß er sich nicht täuscht. Vielleicht ist dies eine Erklärung.

Als das letzte Schiff der Armada am Horizont verschwand und Sao Tomé südwestlich seiner Route hinter sich ließ, breitete sich im ganzen Lager ein betretenes Schweigen wegen der unfaßbaren Niederlage aus. Schmerzlich bewegt versuchte jeder, den Vorgang zu verstehen. Man muß sich vergegenwärtigen, wie sehr die Intelligenz derzeitig angefressen war, um zu erkennen, wie schwer es ihr fiel, eine Wahrheit zu erkennen oder zu begreifen, die ihr in die Augen stach. Auch kam niemand der Gedanke, daß die Gangesflotte in einem gnadenlosen Rassenkampf die erste Schlacht geliefert hatte und nichts ihren Triumph über die Schwäche aufhalten kann. Von jetzt ab wird sie sich mit nichts mehr abfinden. Die Unterhaltung in den Zelten von Sao Tomé war von größter Ratlosigkeit gekennzeichnet. Aber dann kam auf einmal, wahrscheinlich von den Pastoren angeregt, möglich aber auch von den katholischen Priestern, die Erleuchtung, die wie eine Erlösung, wie das Ende einer Qual empfunden wurde, nachdem sich die Gedanken nutzlos im Kreise bewegt hatten. »Aber ja! Das ist es! Sicher! Sie hatten kein Zutrauen!

Das ist klar! Sie haben geglaubt, wir wollten sie vergiften! Arme Menschen! Welcher Jammer!« Man fügte nicht hinzu, daß dies ein Fehler der Südafrikaner war, aber etliche dachten so, und einige flüsterten es unter vorgehaltener Hand. Und wenn auch viele im Innersten geahnt haben, daß ihr schönes Gewissen zutiefst überschattet wird, so bekannten sie sich dennoch nach Rückkehr in den Westen, in ihre Heimatländer zu einer gemeinsamen Version über die Vorgänge. Gewiß, sie gaben zu, daß sie verwirrt waren. Aber sie erklärten alle, daß ein bedauerliches Mißverständnis die Verbrüderung verzögert habe. Im Flughafen von Roissy sprach Léo Béon vor versammelter Presse noch ein Wort. Er hatte sein berühmtes Lächeln wiedergefunden und sagte, etwas traurig, wie es sich schickt:

»Man muß sich an das Elend gewöhnen!«

Durch diesen Schafskopf, der nur die Hauptrolle spielen wollte, erhielt das Tier unschätzbare Verstärkung. Wir werden es bald am Werk sehen.

Clément Dio reagierte spontan und sagte:

»Oh! So ein Molch!«

Dann beschloß er, auf die Titelseite seiner Wochenzeitung zu schreiben:

»Man muß sich an das Elend gewöhnen!«

24.

Nach zwei Tagen brach Machefer sein Schweigen. Am ersten Tag erschienen zwei Seiten. Der Stil war nüchtern, brachte aber viele Einzelheiten und genaue Angaben. Die Überschrift lautete: »Franzosen, man täuscht euch! Die Wahrheit über Sao Tomé. Bericht eines Augenzeugen. Der Herzog von Uras sagt uns...« Der alte Herzog, der schon immer Bezieher von »La Pensée Nationale« war, wurde vierundzwanzig Stunden nach seiner Rückkehr bei Machefer vorstellig. Er hatte in seiner Hand ein Bündel Zeitungen, die Morgenpresse und die vom Abend zuvor. Er schien erregt zu sein. »Das ist eine Gemeinheit!« sagte er zitternd. »Wohin will man uns führen? Ich habe in meinem ganzen Leben nichts derartig Tendenziöses gelesen. Und auch noch so geschickt aufgemacht! Es hat den Anschein von Wahrheit, aber alles ist Schwindel. Ich mußte alles zweimal lesen, um mir darüber klar zu werden. Passen Sie auf. Ich war auf dem Malteser-Schiff. Ich habe es sogar geführt, ich, der Schiffskapitän im Ruhestand von Uras! Und was lese ich? Ich sei infolge eines falschen Manövers meines Steuermanns beinahe vom Spitzenschiff der Flotte gerammt worden, wenn dieses nicht rechtzeitig seinen Kurs geändert hätte! Genau das Gegenteil hat sich abgespielt! Immerhin träume ich nicht. Die INDIA STAR fuhr auf uns zu, und auf der Brücke stand dieser üble, gestikulierende Zwerg und daneben alle diese Typen, die uns anstarrten, als wollten sie uns töten! Und die Messer in den erhobenen Fäusten? Wer spricht von diesen Messern? Mit dem Elend sich vertraut machen? So ein Schwindel! Ich habe das Elend dort gesehen. Ich traute meinen Augen nicht. Sie hassen uns. Furcht vor Vergiftung? Über wen macht man sich da lustig? Niemandem ist auch nur der Anfang eines Zwiegesprächs gelungen. Alle unter uns, die den Fuß auf ein Schiff setzten, lagen im Wasser, wohin sie wie ein Bündel geworfen wurden, ehe sie nur ein Wort sagen konnten. Ich habe dies alles im Lager von Sao Tomé erzählt, aber keiner wollte mich anhören. ›Sie sind müde, Herr Herzog, ruhen Sie sich aus‹, haben sie geantwortet! Ich kannte einen der Dominikaner aus der päpstlichen Gefolgschaft. Als ich Marineattaché in Rom war, war er der Beichtvater meiner Frau. Ein Mönchlein, boshaft wie ein Affe, mit einem Hammelnamen: Agnellu. Er hat es seitdem zu etwas gebracht! Wissen Sie, was er zu mir sagte? ›Gott hat uns diese Prüfung geschickt, um uns in unserer Nächstenliebe zu stärken. Die göttlichen Absichten sind klar. Wenn wir nicht alles geben, ist es, als ob wir nichts gegeben haben. Unsere christliche Pflicht ist vorgezeichnet, aber andere verstehen dies nicht. Man muß manche Wahrheiten verschweigen, weil sie in Wirklichkeit von Gott gewollte Erscheinungen sind, damit wir unser Heil verdienen...‹ War dies nicht ein Geschwätz? Ich bin seitdem sprachlos. Bevor er uns am nächsten Morgen verließ, hat er uns noch eine Moralpredigt gehalten. Ich bin sicher, daß sie jedermann wie gutes Brot verschlungen hat! Göttliche Absichten! Es fragt sich, wer auf Erden oder im Jenseits ihm solches eingeflüstert hat? Verstehen Sie, daß ich dies erst nach und nach begriffen habe? Aber noch fehlte mir im Puzzle ein Stück. Gestern früh habe ich in Rossy den kleinen Agnellu auf die Seite genommen. Ich sagte zu ihm: ›Mein Vater! Und das hübsche Geschenk, das Sie in Empfang nehmen mußten? Diese weiße nackte Leiche mit dem großen blonden Bart?‹ Das hat ihm einen Schock verpaßt. Ich wußte, wovon ich sprach. Ich habe von der Schiffsmitte aus mit einem ausgezeichneten Fernglas zugeschaut. Aber er hatte sich schnell gefaßt. ›Sie haben Visionen, Herr Herzog! So etwas ist nicht vorgekommen, das kann ich Ihnen versichern.‹ Soso! Mit offenem Gesicht, wie einer, der es faustdick hinter den Ohren hat. Ich habe ihn dann gefragt: ›Können Sie das beschwören?‹ Ich glaubte, ihn gefaßt zu haben. Aber nein! ›Ich will Ihnen gern Ihre Kapriolen verzeihen, Herr Herzog, es ist das Vorrecht Ihres Alters. Ich schwöre es Ihnen freiwillig.‹ Nun gut! Aber die Leiche, Herr Machefer, habe ich ein zweites Mal gesehen. In der Nacht, am Ende des Strands. Dort wurde sie beerdigt. Agnellu hat irgend etwas in den Bart gemurmelt, hat das Grab gesegnet, und alle haben sich eiligst aus dem Staub gemacht. Ich bin zum Grab gegangen. Sie hatten es gut versteckt. Ich bin kein Luder. Ich habe kurz gebetet und bin dann auch gegangen. Was ich um diese Stunde dort gemacht habe? Ich habe, ganz schlicht gesagt, gepinkelt, denn in meinem Alter stehe ich nachts oft auf. Diesmal verhalf es mir zum letzten Stück im Puzzle: Dieser Priester, ein echter Dominikaner, log wissentlich! Seitdem ziehe ich laufend Vergleiche. Unter den vielen Priestern, die vom Weg abkommen und uns irreleiten, wieviele lügen da freiwillig? Herr Machefer, ich habe Angst...!«

»Kinder!« sagte Machefer zu seiner jungen Belegschaft, »schreibt die Erzählung des Herrn von Uras auf. Fragt ihn aus, denn er ist deshalb gekommen. Ich möchte einen klaren Text ohne Verzierung. Wir werden davon hunderttausend Exemplare drucken lassen...«

»Hunderttausend!« posaunte kurz darauf der Chef der Druckerei von »La Grenouille«. »Wie wollen Sie das bezahlen? Ich habe strenge Anweisungen.«

»Im voraus!« erwiderte Machefer.

Er zog einen Beutel aus der Tasche. Die hunderttausend Exemplare wurden wie früher auch durch Ausrufer verkauft. Es war nicht viel, aber immerhin ein Anfang. Machefer faßte Vertrauen. Am nächsten Tag erschien der zweite Teil des Berichts, diesmal mit einer schockierenden

Überschrift: »Weißer ermordet, von der KALKUTTA STAR ins Wasser geworfen! Aus Versehen? Rassenhaß!«

Eine Viertelstunde später standen die Rotationsmaschinen von »La Grenouille« still. Machefer, den man benachrichtigte, kam herunter.

»Was ist los? Was geht hier vor? Sie arbeiten nicht mehr?«

»Ich bedaure, Herr Machefer, überraschender Streik«, sagte der Werkmeister.

»Streik? Wirklich?« sagte Machefer.

Er ging von einem Arbeiter zum andern und bohrte seinen Blick in jedes Auge. Alle blieben stumm und unbeweglich. Keiner gab Auskunft.

»Aber Ihr arbeitet ja gegen eure eigenen Interessen, blöde Kerle! Habt Ihr meinen Artikel nicht gelesen? Dann versteht Ihr auch nichts.«

»Es ist Streik!« sagte nochmals der Werkmeister. »Entschuldigen Sie uns. Sie kennen ja die Gewerkschaftsbestimmungen.«

»Wo ist Euere Gewerkschaft? Im zweiten Stock? Im Büro der Direktion?«

»Es ist Streik, und dabei bleibt's«, wiederholte der Werkmeister. »Beklagen Sie sich nicht, Sie haben Ihre zehntausend Exemplare, wie jeden Tag. Was wollen Sie mehr?«

»Und morgen?«

»Morgen ist es das gleiche. Die Gewerkschaft Druck der Belegschaft von ›La Grenouille‹ hat beschlossen, immer nach zehntausendeins Exemplaren Ihrer Zeitung zu streiken.«

»Dazu haben Sie kein Recht. Das ist ein politischer Streik.«

»Politisch? Keineswegs. Ihre Ente bezog zehntausend Stück. Das reichte für alle. Wir weigern uns, Überstunden zu machen, das ist alles. Überstunden sind für Proletarier Sklaverei.«

»Ich frage mich«, sagte Machefer, »ob Ihr Dummköpfe oder Schweine seid.«

Er zuckte die Schultern und fügte im Hinausgehen hinzu: »Ich glaube, Ihr seid Dummköpfe!«

»Nun, meine Kinder!« sagte Machefer kurz darauf zu seinen Mitarbeitern, »es wäre zu schön gewesen. Wir sind einfach reingelegt worden. Wir hätten bis zuletzt warten müssen, wie ich es von Anfang an gesagt habe. Ich hätte mich nicht hinreißen lassen sollen. Jetzt sind wir nahezu stillgelegt. Wir müßten eine andere Druckerei suchen, wenn wir überhaupt eine finden, die nicht gewerkschaftlich erfaßt ist. Warten wir Gibraltar ab. Bis dahin übliches Programm. Überschrift für die morgige Ausgabe: ›Mehr als 4000 Kilometer vor der Stunde der Wahrheit!‹«

Vielleicht ist dies eine Erklärung...

Diesmal jaulte das Tier auf. Es ging hemmungslos aus seiner Deckung – und das ganze Land hallte von seinem Geheul wider. »Zeugnis eines senilen Greises... Die Possenreißer von Malta... Die Aristokratie setzt sich für Rassenprivilegien ein... Ein Exklusivgespräch mit Pater Agnellu... Der Erzbischof von Paris tadelt den Herzog von Uras... Schweigemarsch vor dem Gesandtschaftsgebäude des Malteser-Ordens.«

Am gleichen Tag wurde die lange Liste der Bittschriften »für den Empfang der Gangesflotte« aufgelegt. Tausende von Unterschriften wurden von Hunderten von Komitees gesammelt, von den »Christlichen Müttern« und der »Befreiungsfront der Homosexuellen« angefangen bis zum »Verband ehemaliger Arbeitsverweigerer«. Die Erfassung ging quer durch alle intellektuellen, politischen und religiösen Vereinigungen. An der Spitze der Liste standen die vertrauten Namen all derer, die seit Jahren das Gewissen der westlichen Welt zersetzten. Unsinn, dachten welche, das wird nichts nützen! Und? Tropfenweise wirkt Gift schmerzlos, aber zuletzt tötet es doch.

Am Ostersamstagmorgen, als die Gangesflotte sich der Küste Frankreichs näherte, wo sie in der kommenden Nacht strandete, veröffentlichte die Presse immer noch solche Listen. Das Drolligste dabei war, daß die letzten Eingetragenen zu Hause bereits den Schlüssel doppelt umdrehten, oder, soweit sie im Süden wohnten, mit ihren Autos auf den Fluchtstraßen nach Norden eilten. Beim Empfang der Rundfunknachrichten kam ihnen mit Schrecken die Erkenntnis, die sie wie eine Totenglocke erschütterte: »Oh, wenn ich das gewußt hätte!« Irgendwie sind diese Menschen schon vergessen. Es sind Sterbende, die durch ihr eigenes Verhalten zugrunde gerichtet wurden.

25.

Die Hilfsaktion von Sao Tomé wurde nie mehr wiederholt. Die Herren der Kommission von Rom verzichteten auf weitere Maßnahmen, nachdem sie durch Berichte von Geheimagenten, die wahrheitsgetreuer waren als die der Zeitungen und außerdem frei von Sentimentalität, ins Bild gesetzt wurden. Die Zeit war indessen nutzlos verstrichen, nicht zuletzt mit Billigung der verschiedenen Regierungen, die hofften und hofften... Auf was eigentlich? Diejenigen unter den Kommissionsmitgliedern, die noch klaren Verstand besaßen, hätten sich eher in Stücke hauen lassen, als dies einzusehen. In den mit den Problemen der Dritten Welt beauftragten internationalen Organisationen baut man doch keine Laufbahn auf, wenn man sich auf die Wahrheit beruft.

Am Tag vor Palmsonntag traten sie zu einer geheimen Sitzung zusammen. Die Flotte, die vor der Küste Senegals gesichtet worden war, nahm Kurs nach Norden. Das Meer glänzte wie Öl. Kein Wind blies. Es gab nur zwei Möglichkeiten. Das Ziel war entweder die Atlantikküste vor Portugal, Spanien oder Frankreich und vielleicht noch England durch den Ärmelkanal, oder, was wahrscheinlicher schien, das Mittelmeer nach einer Rechtsschwenkung durch die Straße von Gibraltar. In beiden Fällen war Westeuropa vorgesehen. Es sei denn...

Der britische Delegierte erhob sich von seinem Sitz. Er begann verlegen zu hüsteln, und wenn dies ein Brite tut, kann niemand ernstlich an seinen Vorschlägen zweifeln.

»Meine Herren«, sagte er, »ich weiß, daß unsere Kommission ausdrücklich den Namen ›Kommission zur internationalen Zusammenarbeit zwecks Hilfe und Aufnahme der Flüchtlinge vom Ganges‹ trägt. Wir alle sind uns dessen bewußt. Für Hilfe, hm... Dazu ist nichts zu sagen. Für Aufnahme, nun... (Hüsteln, Stottern), es scheint mir... Bevor wir diese große Familie bei uns in unserer viel zu kleinen Wohnung aufnehmen, müßte man ihr begreiflich machen, daß die Urlaubszeit mit Kost und Logis noch nicht da ist und sie wieder in ihr Land zurück muß, damit wir einen besseren Empfang organisieren können, wie man ihn von unserer glücklichen Bevölkerung erwartet. Ein Empfang etwa in dieser Größe bereitet sich schon vor. Wir hatten nur noch keine Zeit gehabt, da... hm... wir niemand eingeladen haben. Ich schlage vor, wir formulieren innerhalb einer passenden Frist eine feierliche Einladung, die wir mit allen interessierten Regierungen hier wie außerhalb abstimmen. (Da der Engländer Großbritannien bei der Dauerkonferenz für atomare Abrüstung vertrat, wußte er, was das Wort Frist bedeutet.) Aber da wir eine bessere Gelegenheit abwarten wollen, die wir sehr herbeiwünschen, so soll die Gangesflotte gebeten werden, nach Hause zu fahren. Durch den Suezkanal über den Indischen Ozean ist der Weg nicht sehr weit. Selbstverständlich werden wir ihr mit allen unseren Kräften helfen! Verpflegung, Begleitung, Gesundheitsdienst, technische Hilfe, Ersatz unbrauchbar gewordener Schiffe durch eigene Transportschiffe ist nur eine Frage unserer Rührigkeit...«

Man war einverstanden. Etliche Regierungen, vor allem die bedrohtesten wie Spanien oder Frankreich, waren im stillen bestürzt. Bis Senegal hatte man noch auf einen Schiffbruch hoffen können, eine Schicksalsfügung, welche die Öffentlichkeit weinend aufgenommen hätte, mit anschließenden Gedächtnisfeiern, mit einer Luftbrücke zwecks Heimführung der Überlebenden und mit dem Versprechen einer verstärkten Hilfeleistung. Es hätten sich noch einige Zeit lang Gewissensbisse geregt, dann wäre das Leben weitergegangen... Aber dieses unglaublich ruhige Meer Tag für Tag, diese meteorologisch einmalige Erscheinung in der Meereskunde machten jede Illusion zunichte! Bald wird die Gangesflotte alles Gerede widerlegen, und es wird ein unerschwinglicher Preis bezahlt werden müssen, es sei denn...

»Es geht nur darum«, fuhr der englische Delegierte fort, »unsere Gäste zu überzeugen. Gestatten Sie mir einen Vergleich. Wenn bei uns in den englischen Schulen der guten Gesellschaft ein tobendes Kind nicht folgsam sein wollte, wendete man ein kräftiges Mittel an. Wie oft hat man mich als Kind dadurch auf den rechten Weg gebracht, daß man mich an den Ohren zog! Mangels anderem schlage ich gegebenenfalls vor, eben ein kräftiges Mittel anzuwenden.«

Jetzt war man endlich soweit. Aber auf welch scheinheiligen Umwegen! Die weiße Rasse wird an dem Tag verdammt sein, wo sie, sei es auch mit leiser Stimme und in eigenem Interesse, auf die gebotene Offenheit verzichtet. An diesem Tag wird die Morgendämmerung des Untergangs anbrechen.

Ein Delegierter fragte: »Was heißt das in unserem Fall? An den Ohren ziehen?« Der Engländer hustete nicht mehr.

»Man hält die Gangesschiffe zur Überprüfung an, notfalls mit Waffengewalt, und bewaffnete Einheiten holen, gegebenenfalls gewaltsam, die Menschen von den Schiffen herunter.«

»Und wenn die Kinder sich nicht an den Ohren ziehen lassen?« sagte der französische Delegierte. »Wenn sie sich geschlossen auf den Gegner stürzen und ihn niederzuschlagen versuchen? Darf der Gegner zum Revolver greifen?«

»Wahrscheinlich«, erwiderte der Engländer.

»Und wenn der Gegner nicht den Mut aufbringt, Kinder zu verletzen?«

Langes Schweigen.

»Ich sage nicht, daß so etwas möglich ist«, meinte der Engländer. »Ich sage, daß man es versuchen muß. Wenn wir den Versuch nicht schon jetzt proben, wissen wir in einer Woche nicht, zu was wir noch fähig sind.«

»Wer wird den Versuch probieren?«

»Großbritannien wünscht ihn nicht. Ich bin ermächtigt, Ihnen unsern Vorschlag zu unterbreiten, aber die besonderen Beziehungen, die wir traditionsgemäß zu den Regierungen am Ganges, mit Indien, Bengalen und Pakistan unterhalten...«

Ein anderer Delegierter sagte: »Italien muß mit der Ansicht Seiner Heiligkeit des Papstes rechnen...«

Es erübrigt sich, auf die Einzelheiten der chiffrierten und fieberhaft ausgetauschten Telegramme zwischen der Kommission von Rom und den westlichen Regierungen einzugehen. In Frankreich faßte der Präsident der Republik einen ebenso geheimen wie schnellen Entschluß. Nur der Stabschef der Marine und Staatssekretär Jean Perret wurden unterrichtet. Um die Gründe dieser Verschwörung genau zu verstehen, muß man den Rat der Minister betrachten, der schon gleich nach dem Auftauchen der Flotte im Gangesdelta tagte...

»Wir werden den Versuch wagen«, kündigte der französische Delegierte an.

»Natürlich bleibt es ein Geheimnis. Das Ergebnis wird nur Ihren Regierungschefs mitgeteilt. Dem Begleitschiff 322 der französischen Marine, das bei den Kanarischen Inseln kreuzt, wurde befohlen, in einem äußerst geheimen Auftrag Kurs nach Süden zu nehmen. In diesem Augenblick erhielt es genaue Anweisungen.«

»Und wenn der Versuch mißlingt?« fragte einer.

»Nun gut«, erwiderte der Engländer phlegmatisch, »wir werden wieder zusammenkommen! Man muß sich wohl auf etwas einigen...«

Am Karsamstag, als sich die Kommission von Rom zum letzten Mal zusammenfand, war von einer Einigung schon nicht mehr die Rede. Für wen auch? Und für was? Alles brach zusammen. Rette sich, wer kann! Jeder für sich!

26.

Am Palmsonntag, gegen 4 Uhr nachmittags, lief das Begleitschiff 322 in den Hafen von Dakar ein. Im Rahmen eines »Routineauftrags« hatte es der senegalesischen Behörde wichtige Papiere überbracht. Es hielt jetzt nur, um seinen Kommandanten, den Fregattenkapitän de Poudis, mit einem Vorpostenboot an Land zu bringen. Dann drehte es ab und erreichte schnell wieder die offene See. Vier Tage später war es in Toulon, wo es auf der Reede in Quarantäne blieb. Die Mannschaft hatte Ausgangssperre. Jeder Besuch war verboten. Außerdem war Funkstille befohlen worden.

In Dakar brachte ein vom dortigen Marineattaché in Zivil gesteuerter neutraler Kraftwagen den Kommandanten de Poudis zum Flughafen und zwar unmittelbar zur Abflugpiste, wo ihn eine Mystère 30 der französischen Luftwaffe erwartete. Um achtzehn Uhr stieg in Villacoubly Kommandant de Poudis, jetzt in Zivil, aus dem Flugzeug und verschwand zehn Meter weiter wieder in einem neutralen Auto. Neben ihm saß der Staatssekretär Perret. Dann ging es über die Autobahn, durch den Wald, über die Avenue Foch und die Champs-Elysées zum Büro des Präsidenten. Man wählte einen inneren Gang und nicht den üblichen Weg an den Arbeitsräumen der Regierung vorbei. Der Präsident der Republik empfing de Poudis stehend. Er war allein.

»Herr Kommandant, ich erwarte Sie ungeduldig. Wenn ich bestimmt hatte, daß ich keinen, auch noch so genauen telegrafischen Code-Bericht haben wollte, und wenn ich Sie schon in Dakar abfangen ließ, damit ich Sie persönlich anhören kann, so haben mich dazu nicht die bekannten Vorgänge bewogen, sondern... wie soll ich sagen... die Atmosphäre.«

»Ich habe wohl verstanden, Herr Präsident.«

»Ich will auch meine Befürchtungen zurückhalten. Ich halte mich an das, was Sie mir offen, ohne Zwang, mitteilen. Stil, Wortauswahl, Vorsicht und die sonst in diesem Palais üblichen Schmeicheleien wollen wir einmal vergessen. Setzen Sie sich. Dort in den großen Sessel. Machen Sie es sich bequem. Möchten Sie einen Scotch?«

»Gern, das macht es mir leichter.«

»Sie haben recht. Einen Whisky trinken, wenn es um Probleme der Dritten Welt geht, ist noch die einzige vernünftige Regierungshandlung, die mir je eingefallen ist. Diese Leute von der UNO salbadern, leisten sich Düsenflugzeuge, Staatsstreiche, Kriege und Epidemien, vermehren sich dabei wie die Ameisen und selbst die verheerendsten Hungersnöte hindern diese Vermehrung nicht. Nun, ich trinke auf Ihre Gesundheit. Sicher sind meine Worte nur ein Hinweis. Aber ich fürchte, daß, wenn wir Sie gehört haben, wir alle drei noch ein Glas brauchen.«

»Ich fürchte auch.«

»Herr Perret wird bei unserer Unterhaltung ein paar Notizen machen. Bei dieser Gangesgeschichte ist er mein einziger Berater. Die andern... (der Präsident machte mit der Hand eine undeutliche Bewegung). Kurz, wir sind allein.«

»Mehr allein, als Sie es sich vorstellen, Herr Präsident«, sagte der Kommandant.

»Bevor Sie beginnen, Herr Kommandant, bitte ich um genaue Angaben über einen Punkt, der mir vordergründig wichtig erscheint, nämlich die Zusammensetzung Ihrer Mannschaft. Als ich den Entschluß zu diesem Auftrag faßte, hatten wir nur Sie in Reichweite. Der Admiral versicherte, daß wir keinen besseren Griff hätten tun können. Stimmt es?«

»Sagen wir, beinahe genau. Unter 165 Maaten und Matrosen waren nur 32 Einberufene und 48 Freiwillige für fünf Jahre. Der Rest bestand aus Spezialisten der Berufslaufbahn. In der Mehrzahl Bretonen. Eine ausgezeichnete Mannschaft, von überdurchschnittlichem militärischen Geist beseelt. Zur Zeit, als ich begann, war das natürlich ganz anders. Aber inzwischen mußte natürlich der Kommandant eines Kriegsschiffes zurückstecken.«

»Wenn ich Ihnen diese Frage stellte, Herr Kommandant, dann deshalb, weil mir gerade einfiel, daß wir den Krieg in Algerien verloren haben – und das war nicht gestern! Es gab dafür sechsundzwanzig Gründe. Der wichtigste war, daß wir – von Fallschirmjägern und der Legion abgesehen – eine Armee von Schattenfiguren eingesetzt hatten, die von Zweifeln befallen und von dunklen Kräften bearbeitet worden war, also eine Scheinarmee. Ich entsinne mich auch, daß einer meiner Vorgänger in diesem Amt zu mir einmal gesagt hat – ich war noch ein ganz junger Minister – ›Die Armee? Pah... Gibt es überhaupt noch einen Krieg, in den sie ziehen will? Ein ideologischer Krieg? Von vornherein verloren. Ein Volkskrieg oder Bürgerkrieg? Sicher nicht. Ein Kolonial- oder Rassenkrieg? Noch weniger. Ein Atomkrieg? Da braucht man keine Armee mehr, da braucht man überhaupt niemand mehr. Ein klassischer Krieg zwischen Staaten? Vielleicht, aber das würde mich doch sehr wundern. Solche Kriege wird es nicht mehr geben. Wozu also Wehrpflicht, frage ich Sie? Sie fördert den Antimilitarismus, steigert die Wehrdienstverweigerung und nährt mit Vorwänden und Anreizen die moralische Zersetzung. Wenn Sie eines Tages an meinem Platz sind, so wünsche ich Ihnen, daß Sie die Armee nicht brauchen, es sei denn zum Vorbeimarsch am 14. Juli. Und dann werden Sie erleben, daß sie immer schlechter marschiert!‹ Leider fürchte ich«, sagte der Präsident abschließend, »daß ich die Armee brauche...«

»Ich weiß sehr wohl, was Sie sagen wollen, Herr Präsident. Meine Mannschaft waren Berufssoldaten und keine Wehrpflichtigen. Die jungen Einberufenen fügten sich. Nicht mehr Leser von ›La Grenouille‹ oder ›La Pensée Nationale‹ als in andern Truppenteilen. Keine Wehrdienstverweigerer unter dem Sanitätspersonal. Keine militanten Antinationalisten. Wenigstens nach meiner Kenntnis. Jedenfalls nicht mehr als sonst wo. Und besonders keine Priester an Bord. Nun gut! Trotz allem, Herr Präsident, war es nicht berühmt. Keineswegs berühmt!«

»Erzählen Sie.«

»Ich habe mit dem Radargerät die Flotte leicht gefunden. Es war heute früh um acht Uhr fünf Minuten. Sie befand sich auf dem zwanzigsten Breitengrad hundertzweiundvierzig Meilen von der Küste von Mauretanien entfernt. Ich hätte sie auch mit der Nase aufstöbern können. Man hätte glauben können, das Meer sei verfault. Ich habe mich gleich hinterhergemacht. Die Anweisungen, die man mir erteilt hat, sahen als erste Übung vor, daß meine Mannschaft mit der Gangesflotte konfrontiert werden solle. Ich habe dies nicht gleich verstanden und habe im Codebuch nachgeschaut. Dieses braucht man, wenn man sich in der Marine mit wenigen Worten verständlich machen will. Ich las: ›Konfrontation. Sich gegenüberstellen, um zu vergleichen. Fortgesetzt vergleichen.‹ Kein Zweifel möglich. Mit meinem Feldstecher begann ich Einzelheiten zu unterscheiden, die selbst mich überraschten, der ich schon alle Rassen und alles Elend der Erde gestreift habe. Wie ich meinen Auftrag zu erfüllen hatte, war mir klar geworden. Ich habe dann die ganze Mannschaft auf der Brücke steuerbords antreten lassen. Im Innern des Schiffs blieben nur unabkömmliche Dienstgrade und Matrosen zurück, die zur Überwachung der Maschinen, der elektrischen Anlagen und der Sicherheitseinrichtungen nötig waren, insgesamt nicht mehr als zweiundzwanzig Mann. Als ich mich dem Konvoi rechts neben mir auf fünfzig Meter genähert hatte, bin ich die ganze Flotte entlang gefahren, also bis zur Spitze, bis zu einem alten Flußdampfer mit dem Namen INDIA STAR. Der Konvoi fuhr zehn Knoten. Wir brauchten für diese Parade eine Stunde. Die ganze Gangesflotte zog an uns vorbei wie bei einem Diorama. So habe ich den Satz verstanden: Fortgesetzt vergleichen.«

»Sie haben das richtig interpretiert. Ich bin auch ein fanatischer Anhänger des Wörterbuchs. Fahren Sie fort, bitte.«

»Was wir gesehen haben, ist unbeschreiblich. Insgesamt und bezüglich Einzelheiten. Wo soll ich beginnen? Zuerst mit dem Zählen. Mein Erster Offizier zum Beispiel hat unaufhörlich die Köpfe gezählt. Bei jedem Tausender hat er auf einem Zettel einen Strich gemacht. Nach einer Stunde war er fast verrückt. Neunhundert Striche. Dann die Einzelheiten. Wie in alten Filmen von Pasolini. Ausgehungerte Gesichter, nur noch Haut und Knochen, mit Blicken wie im Trancezustand oder apathisch. Von Zeit zu Zeit eine große Gestalt mit edlen Zügen, die aus der Menge herausragte. Sie saß auf ihren Unterschenkeln und betrachtete uns ruhig, wobei sie sich blutig kratzte. Neben mir hörte ich den wachhabenden Offizier murmeln. ›Entkleidete Spartakusse...‹ Entkleidet waren sie alle. Aber keine ganz nackten Körper. Keine Schaustellung, kein Sonnenbad. Keine Scham, aber auch keine Unanständigkeit, kein Exhibitionismus. Es war etwas wie das Ergebnis eines tausendjahrealten armseligen Zusammenlebens. Dann wieder ein schwarzer entblößter Busen, der über die Brücke baumelte, wenn die Alte sich beugte. Ein eitriger Verband, der verrutscht war und ein zerfressenes Knie freilegte. Schultern ohne Alter. War es ein Greis oder ein Knabe? Zwei Gestelle mit vorspringenden Knochen. Knaben oder Mädchen? Aber da pißten sie. Es war ein Knabe und ein Mädchen. Ihre Gesichter waren schön. Sie lächelten sich zu und legten sich wieder hin. Eine Frau bewegte sich durch die Menge. Ihre großen Brüste waren kaum zu sehen. Sie war eine Zwergin. Dann wieder zwei rachitische Schenkel, wie Wurzeln. Dieser Typ saß auf dem Boden. Ich entsinne mich, daß ich mich beim Anblick gefragt habe, ob er wohl seit der Gangesmündung so dagesessen ist, ohne sich zu rühren. Eine andere liegende Frau, die den Himmel betrachtete, ohne zu blinzeln. Sie war tot. Ich weiß es genau. Als wir nämlich dieses Schiff bestiegen, haben gerade zwei Männer sie an den Armen und Beinen gepackt und ohne Zeremonie über Bord geworfen. Sie kann nicht schwer gewesen sein. Ich sah, wie meine Bretonen auf der Kommandobrücke sich bekreuzigten. Und dann Sex und Hintern, viel Sex. Ich erinnere mich an diese junge Frau, die in ihren dichten, schwarzen Mähnen, ich weiß nicht was suchte. Vermutlich Läuse. Sprechen wir nicht von all denen, die auf ihren Fersen hockten, mit hochgezogener Tunika und freiem Hintern. Für sie existierten wir nicht. Ich glaube übrigens, daß wir für niemand existierten. Es gab auch tadellose Körper in großer Zahl, von denen ich einzelne flüchtig gesehen habe. Da konnte man wirklich nicht von Grausen sprechen. Vielleicht war da die Schönheit, die aus soviel Schmutz auftauchte, ergreifender, weil sie von einem Nimbus umgeben war. Ich weiß nicht, wie ich Ihnen das erklären soll. Auf der KALKUTTA STAR, fast an der Spitze des Konvois, war vorne abgesondert von der liegenden Menge, ein herrlicher nackter Rücken, von einer blendenden Schwärze, von langen fächerartig ausgebreiteten Haaren bedeckt, mit einer um die Hüften geschlungenen Tunika. Die Tunika fiel herunter und das Mädchen drehte sich um, um sie aufzuheben. Ich denke, daß es eine Art Spiel war, denn neben ihr stand eine häßliche, kleine Mißgeburt, die lachte. Das Mädchen hat sich dann erhoben, und fünf Sekunden später hatte es sich vollständig mit diesem weißen Tuch eingehüllt gehabt. Aber in den fünf Sekunden habe ich meine Blicke nicht von dieser schönsten Frau abgewandt, die ich je bewundern konnte. Sie war auch die einzige unter den Tausenden von Menschen, die mich angeschaut hat, wenn auch nur für einen Augenblick. Aber nach ihrem Gesichtsausdruck hätte ich es tausendmal lieber gehabt, wenn sie sich nicht umgedreht hätte...

Insgesamt war der Eindruck noch stärker, noch tiefer und auch unheimlicher. Ich weiß nicht, was ich da sagen soll. Man kommt immer wieder auf die gleichen Worte zurück. Die Massen, der Schmutz, das Elend, das Schreckensbild, der Sexjahrmarkt, das jammervolle Gewimmel, die üppige Schönheit. Wenn man sagen würde, da sei eine andere Welt an uns vorbeigezogen, so sagt das nichts. Ich glaube, wir waren nicht einmal mehr fähig, ein Urteil abzugeben... Wenn da noch einer auf seinen Kommandanten hören soll, ob Berufssoldat oder nicht, Herr Präsident, Sie können sich leicht die Verwirrung vorstellen. Hier habe ich ein paar Fotos. Sie wurden an Bord entwickelt. Wollen Sie sie betrachten?«

Schnell überflog der Präsident die etwa zwanzig Stück. Dann sagte er: »Leider ist die Studentenzeit vorbei! Ich werde dies alles einem Motorradfahrer der Nationalgarde übergeben, damit er es in meinem Auftrag mit einem Begleitschreiben unserm Freund Jean Orelle bringt. Ich werde schreiben: ›Das sind Ihre Gäste. Ich hoffe, daß Sie sich freuen, dieselben bei sich in der Provence aufnehmen zu können‹ oder so ähnlich... Sieh mal an! Sie haben auch diese schreckliche Person fotografiert? Die Mißgeburt mit der Mütze von der INDIA STAR! Vor sechs Wochen hat man mir ein ähnliches Foto zugehen lassen. Es wurde von der Associated Press am Ausgang der Meerenge von Ceylon gemacht. Leider haben es nur wenige Zeitungen veröffentlicht.«

Er holte das Foto und steckte es hinter den Rahmen des Spiegels Louis XVI. über dem Kamin. Die Kindesmißgeburt bekam ein neues Ansehen, als ob sie gerade gekommen wäre und man sich nunmehr zu viert im Büro befinden würde.

»So«, sagte der Präsident, »das ist also mein Kollege vom Ganges! Es scheint, daß in der Cyrenaika Marschall Montgomery sich nie vom Foto seines Gegners Rommel getrennt hat. Vor jeder ernsten Entscheidung betrachtete er es lange. Diese Methode hat ihm sehr zum Erfolg verholfen. Geben Sie zu, daß ich Fortschritte gemacht habe. Was soll ich bei einem derartigen Gesichtsausdruck voraussahnen? Ich weiß, daß dieses Monstrum eine Mütze trägt. Ich habe viele Typen in meinem Wagen vom Elyseepalast bis zum Etoile mitgenommen, über deren unmöglichen Schnauzen noch eindrucksvollere Mützen saßen. Aber trotzdem, diesmal genügt das nicht.«

Dann wechselte er den Ton und sagte: »Mein Gott, wie entsetzlich! Fahren Sie fort, Herr Kommandant. Ihre Mannschaft? Wie hat sie reagiert?«

»Schlecht, Herr Präsident. Wenigstens in dem Sinn, wie wir beide denken. Ich hatte alle meine Offiziere und Maate auf die Brücke befohlen und sie unter die Matrosen verteilt. Ich konnte mir daher ein sehr genaues Bild machen. Nach dem ersten Schiff, das wir überholten, war zunächst alles still. Ein Mann sagte halb im Scherz: ›Mein lieber Mann, die da oben genieren sich nicht mal.‹ Kurz darauf sagte der gleiche mit völlig veränderter Stimme: ›Die Unglücklichen!‹ Ich glaube eine Stunde lang war dann nichts anderes mehr zu hören als Bemerkungen wie ›nicht möglich‹ oder ›mein Gott, die armen Leute‹ oder auch ›Herr Oberleutnant, auf was warten wir denn noch, wir wollen ihnen frische Lebensmittel geben‹ oder ›was wird aus allen diesen Kindern?‹ Die einzige normale Reaktion war die eines alten Matrosen. Ich habe in seiner Personalkartei nachgesehen. Der Intelligenzgrad war der schwächste an Bord. Er sagte: ›Herr Oberleutnant, ist es wahr, daß diese Leute bei uns wieder gesund werden wollen?‹ Ihm schien es schwer zu fallen, daran zu glauben. Als wir später auf die INDIA STAR stiegen, welche von allen Schiffen am stärksten belegt war, hörte man kein Wort mehr. Die Mannschaft auf der Brücke war wie von einem Starrkrampf befallen.

Nach Beendigung der Konfrontation ließ ich gemäß dem befohlenen zweiten Teil des Auftrags Gefechtsposten beziehen. Sie wissen, Herr Präsident, wie das vor sich geht. Stoßweise kurze Sirenentöne über Bordlautsprecher. Sie erzeugen eine dramatische, herausfordernde Wirkung. Aber ich habe nie zuvor eine so fassungslose Mannschaft gesehen. Etliche fluchten. Andere stellten Fragen. Meine Offiziere hatten Befehl, keine Antwort zu geben. Schließlich ging alles automatisch. Ich führte ein in seiner Art einmaliges Kriegsschiff. Aber ich bin fast sicher, daß die Mannschaft ihren Kommandanten, die Uniform, die Marine, sich selbst und alles übrige haßte!«

»Fahren Sie fort, Herr Kommandant«, sagte Staatssekretär Perret. »Diese Idee stammt von mir. Ich entsinne mich genau an das, was Ihnen befohlen worden war: »Vortäuschung einer Vorbereitung zum Kampf bis kurz vor dem Kommando Feuer.«

»Ich glaube, Herr Präsident«, sagte der Kommandant, »daß ich verstanden hatte, was man von mir erwartete. Ich habe meiner Mannschaft das große Schauspiel geboten. Wenn man einen Helm auf dem Kopf hat und einen Rettungsgürtel auf dem Rücken, wenn man fieberhaft die Torpedos in die Rohre legt, wenn die Hände sich um die Hebel der Raketenwaffen klammern oder die Augen an die Artilleriefernrohre der Geschütze gepreßt sind und wenn man im Geschützraum mit lauter Stimme die Visiereinstellung angibt und dies während das Schiff in allen Fugen bebt und mit mehr als fünfunddreißig Knoten vorprescht, dann wird man ein anderer Mensch. Das wollten Sie doch wissen, nicht wahr?«

»Richtig«, sagte der Präsident. »Wissen...! Aber wissen bedeutet nicht hoffen. Was erhoffen wir? Wahrscheinlich nichts. Was könnten wir noch erhoffen?«

»Wirklich nichts«, sagte der Kommandant. »Die Maschinerie hat wie beim Exerzieren geklappt. Ein Elitebegleitschiff, versteht sich! Aber auf einem Kriegsschiff ist die letzte Operation, die dem Feuerbefehl unmittelbar vorausgeht, das Zieleinstellen bei den Geschützen, den Raketenwerfern und so weiter. Ob nun die Operation automatisch oder nicht automatisch abläuft, bei naher Entfernung zum Ziel weiß die Bedienungsmannschaft genau, auf was sie schießt. Herr Präsident, genau in diesem Augenblick hatte ich nur noch ein Schiff voll Meuterer geführt. Weinende, ehrerbietige, niedergeschlagene Meuterer, wie man will, aber eben Meuterer. Ich habe den Kampf täuschend gespielt, daß die Mannschaft ihn für echt hielt! Auf der Kommandobrücke bekam ich von allen Gefechtsständen laufend Anrufe. Eindeutige Sätze, die nie zuvor der Kommandant eines Kriegsschiffes zu hören bekam. ›Hier ist der Geschützturm. Herr Kommandant! Herr Kommandant! Wir werden nicht schießen! Wir können nicht...! Hier ist das vordere Maschinengewehr. Es geht nicht, Herr Kommandant! Geben Sie nicht diesen Befehl! Wir verweigern den Gehorsam!‹ Wenn man mit einem Maschinengewehr schießt, sieht man tatsächlich sehr gut, wen man tötet... Ein einziger Trost: Der ängstliche Ton der Stimmen. Hoffnungslose Kinder! Ich ging dann an das Mikrofon, drückte auf den Knopf, der mich mit dem ganzen Schiff verbindet, und sagte: ›Die Übung ist beendet, Kinder, die Übung ist beendet.‹ Das ist normal nicht vorgesehen. Aber ich war genauso bestürzt wie sie.«

»Es war noch etwas, Herr Kommandant, glaube ich. Der dritte Teil Ihres Auftrags.«

»Ich komme darauf, Herr Präsident. Leider! Eine Viertelstunde später habe ich entsprechend Ihrer Anweisung erneut das Wort ergriffen und etwa folgendes gesagt: ›Hier spricht der Kommandant. Sie haben an einer Übung von psychologischem Charakter teilgenommen, was es in unserer Marine bisher noch nicht gegeben hat. Daher werden auch die Ungehorsamkeiten, wie sie vorgekommen sind, keinem nachgetragen werden. Sie sind vergessen. Sie müssen vergessen bleiben. Sie waren sozusagen ein Teil der Übung. Verstehen Sie mich richtig. Wir haben vor uns ein Phänomen, wie es auch noch nicht da war, nämlich das friedliche, aber in unsern europäischen Ländern weder erlaubte noch erwünschte Auftreten dieser Flotte voll Einwanderer vom Ganges. Ihr habt Zeit gehabt, sie aus der Nähe zu betrachten und zu beurteilen. Nun, Sie, wir, das Begleitschiff 322, wir sind als Kriegsschiff Versuchskaninchen. Wahrscheinlich handelt es sich um eine neue Art moderner Kriegführung, bei welcher der waffenlose Feind im Schutz seiner Armut angreift. Dieser Kriegsart versuchen wir, uns anzupassen. Das ist die Aufgabe des Begleitschiffs 322. Und nun müssen Sie sich vorstellen, diese Flotte habe die Absicht, bei uns in Frankreich zu landen. Aus Gründen, die Ihnen vielleicht soeben klar geworden sind, die aber die Regierung abwägen muß, könnte es sein, daß unsere Marine den Befehl bekommt, sich dieser

Schiffe zu bemächtigen, um sie zur Umkehr über den Suezkanal nach Indien zu zwingen, das sie nie hätten verlassen dürfen. Natürlich würde diese erzwungene Rückkehr unter Wahrung aller humanitären Maßnahmen erfolgen, die Sie sich wünschen. Für den Ernstfall, wenn also unsere Regierung es für angezeigt halten würde, zum Schutz unseres Landes die Gangesflotte abzufangen, müssen wir jetzt eine weitere, besonders delikate Übung durchführen, das heißt, einen Testfall erproben. Demzufolge werden in einer Viertelstunde Marineinfanteristen und ein Kommando eingeschifft werden, um das friedliche Abfangen eines Schiffes zu versuchen. Wenn der Versuch gelingt, wird das Schiff sofort wieder geräumt. Es handelt sich also nur um eine allgemeine Übung...‹

Ich habe meine Ausführungen etwa mit den Worten beendet: ›Ich zähle auf Euch.‹ Das war vielleicht ein wenig dürftig. Aber was hätte ich sonst noch sagen sollen? Stellen Sie sich vor, ich hätte mich bei dieser Art Feind militärisch ausgedrückt? Übrigens, Herr Präsident, die militärische Ausdrucksform wird überhaupt nicht mehr anwendbar sein. Heutzutage bringt sie jedermann zum Lachen, selbst die Militärs...«

»Ich weiß«, sagte der Präsident, »und wenn es nur um den militärischen Wortschatz ginge! Wenn ich, zum Beispiel, dem Volk meine Wünsche vortrage, macht sich, offen gesagt, jedermann über mich lustig. Alles, was einfach, klar und menschlich ist, wird gemeinhin ins Groteske umgeformt... Lassen wir es! Wie ist die Operation zu Ende gegangen, Herr Kommandant?«

»Schlecht, Herr Präsident! Sehr schlecht! Ich hatte ein nicht zu großes und nicht zu kleines Schiff ausgesucht, ein altes, namenloses Torpedoboot, das unserer Mannschaftsstärke entsprach. Ich dachte, daß ein ausrangiertes Kriegsschiff besser geeignet sei und unsere Matrosen weniger verunsichern würde. Auf diesem Schiff waren etwa zweitausend Menschen. Mein Prisenkommando bestand aus zwei Motorschaluppen mit drei Offizieren und vierzig für den Nahkampf bewaffneten Männern. Abgesehen vom Fall einer notwendigen Selbstverteidigung war es verboten, jemand zu töten oder zu verletzen. Ich bin übrigens sicher, daß die Männer einen solchen Befehl verweigert hätten. Eine Minute lang glaubte ich, die Partie gewonnen zu haben. Alles lief zunächst wie geschmiert. Sie haben am Fuß der Kommandobrücke sofort einen Brückenkopf von etlichen Quadratmetern gebildet. Die Menge war zurückgewichen und hat zugeschaut. Als aber meine Männer auf die Türen und Treppenluken zugingen, die zur Kommandobrücke und zum Maschinenraum führen, hat sich die Masse sofort zusammengeschlossen, ›wie eine Mauer aus Fleisch‹, wie einer meiner Offiziere berichtete. Man hat dann aus den Haufen ein paar gepackt, um sich einen Weg zu bahnen. Vergebliche Mühe. Man hätte dreitausend Arme gebraucht, um bei dieser Menschenmenge etwas zu erreichen. Der Kommandeur des Prisenkommandos ließ die Gewehre in Anschlag bringen und forderte die

Menge zum Rückzug auf. Diese Sprache versteht jeder. Aber der Haufen ist keinen daumenbreit gewichen. Vor den Mündungen der Maschinenpistolen standen zahlreiche Kindergesichter mit großen offenen Augen, die nicht einmal Furcht zeigten.

Die Mannschaft schien den Inhalt ihres Auftrags voll erfüllt zu haben, denn sie war über die Grenze des Möglichen hinausgegangen. Es bedurfte nur noch des Schießbefehls. Natürlich sollte über die Köpfe hinweggeschossen werden. Dennoch war ein Risiko dabei, Herr Präsident (der Kommandant lächelte etwas traurig), Sie können auf Ihre Kriegsmarine stolz sein. Gut ausgebildet und diszipliniert. Eine hübsche Marine auf Verabredung. Aber eine Verabredung spielt sich zu zweit ab, unter Vertrauten, die sich verstehen. Die Menschen vom Ganges können nicht spielen. Nicht einmal der Beginn einer Panik, aber auch kein Zurückweichen. Im Gegenteil. Die Fleischmauer rückte vor und hat sogar mein Prisenkommando eingeschlossen. Meine Männer mußten sich mit Fußtritten, Fäusten und Gewehrkolben gegen Leute wehren, die nicht kämpften, sondern einfach nur schoben und drängten. Zweitausend drängten vor. Gegen dreiundvierzig. Diejenigen, die von den Unsrigen niedergeschlagen worden sind, wurden sofort von der Menge weggezogen und durch andere ersetzt. Um da standzuhalten, hätte man wirklich schießen und die Gegner töten müssen. Wie durch ein Wunder konnte sich das Kommando wieder einschiffen. Zwei Mann fehlten, zwei Matrosen. Ihre Körper hat man uns ausgeliefert. Man hat sie über Bord geworfen. Keine Verletzung durch Messer oder Dolch. Keine Würgemerkmale. Einfach totgetrampelt. Opfer durch Unbekannte, oder vielmehr durch eine Menschenmenge, was auf das Gleiche herauskommt. Ertrunken in einem Meer von Fleisch und Knochen. Ich habe nichts mehr hinzuzufügen, Herr Präsident, höchstens noch, daß Sie nicht mehr mit dem Begleitschiff 322 rechnen können. Von nun an ist es nur noch ein krankes Schiff, ein Körper ohne Seele.«

»Und sein Kommandant?«

»Ist kaum mehr wert, Herr Präsident. Ich werde verrückt, wenn ich daran denken muß. Es gibt nur eine Alternative. Entweder jene Menschen bei uns aufnehmen oder ihre Schiffe versenken. In der Nacht, wenn man die Gesichter derer nicht erkennen kann, die man umbringt. Und dann fliehen und sie sterben lassen, ohne in Versuchung zu geraten, die Überlebenden retten zu wollen. Und am Ende sich eine Kugel in den Kopf jagen. Schnell und genau gezielt, nach erfülltem Auftrag.«

»Der Pilot von Hiroshima ist mit dreiundachtzig Jahren friedlich in seinem Bett gestorben.«

»Das waren andere Zeiten, Herr Präsident. Seitdem haben die westlichen Armeen das Wort Gewissensbisse gelernt.«

»Herr Kommandant«, fragte der Präsident, »wenn ich diesen Befehl erteilen würde, würden Sie ihn befolgen?«

»Ich habe lange darüber nachgedacht, Herr Präsident. Meine Antwort lautet: Nein. Ich meine, sie gehört zum Inhalt der ›Übung von psychologischem Charakter‹?«

»So ist es tatsächlich. Ich danke Ihnen. Nehmen Sie ein paar Tage Urlaub und gehen Sie dann zu ihrem Schiff nach Toulon zurück. Selbstverständlich zu niemandem ein Wort.«

»Glauben Sie mir, dies erlebt zu haben, genügt mir. Ich habe keinerlei Verlangen, darüber zu sprechen. Einer der beiden Matrosen hieß Marc de Poudis. Er war mein Sohn.«

Der Kommandant ging hinaus.

»Was halten Sie davon, Herr Perret?«

»Bevor der Kampf beginnt, haben Sie schon keine Marine mehr. Und da schon seit langem die Etappe Sie im Stich gelassen hat, bleibt nur noch die Armee übrig. Vielleicht besteht eine Hoffnung, wenn man die Regimenter der Berufssoldaten zusammenfaßt.«

»Berufssoldaten! Berufssoldaten! Sie haben doch das Ergebnis gesehen?«

»Man kann immer noch zehntausend Mann finden, die nicht absolut geneigt sind, sich weich machen zu lassen. Es müssen sicher noch einige Bataillone Hartgesottene im Heer und in der Polizei da sein. Und außerdem wird die Konfrontation unter ganz anderen Bedingungen stattfinden. Wenn Sie feierlich und öffentlich den Zugang der Einwanderer vom Ganges verbieten, dann wird schon dadurch ihre Landung, ob bewaffnet oder unbewaffnet, einen Akt der Feindseligkeit darstellen. So wird es wenigstens die Armee sehen. Während ihnen auf dem Meer, auf ihren Schiffen noch nichts geschah, so werden sie jetzt einen Schritt zuviel gewagt haben.«

»Glauben Sie das?«

»Kaum, aber man kann es versuchen.«

»Ich lasse Ihnen freie Hand, Herr Perret. Suchen Sie sofort den Generalstab auf. Entwerfen Sie Pläne. Wählen Sie die besten Korpskommandeure aus. Aber von all dem darf nichts in die Presse oder in die Öffentlichkeit durchsickern. Nach Schätzung des Admirals bleibt uns kaum noch eine Woche übrig. Halten Sie mich auf dem laufenden. Meine Tür ist für Sie Tag und Nacht offen...«

27.

Am Karfreitag, um drei Uhr nachmittags, fuhr die Armada der letzten Chance durch die Straße von Gibraltar und drang ins Mittelmeer ein. Als die Küsten Europas unter der Sonne zutage traten, entstand auf allen Schiffen eine emsige Bewegung. Tausende von Arme schwangen wie ein Wald im Wind hin und her, während gleichzeitig ein langsamer, kräftiger Gesang wie eine Dankes- oder Zauberhymne zum Himmel emporstieg. Dieses Schauspiel dauerte bis Ostermontag.

Am gleichen Freitag, genau um drei Uhr nachmittags, wurde das mißgeborene Kind auf den Schultern des Mistkäfers von einem Krampf befallen, wobei sich Rumpf und Armstümpfe krümmten. Der Anfall war so stark, daß die Mißgeburt wie leblos erschien. Ihr Kopf auf dem halslosen Körper neigte sich unmerklich. Auf unglaubliche Weise wurde der Vorgang von der ganzen Flotte wahrgenommen. Sofort ertönte von allen Brücken ein triumphaler Gesang. Das Phänomen der Starrsucht.

In der ersten Minute des Ostersonntags werden neunundneunzig Vordersteven sich krachend in den Sandstrand und die Felsen der französischen Küste bohren. Dann wird die zwerghafte Mißgestalt aufwachen und einen gewaltigen Schrei ausstoßen. Der alte Herr Calguès in seinem Haus auf den Hügeln wird ihn deutlich hören. Er wird sich bekreuzigen und vor sich hinsagen: »Vade retro, Satanas...«

28.

Die Kunde von der Durchfahrt durch die Straße von Gibraltar ging sofort durch ganz Europa. Spanien bekam den ersten Schock zu spüren. An diesem Karfreitag zogen wie immer die bekannten Prozessionen durch die Straßen aller spanischen Städte. Sie wurden nur noch von dem traditionellen, folkloristischen und stets buntem Schauspiel überboten, das neben anderem die Büßer in Mönchskutten, die Militärmusik und verkleidete Pfarrer, die früher einmal Pfarrer waren, lieferten. Und alles zu Nutz und Frommen der Fremdenverkehrsvereine. Man führte Kinder mit und machte Fotos, aber nur einige alte Frauen beteten und sanken an den Kreuzstationen auf die Knie.

Als an diesem Karfreitag die Nachricht von der Durchfahrt über alle Sender verbreitet wurde, bekamen die Prozessionen merkwürdigerweise neuen Antrieb. Dies dauerte nicht lange, aber die Menschenmenge sang die alten Litaneien, und diejenigen, welche die lateinischen Worte vergessen hatten, summten der Spur nach mit. In den gefalteten Händen der schwarzen Büßer sah man Perle für Perle der Rosenkränze durch die zitternden Finger gleiten. Dann leerten sich die Straßen schnell. Jeder ging nach Hause und schloß die Fensterläden. Dann saßen die Familien um die Funk- und Fernsehgeräte. Man hörte Bischöfe zur Wohltätigkeit aufrufen. Die an der Macht befindlichen linken Parteien wetterten im Namen der menschlichen Solidarität und der Weltbrüderlichkeit; die spanische Regierung sprach dagegen von Ruhe und Frieden. In allen Städten der Mittelmeerküste, Malaga, Almaria, Cartagena, Alicante, Valencia bis Barcelona waren die Ausfahrtstraßen voll mit Autos, überfüllt mit Kindern und Gepäck. Zwei Marschsäulen rollten durch Spanien, beide in entgegengesetzten Richtungen. Die eine bewegte sich zum Meer, der Gangesflotte entgegen, Aber das war nur eine geistige Strömung der Worte. Die andere, die lebendige, zog in das Innere des Landes. Am Freitagabend hörte sie auf zu fließen, denn die Flotte war draußen vorbeigezogen. Jetzt schwoll die Strömung der Worte mächtig an, wie bei einer Sintflut. Erst am Ostermontag hörte auch dies auf, als sicher war, daß Frankreich heimgesucht wurde...

Am gleichen Abend entdeckten andalusische Fischer des kleinen Dorfes Gata am Strand etwa zwanzig nackte Leichen. Sie hatten alle am Hals eine verknotete Schnur, mit der sie erdrosselt worden waren. Vielleicht bekamen die Fischer Angst und flohen, weil sie eine Epidemie befürchteten. Oder die Polizei, die den Strand überwachte, konnte in

Gata nicht sofort tätig werden. Jedenfalls dauerte die Untersuchung recht lange, und es gab unerklärliche Verzögerungen. Bevor die spanischen Behörden etwas von sich hören ließen, bestellten sie zahlreiche Gerichtsmediziner, die sogar aus Madrid kamen. Dies alles nahm Zeit in Anspruch. Erst am Ostersonntagmorgen erfuhr man die Wahrheit. Die Leichen waren keine Hindus. Nach dem Gutachten der Gerichtsmediziner gehörten die meisten der weißen Rasse an, aber es waren auch drei Chinesen und ein Mulatte darunter. Einer der Weißen wurde durch ein Kettchen, das er am Handgelenk trug, identifiziert. Seine Mörder hatten sicher vergessen, es abzunehmen. Der Tote war ein Franzose, ein junger Mann, der als Laienmissionar und landwirtschaftlicher Berater in einem Dorf am Ganges tätig war. Auch er war an Bord gegangen und hatte die ganze Bevölkerung des Dorfes mitgenommen. Der letzte Weiße, der ihn im Büro des belgischen Generalkonsulats in Kalkutta gesehen hatte, war Konsul Himmans, ein paar Tage vor der Abfahrt der Flotte. Aber dies wußte niemand.

Das gleiche war auch mit dem Philosophen Ballan geschehen, der auf dem Kai des Ganges von der Menge ermordet wurde, und mit dem abtrünnigen Schriftsteller, der auf der Höhe von Sao Tomé erdrosselt und ins Meer geworfen wurde. Vor den Toren des Westens hatte die Armada sich der Verräter und Handlanger entledigt, nachdem sie ausgedient hatten. Sie hat sie ausgenutzt nach Art jener Besatzungstruppen, die eingeborene Hilfskräfte erst verwenden und irreführen und dann verurteilen und erledigen. Das ist ein klassischer Vorgang, bei dem die primitive menschliche Justiz immer auf die Rechnung kommt. Die Armada zeigte sich nur als lupenreine Rasse, die schon im voraus jeden Kompromiß ablehnt und gegen alle Illusionen gewappnet ist. Fremdenfeindlichkeit.

Dieses, einmal gesprochene Wort machte nunmehr in Schriften und Veröffentlichungen die Runde, denn die Gegner des Tieres hatten ihrer Stimme endlich Geltung verschafft. Am Mikrophon des Est-Radio sprach am Ostersonntag Senconac an Stelle von Albert Durfort. Reibungslos und ohne Einmischung höheren Orts hatte sich dieser Wechsel vollzogen. Seit dem Vorabend war Albert Durfort nicht mehr im Studio zu sehen gewesen. Sein Telefon antwortete auch nicht mehr. Seine Freunde wußten nicht, was geschehen war. Der noch vor kurzem vom Publikum verehrte Zorro des Mikrophons verließ den Schauplatz, indem er sich schlicht mit seinem Gepäck und einigen Zehntausend Francs in Gold auf den Weg in die Schweiz machte. Er nahm auch seine junge Freundin aus den Antillen mit, auf die er viel hielt und die auch an ihm klebte. Sie war bei der Botschaft von Martinique beschäftigt und hatte, als er sie abholte, gerade das letzte Siegesfähnchen auf die Landkarte gesteckt. Da die Schweiz wie üblich heimlich mobilisiert hatte, wählte Durfort die Autostraße nach Süden in der Hoffnung, Genf vor der

Schließung der Schweizer Grenzen zu erreichen. Er war indessen nicht der einzige, der an diesem Tag in die gleiche Richtung hastete...

Jetzt sprach Pierre Senconac, mit trockener, schneidender, ironischer, fast unangenehm wirkender Stimme:

»Es ist Zeit, sich an die Toten zu erinnern«, sagte er. »Ich will einen grüßen, der vor zwei Monaten für uns gestorben ist, nämlich den belgischen Generalkonsul Himmans in Kalkutta. Er war anscheinend verrückt. Hat es nicht so von allen Dächern gepfiffen? Strengen Sie Ihr Gedächtnis an. Am Kai des Ganges hat er versucht, sich gegen die Einschiffung der Menschenmenge zu stemmen, und diese Menge hat ihn getötet. War Konsul Himmans verrückt? Jetzt ist der Augenblick gekommen, wo wir auch verrückt werden können. Es gibt aber noch weitere Tote, nämlich die in Gata in Spanien. Soeben habe ich über eine andere Welle die Stimme von Boris Vilsberg gehört, der von Märtyrern der Brüderlichkeit sprach! Hier zeigt sich das Ausmaß der Blindheit. Die Kollaborateure des Feindes haben sich eures Spatzengehirns bemächtigt. Hört nicht auf sie. Erkennt sie und verjagt sie selbst, wenn ihr noch die Kraft dazu habt. Die Mißgeburt ist da. Sie ist an unserer Küste gestrandet, aber sie überlebte. Man beschwört euch, die Tore weit zu öffnen. Dies tat soeben auch der schwache Papst einer kranken Christenheit. Ich sage euch, ich bitte euch, schließt sie schnell, solange es noch Zeit ist. Seid hart und unempfindlich. Laßt eure weichen Herzen verstummen. Denkt an Konsul Himmans und an Luc Notaras...«

Ostersonntag, mittags. Nach soviel Worten und Phrasen seit Jahren... Es ist, als wollte man einen Fluß an der Mündung zwingen, zur Quelle zurückzukehren. Zu spät! Zu spät! Auch das ist eine Erklärung. Wer versteht denn Senconac? Bewundern wir das gute Volk bei seinen Bemühungen. Es will ein niederdrückendes Gewicht hochheben, wie ein plötzlich zum Leben erwachter Toter, den der einen Lichtblitz lang geöffnete Grabstein für immer in die ewige Nacht zurückstößt.

Josiane sagte zu Marcel: »Hast Du die arabische Familie im fünften Stock gesehen? Sie leben zu acht in zwei Zimmern. Ich frage mich, wie dabei die Buben immer so sauber daherkommen können. Aber seit heute morgen schleichen sie im Treppenhaus herum. Sobald ich die Tür öffne, ist einer da und schaut mich mit großen Augen an. Immerhin leben wir zu zweit in drei Zimmern. Glaubst Du, Marcel, daß Senconac an so etwas gedacht hat, als er aufrief, die Türen zu schließen? Marcel! Wenn wir die Tür nicht schließen, werden wir nie mehr unter uns allein sein. Es sei denn, wir ziehen in den fünften Stock in die beiden Zimmer der Araber. Aber wo sollen wir da alle unsere Möbel unterbringen? Das wird dort nie möglich sein...!«

Der Lichtstrahl, den der gehobene Grabstein ins Innere dringen läßt, bevor er wieder mit seinem ganzen Gewicht zurückfällt. Zu schwer, Marcel! Viel zu schwer!

29.

Auf den Schiffen der Einwanderungsflotte starben viele, aber im Grunde genommen auch nicht mehr, als in den Dörfern am Ganges durch Kriege, Hungersnöte und Überschwemmungen laufend umkommen. Die Armada der letzten Chance hielt sich auf ganz natürliche Weise in den Grenzen der Sterblichkeitsrate des indischen Subkontinents. Da das Brennmaterial zur Einäscherung der Körper bald ausging, bestreute sie seit der Meerenge von Ceylon, gleich einem Däumling im Märchen, ihren Weg mit Leichen. Auf der Höhe von Gata waren es nur noch zwanzig Ausländer, denn nach der Durchfahrt durch die Straße von Gibraltar behielt die Flotte ihre eigenen Toten an Bord. Diese häuften sich inzwischen. Während der letzten drei Tage dieser dramatischen Fahrt gab es vor allem auf den großen, am dichtesten besetzten Schiffen, wie auf der INDIA STAR oder der KALKUTTA STAR, ungeheuer viele Tote. Es war die Folge der schlechten Ernährung und der physischen und psychischen Erschöpfung am Ende der langen Überfahrt...

Man könnte auch annehmen, daß jene Kranken, die nur die Hoffnung am Leben erhalten hat, in dem Augenblick ihren Geist aufgaben, als sie endlich die Küsten Europas und damit die Erfüllung ihrer Hoffnung sahen. Andere starben schlicht an Hunger und Durst. Es waren die schwächsten, vor allem Greise, Gebrechliche und unnormale Kinder, mit Ausnahme der Mißgeburten und Zwerge, denen an Bord ein besonderer Schutz gewährt wurde. Vermutlich war am Ende der Reise ein derartiger Mangel an Reis und Trinkwasser eingetreten, daß auch keine ordentliche Zuteilung mehr stattfand. Vielleicht starben etliche freiwillig. Sicher hat man aber auch manche im allgemeinen Interesse umkommen lassen. Bekanntlich sind dies die kräftigsten Rassen, bei denen, wie schon eh und je, eine natürliche ungezwungene Auslese stattfindet. Im gegebenen Augenblick werden auf dem Boden Frankreichs Menschen gelandet sein, die zwar mager und ausgehungert, aber sonst wohlauf sind; sie werden stark genug sein, um das Ufer zu erreichen. Die Toten der letzten Tage dagegen werden nach dem Stranden der Flotte von den Wogen sanft an die Küste ins Paradies getragen werden. In den Augen ihrer lebenden Gefährten werden sie nichts Wesentliches verloren haben, denn nach ihrer Vorstellung bedeutet der Tod wenig, wenn das Ziel erreicht ist.

An Bord der Flotte blieb nur ein einziger Weißer zurück. Er wurde wahrscheinlich wegen seiner Krankheit, aber auch wegen seiner Vergangenheit ausgespart. Er hatte sein ganzes Leben im Dienst der Nächstenliebe bei einer Bevölkerung zugebracht, die gelernt hatte, ihm zu vertrauen, ja sogar zu lieben. Auf der Brücke der KALKUTTA STAR, wo er die schönste Zeit im Schatten eines Kamins verbrachte, kannte ihn jeder. Seine Verrücktheit und Selbsterniedrigung hatten, da sie progressiv waren, sein Ansehen in den Augen derer, die sich mit ihm eingeschifft hatten, nicht erschüttern können. Aber wer hätte auch in diesem halb nackten, in schmutzige Lumpen gehüllten, irren Sadhu den Mann erkennen können, der noch vor zwei Monaten Monsignore, katholischer Bischof und apostolischer Legat vom Ganges war. Es fiel ihm selbst schwer, sich noch daran zu erinnern. Gelegentlich wandte er sich auf seiner elenden Schlafstelle um und segnete die um ihn Herumstehenden. Die Menge lachte. Einige seiner alten Anhänger lachten auch, schlugen aber ihm zu Gefallen das Kreuz. Dann legte er sich wieder hin. Mit dem Rest seines Verstandes grübelte er über die seltsamen lateinischen Silben nach, die er in einer Blutlache am Kai des Ganges zu lesen geglaubt hatte. Sonst fehlte es ihm an nichts. Man brachte ihm zu essen und zu trinken. Liebe Kinder leisteten ihm Gesellschaft. Sie waren um seine Ernährung besorgt, aus Furcht, er könnte sterben. Wenn man ihn vergessen hatte, brachten sie ihm irgendwelche Reste. Im Lauf der Zeit wurde dieser Verwirrte ruhig und sogar glücklich, so als ob ein mysteriöses Etwas ihn aufrichten und besänftigen würde. Manchmal sprach er morgens lange vor sich hin. Bruchstücke eines Breviers oder Verse aus der Veda; denn er war ein heiliger, toleranter Mann, der stets betonte, daß die Wahrheit nicht nur eine Offenbarung sein kann. Und nachts, wenn auf der Brücke bei der feuchten Hitze alles schlief, krochen alte Frauen zu ihm hin. Durch eine offene Falte seiner Lumpen griff eine Hand sachte nach seinem Glied und streichelte es langsam, bis es steif wurde und die Ejakulation zwischen die Finger eines Schattens lief. So wurde Glück gespendet und Glück empfangen. Indien ist damit verschwenderisch, und die alten Frauen hielten es für ganz natürlich, daß der arme Mann schließlich auch seinen Teil abbekam. Eine Alte ging. Eine andere kam später in der Stille und Dunkelheit wieder. Dies geschah so oft, daß schon in der Dämmerung, wenn die Nacht einbrach, der wirre Bischof erregt wurde. Der Lingam des Bischofs wurde Gesprächsstoff an Bord, dann Gegenstand der Neugierde und schließlich der Verehrung. Man näherte sich ihm schwarenweise, um den Vorgang im Sternenlicht in nächster Nähe feststellen zu können. Es war wie in diesen geheimen Tempeln, wo steinerne Lingams seit Jahrhunderten von der Menge verehrt werden.

Als die Flotte durch die Meerenge von Gibraltar fuhr, war der Bischof vom Ganges ein heiliger Mann geworden. Zum zweiten Mal im Lauf seines Lebens. Auf daß Gottes Wille geschehe...

30.

Am Ende des Karfreitagnachmittag erschien Jean Perret, Staatssekretär im Außenministerium und persönlicher Berater des Präsidenten der Republik, im Elysée-Palast. Er wurde sofort dem Präsidenten gemeldet. Dieser war in seinem Büro allein. Offensichtlich tat er nichts anderes, als eine Zigarre rauchen und genüßlich einen leichten Whisky trinken. Auf einem niederen Tisch neben ihm häuften sich die Telegramme, die ein Adjutant jede Viertelstunde brachte. Etliche Stellen darin waren rot unterstrichen. Auf dem gleichen Tisch ertönte aus einem Radio gedämpft das Requiem von Mozart.

»Setzen Sie sich, Herr Perret«, sagte der Präsident. »Man könnte meinen, daß die Zeit drängt und die Minuten gezählt seien, in denen wir Tausende von Entscheidungen zu treffen haben. Wenn ich auf die bestürzten und hochgradig nervösen Mitglieder meines Kabinetts hören würde, so müßte ich mich nur noch damit beschäftigen, ohne zu merken, wie die Zeit verrinnt. Aber so ist es nicht. Ein einziger Entschluß wird genügen. Bis dahin hat es noch Zeit. Ich glaube, daß es in der Weltgeschichte schon viele Staatsoberhäupter gegeben hat, die ähnliches erlebt haben und ruhig und unbelastet waren, wenn sie das schicksalschwere Wort Krieg aussprechen mußten. Dieses entscheidet über so viele Schicksale, daß die Bedeutung letzten Endes mehr auf philosophischer als auf moralischer und materieller Ebene liegt. Es gibt nichts Nüchterneres als dieses Wort, wenn man das Wesentliche erfaßt hat.

Wir haben also noch Zeit. Hören wir jetzt gemeinsam die Nachrichten. Sie werden sicher weder Ihnen noch mir etwas Neues bringen. (Mit einer lässigen Handbewegung zeigte er auf die Telegramme neben sich.) Ich würde mich gern mal in die Haut eines Durchschnittsbürgers versetzen, dem nach sechs Wochen langem Humanitätsgefasel plötzlich klar wird, daß sein Osterwochenende völlig zerstört ist und vermutlich auch die kommenden Wochenende bedroht sind und daß das Leben überhaupt nie mehr so wie vorher sein wird. Auch ich möchte einen Schock erleiden, wie der unsicherste meiner Wähler. Da ich mich am Sonntag oder kurz danach an das Volk wenden muß, werde ich hoffentlich den richtigen Ton finden. Sie hören, seit heute morgen ist Mozart gefragt. Das bedeutet, daß Jean Orelle offenbar begriffen hat. Ein herrlicher Besitz im Süden, am Rand des Meeres, ist eben etwas, was zum Nachdenken zwingt. Wir wollen gerecht sein. Er war vor kurzem bei mir. Er ist ein gebrochener Mann.«

»Ich bin ihm im grauen Salon begegnet, Herr Präsident. Wir haben kurz miteinander gesprochen. Ich kannte ihn nicht wieder. ›Verrückte Einfälle‹, sagte er. ›Albern! Allgemeine Mobilmachung ohne Waffen! Mit Frauen und Kindern! Friedliche Bataillone nach dem Süden schikken! Ein gewaltloser Krieg!‹ Er fantasierte.«

»Ein armer, vornehmer Partisan!« sagte der Präsident. »Versetzen Sie sich in seine Lage. Ein Kämpfer und Ästhet zugleich. Sobald irgendein Befreiungskrieg ausbrach, setzte er sich ab. Fünfzig Jahre lang hat er gekämpft, und oft mutig, obwohl man ihm besondere Posten immer mehr versagt hat. Ein Nobelpreis zu Lebzeiten ist nützlicher als hinterher. Er wurde immer berühmter. Er schrieb wunderbare Bücher und fing an, die Salons zu erobern. Er sammelte Meisterwerke und fand bevorzugte Aufnahme in den Schlössern seiner Freunde. Ein erträumter Ausgleich, bei dem er aufblühte. Jetzt merkte er, daß die Welt sich verändert hat und das alte Spiel nicht mehr möglich ist. Der Partisan möchte dem Ästheten nicht den Hals umdrehen. Am Ende seines Lebens hat er erkannt, was wichtig ist. Im Gegensatz zu den meisten Leuten glaube ich, daß der Mensch im Alter endlich vollkommen wird, wenn er nämlich betrübt die Wahrheit entdeckt. Bei Jean Orelle hat sich dies jetzt gezeigt. Ich habe vorhin einen sehr traurigen, aber aufrichtigen Mann verlassen, der um alles herumgegangen ist. Daher sicher dieses Requiem. Da er jetzt ganz Europäer geworden ist, nachdem er die Ätherwellen vergiftet hat, kann man ihm vertrauen. Er wird das Gesicht wahren. Berlin ist unter den Klängen Wagners zugrunde gegangen. Bei Orelle wird dies feiner vonstatten gehen...«

In der nun folgenden Stille hörte man eine schwache Stimme: »Neunzehn Uhr neunundfünfzig Minuten und dreißig Sekunden...« Der Präsident erhöhte die Lautstärke des Radios.

»Zwanzig Uhr. Hier ist der französische Rundfunk und das französische Fernsehen. Sie hören Nachrichten. Nach letzten ziemlich widersprüchlichen Nachrichten, die uns aus verschiedenen Ländern der Dritten Welt zugingen, scheinen sich weitere Emigrantenflotten vorzubereiten. Die Regierungen dieser Länder erklären sich außerstande, die offensichtlich spontanen Bewegungen zu kontrollieren. In Djakarta, der Hauptstadt Indonesiens, hat eine große Menschenmenge den Hafen und zahlreiche ausländische Schiffe friedlich besetzt. Die Regierung von Australien, ein westliches Land, das Indonesien am nächsten liegt, hat eine Erklärung veröffentlicht, wonach, wir zitieren, ›die Lage insgesamt als äußerst ernst zu betrachten ist‹. In Manila auf den Philippinen hat die Polizei die Besetzung dreier Passagierdampfer durch die Menge nicht verhindern können. Darunter befindet sich der französische Riesendampfer »Normandie«, dessen Passagiere in den Hotels der Stadt Aufnahme gefunden haben. In Conakry in Afrika, Karachi in Pakistan und erneut in Kalkutta sind die Kais von schätzungsweise mehreren Zehntausend

Menschen überflutet, die ohne erkennbares Ziel dort kampieren. Aus London, wo etwa achthunderttausend Arbeiter aus dem Commonwealth leben, erfuhr man um achtzehn Uhr, daß ein Komitee mit der Bezeichnung ›Non-European Commonwealth Committee‹ zur friedlichen Demonstration am Montagmorgen aufruft. Es fordert – ich zitiere – ›das britische Bürgerrecht, Stimmrecht, Gleichberechtigung, Gleichstellung in bezug auf Löhne, Beschäftigung, Wohnungen, Freizeit und soziale Vergünstigungen‹. Die britische Regierung hat bis zur Stunde noch keinen Kommentar dazu gegeben...«

»Ich hoffe, daß man in London auch noch Papuas findet«, sagte der Präsident mit halblauter Stimme. »Das würde ich gerne sehen, einen Papua als britischen Staatsbürger!«

»..Wie wir in unserer Sendung um fünfzehn Uhr gemeldet haben, hat die Armada der letzten Chance die Straße von Gibraltar hinter sich und nimmt Kurs nach Nordosten. Englische, spanische und französische Aufklärungsflugzeuge haben die Flotte überflogen. Das Wetter war schön ruhig und klar. Unser Sonderberichterstatter an Bord eines der Flugzeuge hat uns folgendes telefoniert:

Hier ist Gibraltar. Hier ist der französische Rundfunk und das Fernsehen. Ich rufe vom Militärflughafen aus an, wo mich eine Vautourmaschine der Royal Navy vor zehn Minuten abgesetzt hat. Was ich beim Überfliegen der Armada gesehen habe, übersteigt die Vorstellung. Fast hundert Schiffe liegen auf dem Wasser. Da so gut wie kein Wind geht und keine Dünung herrscht, tauchen die Schiffsbrücken kaum aus dem Wasser. Ich habe kein einziges intaktes Schiff gesehen. Alle Schiffswandungen sind vom Rost angefressen, manche sogar über der Wasserlinie. All dies grenzt an ein Wunder und hat bisher wie durch ein Wunder gehalten. Wir haben mehrere Überflüge in geringer Höhe gemacht, mitten durch einen nur schwer zu ertragenden Gestank hindurch. Die Schiffdecks sind mit schwarzen und weißen Gestalten buchstäblich zugedeckt. Schwarz ist die Haut dieser Tausenden von armen Leuten, weiß die Tuniken, die sie tragen. Das Gedränge an den Brücken ist unglaublich. Man könnte glauben, einen Leichenhaufen zu überfliegen, bei dem die Leichen noch am Leben sind. Denn Tausende von Armen bewegen sich. Nach Schätzung könnten sich achthunderttausend Überlebende an Bord der Schiffe befinden. Die Flotte bewegt sich in nordöstlicher Richtung, das heißt genau auf die Côte d'Azur zu. Wahrscheinlich werden die Schiffe dort stranden, denn keines besitzt einen Anker. Die Ankerklüsen sind leer. Auf jeden Fall ist diese Flotte nach meiner Sicht völlig unfähig, zu ihrer Ausgangsbasis zurückzukehren. Sie wird sich überhaupt keine Woche mehr auf dem Meer halten können. Ich habe eine Überschlagsrechnung gemacht. Nach der augenblicklichen Geschwindigkeit und wenn das Wetter so bleibt, wird die Flotte in der Nacht vom Samstag auf Ostersonntag, also morgen abend stranden. An der gesamten spanischen Küste herrscht ein Gefühl der Erleichterung. Man redet wieder von Mitleid und Solidarität. Hier ist Gibraltar mit dem französichen Funk und Fernsehen.«

Die Stimme des Pariser Journalisten fuhr fort:

»Dies telefonierte uns um sechzehn Uhr unser Sonderberichterstatter. Seitdem haben wir den Kurs der Einwandererflotte, der sich nach Frankreich auf die Côte d'Azur zuwendet, mehrfach bestätigt erhalten. Im übrigen kommen laufend Aufrufe der arabischen Sender des Maghreb in indischer Sprache, welche die Einwandererflotte aufmuntern, das nördliche Mittelmeer anzusteuern, denn dort allein sei – ich zitiere – ›das Land, wo reichlich Milch fließe und der Westen beginne‹. Ende des Zitats. Man konnte aus dem pathetischen Ton der arabischen Sprecher so etwas wie Furcht entnehmen. In allen Städten im Süden Frankreichs wurde während der letzten Tage durch die Presse und die Behörden zur Ruhe und Solidarität ermahnt. Dennoch scheint sich der Beginn eines Aufbruchs nach Norden abzuzeichnen. Züge und Flugzeuge sind seit heute früh überfüllt und die Autostraße A 7 ist seit sechzehn Uhr verstopft. Die Möbeltransporteure machen goldene Geschäfte und haben schon keine freien Fahrzeuge mehr. Zahlreiche Geschäfte und Villen sind geschlossen. Herr Jean Orelle, Informationsminister und Regierungssprecher, hat um siebzehn Uhr der Presse folgendes Kommuniqué zugehen lassen, das wir Ihnen zum zweiten Mal senden:

›Nachdem eindeutig feststeht, daß die Gangesflotte sich auf den Süden Frankreichs zubewegt (die Stimme des alten Ministers schien zwar sicher zu sein, klang aber gedämpft, als ob er nur mühsam gegen eine große Müdigkeit ankämpfen würde), hat die Regierung für den vorläufigen Empfang der Einwanderer eine Anzahl Maßnahmen getroffen. Die vier Küstendepartements wurden Herrn Jean Perret, Staatssekretär im Auswärtigen Amt, unterstellt, der zum persönlichen Beauftragten des Präsidenten der Republik ernannt wurde. Im Bedarfsfall wird die Regierung nicht zögern, den Notstand auszurufen. Teile der Armee und der Gendarmerie haben Befehl erhalten, längs der Küste einen Sicherheitsgürtel zu errichten und sich jeder unkontrollierten Landung zu widersetzen, die das Gleichgewicht einer unserer blühendsten Provinzen stören könnte. Die Regierung versichert feierlich, daß gegenüber diesem völlig neuen Problem notfalls menschliche Lösungen vorgesehen sind. Der Präsident der Republik bestätigt erneut, daß er den zahlreichen Stimmen in der Öffentlichkeit, die ihre Solidarität mit den Einwanderern bekundet haben, Rechnung tragen wird. Aber er warnt auch vor gewissen Exzessen, die mit der Aufrechterhaltung der Ordnung nicht vereinbar sind. Privatinitiativen werden nicht geduldet. Im übrigen fordert er die Bevölkerung im Süden auf, Ruhe zu bewahren, ihrer üblichen Tätigkeit nachzugehen und der Regierung zu vertrauen...‹«

»Als er mich soeben verlassen hat«, bemerkte der Präsident, »glaubte er schon nicht mehr daran. Wir haben gegen sechzehn Uhr das Kommuniqué gemeinsam aufgesetzt. Sicher, es geht alles schnell! Alles läuft genau ab. Wie beim Einsturz dieses Hauses, den ein italienischer Schriftsteller, ich glaube, es war Buzzati, jüngst beschrieben hatte. Irgendeiner reißt, ohne aufzupassen, eine Klappe auf, und das ganze Haus fällt Stück um Stück zusammen. Man könnte sagen, die Ausgehungerten haben soeben die Klappe aufgerissen. Buzzati selbst gab keine Erklärung dazu. Er stellte nur fest. Ich fürchte, wir können auch nicht mehr tun...«

Die Stimme des Journalisten fuhr fort:

»Die Erklärung des Informationsministers fand um siebzehn Uhr statt. Aber seitdem hat sich die Flucht verstärkt. Sie nimmt die Form einer Massenauswanderung an. Daneben kann man auch eine Bewegung in entgegengesetzter Richtung, nach Süden, feststellen. Sie ist aber andersartig. Hippies und christliche Gemeinschaften, organisierte Banden aus den Pariser Vororten, Gruppen junger Metallarbeiter, Studentenvereinigungen verschiedener Richtungen, sowie zahlreiche Kleriker und gewaltlose Kämpfer befinden sich auf der Straße nach Süden. Um neunzehn Uhr gab es einen schweren Zusammenstoß zwischen diesen Gruppen und der Polizei bei der Autobahnzahlstelle 3 der A 6. Clément Dio, der Chefredakteur der Zeitung ›La Pensée Nouvelle‹ erklärte, er wolle gegen solche Behinderungen durch die Polizei feierlichen Protest einlegen. Er werde, um ein Beispiel zu geben, auch nach Süden reisen. Wir bringen nachstehend, was er vor den Büros von ›La Pensée Nouvelle‹, kurz bevor er in den Wagen stieg, unserem Reporter gesagt hat.«

Man hörte im Funk die Stimme Dios im Straßenlärm und zahlreiche Beifallskundgebungen.

»Der Süden unseres Landes entvölkert sich. Im Grunde genommen wundert uns das nicht. Die westliche Öffentlichkeit hat Gewissensbisse. Sie kann den Anblick des sich nähernden Elends nicht ertragen und flieht lieber leise davon, statt großzügig die Arme zu öffnen. Was soll's! Da sich unsere Departements im Süden plötzlich in Einöden verwandeln, so werden eben wir dort sein, um die Unglücklichen der Armada aufzunehmen und ihnen die letzte Chance anbieten. Ich sage es offen: Nur zu diesem Zweck verlasse ich die Hauptstadt und fahre in den Süden. Ich lade alle ein, die wie ich der Ansicht sind, daß das menschliche Ideal über den Staaten, Wirtschaftssystemen, Religionen und Rassen steht. Kommt zahlreich in den Süden. Denn was soll diese Truppenbewegung bedeuten und dieser soeben ernannte Gauleiter Perret. Wie alle, so habe auch ich den Informationsminister von Empfang sprechen gehört... von vorläufiger Lösung... von Sicherheitsgürtel. Dies ist nichts anderes als eine militärische Front. Gibt man etwa unsern Soldaten Schießbefehl gegen Ausgehungerte? Macht man Konzentrationslager auf? Macht man...«

»Er macht mich müde«, sagte der Präsident und stellte das Radio leiser. »Aber«, fügte er nachdenklich hinzu, »er weiß wenigstens, was er will!«

»Wer hat eigentlich diese Idee mit dem Sicherheitsgürtel gehabt?« fragte der Staatssekretär.

»Ich«, seufzte der Präsident. »Ich habe lange gezaudert. Aber als ich diese Abwanderungsbewegung sich steigern sah, habe ich mir gesagt, daß man sie nicht mehr aufhalten kann. Es ist eine alte Gewohnheit, die sich in Zeiten des Wohlstands und des Reichtums immer besonders bemerkbar macht. Man sollte diese Bewegung beschleunigen und daraus möglichst Nutzen ziehen. Ich habe gedacht, wenn man damit im Hinterland die moralische Feigheit beseitigen könnte, würde der Armee eine Chance für ihre Aufgabe bleiben. Der Rest, die Mahnung, Ruhe zu bewahren und der täglichen Arbeit nachzugehen, wäre dann überflüssig.«

»Leider gibt es keine Epidemien mehr wie im Mittelalter, Herr Präsident, das weiß jeder.«

»Nun«, erwiderte der Präsident, »diejenigen, die unter einem Vorwand fliehen, statt ihren Besitz zu verteidigen, werden diese Epidemien vielleicht erleben. Ich muß dies meinen Hörern beibringen, nicht wahr?«

Er wandte sich dem Radio zu.

»Nach diesen Erklärungen«, hörte man die Stimme des Journalisten, »hat Clément Dio in Begleitung seiner Frau, der Schriftstellerin Nan-Chan, und einigen Freunden sofort die Hauptstadt verlassen. Er will alle, die ihm beipflichteten, an der Küste treffen...«

31.

... Mit höchster Geschwindigkeit fährt Clément Dio in seinem Wagen auf der Autobahn nach Süden. Er überholt Infanteriekolonnen auf Lastkraftfahrzeugen, die hinten offen sind. Auf Bänken sitzen dicht gedrängt junge Soldaten. Die Armee hat sich wohl geändert. Ist sie traurig? Die Soldaten drehen sich nicht einmal um, um die prächtige rote Kiste mit der mächtigen Kühlerhaube zu bewundern. Iris Nan-Chan ist sehr hübsch, aber die jungen Soldaten werfen ihr weder Kußhändchen zu, noch lachen sie, um sich bemerkbar zu machen, noch schlagen sie sich auf die Schenkel oder machen lose Witze. Nicht einmal eine unanständige Geste dieses Muschkoten, der das elfenbeinfarbene, unnahbare Fleisch an seinem Laftkraftwagen vorbeifahren sieht. »Sie macht einen guten Eindruck, unsere Armee«, sagt Dio. »Man kann nicht behaupten, daß sie singend in den Krieg zieht.«

Er freut sich darüber. Es ist ein wenig sein Werk. Ah! Was war das ein schöner Kampf, als die Armee sich noch gegen die Verbreitung einer gewissen Presse in den Mannschaftsstuben und Soldatenheimen sperrte und man gegen sie vor Gericht ging. Der Prozeß wurde haushoch gewonnen. Seit zehn Jahren liest man »La Pensée Nouvelle« und »La Grenouille« und anderes dazu in allen Regimentern Frankreichs und Navarras. Auch in den Gefängnissen. Die Zeitungen hatten ihr Geschäft gemacht. »Du bist gerächt, kleiner Ben Souad«, sagte Dio. Er hatte vor kurzem unter seinen Familienpapieren einen Vertrag gefunden, wonach seine Großmutter, eine schwarze Haremsklavin, an ein französisches Offiziersbordell in Rabat verkauft worden war. Warum hat eigentlich sein Vater, der unter dem Protektorat ein braver marokkanischer Beamter war, dieses häßliche Zeugnis einer Vergangenheit aufbewahrt? Aus Haß, mein Lieber, aus Haß!

An den Autobahngebührenstellen stehen fahrbare Einheiten. Es sind stämmige Schwarze mit Helmen. Sie sind auch nicht fröhlich. »Es wird davon abgeraten, die Straße nach dem Süden zu benutzen.«

»Abgeraten! Was soll das heißen, Herr Oberleutnant?«

»Das zu beurteilen, müssen Sie uns überlassen«, brummte der ordengeschmückte Oberleutnant und wirft einen Blick auf die rote Kühlerhaube, auf die hübsche Eurasierin und auf die schwarze Haut und die gekräuselten Haare des Fahrers. »Los, umkehren!«

»Sind Sie Rassist, Herr Oberleutnant?«

»Ich? Rassist? Sie machen wohl Spaß!«

Heutzutage ist niemand mehr Rassist. Zum Glück kommt man dabei ganz gut zurecht. Die Polizei allerdings weniger als andere. Aber dafür wird sie bezahlt. Dios Presseschild ist ein Sesam, öffne dich. »Wir bitten um Entschuldigung. Sie können weiterfahren!«

Seit ein paar Jahren macht das Presseschild alles möglich, wenn es in guten Händen ist. Man hat dafür lange gekämpft... Auf der Gegenfahrbahn wird der Verkehr lebhaft. Dio schaut auf die Uhr. Es ist bald Samstag. Ostersamstag! Jetzt ist die Autobahnstrecke von Süden nach Norden mit der Sonne im Rücken plötzlich verstopft. Ein Wochenendbild im umgekehrten Sinn. Dio verachtet diese Hammelherde, wie er übrigens auch die verachtet, die der Sonne entgegenfahren. Er lächelt. Seine Frau lächelt. Ihre Hände finden sich einen Augenblick lang. Sie fahren dem Strom entgegen. Der Stinktopf des genußfrohen Südens leert sich. Bald wird dort ein anderer Topf von sich reden machen. Ist es soweit? Die Apokalypse oder eine Neugeburt? Ein neuer Menschentyp, neue Verhältnisse, eine neue Gesellschaftsart? Oder die Vernichtung jeglichen erträglichen Lebens? Dio bekannte, daß ihm dies völlig gleichgültig war. Ein menschliches Ideal, das über den Völkern, den Wirtschaftssystemen, den Religionen und Rassen steht... Er erinnert sich, daß er solches gesagt hat. Was bedeutet dies eigentlich? Gar nichts. Über allem schwebt ein absolutes Nichts, und dieses Nichts ist wie eine Atomspaltung oder wie eine schlagartig eintretende, ungeheure frei gewordene Leere. So ein Schauspiel darf man nicht versäumen. Hier wird ein riesiges, häßliches Vorrecht endlich zur Bedeutungslosigkeit gezwungen.

Le Morvan... La Bourgogne... Dio summt am Steuer vor sich hin: »Denn die Zeit der tausend Jahre erfüllt sich, es erfüllt sich die Zeit der tausend Jahre.« Für einen Augenblick Herr der Welt zu sein, rechtfertigt ein Leben. Ein Beispiel hierzu bietet der Mörder von Sarajevo, der plötzlich die Zukunft erkannte und leidenschaftlich zur Tat schritt, statt einzuhalten, weil ihn die Vision der Umwälzung, die er auslöste, fasziniert hat.

Hinter Mâcon stand im Lampenlicht eines Rastplatzes eine Panzerkolonne, wie eine Reihe großer Spielzeuge. Dio bremst, geht von der Autobahn herunter und hält neben dem Spitzenpanzer.

»Hauen Sie ab!« sagt eine Stimme. Sie stammt von einem mürrischen Obersten. Zweites Kavallerieregiment von Chamborant. Dreihundert Jahre Tradition. Um ihn herum steht schweigend eine kleine Gruppe Offiziere. Sie sind bestürzt. Am Fuß der Panzer liegt eine Gruppe Soldaten, die sich lebhaft unterhalten. »Stimmen wir ab!« sagt einer. Chamborant! Dreihundert Jahre Ruhm! Und jetzt Auflösung!

»Presse!« sagt Dio.

»Schwein!« antwortet der Oberst. Mit geballten Fäusten nähert sich drohend der khakifarbene Riese. Ein Offizier tritt beschwichtigend dazwischen.

»Gehen Sie zum Teufel!« ruft der Oberst. Dann besteigt er den Panzer, und man sieht außerhalb des Turms nur noch den ordengeschmückten Oberkörper mit einem wütenden Gesicht unter dem Helm. Unter dem ein wenig unwirklichen Licht der Lampen bietet sich ein hübsches militärisches Bild. Der Panzer trägt den Namen »Bir Hakeim«, das heißt »Alter Mond«. Jetzt heult der Motor auf. Ein Offizier schreit: »Aber sie sind immer noch da, Herr Oberst! Sie werden doch so etwas nicht tun!«

»Ich pfeife darauf«, ruft der Oberst mit donnernder Stimme. »Wenn sie nicht sofort aufstehen, werde ich sie zermalmen!«

Dio nähert sich dem Panzer von vorne. Dort sind »sie«. Etwa zwanzig liegen auf der Ausfahrt zur Autobahn. Die meisten tragen Uniform, mit roten Fangschnüren. Chamborant. Drei Jahrhunderte. Fünf Zivilisten sind darunter. Einer liegt schon fast unter der Raupenkette des Panzers. Mit seinem langen Bart und Lockenhaaren sieht er wie eine italienische Christusfigur aus.

»Wer sind Sie?« fragte Dio.

»FLH« erwidert der auf dem Boden Liegende. »Front zur Befreiung der Homosexuellen«.

»Und Sie?« – »Ein unbekannter Proletarier«, sagt ein anderer. Dio kann sie genau unterscheiden.

»Er wird Sie überfahren«, sagt er.

»Er wird es nicht wagen«, antwortet der Homosexuelle. »Mich vielleicht, ja, das wäre verständlich, aber nicht die eigenen Soldaten.«

»Hauen Sie doch ab, mein Gott«, fordert ihn ein Offizier auf. »Sie sehen doch, er fährt an!«

Die Stahlmasse hat sich in Bewegung gesetzt. Kaum merklich mahlen sich die Raupenketten zentimeterweise vor.

»Herr Oberst«, schreit der Offizier auf. »Scheiße«, antwortet der Oberst.

Iris Nan-Chan schließt die Augen. Ihre westliche Hälfte kann nichts mehr ertragen. Als sie kurz darauf die Augen wieder öffnet, um ihre östliche Hälfte zufriedenzustellen, ist die italienische Christusfigur unter den Raupenketten des Panzers verschwunden, der Fetzen blutigen Fleisches nach sich zieht. Alles ging geräuschlos vonstatten. Von den übrigen hatte sich im letzten Augenblick einer nach dem andern erhoben. Wie das gewandte Ausweichen des Toreros vor den Stierhörnern. Schnell und geschmeidig haben sich die Soldaten zur Seite rollen lassen, wie bei der Ausbildung im Geländekampf. Ein Eliteregiment! Der Panzer Bir Hakeim ist jetzt schneller geworden und rollt auf die Autobahn zu. Der Oberst hat sich nicht einmal umgewandt. Mit donnerndem Lärm folgen drei weitere Panzer. Dann noch einer. Damit war alles vorbei. Als die Kavallerie von Chamborant 1813 aus dem Rußlandfeldzug heimkehrte, hatte sie doppelt soviel Überlebende wie andere Einheiten.

Dio kann seinen Blick nicht von der Blutlache auf der Straße abwenden. Neben ihm unterdrückt ein Offizier still seine Tränen.

»Wie heißt dieser Held?« fragt Dio.

Der Offizier versteht ihn falsch. »Er?« sagt er bestürzt, weil er sieht, daß Dio auf den Blutfleck zeigt. »Ich kenne ihn nicht. Er hat gesagt, er heiße Paul.«

»Nein«, erwidert Dio. »Ich meine nicht Paul, sondern den dort, der wegfährt, den dekorierten Mörder!«

»Ah, der Oberst?« sagt der Offizier, »Oberst Konstantin Dragasès.«

»Welch seltsamer Name«, denkt Dio. »Konstantinopel, 29. Mai 1453. Konstantin Paléologue, genannt Dragasès, letzter Kaiser von Byzanz.« Der Offizier hat noch nicht einmal protestiert, als Dio das Wort »Mörder« gebrauchte. Mörder, Mörder, warum nicht? Das Wort geht um. Der Offizier indessen springt über die Schutzrampe der Autobahn mit der Geschicklichkeit, wie auch er sie während der Ausbildung gelernt hatte. Dann taucht er in der im Mondlicht liegenden Landschaft unter...

Dio hat sich wieder ans Steuer gesetzt und fährt los, was der Wagen hergibt. Das ist keine Nacht, um in einem idiotischen Schrotthaufen zu sterben. Keinesfalls! Er fühlt sich unsterblich. Drei Kilometer weiter überholt er die fünf Panzer des Obersten Dragasès. Er lacht. Er ist glücklich. Da taucht die Gebührenstation von Villefranche auf, eine stark beleuchtete Oase. Auf dem Parkpatz stehen zahlreiche Motorfahrzeuge. Dabei Silhouetten mit Helmen und Stiefeln. Eigentlich drollige Helme für Gendarmen! Weiße, rote, blaue Helme mit einem senkrechten phosphoriszierenden Balken.

»Wer seid Ihr, Jungs?«

»Wir sind Widerstandsproletarier der Rhodia-Chemie.«

Lauter Echte, die in dieser aufregenden Nacht draußen sind. Sitzstreiks, Hungerstreiks, Beschlagnahmen, Sabotage, Zerstörung von Labors, antirassistische Programme, Rattenjagd auf Rattengegner, Plünderung von Geschäften, Kampf gegen jede Art Unterdrückung, was immer ankommt. Diese Echten brauchen nur Motorräder, Mädchen, Tabak und Schlagworte. Wenn sie in Zorn geraten, schlagen sie alles kaputt. Sie werden entlassen und immer wieder eingestellt, weil sie letzten Endes allen Furcht einjagen. Man hat für sie den Ausdruck »politische Verbrecher« gefunden. Er entschuldigt alles.

»Was macht Ihr da? Wo sind die Polizisten?«

»Seit einer Stunde verschwunden«, sagt ein junger, großer, netter Bursche in Jeans und mit einem Hemd bekleidet, das nach amerikanischer Art auf den Schultern mit einem Namen geschmückt ist: Panama Ranger. »Es waren nicht viel. Wir sind«, er deutet ringsum, »mehr als zweihundert! Jene? Hosenscheißer. Dritte fahrbare Legion von Mâcon, man kennt sie ja! Im vergangenen Jahr haben sie uns hochgenommen. Eine friedliche Kundgebung, aber zugegeben, die Sache war schlecht eingefädelt. Die Blödel sind in der Menge zerdrückt worden. Wir hatten zwei Tote. Aber was für ein schönes Begräbnis! Alle Fabriken waren geschlossen. Die Arbeiter marschierten hinter den Särgen. Seitdem spuken die Leute aus, wenn sie an den Kasernen vorbeigehen. Von den Geschäftsleuten werden sie bedient, wie man in Südafrika nicht mal einen Schwarzen in einem weißen Lebensmittelgeschäft bedienen würde. Ihre Kinder haben keine Spielgefährten mehr. In der Schule spricht keiner mehr mit ihnen. Ihre guten Frauen rennen gegen eine Wand. Es soll sogar einen Pfarrer geben, der gesagt hat, daß die Messe fortan bei ihnen zu Hause gelesen wird, damit in der Kirche Putztücher und Servietten nicht vermischt werden. Ihr Kommandeur wurde rausgeschmissen. Die Armen! Sie warten auf die Pensionierung, denn sie taugen zu nichts mehr. Gerade noch, um auf den Straßenkreuzungen zu pfeifen. Als sie uns kommen sahen, sind sie abgehauen. Sie haben gesagt, sie würden mit Verstärkung anrücken. Wir lachen uns krumm!«

Wenn Panama Ranger lacht, strahlt er einen unwiderstehlichen Reiz aus. Schön und triumphierend wie ein junger Gott im dunklen Wald der Maschinen. Von der Art der Eroberer. Eine Eroberung nach der andern. Schritt für Schritt. Was soll's. Man pfeift auf alles.

Dio hat sich vorgestellt. Er wiederholt: »Was macht Ihr eigentlich?«

»Irgend etwas«, antwortet Panama Ranger. »Heute ist Galavorstellung. Heute wird zuerst mal besetzt und zwar eine Autobahnzahlstelle, wo wir Geld eintreiben werden. Für alle, die aus dem Süden kommen und nach Norden wollen, gilt der zehnfache Tarif, zweihundert Francs, versteht sich! Sie werden zahlen, ohne zu maulen. Sie haben es viel zu eilig, um wegzukommen. Nach Süden geht es zögernd, es sei denn, es handelt sich um Kumpels. Die Polizei hat eine bewegliche Sperre mit Schwerpunkt eingerichtet. Der erste militärische Konvoi ist uns unter der Nase durchgefahren. Er fuhr zu schnell. Wir hatten keine Zeit, uns darauf einzustellen. Dem zweiten gelang es nicht. Dem Jeep des Offiziers und den ersten drei Lastkraftwagen wurden die vier Reifen aufgestochen. Ich habe gesagt: ›Pause! Alles runter von den Fahrzeugen!‹ Die Soldaten haben gelacht. Aber der Offizier war hart. Er hat seine Leute in Kampfstellung formiert und dann geschrien: ›Räumt mir das ab!‹ Ich habe dann gesagt: ›Schaut uns gut an, Jungs! Wir sind fast im gleichen Alter. Alle, die Arbeiter, Bauern, Studenten oder Proletarier sind, sollen beiseitetreten.‹ Da kam Leben in die Reihen. Der Offizier war schließlich mit fünf armen Typen allein, die sich bemühten, ihn von weiterem abzuhalten. Auch sie mußten noch laufen.«

»Und der Offizier?« fragte Dio.

»Er versucht, ein Kilometer von hier entfernt Fuß zu fassen. Ich weiß nicht, ob es ihm gelingen wird. Man hat ihn völlig fertiggemacht.«

Dio lachte. Mitten auf dem Parkplatzgelände, vor dem Gebäude des Polizeipostens, erwärmte sich vor einem großen Holzfeuer eine Menge junger Leute in verschiedenen Uniformen und Blusen und mit unterschiedlichen Helmen und Mützen. Unter Freudenfeuern, Liedern und Scherzen vertrieben sie sich die Zeit. Dies alles klang nicht gerade bösartig. Wagenwände und Bänke der nicht mehr gebrauchten Lastkraftwagen gingen fröhlich in Flammen auf. »Ich meine, wir ziehen jetzt auf Nebenstraßen nach Süden«, sagte Panama Ranger. »Es scheint, daß die Polizisten weiter unten ziemlich bösartig sind. Aber wir hinterlassen hier unser Testament.« Er zeigte auf die Dachfront der Autobahnzahlstelle, auf der ein grell erleuchtetes Transparent angebracht war:

»Proletarier, Soldaten, Volk vom Ganges, wir sind die Einheitsfront gegen die Unterdrückung«.

»Tadellos«, meinte Dio, »aber seht zu, daß Ihr wegkommt. Es werden bald fünf Panzer vorbeirollen, mit einem wütenden Obersten, der sofort schießt, glaubt mir!«

»Gut«, erwidert der Junge. »Chao! Wir sehen uns an der Küste wieder.«

»Wann?« fragt Dio.

Der andere lachte. »Wir haben es nicht eilig. Nach Abzug all dieser Schweine, die nach Norden fliehen, um in der Sonne Ferien zu machen, wird es da unten in unserer Ecke nicht an Villen mangeln, und ich hoffe nur, daß sie die Schwimmbäder nicht geleert haben. Die Revolution beginnt immer zuerst mit einer angenehmen Zeit!«

Das dachte auch Dio in diesem Augenblick, denn ein fröhliches Durcheinander begann, als zwei oder drei Blechkisten sich streiften, deren ausgelassene Fahrer sich nach Art guter Franzosen am Steuer gegenseitig beschimpften. Schließlich verschwand der ganze Haufen in der Nacht. Clément Dio hörte nur noch den Refrain, den er geschrieben hatte: »Denn die Zeit der tausend Jahre vollendet sich, und es vollendet sich die Zeit der tausend Jahre...«

Eine kurze Stille trat ein. Sie wurde erneut vom drohenden Lärm der Panzer von Dragasès unterbrochen, die jetzt aus dem Dunkel im Licht der Autobahnzahlstelle auftauchen. Das Kanonenrohr des Spitzenpanzers hob sich leicht und feuerte hintereinander vier Schüsse ab. In einer Wolke von Staub fiel das Gerüst mit dem hübschen Transparent, das Testament des Panama Rangers, herunter. Der Oberst mochte solche Schlagworte nicht. Ohne das Tempo zu verringern fuhren die fünf Panzer über den Schutthaufen und verschwanden in Richtung Süden...

Am Stadteingang von Lyon wandte sich Dio der Umgehungsstraße zu, die zu dieser nächtlichen Zeit leer war, während gleichzeitig die Straßen der Stadt von Militärkolonnen erschüttert wurden. Dio bog dann nach links in die Straße nach Grenoble ein, die durch ein Hinweisschild »Touristenstrecke nach Nizza über die Napoleonstraße« gekennzeichnet war.

Wie von einem inneren Jubel beseeligt lachte Iris Nan-Chan vor sich hin. »Mein lieber kleiner Adler«, sagte sie, »du fliegst ja von Turm zu Turm bis zu den Türmen von Negresco! Napoleon Dio!« In Grenoble stand eine Vorstadt am Rand der Isère in hellen Flammen. »Presse! Was ist hier los?« fragte der liebe Adler einen Hauptmann der Mobilgarde, der mitten auf der Straße vor einer Barrikade aus Lastwagen stand.

»Das Zentralgefängnis brennt!«

»Und die Gefangenen?«

»Sind entflohen. Mehr als zweitausend. Wenn Sie weiterfahren, passen Sie auf. Nach Grenoble können sie nicht mehr auf unsere Hilfe zählen.«

»Wie ist das geschehen?«

»Oh, sehr einfach«, antwortete der Hauptmann und versuchte zu erklären. Wenn einer mit fünfzig Jahren im Dienst ergraut und ein ordentlicher Beamter ist, wie kann es anders ausgehen, wenn er plötzlich merkt, wie unter seinen Stiefeln sich plötzlich die Falltür der Anarchie öffnet. »Ich war mir im klaren, daß es so enden würde«, sagte er. »Ich auch«, sagte Dio treuherzig.

»Nun, Sie sehen, es klappte. Das Gefängnis ist von außen gestürmt worden. Die Türen wurden mit Plastikbomben gesprengt. Etwa hundert Jungens schrien: ›Proletarier, Gefangene, Männer vom Ganges, wir sind uns einig!‹ Das Feuer hat dann im politischen Block rasch um sich gegriffen. Hierauf haben die Wächter alle Türen geöffnet und sind geflohen. Man muß sie verstehen. Zehn Jahre lang wurden sie von der Öffentlichkeit angeklagt. Übrigens, wir alle. Warum also seine Haut riskieren? Nach meiner Meinung war alles ein abgekartetes Spiel. Die Häftlinge sprachen nur vom Ganges. Es ging ein Gerede um, daß mit dem Eintreffen der Armada die Gefängnismauern niedergerissen würden. Im letzten Jahr war das Papstjahr. Sie waren überzeugt, daß Benedikt XVI. an Weihnachten kommen und die Gefängnistüren öffnen würde. Warum nicht, bei dem Zustand heutzutage. Man sieht seit einiger Zeit alle Farben. Die Gesellschaft steht auf dem Kopf.«

»Das ist auch meine Meinung, Herr Hauptmann. Man muß schauen, wo man bleibt«, antwortete Dio, ohne mit der Wimper zu zucken.

»Sagen Sie mal«, frug jetzt der Hauptmann, »wie heißt eigentlich Ihre Zeitung?«

Aber Dio war schon weitergefahren... Gap, Sisteron, Digne. Die Berggarnisonen, die gemächlich aus ihren alten Vauban-Festungen heruntergestiegen waren, kämmten die Talsohlen durch. Am Ende der Nacht spielten sich bei gelegentlichen Festnahmen seltsame, geflüsterte Gespräche ab. »Wer seid Ihr?« »Häftlinge, Kameraden, seid großzügig, Jungs!« »Los, hau ab! Du hast genug gelitten. Es lebe die Entlassung!« »Es lebe die Entlassung und vielen Dank!« Am Morgen wurden nur vier Häftlinge eingefangen und zur Kantonspolizei gebracht. Unter ihnen war ein berüchtigter Sträfling. Zwanzig Jahre Kerker wegen Entführung der kleinen Tochter eines reichen Lavendelgärtners aus der Gegend. »Mach Dir nichts daraus, Bébert! Du kommst bald wieder raus! Militaristen, Schweine! Ihr macht Polizeiarbeit!« Ein Offizier wird blaß, wirft seine Mütze auf die Erde und geht durch die Menge hindurch weg, die still wie bei einer Beerdigung geworden ist.

In Berrême tankte Dio. »Sie sind mein letzter Kunde«, sagte der Tankwart. »Nach Ihnen mache ich zu und verschwinde. Es ist zu gefährlich. Zwischen hier und Grasse wurde schon bei fünf meiner Kollegen geplündert. Die Gendarmerie meldet sich nicht mehr. Ich habe einen Hund. Seit heute nacht tut er wie verrückt. Es sieht aus, als ob er die achthunderttausend Typen riechen würde, die da kommen. Bezahlen Sie? Großartig. Ich danke Ihnen. Der Wagen, der vor Ihnen in diese Richtung fuhr, blieb bei mir in der Kreide. Das Auto vollgepfercht mit acht zerlumpten Gestalten, von der Art wie man sie im Sommer zur Küste fahren sieht. Der Fahrer rief mir zu« ›Geld? Einen Dreck! Von jetzt ab gehört alles dem Volk!‹ Sie verstehen doch, was das heißt. Ich haue jedenfalls ab und komme erst wieder zurück, wenn alles geklärt ist...«

Mit Tagesanbruch fuhr Dio schneller. Da sah er plötzlich einen großen deutschen Schäferhund, der wie eine verlassene Schildwache dastand. Das Tier zitterte am ganzen Körper und winselte. Dann drehte es sich in Richtung Süden um und begann zu heulen. »Der Hund ist nicht gerade fröhlich«, stellte Iris Nan-Chan fest. »Fahre weiter, Liebster, sonst verdirbt mir das Mistvieh den ganzen Tag...«

Auf dem Paß von La Faye gab es erneut einen Aufenthalt. Lastwagen stauten sich. Diesmal waren es Truppen. Dio sah an den Abzeichen, daß es sich um ein Marinekommando handelte, und zwar um eine Einheit, die man in Frankreich nie zu Gesicht bekam und welche die Reporter von »La Pensée Nouvelle« weltweit verfolgten, mit der Zähigkeit eines Insekts, das hinter einem Stier her ist, der es ernährt. Bei Strafaktionen im Tschad, in Guayana, in Djibouti oder in Madagaskar diente die Einheit den Gouverneuren in Übersee als Speerspitze gegen den Volkszorn.

Ein Offizier kam herbei. Er war höflich und von einer Eleganz, wie man sie auf den häufig zerfetzten Werbeplakaten mit der Inschrift sieht: »Wenn Ihr jungen Leute noch für ein Ideal begeistert seid, dann meldet Euch oder dient freiwillig länger...« Dio konnte sich offenbar nicht vorstellen, daß es solche Menschen noch geben kann. »Ihr Presseausweis, bitte«, sagte der Offizier. »Schau mal an! Herr Clément Dio! Jahrelang sind Sie schon bei uns verachtet, und nun bekommen wir Sie persönlich zu sehen!« Fallschirmjäger näherten sich, Sie umstellten den roten Wagen und betrachteten Dio schweigend. Sie wußten wohl über ihn Bescheid, aber bislang hatte ihn noch keiner aus der Nähe gesehen.

»Schaut Euch den Typ gut an«, sagte der Offizier zu seinen Männern.

»Wenn Ihr noch nie Dreck gesehen habt, so habt Ihr jetzt Gelegenheit. Wenn es überall nur noch Armleuchter gibt, so wißt Ihr wenigstens warum!« Sein Ton ist dabei so ruhig, daß Dio, der diese Kaltblütigkeit kennt, befürchtet, daß das Ende seiner Reise gekommen ist. »Das darf nicht wahr sein!« denkt er und unterdrückt krampfhaft ein Lachen. »Das wäre zu blöd, wirklich zu blöd!« Seine Frau wendet sich indessen mit süßer Stimme an den Offizier. »Herr Diplodocus, man hätte meinen können, es gäbe Sie seit der Quartärzeit nicht mehr, so sprechen Sie hier!«

Die Konfrontation dauerte nur kurz, und merkwürdigerweise waren es die Soldaten, die der Sache so überdrüssig wurden wie ein lebender Organismus, der einen Fremdkörper abstößt. »Sie sehen«, sagte der Offizier, »die Männer haben kein Interesse an Ihnen. Gut! Sie können gehen. Ich habe bezüglich Ihrer Person keine Befehle erhalten, wie ich überhaupt keine Befehle zu befolgen habe, und das macht mir Spaß.

Mein Kommando ist einmalig. Ich gebe Ihnen jedoch einen Rat. Das Land vor Ihnen ist ausgestorben. Diejenigen, die hätten dableiben müssen, sind weggezogen, und die, welche geblieben sind oder neu hinzukommen, dürften nie dort sein. In Saint-Vallier, am Fuß der Paßhöhe, werden Sie Ihre Freunde treffen. Ich weiß aber nicht, ob sie Ihnen gefallen werden, besonders Frau Nan-Chan. Es ist ein bunter Haufen. Das gesamte Gefängnis von Draguignan, Sexualverbrecher und Kinderschänder inbegriffen, dann streikende Proleten, wer weiß von welcher dreckigen Fabrik in Nizza, Araber aus der Stadt Boumediene, ein paar echte kauderwelschende Schwarze und, um das Maß voll zu machen, eine intellektuelle Gewerkschaftszelle, deren Tendenz ich jedoch nicht angeben kann. Sie können Sie nicht verfehlen. Sie haben das Hotel ›Préjoly‹ besetzt, ein Hotel mit vierzig Zimmern, Bad und fließendem Wasser, Bar, Aufzug, Grillstube, Telefon in allen Zimmern, geheiztem Schwimmbad und Tennisplatz. So heißt es wenigstens im Michelin-Führer. Jetzt... (seine Geste drückt Zweifel aus). Auf jeden Fall kann ich Ihnen bestätigen, daß Ihre Freunde sauber sind. Mit dem Fernglas konnte man sehen, wie trüb das Wasser im Schwimmbad nach der Benutzung war. Im Prinzip hätte ich sie hinauswerfen müssen. Ich habe Ihnen noch zu sagen vergessen, daß sie mit Jagdgewehren bewaffnet sind, deren Läufe man abgesägt hat. Im Umkreis von dreißig Kilometern gibt es kein Waffengeschäft mehr, dessen Schaufenster ganz sind. Ich warte, bis sie stockbesoffen sind. Eine Frage von ein paar Stunden. Man hört sie bis hierher. Mein Herr, meine Gnädigste, der Besuch ist beendet. Wir wünschen Ihnen gute Reise!«

Welchen Schluß zieht man, wenn man Clément Dio heißt? Starten und nach Saint-Vallier fahren. Das tat er mutig...

32.

Der Präsident stellte das Radio stärker ein.

».. . Nach diesen Erklärungen«, sagte die Stimme des Sprechers, »hat Clément Dio in Begleitung seiner Frau, der Schriftstellerin Iris Nan-Chan, und einiger Freunde sofort die Hauptstadt verlassen. Er will sich mit allen, die ihm beipflichteten, an der Küste treffen. Des weiteren ist festzustellen, daß die Leitartikel der Abendpresse sich deutlich von den Nachmittagsausgaben unterscheiden und daß angesichts der Abwanderung der Bevölkerung aus dem Süden die Öffentlichkeit in Bewegung geraten ist. Während alle Straßen der Südprovinz stündlich mehr verstopft werden, fordert die Presse von links bis rechts, abgesehen von kleinen Abweichungen, in Aufrufen eine menschliche Lösung dieses noch nie dagewesenen Problems. Die Zeitung LE MONDE unter Federführung von...«

»Das ist doch wohl recht seltsam, diese plötzliche Sinnesänderung«, bemerkte der Präsident. »Aber auch bei uns in der Regierung entstanden Zweifel, besonders sogar bei denen, die es nicht zugeben wollten.«

»Das sind die Folgen der ideologischen Beeinflussung«, sagte Jean Perret. »Es ist das in einer Zwangsjacke eingesperrte Gewissen. Erinnern Sie sich an die Umfrage der Gewerkschaft vor vierzehn Tagen zum Thema Rassimus? 4% hielten ihn für sehr wünschenswert, 17% meinten, er sei vielleicht notwendig. 32% hielten ihn nicht für ratsam, 43% fanden ihn hassenswert und unnatürlich, 4% keine Meinung. Auf die Frage, ob der Teilnehmer gegebenenfalls bereit wäre, die Folgen seiner Meinung zu tragen, antworteten 67% mit ja. Immerhin wurde auf die befragten Personen, die aus allen Schichten des Gewerkschaftsbereichs stammten, kein Druck ausgeübt. Vielleicht lag in der Fragestellung schon ein Vorurteil. So etwas ist nicht neu. Was dagegen neu ist, betrachte ich darin, daß diese Meinungsumfrage die Trägheit des Denkens aufgescheucht hat.«

»Ich weiß das wohl«, sagte der Präsident. »Vielleicht bin ich auch träge gewesen. Bis heute regierten wir mit Meinungsumfragen. Das war sehr bequem. Wahrscheinlich regierten wir wertlos... Es ist sehr spät, dies zu erkennen.«

Die Stimme des Rundfunksprechers fuhr fort. »Es ist tatsächlich so, daß keiner der Leitartikler konkrete Vorschläge machte. Nur Herr Julius Machefer, der Chefredakteur der Zeitung »La Pensée Nationale« schrieb – ich zitiere:

›Wenn die Regierung nicht der Armee den Befehl erteilt, mit allen Mitteln die Landung zu verhindern, so ist es die Pflicht jedes Bürgers, der sich seiner Rasse, seiner althergebrachten Religion und seiner Vergangenheit bewußt ist, sofort die Waffen zu ergreifen. Paris, unser liebes Paris, ist von den Komplizen der Eindringlinge bereits durchsetzt. Meine Büros sind verwüstet und von unverantwortlichen Kommandos besetzt worden, zu denen sich die übelsten Ausländerelemente gesellt haben, die aus dem Lumpenpack der Hauptstadt stammen. Austräger und Verkäufer meiner Zeitung sind den ganzen Tag von extremistischen Gruppen durch die Straßen gejagt worden. Die Polizei hat tatenlos zugesehen, und – ich muß es sagen – die Bevölkerung hat sich gleichgültig gezeigt. Unter diesen Umständen sehe ich mich gezwungen, bis auf weiteres das Erscheinen von »La Pensée Nationale« einzustellen und anderweitig den Kampf fortzusetzen. Ich erkläre hiermit, als stets friedlicher Mensch, daß ich im Süden mit dem Gewehr in der Hand die Lumpenarmee der Antichristen erwarten werde. Ich hoffe, daß sich viele an meiner Seite beteiligen werden!‹

Ende des Zitats!...«

»Jetzt haben sie es endlich«, murmelte der Präsident. »Übrigens, was soll's... Das gleichgültige Auge der Bevölkerung... Leere, nichts als Leere...«

»Schließlich hat vor kaum zehn Minuten der Vatikan eine Erklärung seiner Heiligkeit des Papstes Benedikt XVI. veröffentlicht, die von der gesamten Presse verbreitet wird. Ihr Text lautet folgendermaßen:

›An diesem heiligen Freitag, dem Tag der Hoffnung aller Christen, beschwören wir unsere Brüder in Jesu Christo, ihre Seelen und Herzen zu öffnen und mit allen ihren materiellen Gütern den Unglücklichen zu helfen, die Gott sendet, um an unsere Türen zu klopfen. Für einen Christen gilt nur das Gebot der Nächstenliebe. Die Nächstenliebe ist kein leeres Wort. Sie ist nicht teilbar und nicht meßbar. Sie besteht als Ganzes oder gar nicht. Für uns alle kommt die Stunde, wo wir Kompromisse, zu denen unser Glaube abgeglitten ist, ablehnen müssen und wo wir uns zur allumfassenden Liebe bekennen müssen, für die Gott am Kreuz gestorben und wiederauferstanden ist.‹

Ende des Zitats. Man hat auch erfahren, daß seine Heiligkeit Papst Benedikt XVI. angeordnet hat, alle Wertgegenstände im Vatikanpalast und dessen Museen zugunsten der Aufnahme und Unterbringung der Einwanderer vom Ganges zu verkaufen. Dies sind unsere Zwanzig-Uhr-Nachrichten. Weitere folgen in einer Viertelstunde. Hier ist der Französische Funk und das Fernsehen...«

»Na also!« sagte der Präsident und unterbrach das nachfolgende Konzert. »Ich höre Gott schon rufen ›Auch Du, mein Sohn‹. Von einem brasilianischen Papst kann man auch nichts anderes erwarten! Die Kardinäle wollten im Namen der Weltkirche einen erneuerungsfreudigen

Papst. Jetzt haben sie ihn. Ich habe ihn gut gekannt, als er noch Bischof war und Europa mit seinen Erzählungen über das Elend in der Dritten Welt aufregte. Im Anschluß an eine Unterhaltung sagte er mir, daß nur die Armut es wert ist, daß man an ihr teilnimmt. Er hält sein Versprechen. Sind Sie Christ, Herr Perret?«

»Ich bin kein Christ, ich bin Katholik. Ich halte an diesem feinen Unterschied fest.«

»Ich glaube nicht viel. Von Zeit zu Zeit eine Messe, wie Heinrich IV. Deshalb brauche ich Sie. Zur gegebenen Zeit brauche ich Gründe. Ich muß schließlich an etwas glauben. Meine Wahl wird sicher schlecht sein. Übrigens, wenn Sie Gauleiter im Süden sind, so werden Sie erleben, daß dieser Papst Sie exkommunizieren wird.«

»Das ist mir gleichgültig, Herr Präsident! Im Mittelalter hätte man einigen Kardinälen in den Hintern getreten, wenn ein neuer Papst als Gegenpapst gewählt worden wäre. Dies tue ich moralisch. Im übrigen sind dies Redensarten. Seit sechs Wochen schwimmen wir in einem Meer von Redensarten. Ihr Sekretariat geht darin unter, Herr Präsident. Was sich da allein in der letzten Stunde abspielte (er schwenkte einen Haufen Telegramme). Dreißig Nobelpreisträger kämpfen für die Armada. Jean Orelle ist nicht dabei, aber wen kümmert das jetzt schon? Man hat alle Friedensnobelpreisträger zusammengetrommelt, Kenyatta und Pater Agnellu an der Spitze! ... Boris Vilsberg und zehntausend Intellektuelle reichen im Namen des Gleichheitsprinzips eine Bittschrift ein ... Das französische Komitee zur Unterstützung der Gangeseinwanderer teilt mit, daß es mehr als zwei Millionen Unterschriften bekommen hat ... Der Kardinalerzbischof von Aix stellt Schulen zur Verfügung, die er räumen läßt, ebenso seine schon leeren Seminarien ... Die UNO stimmte einmütig für die Abschaffung der Rassen einschließlich der unsrigen, und wir haben, ohne zu lachen, zugestimmt! In Genf Hungerstreik des Gründers der menschlichen Brüderlichkeit. Edgar Wentzwiller, der humanitäre, kalvinistische Führer (der Staatssekretär liest ein Telegramm vor) ist seit dem Fehlschlag von Sao Tomé im Hungerstreik und verweigert jede Nahrung, solange die Gangesemigranten nicht in Westeuropa aufgenommen, gepflegt, ernährt und somit gerettet sind ... Er ist auf seinem dritten Diätfeldzug, Herr Präsident. In welch hohem Alter und nach wieviel unendlichen Hungerstreiks ist Gandhi gestorben, das heißt ermordet worden! ... Zehntausend Personen (Perret liest ein weiteres Telegramm vor) haben gefastet und in der Abtei von Boquen den ganzen heiligen Freitag über gebetet, in Anwesenheit des Abbés Dom Vincent Laréole, der zu diesem Zweck von einem buddhistischen Kongreß in Kyoto zurückgekehrt war. Dom Vincent Laréole hat an ein Wort Gandhis erinnert (bestimmt unsterblich, Herr Präsident): ›Kann man sich in der göttlichen Sonne erwärmen, wenn so viele Menschen an Hunger sterben?‹ Am Ende des Tages wurde unter allgemeinem Beifall ein Antrag angenommen, der die französische Regierung auffordert, bezüglich der Aufnahme der Gangeseinwanderer in unser Land klar Stellung zu beziehen. Das Telegramm enthält keine Angaben, Herr Präsident, ob nach soviel Kasteiungen die Pilger von Boquen nach Hause gegangen sind, um zu speisen... Ich überlasse Ihnen den Rest, Herr Präsident (die Telegramme fliegen auf den Teppich). Sie wedeln in Kirchen, Syndikaten und Ligen umher, und selbst in der Kinderschule von Sarcelles streiken die Knirpse beim Murmelspiel ›aus Sympathie für die Kinder vom Ganges, die am Spiel keine Freude mehr haben‹. Noch ein Telegramm von moralischem Gewicht. Der Kardinalerzbischof von Paris, der Präsident des Konsistorialrats der Reformierten Kirche, der Großrabbiner von Paris und der Großmufti der Moschee Si Hadj El Kebir erklären, daß sie sich zu einem dauernden Komitee zusammenschließen wollen...«

»Diese Gruppe habe ich heute morgen empfangen müssen«, sagte der Präsident. »Der Muselman war der einzige, der sich beherrschte. Ich hatte den Eindruck, daß es ihm peinlich war, dabei zu sein. Sicher wußte er mehr als die andern, aber er schwieg. Der Kardinal lag mir dauernd in den Ohren. Er sprach von Gerechtigkeit in der Hauptstadt – als ob mir der bedrohte Süden nicht schon genügte. Er hat auf die Hunderttausende von Fremdarbeitern hingewiesen, die darauf warten würden, menschenwürdig behandelt zu werden, und die plötzlich an der Grenze ihrer Geduld angelangt seien. Ausgerechnet er, der römische Kardinal, der katholische Prälat, hat mich an einen Satz von Sartre erinnert, der jüngst soviel Wirbel gemacht hat und aus dem eine große Zahl subventionierter avantgardistischer Theaterstücke hervorgegangen sind.

›In der Welt gibt es zweieinhalb Milliarden Individuen, davon fünfhundert Millionen Menschen und zwei Milliarden Eingeborene.‹

Ich betrachtete indessen das verschlossene Gesicht des Großmuftis. Der Kardinal hat mir dann den Text einer Erklärung des Dauerkomitees in die Hand gedrückt.«

»Hier ist er, Herr Präsident (Perret hat ihn aus den Telegrammen herausgefischt). Er ist mittags veröffentlicht worden.«

»... Ihr einziges Verbrechen besteht darin, nicht von unserer Rasse zu sein. Es ist nicht nur eine Frage der elementaren Nächstenliebe, sondern auch der Gerechtigkeit, daß wir sie achten. Jede Schikane, jede Härte, jeder Mangel an Achtung schafft Zustände, die um so verabscheuungswürdiger sind, als ihre Lage als Einwanderer aus verschiedenen Gründen immer schwieriger wird.«

»So ist es! Ja, so ist es! Ich hätte Lust, ihm zuzurufen: Und unsere eigene Lage, Eminenz! (Der Präsident, der gewöhnlich nie laut wurde, schien diesmal vom Zorn gepackt zu sein.) Ich habe immer den undurchschaubaren Mufti angeschaut und sagte mir, daß wenn er den heuchlerischen Mut gehabt hat, diese Deklaration zu unterzeichnen, die feierlich die Ungleichheit der Rassen feststellt, er dies tat, weil er wahrscheinlich etwas anderes im Kopf hatte. Ich vermute, daß er wohl die Rassen für ungleich hält, aber in dem Sinn, daß nicht immer die gleiche den Ausschlag geben sollte, was also eine Frage der Rotation ist. Schließlich gab ich es auf. Ich habe den Kardinal gefragt, wer die Schutzpatronin von Paris sei. Er stammelte irgend etwas. ›Sainte-Geneviève‹ habe ich ihn belehrt! ›Als die Hunnen vor den Toren von Paris standen, ist sie mit großem Pomp vor die Mauern gezogen, und Ihr Vorgänger, der damalige Erzbischof, begleitete sie, überglücklich über die unverhoffte göttliche Verstärkung.‹

Was glauben Sie, was er mir zur Antwort gab? Die heilige Genoveva habe es nie gegeben. Das Ganze sei Kinderei. Die Heilige stehe schon lange nicht mehr im offiziellen römischen Kalender. Anscheinend als Mythus abgesetzt. Ich hatte es vergessen. Tatsächlich hatte damals niemand protestiert, mit Ausnahme eines Träumers im Stadtrat von Paris, dessen Name nicht einmal mehr bekannt ist.

Ich habe dann die vier frommen Männer verabschiedet. Ich war außer mir. Ein Trost jedoch. Ihr Komitee tagte im erzbischöflichen Palais. Seit der Kardinal seine Möbel zugunsten von wer weiß wem verkauft hat und in einer Hütte lebt, die nicht einmal der rote Bischof von Bahia bewohnen würde, ist das Palais der ungemütlichste Ort von Paris. Wenn sie dauernd auf Holzschemel sitzen, hoffe ich, daß ihnen am Schluß der Hintern weh tut. Magerer Trost, nicht wahr? Man klammert sich an alles. Sonst noch etwas, Herr Perret?«

»Vieles und nichts. Ein Lied ohne Ende. Sechs Wochen lang haben die, welche sich einbilden, in dieser Welt zu denken, sich immer nach der gleichen Richtung bewegt. Die Regierungen haben fieberhaft beraten. Und was kam dabei heraus? Nichts. Wir leben in einem Jahrhundert der Zersetzung. Wir warten auf etwas Unabwendbares und setzen Worte an die Stelle von Taten. Dabei wissen wir, daß das Unabwendbare stärker ist als Worte. Jetzt zählt aber nur das Geschehen. Und was geschieht? Alle flüchten, ob Christen oder Nichtchristen. Und wenn wir uns auch nur mit Worten begnügen, dann sind wir allein, Herr Präsident, Sie und ich.«

»Nicht ganz allein. Da ist noch der alte, verrückte Machefer. Und Pierre Senconac. Von ihm erhielt ich durch den Direktor von Radio-Ost Nachricht. Jean Orelle rettet in extremis, was ihm noch an Verstand geblieben ist. Im andern Lager steht der Denkeraktivist Clément Dio und alle diese Idealisten aus Kneipen, Universitätslagern und Sakristeien, die nach Süden ziehen und ihren Reden Taten folgen lassen. Fast beneide ich sie. Aber jetzt haben wir ja die Armee. Eine Berufsarmee mit ausgewählten Regimentern. Seit heute morgen bezieht sie auf meinen Befehl Stellung.«

»Die Armee! Anscheinend sind das Tausende von Soldaten, Offizieren und Generalen. Aber das alles sind nur Worte, in Uniformen gekleidete Worte, die ihre Schwäche unter dem Stahlhelm verbergen und jedem Einsatz aus dem Weg gehen. Seit langem ist die Armee nur ein leerer Begriff, und niemand weiß, was sie eigentlich noch wert ist, denn man hütet sich, sie irgendwo einzusetzen, aus Furcht, ihre Wertlosigkeit bloßzulegen. Herr Präsident, Sie werden sehen, daß auch Ihnen die Armee aus den Händen gleitet!«

»Am letzten Sonntag dachten Sie noch anders, Herr Perret!«

»Herr Präsident, während dieser Woche habe ich die wenigen Generale aufgesucht, die noch denken können. Da sind mir die Augen aufgegangen. Die westlichen Staaten glauben, starke Armeen zu besitzen. In Wirklichkeit haben sie überhaupt keine Armeen mehr. Seit Jahren redet man unseren Völkern ein, die Armeen seien ein Schandfleck. Es wurden zum Beispiel Filme hergestellt, die Millionen gesehen haben. In ihnen wurden Massenmorde an Indianern, Schwarzen und Arabern gezeigt, die seit hundert Jahren vergessen waren. Jetzt hat man zum Zweck der Aufwiegelung die Vorgänge wieder neu belebt. Man hat Kämpfe, bei denen es ums Überleben ging und die alle vom Westen verloren worden sind, so dargestellt, als ob sie barbarische Versuche gewesen seien, die weiße Vorherrschaft zu errichten. Da nicht genug Veteranen da waren, die man hassen konnte, hat man zur Darstellung der Vergangenheit auf Statisten zurückgegriffen. Solche gibt es genug. Ihre Zahl kann man ins Unendliche steigern. Die einstigen Toten sind stumm und können sich nicht wehren. Sie sind risikolos dem Verdammungsurteil des Volkes ausgeliefert.

Von der Literatur wollen wir nicht sprechen, auch nicht von Theaterstücken und Oratorien, die für einen beschränkten Kreis von Intellektuellen bestimmt sind. Sprechen wir lieber von den Massenmedien, von dem skandalösen Mißbrauch eines Nachrichtenmittels für die Massen, mit welchem Leute unter der Maske der Freiheit geistigen Terrorismus betreiben. Trotz Warnung aller noch Klarsehenden haben wir eine jedes Maß übersteigende masochistische Raserei zugelassen, die uns geradezu abenteuerlichen Sinnestäuschungen zuführt. Und da wir alles erlaubt hatten, blieb uns das unsinnige Risiko, jetzt allem gleichzeitig und allein die Stirn bieten zu müssen. Erinnern Sie sich, Herr Präsident! Durch geschickt gefaßte und teuflisch inszenierte Operationen zur nationalen Demoralisierung und Zersetzung hat man es soweit gebracht, daß das Ende der Kolonialkriege einschließlich Vietnam in Wirklichkeit nur ein Anfang ist. So etwas läßt sich nicht mehr umkehren. Von nun an schreckt das gute Volk vor seiner Armee, der man zuviel Völkermord vorwirft, zurück. Und auf die Polizei ist auch kein Verlaß mehr. Nachdem übrigens die Armee sich selbst verabscheut, gleichgültig ob es sich um Freiwillige oder Berufssoldaten handelt, wird es auch keinen Völkermord mehr geben. Rechnen Sie also nicht mit der Armee, Herr Präsident.«

»Mit wem dann?«

»Mit niemand, Herr Präsident. Das Spiel ist aus.«

»Und doch wird noch ein Völkermord stattfinden, allerdings in anderer Form, und wir werden verschwinden.«

»Ich weiß, Herr Präsident. Aber diese Überzeugung können Sie niemand beibringen, weil keiner mehr in der Lage ist, sie zu begreifen. Wir werden langsam sterben, weil wir im Innern von Millionen von Mikroben angefressen sind, die in unser Land eingeschleppt wurden. Es wird lange dauern und keine sichtbaren Schmerzen verursachen. Auch wird es ohne Blutvergießen abgehen. Das ist der ganze Unterschied. Aber es scheint, daß in den Augen der westlichen Homunkulusse Würde und Moral allein ausschlaggebend sind. Erklären Sie doch dem Volk oder der Armee, ganz zu schweigen von der Weltmeinung und dem Weltgewissen, daß man am Ostersonntag oder Ostermontag eine Million Einwanderer schwarzer Hautfarbe niedermetzeln muß, wenn wir nicht später, viel später, selbst sterben wollen...«

»Ich werde es ihnen trotzdem sagen, und im Süden werden Sie mir helfen, Herr Perret. Wann reisen Sie ab?«

»Heute nacht, Herr Präsident. Ich habe immerhin noch einen Düsenjäger gefunden, dessen Flugkapitän in keinem Seminar im Gebet oder in sonstigen Exerzitien versunken ist oder der angesichts der Gangesflotte im Kampf moralische Erwägungen anstellen würde. Mein Pilot hat keine großen Hemmungen. Er will mich unmittelbar bis zur örtlichen Präfektur im Süden bringen. Der dortige Präfekt hat mich soeben völlig außer sich angerufen. Er sei beinahe ganz allein, weil ihn am Nachmittag der größte Teil seiner Beamten verlassen habe. Ich nehme als Adjutant den Fregattenkapitän de Poudis mit. Es scheint, daß er nachgedacht hat. Ich glaube, daß er durch den Tod seines Sohnes noch eine Rechnung zu begleichen hat. Wenn wir über einige Männer seines Schlages, die ein antreibender Schmerz bewegt, verfügen, dann werden wir vielleicht gerettet sein. Bei uns erzeugt Schmerz leider nur Gewerkschaftsforderungen...«

»Auch ich habe über vieles nachgedacht, Herr Perret«, unterbrach der Präsident. »Ich kann auf die Dauer die Landung der Hungermasse auf unserem Boden nicht dulden. Ob wir sie in Konzentrationslager stecken oder zu assimilieren versuchen würden, das Ergebnis wäre das gleiche. Sie würden dableiben. Und wenn wir einmal unsere Tür geöffnet und unsere Schwäche bloßgelegt haben würden, dann würden weitere und immer weitere kommen. Dieser Prozeß hat ja schon begonnen...«

»So ist es, Herr Präsident. Sie werden auf alle Fälle kommen.«

»Ich weiß. Aber ich will Ihnen etwas sagen. Es ist ein abgedroschener Satz, den selbst der größte Politiker nicht mehr anzuwenden hat. Ich bin mir ein für allemal selbst verantwortlich. Das ist die Wahrheit. Leben Sie wohl, Herr Perret. Ich weiß nicht, ob wir uns noch einmal sehen werden...«

33.

In der Nacht vom Karsamstag zum Ostersonntag, genauer gesagt, in der ersten Minute des Auferstehungstages, gab es an der Küste irgendwo zwischen Nizza und Saint-Tropez einen riesigen Lärm. Der Bug von 99 Schiffen bohrte sich in den Strand und in das Felsgestein. Das mißgestaltete Kind wachte auf und stieß einen Siegesschrei aus. Den ganzen Tag über und während der ersten Hälfte der folgenden Nacht rührte sich nichts an Bord der Schiffe. Nur Tausende von erhobenen Armen bewegten sich wie ein dunkler Wald. Ins Wasser geworfene Tote wurden an Land geschwemmt. Aus dem Mund der Massen drang leise eine endlose Melodie, die der Wind ans Ufer trug...

Gegen halb elf Uhr abends hörte man vom französischen Rundfunk die oft wiederholte Sondermeldung des Tages. Man konnte feststellen, daß der Ton des Sprechers sich laufend veränderte. Es klang ganz so, als ob er Meldungen über seinen Gesundheitszustand vorlesen würde, der immer schlechter zu werden schien, und nur noch die Todesnachricht fehlte.

»Die Regierung, die beim Präsidenten der Republik versammelt ist, tagte den ganzen Tag im Elysee-Palast. Mit Rücksicht auf den Ernst der Lage sind bei dieser Sitzung auch die Stabschefs der drei Armeeteile anwesend, ferner die Verantwortlichen von Polizei und Gendarmerie, die Präfekte der Departements Var und Alpes-Maritimes, als Sonderberater der Apostolische Nuntius und der größte Teil der in der Hauptstadt akkreditierten ausländischen Botschafter. Augenblicklich ist die Beratung noch nicht beendet, aber der Regierungssprecher kündigte an, daß der Präsident der Republik sich gegen Mitternacht in einer feierlichen Ansprache an das Land wenden wird...«

In der gleichen Stunde schloß der Präsident die Sitzung mit etwa folgenden Worten:

»Jetzt höre ich Ihnen fast zehn Stunden zu. Sie, meine Herrn Präfekten, berauschen mich mit Empfangsprojekten, mit Nichtigkeiten, die nur Ihre örtlichen Sorgen betreffen, mit der Beschaffung von Arbeitsplätzen, die man erschließen könnte, um die Flut aufzufangen. Sie glauben ja selbst kein Wort davon. Niemand hat Sie hierhergerufen. Sie haben Ihre Präfekturen verlassen, um sich, Ihre Familien und Ihr kostbares Gewissen in Sicherheit zu bringen, denn nicht wahr, man könnte Ihnen nichts vorwerfen! Ich enthebe Sie Ihrer Funktionen, und wenn ich dies sage, dann glaube ich, daß ich nur vierundzwanzig Stunden vor dem großen

Aufbruch voraushandle, den die Anarchie entfachen wird, und in welchem alle Staatseinrichtungen untergehen werden...

Sie, meine Herren Generäle, die Sie wagen, mir auf der Karte eine Art Kriegsspiel vorzuführen, bei dem Sie mit Geisterdivisionen und ohnmächtigen Regimentern aufwarten, halten Sie mich für einen verrückten Hitler in seinem Bunker in Berlin? Wissen Sie nicht, daß von zweihunderttausend Mann, die vor sechzig Stunden nach Süden in Marsch gesetzt worden sind, nur zweitausend in ihre Stellungen einrückten? Und in welchem moralischen Zustand! Sie ging aus dem Volk hervor, Ihre Armee! Nun ist sie dahin zurückgekehrt! In Mâcon tanzt man in den Kasernen. In Montélimar ist ein mir nicht bekanntes meuterndes Regiment mit Waffen und Gepäck in das Barackenviertel der Industriezone gezogen, um dort, so scheint es, die erste multirassische, proletarische Kommune zu bilden. In Roman besetzte ein Rätehaufen aus Studenten, Arbeitern und Soldaten die Unterpräfektur. All dies ganz friedlich, verstehen Sie, ganz friedlich! Für die meisten war es ein nach Hause Gehen, eine vorweggenommene Entlassung, meist solidarisch. Sprechen Sie mir also nicht mehr von in Marsch befindlichen Regimentern, als ob Sie in der Götterdämmerung der Nation noch an Ihre eigene Bedeutung glauben würden und, wer weiß, sogar noch an Ihre Laufbahn. Ich enthebe Sie Ihren Verpflichtungen. Auf Vorschlag von Herrn Jean Perret habe ich Oberst Dragasès zum Oberbefehlshaber der Ordnungsstreitkräfte im gesamten Südbereich ernannt und zum Generalstabschef dessen, was von der Armee noch übrig geblieben ist. Es steht Ihnen frei, wenn Sie den Mut dazu haben, zu ihm zu stoßen und mit einer Maschinenpistole in der Hand sich seinem Befehl zu unterstellen. Denn wir brauchen nur noch Soldaten, sonst nichts...!

Sie, meine Herren Minister, die Sie mich aus Gründen tadeln, die mir klar geworden sind, Sie ertränken Ihren Ehrgeiz oder Ihre Furcht in einer Flut steriler Worte. Ich weiß, daß etliche unter Ihnen bereits ihre Koffer gepackt und ihr Gewissen mit ihrem Bankkonto in der Schweiz in Einklang gebracht haben. Diese zeigen damit, daß sie sehr kurzsichtig sind. Ich kenne auch welche, die konspirieren, die sich schon umstellen und zahlreiche Verbindungen aufgenommen haben. Es geht bereits die Bildung einer provisorischen Regierung um. Sie, meine Herren, meinen, und da haben Sie nicht unrecht, daß gegebenenfalls irgendeine Ordnung wiederhergestellt werden muß. Und dann denken Sie, daß man Sie als rettende Praktiker mit offenen Armen aufnehmen wird und Sie sich beim Übergang wenigstens Ihren Platz sichern können. Der Inhalt dieser neuen Machtbefugnis kümmert Sie nicht, wenn Sie nur die Ausübung erhalten können. Vielleicht gelingt es Ihnen. Andere haben vor Ihnen auch schon ihr Glück gemacht, manchmal zum Nutzen aller. Sie retteten aus dem von ihnen entfachten Brand, was gerettet werden konnte. Aber da trennen wir uns. Diese Auffassung von einem mißgestalteten Frankreich ist nicht die meinige, denn zum Unterschied von Ihnen habe ich keinen Ehrgeiz. Für Oberst Dragasès, Herrn Jean Perret und die Trümmer unserer Armee halte ich gegenwärtig noch die legitime Macht in den Händen, denn alles spielt sich im Süden ab. Ihre Demission wird bis morgen angenommen...

Nun zu Ihnen, meine Herren Botschafter aus den westlichen Ländern. Ich vermerke, daß Sie unnötig traurig sind. Nach den wenig zuversichtlichen Nachrichten aus Ihren Hauptstädten, werden Ihre Chefs etwas zum Nachdenken haben. Ich weiß, daß alle auf Frankreich schauen, in der Hoffnung, daß ein von diesem Land begangenes Gemetzel, nachdem es doch die Menschenrechte verkündet hat, von vornherein alle notwendigen repressiven Maßnahmen straflos machen wird. Nun wohl, meine Herren! Sie müssen, wie wir alle, bis morgen früh warten, um das einmalige Weltproblem der Gegenwart zu lösen, nämlich: Können die Menschenrechte, auf die wir soviel Wert legen, auf Kosten der Rechte anderer geschützt werden? Darüber mögen Sie nachdenken...

Was Sie betrifft, Herr Apostolischer Nuntius, so stelle ich fest, daß Stalin nicht recht hatte, als er vor einiger Zeit höhnisch lächelnd nach der Zahl der Divisionen fragte, über die der Papst verfügen würde. Ihr Oberhaupt hat unzählige Divisionen. Und außerdem hat Ihre Heiligkeit noch Ergänzungseinheiten verpflichtet...«

Um elf Uhr abends hörte man im Rundfunk nach der Zweiten Symphonie erneut die Stimme des Reporters.

»An Bord der Einwandererflotte scheint sich immer noch nichts zu rühren. Nach einer Meldung des Generalstabs der Armee haben an der Küste bereits zwei Divisionen Stellung bezogen. Drei weitere sind trotz Schwierigkeiten auf den Zumarschstraßen unterwegs nach Süden. Vor fünf Minuten teilte Oberst Dragasès, der Chef des Generalstabs mit, daß die Truppen soeben an der Küste zwanzig riesige Scheiterhaufen in Brand gesetzt haben, auf denen Tausende von Leichen verbrannt werden, die von den Schiffen ins Wasser geworfen worden waren. Schließlich hat die Regierung ihr Befremden über den Abzug der Bevölkerung im Süden zum Ausdruck gebracht. Sie weist bedauernd auf die entstehenden Folgen hin, sieht sich aber angesichts der völlig neuen Lage nicht ermächtigt, andere Ratschläge zu erteilen. Gendarmerie und Armee erhielten Befehl, dafür zu sorgen, daß sich der Abzug in ordentlichen Bahnen bewegt und vor allem die nach Süden marschierenden Militärkolonnen nicht behindert werden. Herr Jean Perret, Staatssekretär und persönlicher Beauftragter der Republik in den vier Küstendepartements, hat den Notstand ausgerufen. Die Armee wird für den Schutz der verlassenen Besitzungen Sorge tragen, allerdings nur im Rahmen des Möglichen und soweit nicht andere Aufgaben Vorrang haben. Die Regierung bestätigt, daß sich der Präsident der Republik heute um Mitternacht in einem feierlichen Appell an das Volk wenden wird.«

Das war alles. Der alte Herr Calguès saß indessen einsam auf der Terrasse seines Hauses, das wie eine Schildwache des Dörfchens am Hang des Hügels über dem Meer dastand. Nach den knappen Nachrichten fragte er sich jetzt, ob die Schwätzer zufällig gestorben waren, denn in einer Gesellschaft, die gewohnheitsmäßig dem Wortrausch verfallen war, muß die Kürze des Gehörten auffallen. Er hatte ein Buch aufgeschlagen, seine Pfeife angezündet, sich genüßlich ein neues Glas Rosé eingeschenkt und wartete nun auf die Mitternachtsstunde...

34.

In Canberra, London und Pretoria traten in dieser Nacht die Regierungen ebenso zusammen wie in den Vereinigten Staaten und in der Sowjetunion. Wie groß auch die Verwirrung in London einerseits, die Entschlossenheit in Pretoria andererseits und das entfernte Mitfühlen in Canberra war, alle gelangten nach Stunden fieberhafter Beratungen zu dem Ergebnis, daß seit der Abfahrt der Armada vom Ganges der Westen der gefährlich schwachen Form eines im Strudel der Dritten Welt verlorenen Kartenhauses glich. Wenn jetzt die französische Karte an der Basis des bedrohten Bauwerks wegfiele, dann würden alle anderen Karten jäh zusammenstürzen. Am Ostersonntag, um halb zwölf Uhr nachts, wurden von den drei Hauptstädten an den Präsidenten der französischen Republik Telegramme gesandt, die ihn leidenschaftlich baten, selbst um den Preis unschuldig vergossenen Blutes hart zu bleiben.

Nebenbei sei vermerkt, daß diese drei Telegramme heute im Museum des Antirassismus im neuen Gebäude der UNO in Hanoi einen Ehrenplatz einnehmen, gleichsam als letzte Zeugnisse eines nunmehr verfemten Hasses. Die Schulkinder der ganzen Welt kennen den Text auswendig. Die Schulklassen jeglicher Altersstufe müssen ihn jederzeit vortragen und kommentieren können, aus Furcht, daß die Wachsamkeit einschlafen und erneut hassenswerte und der Natur des Menschen abträgliche Gefühle wieder aufleben könnten...

In London hatte die Lage in den letzten drei Tagen eine merkwürdige Veränderung erfahren. Nichts Tragisches, kein Aufruhr, keine Schlägerei, keine Rassenkrawalle, keinerlei physische oder propagandistische Bedrohung. Nur eine stillschweigende, geordnete Flut von Hunderttausenden von Arbeitern der Dritten Welt war aus allen Ecken Englands herbeigeeilt, um für ein »Nichteuropäisches Commonwealth-Komitee« zu demonstrieren. Ein Zwischenfall am Bahnhof von Manchester zeigte, daß England offenbar in einen seltsamen Zustand von Apathie versunken war. Vielleicht kann man nicht einmal von einem Zwischenfall sprechen, da die Beteiligten die heiterste Ruhe ausstrahlten. Zumindest konnte man in ihren Gesichtern keinen Zorn ablesen oder sonst einen Mißton hören oder eine feindliche Geste feststellen.

Am Ostersonntagabend wollten sich für die am Ostermontag in London vorgesehene Kundgebung des »Nichteuropäischen Commonwealth-Komitee« ungefähr dreißigtausend Pakistani, Bengali und Inder treffen, verstärkt durch Jamaikaner, Guyaner, Nigerianer und andere. Sie besetzten den Bahnhof von Manchester. Die schwarze Flut überfüllte die Bürgersteige, die Bahnhofshalle und die Schalterräume. Niemand kam merkwürdigerweise auf den Gedanken, ohne Fahrkarte zu reisen. Dies und ähnliches, das nicht zufällig war, besiegelte das Schicksal Englands. Wer kann sich auch schon im Land der Habeascorpusakte und der waffenlosen Polizei einer Verdrängung von Reisenden widersetzen, die still ihre Fahrkarte bezahlen. Man sah die Weißen nacheinander wortlos den Bahnhof verlassen, sicher verzweifelt, weil sie in den Zügen keinen Platz finden konnten. Diejenigen, die murrend in den Warteschlangen vor den Schaltern standen, wurden jedoch mit größter Höflichkeit behandelt. Man achtete ihren Platz in den Reihen, und niemand dachte daran, sie zu verdrängen. Aber die meisten bekamen ein beklemmendes Gefühl, obwohl sie die anständige Haltung ihrer dicht gedrängten schwarzen Nachbarn anerkennen mußten. Vielleicht paßte manchem auch der etwas scharfe und ungewohnte Geruch nicht. Aber es kann ebenso sein, daß sie als augenblickliche rassische Minderheit, um Komplikationen zu vermeiden, einfach nachgaben...

Bei der Besetzung der Züge spielte sich ähnliches ab. Da auf ein Abteil ein Dutzend Personen kamen, zwei Weiße und zehn Schwarze, verzichteten die ersteren schnell, an diesem Tag zu verreisen. Viele stiegen dabei auf der falschen Seite aus. Meist entschuldigten sie sich, als ob sie fürchteten, die andern zu reizen oder als Rassisten angesehen zu werden. Ein in einem Abteil zuerst eingestiegener Gentleman blieb friedlich auf seinem Platz sitzen, während auf den weiteren Plätzen vierzehn Schwarze einander auf den Knien saßen und achtgaben, den Weißen bei der Lektüre der »Times« nicht zu stören. Zwei Minuten vor Abfahrt des Zuges erhob sich der Gentleman, grüßte, murmelte etwas und verschwand auf dem Bahnsteig. Niemand hat ihn verjagt, er war von selbst gegangen...

In Liverpool, Birmingham, Cardiff und Sheffield waren die Bahnhöfe und Züge derart überfüllt gewesen, daß um Mitternacht, als an diesem Ostersonntag die Rede des Präsidenten der Französischen Republik zu hören war, schon zwei Millionen Ausländer in den Straßen Londons kampierten. Dennoch verursachte diese Masse nicht mehr Lärm als ein Bantujägerstamm im Busch. Auf dem Höhepunkt dieses Massenansturms hatte die britische Regierung eine unauffällige Gegenmaßnahme versucht. Sie ließ auf den elektrifizierten Eisenbahnlinien den Strom ausfallen und die Lokomotivführer abrufen. Vergebliche Mühe. Unter den Haufen befanden sich mehr als fünfzig Prozent der technischen Arbeiter der britischen Eisenbahnen und bei den alamierten englischen Gewerkschaften waren viele einverstanden, daß an diesem Tag gearbeitet wurde. Man wußte eigentlich nie, warum...

Zur gleichen Zeit hatte sich Schwarzafrika auf die Pisten im Busch und die Straßen in den Wäldern gestürzt. Es gehorchte einem Befehlswort: Treffpunkt Limpopo. Südlich des Flusses Limpopo lag die verhaßte Südafrikanische Republik, der Dolch im Rücken Afrikas, die klaffende Wunde in seinem stolzen Herzen, das weiße Ekzem auf der zarten schwarzen Haut. Mit diesen südafrikanischen Politikern, kapitalistischen Gangstern und Waffenhändlern war noch ein Hühnchen zu rupfen. Weine zum letzten Mal, mein heißgeliebtes Land! Hier stehen deine Brüder und Schwestern und die Kinder deiner Brüder, die aus der Tiefe des alten, edlen Afrika auftauchen und dir mit nackten und waffenlosen Händen die Freiheit bringen. Man schätzte, daß von den Stämmen und Völkerschaften mehr als vier Millionen Menschen eintrafen, die sich nun nördlich des Limpopo, in Rhodesien, dem vorletzten Grab der weißen Rasse versammelten. Etliche Delegationen, die aus entfernteren Gebieten gekommen waren, stellten nur eine symbolische Verstärkung dar. Aber sie waren alle vertreten, Algerier, Libyer, Äthiopier, Sudanesen, Kongolaner, Tansanier, Namibier, Ghanesen und Somalis. Sie alle warteten darauf, daß die Osternacht eine vergangene Welt auslöschen und endlich die Sonne über einem von Schande befreiten Afrika aufgehen werde. Den Trommeln am Limpopo antworteten jenseits des Flusses, jenseits der Weinberge, Felder, Minen und Wolkenkratzer der Weißen andere Trommeln aus den Ghettoortschaften der Schwarzen, wo in dieser Nacht keiner schlief, sondern alle vorsichtig an den Grenzen ihrer Niederlassungen auf den Absätzen saßen. Ihnen gegenüber stand die Armee der Weißen, die zum ersten Mal die Augen zu senken begann...

Der australischen Armee stand niemand gegenüber, sondern nur das einsame Meer, das diesen Inselkontinent ringsum schützte. Aber jeder kannte bereits die Bedrohung. Eine friedliche Flotte hatte sich in Djakarta versammelt und wartete auf das Morgengrauen, um die Anker ins weiße Paradies zu lichten...

Marcel und Josiane waren an diesem Abend nicht die einzigen, die aus neiderfüllten großen Augen die Stunde der Wahrheit ablesen konnten. Diese Augen spähten schon länger hoffnungsvoll auf den Treppenabsatz, immer auf der Lauer, daß sich endlich diese Türen zu der Wohnung öffnen werden, die für zwei Personen viel zu groß ist. Jetzt ist die Stunde gekommen, wo die morschen Mauern von Jericho einstürzen werden.

35.

Clément Dio schaute zum hundertsten Mal auf die Uhr. Sie zeigte zehn Minuten vor Mitternacht. Vor fünf Stunden waren die letzten Gesänge von Betrunkenen verstummt. Manchmal waren sie vom dumpfen Poltern eines Körpers begleitet, den Schlaf und Alkohol umgeworfen hatten. Einer dieser Rohlinge schien länger ausgehalten zu haben als die andern, denn gegen zehn Uhr abends hatte Iris Na-Chan noch schwach gestöhnt. Am Anfang hatte sie geschrien, als man Dio in die Toiletten im dritten Stock eingeschlossen hatte, wo er nun seit vierzig Stunden lag. Er war in einem Zustand völliger Entkräftung nahezu in Stumpfsinn verfallen. Sie hatte auch oft geheult. Aber ihr Heulen konnte das Lachen derer, die in der Bar des Hotels um sie herum waren, nicht übertönen. Dann hatte sie gefleht und Bruchstücke ihrer Bitten waren bis zu Clément Dio gedrungen, wenn der Chor der Betrunkenen für einen Augenblick verstummte. Schließlich hatte sie gelacht, als man sie zum Trinken nötigte. Dieses unnatürliche Lachen war Dio ins Herz gedrungen, so daß er nahezu leblos auf dem kalten Boden der Toilette lag. Seine Augen waren vom vielen Weinen ausgetrocknet. Während der letzten Stunden des Schreckenszustandes war das Lachen der Iris Nan-Chan allmählich in ein Stöhnen übergangen, welches Dio völlig durchbohrte. Der Radau hatte sich gelegt, wie bei einem Unwetter, dessen Höhepunkt die Verwüstung bildet. Die eingetretene Grabesstille wurde gegen 23 Uhr durch eine auf der Straße nebenan vorbeifahrende Lastwagenkolonne gestört, die der Küste zueilte. Es war offenbar das Marinekommando vom Paß La Faye, das in Stellung ging. Um 23 Uhr fünfzig hörte Dio Schritte. Zuerst auf der Treppe, dann auf dem Gang, der zu seinem Gefängnis führte ...

Entgegen den sarkastischen Bemerkungen des Kapitäns des Marinekommandos hatte alles ganz gut angefangen. Vor dem Hotel Préjoly in Saint-Vallier hatte man allerdings Dios Auto angehalten. Zweifellos weil es rot, glänzend, verchromt und voller Lichter und Antennen war, dazu mit Leder gepolstert, also ein Luxusgegenstand, den die unglücklichen Gefangenen, die schon lange keine Verbindung mehr zu Raffinessen gehabt hatten, endlich mal mit ihren Fingern betasten konnten.

Dio hatte sich vorgestellt. Manche kannten ihn. Seine erfolgreichen Attacken zugunsten einer radikalen Humanisierung der Gefängnisse hatten ihn im Häftlingsmilieu berühmt gemacht. Man erinnerte sich an seinen Leitartikel, der den Strafvollzug geißelte:

»Die Strafgefangenen sind in unseren Augen politische Gefangene und Opfer eines gesellschaftlichen Systems, das sie erzeugt hat und sich weigert, sie umzuerziehen. Es genügt ihm, sie zu erniedrigen und zu verwerfen. Keiner von uns ist vor dem Gefängnis sicher. Heute weniger denn je, denn über unser Alltagsleben zieht sich das Polizeinetz immer enger zusammen. Man erzählt uns, die Gefängnisse seien überfüllt. Wie nun, wenn wir sagen, die Bevölkerung sei eingesperrt?«

Man hatte ihm zugejubelt und ihn dann mitgenommen, um auf die Freiheit ein Glas zu trinken. Er und seine Frau haben sich das gern gefallen lassen. Der Vorgang belustigte sie. Etliche hatten schon zuviel getrunken, besonders Araber und Schwarze. Die Bar war schmutzig und voller zerbrochener Flaschen und Gläser. Aber es herrschte eine kindlich fröhliche Stimmung, fast wie wenn an einem 14. Juli die Erstürmung der Bastille gefeiert wird. Dio, der ein Glas Rum in der Hand hatte, fragte, wie sie ins Innere dieser Bastille gelangt seien. Man erzählte ihm, Anlaß sei die Gangesflotte gewesen. Die Häftlinge hätten sich im Gefängnishof häufig darüber unterhalten, und sie hätten keine Zeile in den Zeitungen übersprungen. Am Abend steckte man auf einer Weltkarte den Weg der Flotte mit Fähnchen ab. Oft sei der Anstaltsgeistliche bei ihnen gewesen, um seiner Aufgabe gemäß mit ihnen zu sprechen. Er sah in ihr eine symbolische Messiasaufgabe gegenüber einer Million Köpfen. Das war eine einfache Darstellung, welche die überempfindlichen Gefangenen in Rührung versetzte und von ihnen sofort aufgegriffen wurde. Die Stimmung sei daher fast religiös geworden und zwar in so ungewöhnlicher Weise, daß die von abergläubischer Furcht befallenen Aufseher sich verkrochen und den täglichen Gefängnisdienst nur noch lässig versehen hätten. Alles sei dann ganz einfach abgelaufen. Am späten Abend des Karfreitag, als die Wachmannschaft in ihrer Unterkunft ruhte, um den gerechten Schlaf der Häftlinge nicht zu stören, hätte der Gefängnisgeistliche persönlich die Türen des Gefängnisses geöffnet. Er sagte sich, daß Christus für alle gestorben sei, hauptsächlich aber für die Schächer...

»Er hatte es uns vorher versprochen. Aber trotzdem konnten wir es nicht fassen. Gott weiß, wo er jetzt ist. Ich sage Ihnen, wenn der Ganges eintrifft und man ihn an Land gehen läßt, wird an diesem Tag kein Gefängnis mehr geschlossen bleiben...«

Dann hatte man geplaudert. Über alles. Von der dreckigen Gesellschaft, von den Bürgern, die von Gewinnsucht verdorben sind, von den hinter den Maschinen stumpfsinnig gewordenen Arbeitern. Unter dem Einfluß von Alkohol wurde der Ton lauter, aber bei den zum Leben zurückgekehrten Männern war das verständlich. Ein junger Mann erzählte:

»Ich hatte für meine Zukunft eine Gleichung aufgemacht. Entweder vierzig Jahr an einer Maschine hocken oder drei Minuten aufwenden, um einen großen Schlag zu riskieren und die Beute wegzuschaffen. Ich ging das Risiko ein, verlor und wurde eingebuchtet. Ist die Gesellschaft nicht dreckig?«

Eine Stunde später war dieser Junge betrunken und sagte mit bösem Gesicht: »Gut! Das ist nicht alles. Wir pfeifen auf alles. Aus mit dem Blabla! Wollen wir nicht ein wenig lachen? Wie wär's Kumpels, wenn wir uns echt amüsieren? Zuerst aber tanzen. He! Hübsche!«

Es war zu spät, um den Rückzug anzutreten. Die Häftlinge balgten sich um Iris Nan-Chan, die sie sich rücksichtslos aus den Armen rissen, so daß ihre Kleidung bald in Fetzen hing. Dio versuchte, sich durch die toll gewordene Meute einen Weg zu seiner Frau zu bahnen.

»Du da«, sagte einer, »du bist nur ein von Moneten verdorbener Spießbürger. Habt ihr das Auto dieses Dreckhaufens gesehen? Ihr glaubt, er hätte euch verteidigt? Überhaupt nicht. Er hat seine Artikel geschrieben und auf unserem Rücken einen Berg Zaster verdient. Heute ist Zahltag. Los, Madame! Auf geht's«...

Einige Häftlinge stellten sich dazwischen. Es entspann sich ein kurzer Kampf, bei welchem die »Gemäßigten« bald unterlagen, da sie in der Minderheit waren. Mit Fußtritten brachte man Dio in die Toilette im dritten Stock...

Jetzt hielten die Schritte vor der Tür. Dio hörte, wie der Schlüssel umgedreht wurde. Der Mann, der öffnete, schien noch betrunken zu sein, war aber wieder bei Sinnen. »Sie können rauskommen«, sagte er zögernd mit matter Stimme. »Das Fest ist zu Ende.« Er überlegte und fügte hinzu: »Man wird sich entschuldigen... Wir ehemaligen Gefangenen hätten Sie nicht einsperren sollen. Aber Sie müssen verstehen, wenn das Rad sich mal dreht, dann muß es laufen... Hm... Ihre Frau ist unten. Ich glaube, es ging anfangs etwas zu wild her. Sie mußte anständig trinken; danach ging es viel besser. Hm... Ich habe sie nicht angerührt... Ade!«

Das Hotel stank nach Wein, Tabak und kaltem Erbrochenem. Die meisten Fenster waren kaputt. Man hatte Flaschen kreuz und quer umhergeworfen. In den offenen Hotelzimmern lagen auf den unberührten Betten schnarchende Häftlinge. Dio sprang über die auf der Hoteltreppe liegenden Schläfer hinweg. Aus einem Radio ertönte Konzertmusik. Der letzte Betrunkene hatte wohl vergessen, es abzustellen, bevor er zusammensackte. Dio fand seine Frau vor der Bar. Sie schlief völlig nackt auf einer Bank. Einer hatte auf ihre Brust gekotzt, ein anderer eine Serviette auf ihren Unterleib gelegt. Sie schlief so tief, als ob sie den Inhalt dieser Tube Barbitursäure getrunken hätte, die leer zu ihren Füßen lag.

Plötzlich hörte das Konzert auf. Eine Stimme sagte: »Sie hören jetzt eine Ansprache des Herrn Präsidenten der Republik«... Und so vernahm auch Dio in dieser mitternächtigen Osterstunde die Rede, auf welche die ganze Welt wartete.

36.

Mitternacht. Der Präsident wird gleich sprechen. Man müßte den Lauf der Dinge für einen Augenblick aufhalten und in ein stehendes Bild verwandeln, um das Weltgeschehen und die Akteure des Dramas in der Minute der Wahrheit voll erfassen zu können. Eine unmögliche Aufgabe. Die ganze Erde ist am Lautsprecher. Alle Stationen und Satelliten sind auf die französische Welle eingestellt. Höchstens Scheinwerfer, die durch Nacht und Nebel und durch Dächer hindurchdringen, könnten noch den einen oder anderen Teilnehmer unseres Heldengedichts aufstöbern. Wir haben vergeblich nach einem anderen Ausdruck für Heldengedicht gesucht. Gibt es ein solches im umgekehrten Sinn, nach dem Motto: wer verliert, gewinnt, etwa Anti-Heldengedicht? Das ist wohl das Wort.

Albert Durfort ist dafür ein Beispiel. Er hielt mit seinem Auto am Straßenrand etwas abseits von Gex. Die Erregung, die ihn beim Hören des Funks gepackt hatte, hinderte ihn, über die vereisten Kurven auf den Paß von La Faucille zu fahren. Er hatte diesen schwierigen Weg gewählt, weil er dachte, daß es auf der Goldstraße besser sei, wenig befahrene Umwege zu machen. Das Mädchen an seiner Seite von der Insel Martinique, das von der Reise müde war, fragte ihn zum x-tenmal, ob sie bald in der Schweiz seien. Sie hatte nach einer Dusche Verlangen und wollte sich mit ihrem lieben Albert zärtlich ins Bett legen. Durfort antwortete: »Laß' mich bitte in Ruhe!«

Der Aufenthalt auf dieser Straße bekam ihm schlecht. Durfort wurde von einer der vielen, in der Nacht herumstreunenden Horden ausgeplündert. Seinen erdolchten Körper hatte man in den Straßengraben geworfen und die hübsche Negerin mit den sorgfältig geglätteten Haaren war die sexuelle Beute der Männer geworden, die aus der menschlichen Gesellschaft ausgetreten waren.

Dem Leser wie dem Schreiber dieses Dramas fällt bei diesem Schicksal ein kurz gefaßtes Manichäertum auf. Kurz gefaßt? Nicht ganz. Wenn man genau hinsieht, bemerkt man hier die doppelte Wirkung dieses Manichäertums. Die Guten stehen Bösen gegenüber, die sich ihrerseits gegen die Guten auflehnen, die zu Bösen geworden sind.

Mit diesen Überlegungen wollen wir jetzt den Scheinwerfer auf zwei andere Personen richten, auf Elise, eine arabisierte Französin und auf Pierre Senconac. Dieser befindet sich nachdenklich im Studio von Radio-Ost. Sobald der Präsident seine Rede beendet haben wird, muß er einen Kommentar dazu geben. Er weiß, daß auch er Härte bekunden muß, hat aber noch keinen Anhaltspunkt, auf den er sich stützen kann, den er aber vom Präsidenten erwartet. Wie sich zwanzig Minuten später herausstellt, ist die Armee nur noch eine lächerliche Nachtwache. Denn als Elise in der Küche des einäugigen Kadi die harte Stimme von Senconac hört, weiß sie, daß die Zeit der Rücksichtnahme vorbei ist und ein reinigendes Blutbad die letzten Spuren auslöschen muß. Sie steckte das Rasiermesser des Kadi in den Strumpf an ihrem rechten Bein, stieg sofort in ihr Auto und eilte in das praktisch leere Studio von Radio-Ost. Senconac konnte nicht mehr sprechen. Mitten im Satz wurde ihm die Kehle durchschnitten. Die wenigen Techniker, die noch auf ihrem Posten geblieben waren, flohen davon. Manichäertum mit doppelter Wirkung. Da aber diese Art Abrechnung nur eine kleine Zahl Individuen betraf, so folgte daraus, daß, wie man hier das edle Manichäertum auch betrachten mag, die Geschichte der weißen Welt nur noch eine solche von Hammeln war. Zweifellos ist dies die Erklärung.

Oberst Dragasès hatte inzwischen die Verbrennung der schwarzen Leichen auf den Scheiterhaufen am Strand eingestellt. Es war jetzt Zeit, sich mit den Lebenden auseinanderzusetzen. Er saß auf der Balustrade einer verlassenen Villa, die ein paar Meter Sicht auf das Meer gewährte, und betrachtete die in der Nacht gestrandeten Schiffe, die sich wie Silhouetten von dem dunklen Schauplatz abhoben. »Sie hören eine Rede des Herrn Präsidenten der Republik...«

Seit Einbruch der Nacht zählte der Oberst Stunde für Stunde seine Truppen längs der Front, die sich auf über zwanzig Kilometer erstreckte. Von Zeit zu Zeit riefen seine Offiziere von der Funkzentrale in der Villa das eine oder andere Bataillon an, ohne Antwort zu erhalten. Nach einem heißen Tag der Konfrontation mit dieser Million Unglücklicher und ihrem weichen Gesang glich sein Bataillon in der Dämmerung eher Gespenstern, die vorweg schon wegen eines Verbrechens verurteilt waren, das sie nicht begangen hatten und nun durch die Gärten und das Kieferngehölz schlichen, als ob sie fürchteten, auf dem Schauplatz ihrer Missetaten vom Tag überrascht zu werden. Kurz vor Mitternacht erschien beim Oberst der Staatssekretär Perret, der seine Präfektur, oder was davon noch übrig blieb, verlassen hatte. Auch Fregattenkapitän de Poudis war zugegen. Sie verfügten noch über ungefähr zehntausend Mann.

Hinter den Linien streifte die Bande des Panama Rangers umher, verstärkt durch bunt zusammengewürfelte Haufen, welche man auf den Straßen aufgelesen hatte. An verschiedenen Punkten des nicht erfaßbaren Schlachtfeldes am Rand des verlassenen Landes entspannen sich gedämpfte Wortkämpfe mit leisen Ansprachen, die selten ihr Ziel, den Aufruf zur Desertion, verfehlten. Im Innern geplünderter Villen empfing Panama Ranger die Deserteure. Man hörte Musik und jugendliche Freudenschreie. Die Sirenentöne stammten offensichtlich von Schallplatten, der duftende Hauch vom besten Scotch des Hausherrn. Dagegen konnte der Oberst nichts tun. Panama Ranger beklagte jedoch fünf Tote, die ohne Warnung erschossen worden waren, als sie den Mund auftaten. Manche Einheiten lehnten jedes Gespräch unnachgiebig ab, besonders ein verspätet eingetroffenes Marinekommdando, das sich mit Gewalt einen Weg durch die friedliche Meute des Panama Ranger gebahnt hatte. Der Kapitän des Kommandos meinte, daß jede Erneuerung mit einem guten Bürgerkrieg beginnen müsse, und wenn die Sache nicht voranginge, ein Grund mehr bestehen würde, nicht zimperlich zu sein. In einem Bürgerkrieg wisse man wenigstens, wen man tötet und warum. Damit war der Kapitän des Kommandos voll zufrieden.

Auf der Autostraße nach Norden hielt die Fluchtwelle im gemütlichen Zentrum von Frankreich zu einer Verschnaufpause an. Von Valence bis Mâcon waren die Hotels, Schulen, Scheunen und Gymnasien voll, wie auch die Säle der Restaurants, der Kinos, Rathäuser und Kulturhäuser. Die Präfekten, die durch den Auszug überlastet waren, hatten an die Bürger einen Aufruf zur gemeinsamen Hilfe erlassen. Die Einwanderer vom Ganges mit Worten empfangen war schön, aber nun die Flüchtlinge aufnehmen, das war nicht vorgesehen! Die einheimische Bevölkerung wurde zahlreicher. Dies bedeutet, daß die Preise steigen. Alles Eßbare wird zehnfach teurer. Ein Bad kostet zweihundert Francs, eine Flasche Milch für ein Kind hundert Francs. Der Liter Benzin ist so teuer wie ein Liter Beaujolais, den man nach neuester Gewohnheit in den Kneipen nur noch auf inständiges Bitten bekommt. Demgegenüber scheint das Kriechen eines Drogensüchtigen, dem der Stoff fehlt, der reinste Spaß zu sein. Die Schwarzhändler, die auf ihrem Mist schliefen, tummeln sich wieder und blähen sich wie gefräßige Frösche auf. Jetzt ist endlich die Ausbeutung des Menschen durch den Menschen da, die echte, klare Ausbeutung unter Gleichgestellten, die alle von der weißen Rasse abstammen, und man erkennt, daß alles bisher Dagewesene nur schwache Worte waren. Und das alles in diesem schönen Land des Westens, wo man so oft in allen Tönen schrie, was Ausbeutung bedeutet. Doch diesmal ist man gewitzt. Der Ausgebeutete sagt nichts, er bezahlt. Der Präfekt beschlagnahmt die Bäckereien. Das macht nichts. Die schöne Zeit ist wieder da! Nichts mehr auf dem Ladentisch, aber alles, was Sie wünschen, erhalten Sie verschwiegen hintenherum. Frankreich hat sich wiedergefunden und sogar seine Höflichkeit. Besser gesagt, das dringende Bedürfnis nach Höflichkeit. Heilige Kolik in der Tradition der Ängste! Auf der Straße haben sich viele erpressen lassen. Ich habe die Tochter verloren. Sie wurde entführt, Herr Gendarm, dem ich die Stiefel lecke. Ich habe die junge Frau verloren, für die ich immer noch zahlte, Herr Gendarmeriemeister, dem ich den Hintern lecke. Wie in einem Pornofilm, den man in jedem Sexladen kaufen kann, wurde sie von bewaffneten Terrorbanden entführt, die so schön waren wie die schwarzen Engel auf der Filmleinwand. Man hat ihr das Geld und alle Papiere gestohlen, Herr Wachtmeister, dem ich zerknirscht beide haarigen Hände küsse! Man stürzt sich auf die Kasernen der Mobilgarde, auf die Gendarmerie und Polizeikommissariate. Das Land ist nicht sicher, Herr Schutzmann, dessen Intelligenz, Kraft und Hingabe ich zutiefst begrüße. Ich bitte um Asylrecht, und wenn Sie eine Zigarre wollen, ich habe sehr gute!

Die ehemaligen Polizeiunterkünfte erscheinen den armen Leuten so kahl wie die Klöster im Mittelalter. Früher suchte man in den Kirchen Zuflucht, wenn die bewaffneten Mannen des bösen Herrn gegen die hohen Mauern wie eine Flut anrannten. Heute stehen die bewaffneten Mannen vor den Schießscharten der Asyle Wache, während sich im Innern die Pfarrer und Heiligenanwärter zu Tod heulen, wie eine Meute Wölfe. Aber die bewaffneten Mannen haben sich geändert. Ihre Tatkraft ist gebrochen. Und selbst mit einer Zauberrute kann man aus lahmen Marionetten in diesen turbulenten Stunden keine Polizei aufstellen. Kasperle hat gewonnen. Die kleinen Kinder jubeln. Aber wenn sie nach der Vorstellung sich gegenseitig die Lutschbonbons stibitzen, so haben sie doch nicht gestohlen! Man kann nicht gleichzeitig Beifall klatschen und sich beschweren. Man kann nicht bitten, wenn man vorher geringschätzig heruntergeschaut hat. Die bewaffneten Mannen rächen sich jetzt. »Wir können Sie nicht hindern, hineinzugehen«, sagen sie vor den Toren der düsteren, nicht mehr besuchten Kirchen. »Sie können sich aber nicht auf uns verlassen. Sie hätten früher daran denken müssen!« Die Rächer fressen sich gegenseitig. Die Polizei leckt sich zufrieden die Lippen. Einige spucken auf die Füße der armen Verfolgten. Was für ein schönes Zwiegespräch! »Ich lecke Ihnen die Stiefel, Herr Gendarmeriemeister!« – »Und ich spucke auf Ihre Schnauze.« Pfui Teufel! Aber nun ist Mitternacht und alle, Polizisten und Hammel, Scherer und Geschorene hören zu.

Im großen Studioraum der Funk- und Fernsehanstalt geht es bunt zu. Von allen Seiten bedrängt, wartet Boris Vilsberg vor seinem Mikrophon. Nach seiner unruhigen Miene zu schließen, scheint ihm das Gedränge auf die Nerven zu gehen. Rosemonde Réal hat ihn im Stich gelassen, nachdem sie eine Viertelstunde zuvor das wilde Durcheinander im Studio sah. »Würden Sie mich vorbeilassen?« hatte sie drei struppige Typen gefragt, die quer im Gang hockten. »Steig drüber!«, antworteten sie liebenswürdig, ohne sich zu rühren. »Hast Du Angst, Filzläuse zu bekommen?« Vor dem guten Volk von Fortschritt zu sprechen ist eben die eine Seite, aber die Folgen davon zu tragen ist die andere Seite, an die sie nicht gedacht hatte...

»Zur Botschaft der Vereinigten Staaten«, weist sie ihren Chauffeur an. Der Botschafter ist einer ihrer Freunde. Die Wache läßt jedoch niemand eintreten. Für einen vom rechten Weg abgekommenen Salonlöwen gibt es immer eine Schwelle, hinter welcher der Kastengeist vorherrscht, nicht wahr, Herr von La Fayette?

Indessen haben Mutigere sich durch die Menge und den üblen Geruch einen Weg gebahnt, darunter Pater Agnellu, der vor Freude über die Worte des Papstes noch außer sich ist und sie brennend gern kommentieren möchte. Er ist wie üblich elegant gekleidet und aristokratisch schlank, mit über den Schläfen leicht gelockten Silberhaaren. Sein schwarzer Alpakaanzug und sein Jabothemd passen eher zu einer Premiere bei der Olympiade. Er verstand es, wie ein Aal durchzuschlüpfen. Mit einem Ziertüchlein wischte er sich unauffällig die Stirn ab, denn es herrschte eine höllische Hitze. Das für zweihundert Personen vorgesehene Studio ist jetzt mit mindestens fünfhundert Anwesenden gefüllt. Da viele auf dem Boden liegend die Mitternacht abwarten, sieht man mehr Köpfe als Gesichter. Vom traditionellen Buffet im Hintergrund des Saales ist nichts mehr übrig geblieben. Alles wurde getrunken oder verzehrt. Ein gut angezogener Schwarzer schnauzte die unglückliche Bedienung an, als ob er dadurch vielleicht versteckte Flaschen herauslocken könnte.

»An was denken Sie?« fragte Pater Agnellu den endlich erreichten Boris Vilsberg. »An nicht gerade Gutes«, antwortete der andere leise. »Nach der Rede des Präsidenten werden sie uns kein Wort mehr sprechen lassen. Der Direktor beabsichtigt, die Antenne abzuschalten, aber ich habe ihn gebeten, es nicht zu tun, da wir sonst hier nicht heil herauskommen!« Im Reich der Massenmedien ernährt die Rolle eines Kerenski den Mann nicht mehr. Ein paar Widerreden, und der Traum ist aus!

Unter den Tausenden von afrikanischen Arbeitern der Pariser Stadtverwaltung, die in schmutzigen Kellerlöchern untergebracht sind, entspinnt sich zum zehnten Mal das gleiche Gespräch. Psalmodierend, fast gesungen, klingt immer wieder durch, was keiner weiß.

»Und wenn sie ohne Schaden landen«, fragte der »Doyen«, »steigt ihr dann aus euren Rattenlöchern?«

»Ist das Rattenvolk zahlreich?« fragt einer.

»Das Rattenvolk wird im Tageslicht so zahlreich sein wie ein riesiger Wald«, erwidert der Straßenkehrerpfarrer. »Zimbabwe!«

»Zimbabwe!« singen tausend blinde Stimmen...

In einer arabischen Kneipe in der Goutte-d'Or-Straße in Paris, deren eiserner Rolladen heruntergelassen wurde, steht im Dämmerlicht der einäugige Kadi am Telefon und wiederholt ständig seine Befehle:

»Seid mit dem wenigen zufrieden. Teilt mit denen, die euch alles verweigert haben. Seid brüderlich und denkt daran, daß die Zeit der Waffen vorbei ist. Bei Allah! Ihr braucht keine mehr, wenn die Rede des Präsidenten dieses tote Land nicht wachrüttelt. Nur noch ein wenig Geduld, meine Brüder...«

Der Präsident der Französischen Republik hat den Vorsitz über hundert

Regierungen zugleich übernommen, die rund um den Globus alle Stunden den Funk hören. In Rom ist der Papst vor einem brasilianischen Christen, der Sao Ché gleicht, auf die Knie gefallen. In Paris quält sich der Erzbischof der Armen auf seinem Holzschemel. »Wie grün deine Augen sind, Liebling!« flüstert Norman Haller durch eine Wolke von Alkohol. Minister Jean Orelle ist von einem alten Revolver fasziniert, den er streichelt. Es ist ein Modell aus dem Jahre 1937, sowjetischer Herkunft. Gott weiß, wie oft er im Lauf dieses drolligen spanischen Kriegs Ladehemmung gehabt hat. Josiane hebt den Kopf hoch und wiederholt beim Zählen ihrer Möbel: »Das würde nie in die beiden Zimmer der Araber im fünften Stock passen...« Am Küstenrand des Massivs von Esterel irrt der flüchtige Luc Notaras auf der Suche nach der französischen Armee umher. Indessen war von allen Scheinwerferstrahlen, welche die historische Nacht vom Ostersonntag auf Montag erhellten, dieser Lichtkegel der seltsamste, der Herrn Hamadura genau in dem Augenblick traf, als er sein Auto vollpackte, um nach Süden zu fahren. Stahl glänzte im Licht, denn Herr Hamadura legte in den mit Decken gepolsterten Kofferraum vorsichtig vier Scharfschützengewehre. Sie stammten aus der Zeit, als er in Indien auf Tiger- und Elefantenjagd ging. Auf die lang erwartete Rede pfeift er. Er wird sie auch nicht hören. Er lächelt, wodurch die weißen Zähne in seinem schwarzen Gesicht noch deutlicher hervortreten. Man könnte sagen, Herr Hamadura ist glücklich. Er reist zu seiner letzten Jagd...

Der alte Calguès betrachtete sein leeres Glas. Nach einer Überlegung füllte er es erneut. Das Konzert von Mozart hatte mit einem Schlag aufgehört. Eine kurze Stille trat ein, der gnadenvolle Augenblick, wo die Vollendung wie eine Sternschnuppe glänzt, auf dieser Terrasse unter dem frischen weichen Wind, der sich erhob, in dieser wunderbaren Landschaft mit Mondlicht, mit dem Garten, erfüllt vom Duft der Kiefern, dem Kirchturm, den man von der Terrasse aus sah und der sich hoch mit dem Himmel wie zu einem ewigen Akkord verband, und endlich Gott in der Nähe, der seine Hand liebevoll auf die Schultern des alten Herrn legte. Die Sternschnuppe erlosch und eine Stimme sagte:

»Sie werden jetzt eine Rede des Herrn Präsidenten der Republik hören.«

37.

»Französinnen und Franzosen, meine lieben Landsleute...«
Die Stimme klang ruhig, sehr klar, ernst und gleichzeitig energisch. Man spürte, daß der Präsident nicht aus dem Stegreif sprach. Nach langen schmerzlichen Überlegungen hatte er seine Worte abgewogen, bevor er sie niederschrieb, wobei er niemand hinzugezogen hatte. Unter den Alten, die ihn hörten, dachten viele an die dunklen Jahre 1939/1945. Als damals die Staatsoberhäupter sich an ihr Volk wandten, hatten sie ihm wirklich etwas zu sagen, und das Volk hatte etwas zum Nachdenken. Die Jüngeren hatten nie etwas Ähnliches erlebt, so daß viele eine Leere empfanden, die sie für den mit einem geschichtlichen Anstrich versehenen Lauf des Lebens hielten. Immerhin, wenn Gott, der die Toten erweckt und das ewige Leben schenkt, auch die Weißen wieder auferstehen läßt, so wird am Tag des Jüngsten Gerichts vielleicht doch nicht alles verloren sein...
»...In fünf Stunden wird unser Land an diesem Ostermontag früh seinen seit mehr als hundert Jahren erhaltenen Bestand entweder verloren oder bewahrt haben. Bei dieser Sachlage haben wir die furchtbare Ehre, als Testfall, Beispiel und Symbol zu dienen, denn andere westliche Länder, die zur gleichen Zeit vom gleichen Phänomen bedroht sind, zögern wie wir, sich dagegen aufzulehnen. In fünf Stunden wird eine Million Einwanderer, die sich nach Rasse, Sprache, Kultur und Tradition von uns unterscheiden, den Fuß auf den Boden unseres Landes setzen. Es sind hauptsächlich Frauen, Kinder und arbeitslose, mittellose Bauern, die von Hungersnot, Elend und Unglück geplagt sind und zudem unter dieser dramatischen Überbevölkerung, der Geißel unseres Jahrhunderts, leiden. Ihr Schicksal ist tragisch, aber, wenn man weiter denkt, das unsrige nicht minder. Wenn die Natur des Menschen schon immer unterschiedlich war und wenn sie durch neue Gedankengänge, zu denen wir uns seit langem mit Worten bekannt haben, hätte verändert werden können, so hätten wir vielleicht die Dritte Welt bei uns aufnehmen können. Wir hätten zunächst großzügig ihre Vorhut empfangen und zusammen eine neue Gesellschaft bilden können, die sich mit der Zeit der überbevölkerten Welt angepaßt hätte. Nun müssen wir offen sagen, daß unser Land im letzten Augenblick mit Widerwillen reagiert hat. Es wollte bei diesem Schreckenszustand, der schon lange bestand, keine anderen Rassen beleidigen. Außer einigen Gruppen von Idealisten und verantwortungslosen oder fanatischen Assozialen hat die Bevölkerung

im Süden einfach ihr Land verlassen. Eine unserer reichsten Provinzen ist von den Einwohnern bewußt aufgegeben worden. Sie haben lieber alles verlassen, als mit andern zu teilen oder mit ihnen zusammenzuleben. So etwas ist nicht neu. Wir haben auch in der Vergangenheit Beispiele gehabt, an die sich unser Gewissen, das sei zu seiner Ehre gesagt, nur nicht gern erinnert. Aber da liegt der Kern der Sache, und ich, Ihr Präsident, der vom Volk gewählt wurde, muß dem Rechnung tragen. Ich weiß, daß der größte Teil von Ihnen es menschlich für untragbar hält, den waffenlosen und erschöpften Ausgehungerten gewaltsam entgegenzutreten. Das verstehe ich und dennoch erkläre ich ganz klar: Feigheit vor den Schwachen ist die wirksamste, durchdringendste und tödlichste Feigheit. Jeder ist geflohen in der Hoffnung, die Armee würde keine Skrupel haben. Allerdings glaubte man nicht ganz daran, weil ja alle geflohen sind.

Ich habe daher, als die ersten Nachrichten über die Massenflucht eingingen, der Armee den Befehl erteilt, an der Küste Stellung zu beziehen, so daß wir gegebenenfalls die Invasion verhindern und die Eindringlinge vernichten können. Das kann natürlich nur so vor sich gehen, daß wir mit oder ohne Gewissensbisse eine Million Unglückliche töten. In den vergangenen Kriegen gab es genug solcher Art Verbrechen, aber damals haben die Gewissen noch nicht gezögert. Das Überleben ging vor. Im übrigen waren es Kriege unter Wohlhabenden. Wenn wir heute von Armen angegriffen werden, die als einzige Waffe die Armut einsetzen, und wenn wir dabei das gleiche Verbrechen begehen müssen, so sollen Sie wissen, daß uns niemand freisprechen wird und wir im wohlbehüteten Land für immer gezeichnet bleiben. Die dunklen Kräfte, die sich eifrig bemühen, unsere westliche Gesellschaft zu vernichten, wissen dies wohl, sind aber bereit, unter dem Schutz unseres gestörten Gewissens im Kielwasser der Eindringlinge zu schwimmen. Franzosen, Französinnen, liebe Landsleute, ich habe unserer Armee den Befehl erteilt, mit Waffengewalt der Landung der Einwandererflotte entgegenzutreten, der ich feierlich die letzte Chance verwehre, um Euch zu erhalten. Es handelt sich dabei um einen Auftrag...«

Die Stimme brach plötzlich ab. Mehr als dreißig Sekunden blieb der Satz im Äther hängen. In dieser ewig scheinenden Stille hörte man nur das beklemmte Atmen des Präsidenten. Als er wieder das Wort ergriff, war seine Stimme schwächer und langsamer, als ob er Mühe hätte, zu sprechen. Zögernd, wie von einer inneren Erschütterung befallen, fuhr er fort. Offensichtlich sprach er jetzt aus dem Stegreif. Später fanden Historiker den maschinengeschriebenen Text in den Archiven der Rundfunkanstalt. Wenn man ihn mit den gesprochenen Worten vergleicht, so hat es den Anschein, als ob die Willenskraft des Präsidenten mit einem Schlag zusammengebrochen wäre, wie eine unterminierte und zusammenstürzende Felswand. Entsetzt über die Worte, die der Präsident geschrieben hatte und ergriffen bei der Nennung der unmittelbar möglichen Folgen, verzichtete er nach dreißig Sekunden reiflicher Überlegung, um nur noch sein Herz und sein Gewissen sprechen zu lassen. Dreißig Sekunden hielt auch die Welt den Atem an. Danach zählte jedes Wort, und es war, als ob als letzter Gruß eine Handvoll Erde auf seinen Sarg geworfen wurde.

»... Es handelt sich um einen grausamen Auftrag, den auszuführen ich nach bestem Wissen und Gewissen von jedem Soldaten, jedem Polizisten und jedem Offizier fordere, von denen aber jeder genau prüfen soll, ob er ihn annehmen oder ablehnen will. Töten ist schwer, Wissen warum ist noch schwerer. Ich selbst weiß es, aber ich habe nicht den Finger auf dem Abzugsbügel und auch nicht wenige Meter von meiner Waffe entfernt den Körper eines Unglücklichen vor mir. Meine lieben Landsleute, was auch geschehen mag, Gott möge uns schützen... oder uns vergeben.«

38.

Am Ostermontag ging die Sonne um 5 Uhr 27 auf. Zwischen dem letzten Wort des Präsidenten der Republik (0 Uhr 10) und dem ersten rosigen Schimmer über dem Meer hatte der Westen noch genau fünf Stunden und siebzehn Minuten Zeit.

Der Rede war entgegen der bisher immer noch beibehaltenen Sitte keine »Marseillaise« gefolgt, deren Text sonst von den debilen Kindern des Vaterlandes trotz seines anachronistischen Inhalts immer wiedergekäut wird. Als Oberst Dragasès Mozart hörte, der natürlich an Stelle von Rouget de Lisle trat, schloß er, daß das zitternde Frankreich endlich ein wenig Takt zeigte und daß es sich bei seiner Feigheit vielleicht etwas weniger geirrt hatte. Wenn der Mensch über die Bedeutung triumphiert, die er sich bislang zumaß, so ist dies nur ein blasser Reflex eines fast erloschenen Scheins, der noch in seinem Gedächtnis haften geblieben war, und man muß ihm nur noch die Totenglocke läuten. In dieser Nacht kamen zwei zu den gleichen Folgerungen.

Zunächst war es Minister Jean Orelle in Paris, der durch einen Telefonanruf beim Funk das Requiem senden ließ. Dies tat er deshalb, weil der Präsident im letzten Teil seiner Rede die Willenskraft verloren zu haben schien und das Unvermeidliche zu sehr in den Vordergrund gerückt hatte. Während seiner langen Laufbahn hatte der Minister zuviele Verleugnungen erlebt, zuviele dem Volk angekündigte Siege und Niederlagen und zuviele großzügige Verzichte oder wiederentdeckte Hoffnungen, begleitet von großartigen Lobgesängen, bei denen eine Flut von Worten genügte, um die Schande wegzuwischen. Man muß eben würdig sterben, wenn man zuviel erlebt und, sicher sehr klug, so manche Seite einer zu langen Geschichte umgedreht hat, ohne gewahr zu werden, daß es die letzten waren, wenn man plötzlich auf das Wort »Ende« stößt, das man in weiter Ferne wähnte, und der Weg dahin wunderbar erleuchtet war von Gerechtigkeit, allumfassender Liebe und Vollkommenheit. Wenn dieses Wort »Ende« so früh gekommen ist und auf das Herz wie ein tödlicher Schock wirkt, dann kann das nur Haß auslösen. Hat die Menschheit sich mitten im Labyrinth etwa im Weg getäuscht? Hat man etwa zuviele Türen geschlossen, die man um jeden Preis hätte offen halten müssen, statt Fallen und Fußangeln unter den Füßen der Blinden zu legen? Wieviele schmale, aber lebensfähige Auswege habe ich, Jean Orelle, durch mein Tun versperrt? Die ganze Welt hat mich gelesen, gehört, leidenschaftlich kommentiert, mich wie ein Orakel befragt und mich mit Ehrungen und Achtung überhäuft. Sie hat mein Worte getrunken und mein Tun als beispielhaft betrachtet. Sie hat so mein Leben, das aufrichtig wie ein Apostelgewissen und schön wie eine prophetische Vision war, zu einem Triumphzug gestaltet, während die Wahrheit auf blutigen Füßen dahinschritt und sich verachtet im Dorngestrüpp eines gewundenen Pfades verlor. Wieviele Tore, die zu einer Illusion führten, sind durch meine Mitwirkung zwei Kämpfern gleichermaßen geöffnet worden? Und nun! Ich hätte mich in acht nehmen sollen. Aber ich wußte es ja. Die Wahrheit marschiert immer allein. Wenn die Masse sich nach ihr richtet, dann deshalb, weil die Wahrheit sich bereits als falsch enthüllt hat. Ich, Jean Orelle, ich habe mich getäuscht...

Requiem! Mögen es alle hören und verstehen! Der Minister prüfte sorgfältig einen sowjetischen Revolver, Modell 1937. Er dachte wieder an vergessene Heldentaten: die Verteidigung Madrids (Spanien), die Befreiung von Paris (Frankreich), die Einnahme von Tschung-King (China), der Angriff auf Salisbury (Rhodesien), die Revolte im Ghetto von Atlanta (USA).

Der alte Revolver hatte diesmal keine Ladehemmung. Man fand den Minister vor seinem Schreibtisch sitzend; der Oberkörper lag vornübergebeugt, mit dem Kopf in einer Blutlache, die der offene Mund zu trinken schien, nachdem er sie zuvor von sich gegeben hatte. Auf einem Blatt Papier hatte er offenbar kurz vor seinem Tod die seltsamen Worte geschrieben: »Man kann auch allein den Durst stillen...« Weil er gewohnheitsgemäß solche dunklen Formulierungen gebrauchte, die sich gegen Ende seines Lebens bis zum Exzeß steigerten, da er daran eine Art seniler Freude hatte, so suchte man Schwierigkeiten, wo gar keine waren. Seine zahlreichen Biographen haben sich hinterher über dieses Rätsel den Kopf zerbrochen. Einer kam der Lösung ziemlich nahe, da er den Tod der Wahrheit gleichsetzte, von der man sich schließlich allein satt trinken kann. Aber niemand setzte sich derzeitig mit der Nationalhymne auseinander. Man hatte eine neue gefunden. Es war auch Zeit...

Dragasès hatte wenig Vorliebe für Mozart. Dagegen ist grundsätzlich nichts einzuwenden. Es ist eben militärischer, eine Nichtigkeit zu grüßen. Der Oberst scheuchte seinen Stab auf. »Sucht mir Trommler und Trompeter, verdammt nochmal!« Man telefonierte die ganze Front entlang. Es stellte sich heraus, daß fünf Minuten nach der Rede des Präsidenten fünf neue Bataillone in aller Stille entweder in der Finsternis untergetaucht oder zu den Banden des Panama Rangers übergelaufen waren. Das Marinekommando rettete die Lage. Es schlich über Strand und Felsen und entdeckte, daß die Pazifisten des Panama Rangers unsichtbar in der Nacht wie Maden im Speck überall eingesickert waren. Auf ihre beleidigenden Zurufe hatten die Männer des Kommandos nur eine Antwort: »Scheiße!« Vier athletische Rohlinge in mit Leoparden bemusterten Hemden, denen ein Kreuz auf der behaarten Brust baumelte und die eine Trommel oder ein Horn umgehängt trugen, gelangten bis zum Hauptquartier in der Villa.

»Kennen Sie das Totensignal mit der Trompete?« brummte der Oberst.

»Eine Spezialität des Kommandos, Herr Oberst. Noch besser als die Blutwurst. Tschad! Guayana! Dijbouti! Madagaskar! Tra-raaam traraa, trara-raa-raam... Durchdringender Ton. Ziel: die Gebeinskammer! Der Kapitän entbietet Ihnen seine Hochachtung.«

»Tadellos. Schicken Sie mir die Bläser, und möglichst keine falschen Töne!«

Sie stellten sich neben den im Park der Villa unter den Kiefern untergezogenen fünf Panzern des 2. Regiments Chamborant auf. Zwei Trommler und zwei Hornisten waren zwar ein mageres Häuflein, machten aber in der Stille der Nacht einen Riesenlärm. Ein Totensignal mit der Trompete nach Mitternacht im Mondschein unter Freunden war ein Theater.

»Ohrenbetäubend!« sagte der Staatssekretär Perret. »Das gefällt sicher nicht sehr.« Der Oberst lachte aus vollem Hals. Eine wahre Freude. Echte Freunde einer Tradition sind die, welche sich nicht ernst nehmen und lachend in den Krieg ziehen, weil sie wissen, daß sie für etwas verschwindend Kleines sterben werden, das ihrer Fantasie entsprungen ist. Oder vielleicht feiner ausgedrückt, hinter der Fantasie steckt eine männliche Zurückhaltung aus guter Veranlagung, die nicht lächerlich wirken will, weil sie für eine Idee kämpft. Daher verbirgt sie sich hinter ohrenbetäubenden Trompetenstößen, hohlen Worten und einem unnötigen falschen Schein und bringt ein Opfer aus lauter Spaß an der Freude. Das hat die Linke nie begriffen. Daher äußert sie sich auch nur in gehässigem Spott. So beispielsweise, wenn sie auf eine Fahne spuckt oder auf eine Gedenkflamme pißt oder albern über alte Dummköpfe mit Baskenmützen lacht oder beim Anblick von weißgekleideten Hochzeitspaaren »Frauenbewegung« ruft und sich dabei schrecklich ernst gebärdet. Wenn sie sich selbst beurteilen könnte, müßte sie sich als blöd bezeichnen. Die wahre Rechte dagegen macht sich nicht wichtig. Daher wird sie von der Linken gehaßt, etwa so wie der Henker einen haßt, der hingerichtet werden soll und dabei lacht und sich lustig macht, bevor er stirbt. Die Linke ist ein Brand, der verzehrt und zerstört. Die Rechte ist eine wandelbare Flamme, die fröhlich tanzt, ein Irrlicht in einem düsteren verbrannten Wald.

»Gut so!« sagte der Oberst. »Gehen Sie zu Ihrem Kommando zurück und richten Sie Ihrem Kapitän meinen Dank aus. Kontrollieren Sie unterwegs den Stacheldrahtverhau und machen Sie mir Meldung, wenn Sie zurück sind.«

Er hatte den Satz kaum beendet, als Panama Ranger die Antwort auf das Trompetensignal gab. Ein ausgesprochener Mißklang, bestehend aus Popmusik aus Plattenspielern, so die Ballade von den tausend Jahren mit Gitarrenbegleitung und Schlagwörteruntermalung, oder »Es lebe die Entlassung« oder »Die hundshäutige Nini« oder »Der Motorradlausbub«, begleitet von Motorradgeknatter und Gehupe, dazwischen das Gekreische von Mädchen, die gekitzelt wurden. Und sogar ein neuliturgisches Loblied war zu hören. Zu diesem Lärm trugen alle Villen der Umgebung bei, wo sich die unterschiedlichsten Elemente zusammengefunden hatten.

»Das ist nicht gerade schön«, sagte Oberst Dragasès. »Es erinnert mich an die Neujahrsnächte in Tarbes, als ich dort in Garnison lag. Meine Husaren gerieten vor Zorn außer sich. Auch mir gingen solche Abende immer auf die Nerven. Dennoch konnte ich dem Volk in seiner Freude nicht böse sein. Ein Knopfdruck, und schon ist die Überraschung da.«

Die Überraschung, die allerdings jetzt eintrat, traf den Stab in der Villa mit ganzer Wucht. Es war erst nach Mitternacht und schon haben die Berichte von den Truppen alles umgeworfen. Zwanzigtausend, vielleicht fünfundzwanzigtausend Typen bei Panama Ranger? Und in der französischen Armee...? Man rief ein Bataillon nach dem andern an. Höchstens sechstausend Mann waren noch da. Demgegenüber standen im Lager der Dritten Welt auf den Brücken der gestrandeten Schiffe fast eine Million Einwanderer und warteten den Tagesanbruch ab. Ein Scheinwerfer der Luftabwehr auf dem Dach der Villa strich in regelmäßigen Abständen über das Gelände, fast wie ein Biologe, der durch ein Mikroskop gelegentlich einen Blick auf eine Nährlösung wirft, um sicher zu sein, daß die Mikroben noch da sind. Was sind schon für diese Emigranten fünfundfünfzig Millionen Franzosen, die vom Zeitgeist vergiftet in einer merkwürdigen Haltung verharren, als ob ein Regisseur dahinter steckt, der einen Teil der Bühne samt Statisten in den Hintergrund drängt, um die Handlung hervorzuheben, die nunmehr beginnt.

»Wir verlieren stündlich tausend Mann!« sagte Fregattenkapitän de Poudis. »Und dies, ohne einen Schuß abzugeben!«

»Unsinn!« erwiderte der Oberst. »Ich sehe die Sache anders. Wenn ich bei dem gegenwärtigen Rhythmus der Einbußen genau rechne, so werden um 5 Uhr 27 noch vierhundertfünfzig Mann zur Verfügung stehen. Mehr als ich hoffe. Wenn Sie mir freie Hand geben, Herr Minister (er wandte sich zum Staatssekretär und beide schienen sich lustig zu machen, daß sie in diesem Augenblick noch Minister und Oberst spielten), so werde ich diese Scherze mit den Gummikugeln, Feuerlöschgeräten, Tränengashandgranaten, Bleinetzen und andern Utensilien der jungen Leute vom Quartier Latin zu Müll machen.«

»Sie haben in diesem Augenblick keine vierhundertfünfzig Mann mehr«, sagte der Staatssekretär, »sondern nur noch fünfzig, sofern sie Ihnen nicht in den Rücken schießen, um alles schneller zu beenden.«

»Nun gut, dann werde ich eben als fröhlicher Feldwebel sterben. Das ist gar nicht so schlecht. Eine Kugel in den Rücken und ohne Vergeltung... Alle Toten gleichen sich. Fangen wir jetzt an? Ich meine, sie haben genug gebrüllt. Bringen wir sie zum Schweigen?«

»Gute Idee, Herr Oberst«, meinte zustimmend der Fregattenkapitän. »Die Kerle liegen mir langsam in den Ohren. Ich mache freiwillig mit.«

»Aber, Herr Oberst, eigentlich ist der wirkliche Feind vor Ihnen auf den Schiffen und nicht diese Bande von Schreihälsen hinter Ihnen«, sagte der Staatssekretär.

»Ah, glauben Sie? Man sieht, daß Sie nie im Krieg waren. Der wahre Feind ist immer hinter den Linien, in Ihrem Rücken, nie vorne und nie dazwischen. Alle Soldaten wissen das, und wieviele von ihnen in allen Armeen und zu allen Zeiten haben schon vor der Frage gestanden, ob sie nicht den Feind vor ihnen fallen lassen sollen, um mit dem Feind hinter ihnen einmal gründlich abzurechnen! Etliche haben es so gemacht. Man hat sogar schon erlebt, daß zwei gegeneinander stehende Heere den einfältigen Kampf abgebrochen haben, um jeweils hinten aufzuräumen. Leider war ich zu dieser Zeit noch nicht geboren. Die Feinde, die sich als Frontkämpfer gegenüberstehen, sind selten die wahren.«

»Und wenn es keine Soldaten mehr gibt?«

»Je nun, dann gibt es keinen Krieg mehr, der diesen Namen verdient. Das wird übrigens schon heute morgen der Fall sein. Wenn mich mein letzter Husar verlassen hat, wird im ganzen Land Frieden herrschen. Welche Art Frieden? Das weiß ich nicht und möchte es auch nicht erleben. Mögen sie zusehen, wie sie mit ihrem Frieden aus dem Schlamm kommen. Sie haben genug nach ihm verlangt, allerdings ohne zu überlegen, was er bringen könnte. Meiner Meinung nach werden sie bestens bedient. Sind Sie immer noch Freiwilliger, Herr Kommandant?«

»Ja«, sagte der Seemann. »Bringen wir sie zum Schweigen?«

»Das wäre mir lieb«, sagte der Oberst, »denn auf diese Zukunft verzichte ich. Nehmen Sie meine Panzer und fahren Sie los. Die ganze Panzerarmee in den Händen eines Seemanns, ist das nicht komisch?«

Sicher, das schien ihnen spaßig zu sein. Der Fregattenkapitän lachte. Die Augen des Obersten leuchteten fröhlich auf. Beide hatten sich verstanden. Ein Soldat liebt den Krieg. Diejenigen unter ihnen, die das Gegenteil behaupten, lügen, oder sie ziehen den Ruhestand ohne Sold vor. Dann sind es eben verkappte Zivilisten, wie Postbeamte. Die beiden Männer, welche die Gangesflotte nicht für den erträumten Feind hielten, mit dem man ein letztes Mal Krieg führen konnte, hatten einen passenderen gefunden. Was konnte man mehr wünschen?

Indessen... Seit es der Traum junger Schwachköpfe ist, ohne großes Risiko Warschau zu spielen, unter der Voraussetzung, daß die Großen sich nur verhalten einmischen, sind fünf alte Panzer ohne Infanterieunterstützung kein Problem für die zehntausend betrunkenen und drogensüchtigen Helden, die die ganze Nacht bei Whisky und Wein Molotowcocktails hergestellt haben. Sie befanden sich in einer derartigen Stimmung, daß daneben die verrückten Debattierklubs der Pariser Kommune kleine Fische waren. Besonders die gebildeten Mädchen hatten es verstanden, in den besetzten Villen ein Massentheater zu organisieren. Sie widmeten sich dem Geschlechtsverkehr unter der Parole: Das Vaterland den Vaterlandslosen. Für einen fertigen Molotowcocktail gab es einen Beischlaf, für zwei eine Serie, für einen ausgehobenen Panzergraben eine Orgie mit allen Erdarbeitern. Da sich dies in den Unterkünften drei Tage lang abspielte, gab es bei den Banden des Panama Rangers eine große Anzahl Tripperkranke, ohne die keine revolutionäre Armee auskommt, die dieses Namens würdig ist. Wenn man andererseits bedenkt, daß bei den Einwanderern, die zwei Monate lang auf ihren Schiffen Hintern an Hintern zu liegen gezwungen waren, die gleiche Sorte Angesteckter in noch viel größerem Umfang vorhanden war, dazu noch Schanker- und Syphiliskranke, so kann man sagen, daß die geschlechtliche Vereinigung der beiden Rassen – ohne die andern zu zählen – eine immerhin interessante Folge ergeben mußte. Wird endlich die Kardinalfrage verschwinden: »Würden Sie Ihre Tochter einem geben...?« Nun, man wird schon sehen! Nach Jahrhunderten des biologischen Widerstands hatte die weißrassische Vererbung endlich über die Syphilisseuche der Vergangenheit gesiegt, ebenso über ihre Nachwehen, die zwar weiter übertragen wurden, sich aber von Generation zu Generation abschwächten. Jetzt wird wieder alles von vorne beginnen. An Zeit wird es nicht fehlen...

Wenden wir uns wieder den Kämpfenden zu. Panama Ranger hatte keine Angst. Als von den fünf Panzern vier in der menschlichen Flut von Hunderten von Molotowcocktails getroffen und explodiert waren, schrie er in die Nacht hinaus. »Laßt mir den letzten!« Hinter ihm stürzte seine Villa zusammen und verschüttete einige seiner schlafenden jungen Krieger. Fregattenkapitän de Poudis hatte das Feuer eröffnet. Nun spielte Panama Ranger Wildwest. Mit einer Flasche Benzin in jeder Hand ging er im Schein des Brandes langsam auf seinen Gegner zu. Man hätte glauben können, er hätte mit einem Blick das Stahlungeheuer gezähmt, denn der Panzer blieb stehen.

Es ist nicht verständlich, was jetzt den Kommandanten de Poudis veranlaßte, die Turmlucke zu öffnen und mit dem Oberkörper aufzutauchen. Wahrscheinlich wollte er sehen, gegen wen er kämpft. Vergleiche ziehen. Das physische Bedürfnis des echten Soldaten, der den ewigen Sinn des Kampfes endlich wiedergefunden hat, nachdem er an der nur auf Druck reagierenden Armee irre geworden war. Was er jetzt sah, setzte ihn in Erstaunen. Mitten auf dem Weg stand mit gespreizten Beinen in aller Ruhe ein großer, schlanker Junge mit lächelndem Gesicht und blauen, unbeweglichen Augen. Obwohl er ganz allein war, erweckte er den Eindruck eines zwar freundlichen, aber auch entschlossenen Menschen.

»Das macht Ihnen wohl Spaß?« brüllte der Kommandant.

»Ganz toll!« antwortete der junge Mann. »Na so was«, dachten die zwei.

»Wir lachen ja beide.«

»Ich zähle bis drei«, sagte sodann Fregattenkapitän de Poudis.

»Ich auch«, antwortete der Junge.

»Seltsame Zeit«, dachte der Offizier. »Mit solchen zwanzigjährigen Erzengeln hatte man einst Reiche geschaffen und die Welt in Erstaunen versetzt, aber heute zerstört man mit den gleichen nur noch und zerstört zur eigenen Verwunderung sich selbst.«

Dann dachte er an seinen Sohn Marc de Poudis, der kampflos, ohne zu lächeln, an der Küste von Mauretanien gestorben war. Hat sich der Junge vor ihm wegen der tausend Jahre, die kommen sollen, nicht etwa im Lager getäuscht?

»Drei«, brüllte Panama Ranger. Zwei genau gezielte Benzinflaschen trafen ins Ziel. Die eine setzte den Offizier in Flammen, so daß er wie eine Pechfackel brannte. Die andere schlug am Rand des Panzerturms auf. Der Inhalt ergoß sich in das Innere des Panzers, der gleich darauf explodierte. Panama Ranger machte mit der Hand eine Bewegung, die wie ein freundlicher Gruß aussah.

Wenn dieser Einzelkampf etwas breit erzählt wurde, dann deshalb, weil unter der traurigen Menge der zeitgeschichtlichen Ereignisse, die den Historikern zur Verfügung stehen, nur dieser Kampf einen besonderen Stellenwert besitzt. Es gab einen Toten, aber das wirkte wie ein Fanfarenstoß. Klar und deutlich. Schließlich kann man bei den zahllosen Akteuren und Zeugen der Tragödie wenigstens auf jemand stolz sein. Der eine ist tot, der andere lebt, eine Kleinigkeit. Beide zusammen sind soviel wert wie die übrigen; der Überlebende ohne seinen Mitspieler bedeutet nichts. Der Schock, den beide ausgelöst haben, brachte etwas Würde in diesen weltweiten Schmutz. Der Historiker dreht das Blatt der Geschichte um und wendet sich der folgenden Seite zu. Er wird nur Bedauern empfinden. Ein vages Bedauern, denn eigentlich versteht er diese Gefühle gar nicht richtig. Im übrigen war es der letzte Nachtkampf und der letzte Kampf an dieser Front überhaupt, die mehr und mehr zusammenbrach...

»Jetzt habe ich meine Panzerwaffe verloren«, sagte der Oberst nach der fünften Explosion.

»Ist das alles, was Sie zu sagen haben?« erwiderte der Staatssekretär.

»Was denn! Sie sind würdevoll gestorben. Was wollen Sie mehr? Es ist eher ein Segen. Glauben Sie, ich habe sie wegen etwas anderem dahin geschickt?«

»Aber mit den fünf Panzern hätten Sie wenigstens diese Invasion verhindern können!«

»Ja, weil Sie immer noch glauben, daß meine Husaren auf diese bejammernswerten Farbigen schießen werden. Ich weiß nicht einmal, ob ich mich selbst dazu entschließen könnte.«

»Dragasès, ich verstehe Sie nicht. Warum dann dieser Aufwand? Warum dieser Gewaltmarsch auf der Autobahn bis hierher? Warum haben wir den Rest der Armee zusammengetrommelt? Warum haben Sie dieses Kommando übernommen?«

»Sie werden das bald verstehen, Herr Minister. Sofern es mir gelingt, diese Sache, so wie ich sie sehe, bis zum Ende durchzuführen.«

»Wie Sie sie sehen?«

»Sicher. Und Sie denken genau so. Und einige andere. Ist das nicht die Hauptsache? Die übrigen... (er machte eine wegwerfende Handbewegung). Wichtig ist, den Ausgang nicht zu verpassen, denn dieser ist endgültig. Ich habe da keinen Zweifel.«

Vom Marinekommando kam eine Funkmeldung: »Drahtverhau an der ganzen Front aufgerissen. Zahlreiche Durchbrüche möglich.«

»Gut! Was soll's? Man soll sie wieder schließen oder ausbessern!«

Als Antwort kam die Meldung, daß die noch vorhandenen Truppen gerade ausreichen würden, um die Verbindung und die Spähtrupptätigkeit aufrechtzuerhalten, aber nicht, um neuen Drahtverhau zu errichten.

»Großartig! Großartig!« meinte der Oberst und es schien, als ob dies ganz seine Ansicht sei.

Es war etwa drei Uhr morgens...

39.

Siebenundvierzig Minuten vor der Landung der Einwanderer der Armada ergriff der Mythus vom befreiten Ganges verschiedene Industrieplätze des Landes. Man konnte dieses Phänomen in keiner Weise erklären. Lag ein Plan der Beteiligten zugrunde oder war es eine konzentrierte Aktion, die von einem ausländischen Stab planmäßig vorbereitet worden war? Wenn in dieser Nacht die Dritte Welt in den weit auseinandergelegenen Fabriken wie Paris, Lille, Lyon und Mülhausen im Elsaß gleichzeitig spontan revoltierte, dann deshalb, weil sich die nervöse Spannung der letzten drei Tage jetzt Luft machte und einer Aufwallung verrückter Hoffnungen den Weg freigab. In normalen Zeiten hätte niemand ein derartiges Risiko auf sich genommen. Jeder hing an seinem Beruf und am hart verdienten Einkommen. Die Gewerkschaften hielten das schwarze Fußvolk fest am Zügel und warfen es nur von Zeit zu Zeit in den Kampf, wenn es galt, nach den Regeln des sozialen Kriegsspiels die Löhne der französischen Arbeiter zu heben.

Auch jetzt hatten zum Beispiel in der Rhodiachemie und in andern politisch bewegten Fabriken, in denen das Freiheitsfest seit Ostersonntag Einzug gehalten hatte, die Arbeiter der Dritten Welt jeder Versuchung widerstanden und waren hartnäckig bei ihren Maschinen verblieben. Trotzdem machten sie sich Gedanken. Sollten sie an diesem Mythus der Freiheit, diesem Signal zur Befreiung, symbolisch dargestellt durch die Masseninvasion in Frankreich, teilnehmen? Abgesehen von den wenigen, aufrichtig dargebotenen Händen und jenseits vieler falschen Versprechungen hatten sie bisher allein zurückgezogen gelebt. Allein erwachten sie jetzt zu neuem Leben. Als die Lautsprecher an den Arbeitsplätzen nach der Übertragung der Rede des Präsidenten der Republik verstummten, verloren die Gewerkschaften jede Kontrolle. Nun kamen die politischen Zellen zum Durchbruch. Selbst der blinde Kadi in Paris erkannte, daß er seine Leute so wenig zurückhalten konnte, wie seine Frau Elise, die mit dem im Strumpf versteckten Rasiermesser zum Studio des Radio-Ost rannte.

Man muß ehrlich anerkennen, daß die in dieser Nacht begangenen Verbrechen in den meisten Fällen weder bösartig noch raffiniert noch unnötig grausam waren. Es kam alles einfach ganz von selbst. Man hätte eher befürchten können, daß die erste Welle eines ungeheuren Sturms anrollt. Es war indessen nur die letzte sichtbare Welle eines unterirdischen Bebens, und sie verrauschte in diesem schon aufgelösten Land sehr bald. Wenn es übrigens in der Folgezeit noch Gerichte nach westlichem Muster gegeben hätte, die nach der Art wie bisher Recht gesprochen hätten, so kann man sicher sein, daß jede dieser Straftaten mit Strafaufschub oder einer geringen Gefängnisstrafe bedacht worden wäre. Der erste Tatort war beispielsweise im Schlachtraum des Schlachthofs von Bicêtre. Drei Afrikaner, ein Betäuber, ein Lastträger und ein Schlächter schlachteten hier durchschnittlich hundertachtzig Schweine pro Stunde. Mit zwei oder drei gezielten Bewegungen, einhundertachtzigmal wiederholt. Eine schreckliche Arbeit, bei der man im Blut watete und die ein Normalarbeiter mied. Von diesen drei Männern hingen indessen mehrere hundert andere Arbeiter ab, Schlepper, Abbinder und Aufnehmer am Wurstfließband, Zubringer und Füller am Dosenfließband, ohne das Verwaltungspersonal, die Großhändler, den Einzelhandel, die leitenden Männer und die Aktionäre in diese Berechnung einzubeziehen. Wenn einer der drei unersetzbaren Schlächter das Bedürfnis hatte, mal auszutreten, verlangsamte sich die ganze Produktion. Deshalb war eine solche Panne grundsätzlich verboten und einige Francs wurden dafür täglich abgezogen, die man bei der Verwaltung spaßeshalber Blasengeld nannte.

Als man nun in jener Nacht eine lange Zeit allgemeiner Verknappung kommen sah, bei der die Nahrungsmittelindustrie nur dann eine führende Rolle spielen und viel Geld gewinnen konnte, wenn sie große Vorratslager besaß, ordnete die Direktion des Schlachthofs eine Steigerung der Produktionsleistung an. Diese Anordnung wurde im Schlachtraum nach der Rede des Präsidenten der Republik vom zweiten Direktor persönlich bekannt gegeben, mit der zusätzlichen Bemerkung, daß das Blasengeld verdoppelt wird.

»Aber gewiß, Herr Direktor«, versicherte einer der roten Neger. »Man kann so mindestens zweimal mehr machen!«

Der weiße Mann litt nicht mehr als die Schweine am Fließband. Betäubt, angeschleppt und getötet wurde er zwischen zwei blutige Schweine aufgehängt, und sein Weg über die verschiedenen Arbeitsgänge der Fabrikation machte die Unterscheidung vom Schweinefleisch unmöglich. Der Vorgang erweckte zwar Neugier, aber keinerlei Widerwille unter den Schwarzen. Auf dem Markt im Kongo hatte man schon anderes gesehen. Einige weiße Arbeiter wurden ohnmächtig und flohen. Die Vorarbeiter nahmen Reißaus. Ihnen genügten schon die ausdruckslosen Blicke ihrer Sklaven. Die arbeitende Dritte Welt erfüllte gewissenhaft ihre Aufgabe bis zur Etikettierung der Büchsen, in denen der weiße Mann als Pastete geendet hatte. Vielleicht haben wir davon gegessen, denn in der Folgezeit schaute man nicht mehr so auf Qualität. Die Zeiten haben sich geändert...

Ein Arbeiterpriester war auch zugegen. Er war Abbinder am Wurstereifließband. Beim Fertigen des letzten Knotens verrichtete er ein kurzes

Gebet, das er mit den Worten abschloß »Herr, vergib ihnen, denn sie wissen nicht, was sie tun!« Jetzt hielt das Fließband. Da alle Gendarmerien in dieser Nacht hundert derartige Anrufe erhielten und manchmal Mühe hatten, das Gehörte zu glauben, und weil auch der Polizeipräfekt, der keine Anweisungen mehr erhielt und nur noch eine demoralisierte Truppe befehligte, sich entschlossen hatte, den nächsten Tag abzuwarten, um klarer zu sehen, so machte sich die Direktion von Olo die These von einem Unfall zu eigen. Man kann sogar vermuten, daß sie selbst diese Lösung vorschlug.

»Und jetzt«, schloß der Direktor nach einer Minute Stillschweigen, »jetzt geht's wieder an die Arbeit.«

»Einverstanden«, erwiderte das inzwischen von der Gewerkschaftsführung bearbeitete Schlächtertrio, »jetzt aber nur neunzig Schweine in der Stunde, nicht wahr? Frankreich hat nur etwas weniger zu essen.« Und sie fügten ruhig, freundlich und lächelnd hinzu: »Es versteht sich, die Hälfte des Profits gehört uns...«

Fünf Minuten später hatte der Direktor den Inhalt des Panzerschranks geleert und seinen engsten Vertrauten noch ein paar Umschläge zugesteckt. Dann schnappte er sich rasch seine Familie und stürzte sich auf die Autobahn nach Süden in Richtung Schweiz. Unterwegs wurde er durch Verkehrsstaus und Benzinmangel aufgehalten. Im weiteren Verfolg hat man ihn zuletzt zu Fuß in der Nähe von Saint-Claude gesehen. Hier belagerten Nordafrikaner, die mit der bloßen Besetzung des Gemeindeschwimmbads nicht zufrieden waren, in Massen den Gemeinderat und rissen im Namen der herrschenden Minderheit die Mitbestimmung an sich. Von nun an verlor sich die Spur des Direktors... Auf diese Weise ging der Schlachthof Olo in Bicêtre schließlich in Selbstverwaltung über.

In der dröhnenden Hölle am Quai Javel in Paris, wo am Fließband die Dritte Welt 80% der Arbeiter stellte, nahm die Revolte eine liturgische Form an, wie eine Art Messe oder ein rituelles Opfer. Wenn man weiß, daß die Rentabilität der Autoindustrie von der Zeitnahme beim Arbeitstakt abhängt, wie soll man sich da wundern, wenn einfache ungebildete und rassisch entwurzelte Menschen, die jetzt wieder unter den totalitären Vorstellungen eines wiedergefundenen Rassenbewußtseins standen, diese Zeitnahme und ihre Priester, die Zeitnehmer, für eine ihnen aufgezwungene verdammte Religion ihrer Herren hielten. Ihr Widerstand gegen diese Religion ging aus einem geheimen Einverständnis hervor, verbunden mit katakombenähnlichen Riten.

Wenn nun diese Menschen am Fließband etwas verschnaufen oder die Nerven beruhigen oder einfach ein wenig von einstigen Palmenhainen träumen wollten oder vom großen braunen Fluß durch Sand und Savanne, so entstand dadurch eine Tempoverminderung und damit eine Verzögerung der Fertigung. Die Leute standen herum, taten aber so, als ob sie arbeiten würden. Während dieser Augenblicke warfen sie einander rasch ein paar brüderliche Blicke zu, mit denen sie andeuteten, daß sie, abgesehen von einem Ruhebedürfnis, in der Ablehnung des Arbeitstaktes einig waren. Die Zeitnehmer paßten jedoch auf. Zwei Riten konnten nicht nebeneinander bestehen. Also wurden die Arbeitstakte erhöht oder man teilte die Aufgaben neu ein, um sie einfacher und schneller zu gestalten. Wenn Autos gebaut werden, darf man nicht von entfernten Palmenhainen träumen oder vom Fußfall am Abend mit der Körperwendung nach Mekka.

Als der Befreiungsmythos vom Ganges aufkam, wandten sich insgeheim alle Hoffnungen dieser Million Messiasse zu. Das war etwa um die Zeit des Vorfalls von Sao Tomé, als die Armada allgemeiner Gesprächsstoff war und der berüchtigte Slogan »wir sind alle Männer vom Ganges« zum politischen und humanitären Geschwätz gehörte. Es war indessen viel Geschrei von kurzer Dauer. Aber immerhin standen achtzigtausend Arbeiter an den stillstehenden Fließbändern und brüllten zwei Slogans, die scheinbar nichts miteinander zu tun hatten: »Jagt die Zeitnehmer zum Teufel, wir sind alle Männer vom Ganges!« Dann kehrte wieder Ruhe ein, obwohl die über diesen plötzlichen Aufbruch überraschten Gewerkschaften es gern gesehen hätten, wenn er noch länger gedauert hätte, weil sie hofften, dann wieder die Kontrolle über die Massen zu bekommen. Da nichts geschah, begnügten sie sich mit der seltsamen manichäistischen Parole, daß Zeitnehmer und die Männer vom Ganges eben Symbol der ewigen Konfrontation von Gut und Böse seien. Diese These verbreiteten sie fast überall in den Fabriken, um sich eben zu profilieren, obwohl das Tier den sozialen Frieden forderte, natürlich nur, um die öffentliche Meinung einzuschläfern.

Als eine Art Risikoschutz erhöhte man in der Folge die Anzahl der Zeitnehmer. Darüber verstrich die Zeit. Bis zu jener Nacht, als einer der schlimmsten Antreiber wie eine Wurst gebunden auf ein flaches Blech des laufenden Karosseriefließbandes gelegt wurde. Um den Hals hatte man ihm ein Schild mit der Aufschrift »Denn die Zeit der tausend Jahre erfüllt sich« gehängt. Als der riesige Fallhammer niederfiel, der aus dem Blech Türen, Kotflügel und Fensterrahmen formt, blieb von dem Zeitnehmer nur noch ein Blutfleck übrig, der durch die Ofenhitze rasch eingetrocknet war. Es gab ein großes Geschrei. Das Fließband stand still und Tausende von Arabern knieten daneben in Richtung Mekka gewandt und dankten Allah. So opferten die »Ungeliebten« einen Sündenbock.

In jener Nacht gab es in Javel keine Verbrechen mehr. Eines genügte und wurde von allen verstanden. Dem Geschichtsforscher sei gesagt, daß in Javel immer noch Autos hergestellt werden. Sie sind sehr teuer und kaum zu bekommen, da sie vorrangig den Behördenchefs des neuen Regimes geliefert werden. Wenn ein Arbeiter sich eines leisten wollte, müßte er den Lohn von zehn Jahren aufwenden. Dies Vergnügen bleibt ihm also versagt, aber unsere veralteten und heruntergekommenen Verkehrsmittel und das Gedränge auf schlechten Straßen trösten ihn. Als der Schreiber dieser Zeilen nach langem Aufenthalt in der Schweiz wieder nach Paris kam, standen Kinder atemlos um seinen Wagen herum, wie vor einem neuen Spielzeug. Als sie jedoch das Schweizer Kennzeichen sahen, lachten sie verächtlich. Die Unverbesserlichen! Man möge diese Abschweifung verzeihen...

In Billancourt, Vénissieux, Le Mans usw. erlitt man mit dem westlichen Arbeitstempo gleichfalls Schiffbruch. Daß dieses auf dem Schweiß der Dritten Welt beruhte, änderte an der Sache nichts. Man kann sogar behaupten – allerdings unter Gefahr der gesellschaftlichen Ächtung –, daß im westlichen Herrschaftsbereich wenigstens die Dritte Welt tüchtig arbeitete. Das beste wäre gewesen, darauf stolz zu sein und gerechte Beziehungen zwischen Vorgesetzten und Untergebenen herzustellen, statt auf dem Gipfel des Wohlstands immer zu klagen. Sollen wir es bedauern? Wir hätten ein wenig länger ausgehalten, das ist alles, wo doch Millionen Milliarden gegenüberstehen. Nachdem nunmehr die Dritte Welt über uns hinweggerollt ist, kann man ruhig feststellen, daß ihre unbewußte Dynamik recht behalten hat. Jetzt hat sich alles geändert, die Sprache, die menschlichen Beziehungen, das Arbeitstempo, die Erregbarkeit, die Leistung, die Auffassung von allem, ja selbst die Gleichgültigkeit gegenüber allem. Und da die ungehemmten sexuellen Beziehungen auf vollen Touren liefen, so kann man sagen, daß der Weiße die Dritte Welt geworden ist, die Dritte Welt aber nicht weiß. Dennoch hat sie gewonnen.

Ein alter Araber jammerte heimlich, »daß es unter den Franzosen besser war«. Er weiß nicht einmal mehr, ob er von seiner algerischen Heimat spricht oder von dem Frankreich, wo er jetzt wohnt. Millionen andere nagen an unserem riesigen sozialen Etat und sagen, daß sich jetzt das Rad gedreht hat und die Gleichheit kein leeres Wort mehr ist. So ähnlich dachte wohl unbewußt in dieser Nacht auch jene bei der Funktechnik in Croissy beschäftigte Arbeiterin aus den Antillen. Als sie ihren Schraubenzieher in die Brust der Vorarbeiterin stieß, rief sie einfach aus: »Schluß mit der Plantagenarbeit!« Ein Wort, das von weit herkam...

In der gleichen Nacht wurde – diesmal endgültig – der heilige Asphalt des Boulevard Saint-Germain in Paris besetzt. Kaum hatte der Präsident der Republik zu sprechen aufgehört, als das Viertel, das in Erwartung der Rede den ganzen Abend leer war, mit einem Schlag lebendig wurde. Zwanzigtausend schwarze Studenten, darunter einige junge Diplomaten, besetzten den heiligen Asphalt. Elsaß-Lothringen war wieder eingenommen worden. Diesmal würde man es nicht mehr aufgeben! Sie kamen von überall her. Aus den Antillen-Bars, den afrikanischen Tanzlokalen, den Wohnungen des Universitätsviertels, wo sie das Unmögliche erwartet und das Unvermeidbare erwünscht hatten. Sie tauchten alle gleichzeitig auf. Im Restaurant »Odéon-Music« setzte sich einer von ihnen hinter das Buffet und forderte: »Eine Runde vom Chef.« Das Beispiel fand in allen Cafés in der Nähe Nachahmung. Es gab nur einen Zwischenfall. In einem Café zog der Besitzer, hartnäckig wie er war, die Pistole, die er immer griffbereit in seiner Schublade liegen hatte. Während er die sein Café wie ein Tropenregen überflutende Menge bedrohte, trat ein großer Bursche aus Guadeloupe auf ihn zu. Er schien einer der Studentensprecher zu sein. Mit heruntergelassenen Händen näherte er sich der ausgestreckten Pistole auf Zentimeter. Der Mann hatte ein Gedächtnis und ein Geschick zur Nachahmung. Auge in Auge mit dem Kaffeehausbesitzer begann er zu reden und man glaubte, erneut den Präsidenten der Republik zu hören:

»Es handelt sich um einen grausamen Auftrag, den auszuführen ich nach bestem Wissen und Gewissen von jedem Soldaten, jedem Polizisten und jedem Offizier fordere, von denen aber jeder genau prüfen soll, ob er ihn annehmen oder ablehnen will. Töten ist schwer. Wissen warum ist noch schwerer. Ich selbst weiß es, aber ich habe nicht den Finger am Abzug und einige Zentimeter von meiner Waffe entfernt das Fleisch des Unglücklichen. Meine lieben Landsleute, was auch geschehen mag, Gott möge uns schützen oder uns vergeben.«

Nachdem er geendet hatte, brach er unter dem Beifall seiner Kumpel in ein Gelächter aus. Es war ein merkwürdiger Augenblick, als der Haß plötzlich umschlug und einer feineren Regung wich, als ob ein gesunder Widerstreit bei dieser sozial gehobenen Stufe ein Bedauern ausdrücken wollte. Eine Stimme drang durch den Lärm:

»Auf, Chef! Wir laden dich ein. Wenn du klug bist, werden wir vielleicht morgen bezahlen, was getrunken wird. Alle sollen leben, nicht wahr?«

»So geht's nicht«, sagte achselzuckend der Chef.

Dann warf er seine Waffe weg, steckte den Inhalt der Registrierkasse in die Tasche und lief, ohne sich umzudrehen, geradewegs in die Nacht hinaus. Alle machten ihm Platz. Etwas weiter entfernt mußte er sich auf dem Boulevard unter einen Torbogen stellen, um eine große Menschenmenge vorbeiziehen zu lassen, die keinen daumenbreit den Bürgersteig freigab. Es waren die Arbeiter aus dem Untergrund, die Paris besetzten.

In diesem Zusammenhang sei eine wenig bekannte Episode erwähnt, von der viele Historiker meinen, es sei klüger, darüber zu schweigen. Denn in Regierungskreisen befinden sich hochgestellte Leute, denen eine Erinnerung daran auf die Nerven fallen würde. Es handelt sich um die überstürzte Flucht aller vornehmen Schwarzen vor der Armee der Straßenkehrer, Handlanger und afrikanischen Höhlenbewohner, angeführt von ihren Zauberern, besonders dem »Doyen« der dunklen Keller und dem weißen Pater der Straßenkehrer, Lavigerie de Bidonville. Da etliche unter ihnen frühmorgens die Randsteine der Boulevards kehrten, zu einer Zeit, wo diese schwarzen Herren in ihre Wagen stiegen, die seit dem Vorabend auf dem heiligen Asphalt geparkt standen, hatte sich in den Kellern und Mansarden die Legende von einem schwarzen Paradies verbreitet. Die Herrensöhne stellten sich zur Schau. Was hatten sie noch gemein mit den armen Kehrbesennegern? Die Hautfarbe? Sicher. Diese Luxusneger waren wütend, daß sie im Herzen dieser Hauptstadt, die Zeuge ihres Erfolges ist, dauernd auf den Bürgersteigen, am Ausgang der Kanalisationsschächte oder hinter den Müllwagen auf ihre zerlumpten, hungrigen, befangenen Doppelgänger stießen, deren billig verkaufte schwarze Haut die hochgestellten Neger beleidigte. In dieser Nacht wurden ihre Haßgefühle auf eine harte Probe gestellt. Einerseits hatten sie eine Abneigung gegen die Weißen, andererseits einen Widerwillen gegen ihre Brüder aus dem Untergrund. Immerhin hatte sie der Haß der schwarzen Proletarier bis nach Frankreich verfolgt, ihnen aber im Kielwasser der Weißen das Schicksal ihrer Rasse erspart.

Der Gangesbefreiungsmythos löste unmerklich Spaltungen aus. In diesem trüben Wasser der Weltuntergangsstimmung war für niemand mehr etwas erkennbar, und das Tier verschleierte bewußt alles, so wie ein Tintenfisch sich dem Gegner dadurch entzieht, daß er Tinte verspritzt. Vielleicht ist das eine Erklärung.

Auf jeden Fall liefen diese eleganten Typen, wenn immer die zerlumpten schwarzen Heerscharen vor dem »Odéon-Music« oder an andern Polen des schwarzen Paradieses auftauchten, wie die Hasen davon. Wir wollen jedoch ihre Geistesgegenwart und ihre Standhaftigkeit, die sie bis in die Frühe bewahrten, loben. Als sie jetzt, bestens angezogen, an die Türen aller Wohnungen im Viertel klopften, sagten sie zu den verängstigen Bürgern etwa folgendes:

»Meine Damen und Herren, wir kommen, um Sie zu schützen. Seit Mitternacht wissen Sie, daß es keine Vorrechte mehr gibt. Sie müssen alles teilen. Mit den Arbeitern der Dritten Welt und wer da noch dazukommt. Die Straßen sind schon besetzt. Vielleicht kommen in wenigen Minuten ganze Familien zu Ihnen, und Sie müssen übel oder wohl zusammenrücken. Ihr Salon wird zum Feldlager. Für unsere unglücklichen Brüder, die sich in Ihren Diensten abschinden, ohne die Sie aber nicht leben können, wäre es nur gerecht. Wir andern dagegen – Studenten, Prinzen, Unternehmersöhne, Professoren, Diplomaten, Intellektuelle, Künstler und mancher Art Lehrgangsteilnehmer –, wir sind Menschen von Geschmack, von Ihrer Kultur durchdrungen. Wir schätzen Ihre Lebensart. Wir sind für die Erhaltung eines gehobenen Lebensstils, dem wir soviel verdanken (sehr gut! Dieses Argument zieht immer). Das beste wäre, wir würden bei Ihnen einziehen. Zu zweit oder zu dritt, mehr nicht. Noch besser wäre es, wenn Sie mit uns eine gewisse geistige Gemeinschaft bilden würden, statt den armen, dummen Schlukkern nachzugeben. Diese sind zwar nicht bösartig, aber sie haben vor nichts Achtung. Meine Dame, mein Herr, die Zeit drängt. Wenn andere an Ihrer Tür läuten, wäre es vorteilhafter, glauben Sie es, wenn schwarze Gesichter aufmachen würden. Lassen Sie uns nur machen und verstecken Sie sich...«

Ihr gutes Aussehen, ihre gewählte Sprechweise, das fleckenlose Hemd, die unauffällige Krawatte und die Hornbrille gaben den Ausschlag. Unter zwei Übeln, sagt sich der in die Enge getriebene Bürger, muß man das kleinere wählen. Eine snobistische Kanaille ist mehr wert als ein ehrsamer, fetter Neger. Als Gentleman wird er ja meine Tochter achten.

Man ziert sich noch. »Sehen Sie sich die Wohnung an. Dort können Sie sich einrichten. Das Sofa... Ein Bett vielleicht? Sicher, sicher, das ist leicht zu machen! Wir haben zwei Badezimmer. Das ist einfach! Und dann, das ist vielleicht nicht für längere Zeit?« Da fiel der Hammer.

»Doch, gnädige Frau, für immer.«

O ja! Für immer. Die Ratten geben den Käse »Westen« erst auf, wenn sie ihn ganz verschlungen haben, und da er fett und gut geformt ist, so gilt das nicht nur für morgen. Sie werden weiterhin bleiben. Und die geschicktesten Ratten haben sich den besten Teil vorbehalten. Das ist die üble Seite jeder Revolution. Man schließt die Augen vor gewissen Rechten, die in dieser historischen Nacht erworben und als Siege der Avantgardisten begrüßt wurden, aber im Prinzip wird das neue Regime nie mehr nachgeben.

Noch vor kurzem haben etliche im Stillen daran gedacht, die Wohnung aufzuteilen, die eine Hälfte für die Schwarzen, die andere für die Weißen, was ihren Gebrauch nicht nach dem Gleichheitsprinzip, sondern nach der rassischen Unterscheidung bedeutet. Weiße, die etwas Geld gerettet haben, machten unter der Hand ihren braunen Mitbewohnern beachtliche Angebote. Es scheint sogar, daß zahlreiche Geschäfte dieser Art zur Zufriedenheit beider Teile zustande kamen. Aber ein äußerst strenges Gesetz, das die Rassenunterscheidung untersagte, machte diesen Dingen ein Ende. Logisch! Man baut nicht gesellschaftliche Rassenschranken ab, um sie im Privatleben heimlich wieder erstehen zu lassen. Das paßt nicht mehr. Es sei in diesem Augenblick an ein altes amerikanisches Gesetz von 1970 erinnert, das der Vorläufer aller Gesetze gegen den Rassismus geworden ist, das sogenannte »Schülerbeförderungsgesetz«. Damals lebten in den Vereinigten Staaten oft Weiße und Schwarze rassisch getrennt jeder für sich in Ortschaften, die weit voneinander entfernt waren. Unter dem Schlagwort »Integration« verfiel man auf die Idee, jeden Tag weiße Schüler in die Schulen der Schwarzen zu befördern und eine gleiche Anzahl schwarzer Schüler in die Schulen der Weißen. Man nannte dies »busing«, was von Bus, das heißt

Omnibus kommt. So fuhren jeden Tag zahlreiche Schüler hundert Kilometer in eine Richtung, während andere den gleichen Weg in umgekehrter Richtung zurücklegten. Dagegen wurde schließlich protestiert, teils wegen der unnützen Mühe, teils wegen der verrückten Kosten, aber im Namen der Freiheit der Entscheidung, kurz im Namen von allem, was man wollte, aber niemals im Namen des Rassismus! »Busing« triumphierte und in unsern Tagen feiert man in den Schulen der ganzen Welt den »Busing-Tag«...

In dieser Nacht trat schließlich auch die unvermeidbare Erscheinung der Blöden und Irren, der Naiven und Verfolgten zutage. Wenn nichts mehr vernünftig geht, werden mit einem Schlag alle Anomalien, aller Groll, alle Utopien, alle Komplexe und alle Regelwidrigkeiten freigesetzt. Alle tollen Hunde sind losgelassen. Es ist die Runde der schwachen Gehirne, die von den Fesseln der Gesellschaft befreit sind. Aus der Masse der Vorgänge, von denen einzelne fast unglaublich erscheinen, schlossen die Historiker, daß die bisherige Gesellschaft besonders unterdrückend gewesen sein muß, weil ihr Zusammenbruch so viele krankhafte seelische Strukturen hervorgebracht hat. Die Irrenärzte frohlockten. Sie warfen der gleichen Gesellschaft vor, sie leide an geistigen Krebsschäden, weil sie die Irren befreien wolle, um nicht einer Unterdrückung eine weitere hinzuzufügen. Offenbar vergißt man dabei etwas schnell die ausschlaggebende Wirkung des Befreiungsmythos', der ja, wie zu andern Zeiten die Droge, bewußt eingeträufelt worden ist. Aber gehen wir darüber hinweg... Kathederstreit lohnt sich in dieser Stunde nicht. Begnügen wir uns mit ein paar Tatsachen aus einer Vielfalt von Tausenden.

So gab es beispielsweise in dieser Nacht zahlreiche Sittlichkeitsdelikte. Nie hat man zuvor so viele Penisse aus den Hosenschlitzen heraushängen gesehen, und während normale Leute sich versteckten oder flüchteten, hatten die öffentlichen Bedürfnisanstalten, besonders in Paris, aber auch in allen großen Städten einen Zulauf wie nie zuvor seit der Befreiung 1944. Es ist sicher kein Zufall, daß zwei ähnliche Typen die gleiche Wirkung erzielten. Vom Lüstling zum Sadisten war kein großer Schritt. Des weiteren trat diesmal einem Mädchen, das sich jeden Tag verfolgt oder aufgelauert fühlte – eine laufende Stadtkrankheit –, der Tod mit dem schrecklichen Gesicht der sexuellen Raserei gegenüber. Noch Jahre später fand man auf verlassenen Baustellen Leichen von Frauen und Kindern, die ausgegraben wurden, ähnlich wie die Bomben in den Städten aus den letzten Kriegen.

Desgleichen blühten auch die Denunzierungen aller Art, welche besondere Behörden pausenlos überprüfen mußten. Als die Post wieder normal funktionierte, war man verblüfft über die Masse der anonymen Briefe, die in dieser Nacht geschrieben und in die Briefkästen geworfen worden waren. In außergewöhnlichen Zeiten zeigt sich das Maß der menschlichen Verkommenheit. Nur ein Phänomen war jetzt neu: die zahlreichen Briefe von Kindern, die ganz hübsch Papa und Mama denunzierten. Da braucht man nicht zu heulen. Während der chinesischen Kulturrevolution gaben sich die jugendlichen Chinesen mit großer Freude dieser Sache hin, und Gott weiß, daß man im Westen keineswegs mit Lob sparte! Ein anderes Kapitel betrifft die geschorenen Frauen. Eine Sekretärin, die mit ihrem Chef schlief, oder eine Arbeiterin mit ihrem Vorarbeiter war am Morgen kahlrasiert wie eine buddhistische Nonne. Was die Abrechnung unter Franzosen betrifft, so wollen wir lieber nicht davon sprechen. Erbärmlich! Zerstochene Autoreifen, beschmierte Häuserwände, zerbrochene Fensterscheiben, vergiftete Hunde, abgesägte Bäume, aufgewühlte Weiden, alle diese engstirnigen Untaten kleiner Leute fielen in dieser Zeit kaum ins Gewicht. Da war wenigstens die Dritte Welt großzügiger bei ihrer Abrechnung...

Was Naivität vermag, zeigt folgende spaßige Geschichte. Dreihundert Dorfbewohner in der Nähe der Fliegerschule Deauville-Gatien, in welcher junge Piloten der Air France Start und Landung übten, besetzten seit drei Uhr früh das Gelände und die Gebäude samt Einrichtungen. Geschah dies im Namen ihrer erschöpften Nerven? Keineswegs! Mit dem Bürgermeister an der Spitze, der sich die Trikolore um den Leib gebunden hatte, schwangen die Bauern ihre Gabeln und setzten, flankiert von Bäuerinnen mit aufgelösten Haaren, zum Sturm auf den Kontrollturm an – um ihrem Vieh Ruhe vor dem Fluglärm zu verschaffen! Man hat schon wegen weniger revoltiert. Wer weiß, wo das Ideal des Menschen eigentlich sitzt. Bei zuviel Lärm der Düsenflugzeuge geht das Vieh zugrunde. In der Normandie ist die Kuh heilig! Seit diese Bauern erfolglos demonstrierten, wurden sie sauer wie die Milch ihrer Kühe. Kaum hatte daher der Präsident der Republik am Fernseh-Bildschirm des Bürgermeisters aufgehört, da drehte sich der brave Mann um, kippte einen Calvados hinunter und sagte: »Jungs, ich glaube, diesmal werden wir sie packen!« Als traditionsbewußter Mensch ließ er die Sturmglocke läuten. Im Dorf wußte jeder, was los war. Die Gangesflotte war weit weg. Hier kümmert sich keiner um Politik und keiner mischt sich in die Angelegenheiten der andern ein. Möge jeder vor seiner eigenen Tür fegen! Aber der Flugplatz, der ist unsere Sache. Ah, wie uns das freut! Diese einzigartige Sturmglocke in einer historischen Nacht, die mit aller Macht zur Rettung der Rinder läutet...

40.

Mond und Sterne waren verschwunden. Unter einer großen Tanne saß Oberst Dragasès und wärmte sich an einer Tasse Kaffee die Hände. Der Scheinwerfer auf der Villa drang nicht mehr scharf durch die Nacht, die langsam verblich. Gleich einer im Morgennebel unkenntlich gewordenen Schildwache tastete sich sein Strahl die hundert Meter zum Strand hindurch. Fünf Uhr. Noch rührte sich nichts an Bord der Einwandererflotte, außer einigen kaum wahrnehmbaren Bewegungen. Offenbar sind es Köpfe, die sich bei dem nun anbrechenden Tag dem Ufer zuwandten, um dort womöglich die nächsten Schicksalsminuten zu erforschen.

Beim Panama Ranger war der Lärm schwächer geworden oder in eine weichere Tonart übergegangen. Man hörte nur noch Gitarren, begleitet von tiefen Stimmen, die moderne traurige Balladen sangen. Klagelieder waren zeitgemäß. Mit vier Noten sang man über sich, die andern, die Welt und alles sonstige. Als das Gejohle langweilte, versenkte man sich in menschliches Elend, oft hübsch mit Musik untermalt. Und die unzufriedenen Seelen fanden hier Zuflucht, denn anderes hat man sie nicht gelehrt.

Die Ursachen des Elends bei sich oder der Vergangenheit zu suchen, kam niemand in den Sinn. Diese Welt hielt sich nur aufrecht, indem sie sich das Elend als hochdosierte Droge einimpfte, so wie ein Drogensüchtiger sich an Heroin hält. Daß die Grundlage des Elends bei sich selbst zu finden manchmal etwas schwierig war, bedeutete wenig, denn einen Drogensüchtigen hält nichts zurück. Die Gifte lassen sich leicht beschaffen, und an Drogenhändlern mangelt es nie. Außerdem war irgendwo im Geist immer diese seltsame Hoffnung auf völlige Zerstörung vorhanden, als letztes Mittel gegen den Überdruß, der den modernen Menschen verbraucht. Diese Hoffnung hatte das Tier ausgelöst, indem es sie im Lied verherrlichte.

In diesem Augenblick begann die klare, volltönende Stimme eines jungen Mannes. Die andern verstummten und nahmen nur den Wechselgesang im Chor auf, wie bei Vespern oder als zeitweilige Ergänzung. Nebenbei gesagt, ist die Tötung des Sakralen, die Vernichtung der antiken Liturgie nicht zufällig geschehen. Man darf nicht glauben, daß die Priester sie eigenhändig erwürgten, ohne zu wissen, daß sie anderweitig wieder erstehen würden. Sie wußten es, und viele hatten sich gefreut, dazu ihre besten Waffen zu liefern. Das Sakrale brauchte Gott nicht mehr, die Liturgie verherrlichte nur noch das menschliche Wesen auf

Erden, und die von der göttlichen Bürde endlich entlasteten Priester konnten ihr Amt als Menschen wie jedermann übernehmen.

Was die Stimme sang, war im Text gewöhnlich. Aber die Worte waren nicht wichtig, da sie schlechthin übertönt wurden. Der junge Mann improvisierte:

»Für den Tritt in den Hintern des niedergeschlagenen, auf dem Bürgersteig blutenden Arabers werden wir diese verkommene Welt zerstören...«

»Wir werden diese verkommene Welt zerstören«, wiederholte der Chor...

»Für die unsinnige Leibesfrucht der am Samstagabend geschwängerten Arbeiterin werden wir diese verkommene Welt zerstören...«

»Wir werden diese verkommene Welt zerstören...«

»Für das heulende Mädchen, das von seinem Vater erwürgt wurde, der vom Lärm der Maschinen die Nerven verloren hatte, werden wir diese verkommene Welt zerstören...«

»Für den ausgehungerten Neger, der den Hundekot der Reichen wegkehrt, werden wir diese verkommene Welt zerstören.«

»Für die durch die Rhodiachemie zerstörten Lungen werden wir diese verkommene Welt zerstören...«

»Wir werden diese verkommene Welt zerstören«, wiederholte der Chor. Da die Stimmung stieg, fügten einige hinzu: »diese ekelhafte, stinkende, beschissene Welt...« Begleitet von Akkordschlägen der Gitarre wurde der Refrain länger und jeder entlud seinen Haß. »Menschliche Welt« sagte sogar einer. Zweifellos eine Einschränkung und sicher wußte er nie, wie Gott sich anstrengte, um ihm zu vergeben...

»Für den Greis, dem am Weihnachtsfest der Alten der Pfarrgemeinde der Sekt aufstößt, werden wir diese verkommene Welt zerstören...«

»Für den Scheck des Chefs am Weihnachtsfest der Alten werden wir diese verkommene Welt zerstören...«

»Für die nackte Negerin, die sich bei den Safaris der Millionäre verkauft...«

»Für die fünfundzwanzig Wildschweine, die der Präsident geschossen hat...«

»Für die Millionen von Körpern, die durch den Waffenhandel durchlöchert wurden...«

»Für den gefressenen Kaviar an einem Hungerabend in Indien...«

»Für den Hindu, der am Neujahrsmorgen vor Hunger starb...«

»Für die Schlächter des Westens, die immer diejenigen getötet haben, die sich vor ihren schmutzigen Ideen nicht gedemütigt haben...«

Der Oberst trank seinen Kaffee aus, zündete sich eine Zigarette an und sagte:

»Gut skandiert diesmal! Das fängt sogar an, sich zu reimen. Und für die Schlächter des Westens, da haben sie sogar recht. Herrlicher Westen, der sich seiner so sicher ist und seiner Kultur und seiner Blindheit und Selbstherrlichkeit und des Rechts des Stärkeren. Und was haben wir alles im Namen dieses Rechts seit langem getan. Und wir hatten gut zu leben, da wir die Last andern aufbürdeten!«

Er wandte sich an einen Offizier.

»Herr Hauptmann! Letzte Stärkemeldung der Schlächter bitte!«

»Um fünf Uhr fünfzehn, Herr Oberst, zweihundertzwanzig Offiziere, Unteroffiziere und Soldaten, ohne den Herrn Staatssekretär und seinen Chauffeur. Nein... (Er warf seinen Blick auf einen Mann, der ins Dunkle flüchtete.) Der Chauffeur ist soeben abgehauen. Damit sind es zweihunderteinundzwanzig. Keiner mehr. Und zweihundert Abgefallene während der letzten zehn Minuten. Bei diesem Spiel sind wir geschlagen.«

Mit diesen Worten schlug er die Hacken zusammen und grüßte mit erhobenem Kinn und mit den Augen geradeaus blickend.

»Was halten Sie davon?« fragte der Oberst.

»Ich spiele nur eine Rolle«, antwortete der Offizier. »Ich habe eine Aufgabe übernommen.«

Dann sprach er wie bei einem Appell in einem Zug:

»Hübsche Figur von einem französischen Offizier! Durch seinen Schneid und seine Opferbereitschaft hat er es verstanden, seinen Männern mehr als Mut beizubringen und, ähnlich wie bei einem beispielhaften Rückzug, die Ufer des Mittelmeers zu erreichen, ohne seine Maschinenpistole aufzugeben! Zitiert auf Befehl der Armee!«

»Spielen Sie zufällig auf mich an, Herr Hauptmann?«

»Genau, Herr Oberst.«

Beide lachten aus vollem Herzen. Der Offizier fuhr fort:

»Ich habe mich noch nie so amüsiert. Alle, die desertierten, haben keinen Humor. Natürlich sind es viele. Gegenwärtig ist es schwer, Humor zu besitzen. Sie haben jetzt noch die Creme, Herr Oberst, nämlich die, denen alles egal ist, besonders dieses lächerliche Elend.«

»Man muß glauben«, sagte der Minister, »daß wir außer Mode sind. Die Fröhlichkeit ist außer Mode. Das Glück ist strafwürdig. Der Ehrgeiz angeschlagen. Alles, was Lebensfreude machte. Als ich jung war...«

»Bitte keinen Vergleich, Herr Minister!« sagte der Oberst. »Das gibt es auch nicht mehr. Außerdem ist es gegenstandslos. Hören Sie doch diese zwanzigjährigen Greise und ihre abscheulichen Bitten. Soll das eine Anregung für junge Leute sein? Alle stellen sich auf eine Ebene mit dem Ärmsten, dem Dreckigsten, dem Blödesten, dem Unnützesten und dem Unglücklichsten. Keiner richtet den Blick auf etwas Gehobenes, etwas Persönliches. Was für eine Welt man auch schaffen will, so geht es nicht! Besonders darf man sich auf den Schultern des Nächsten nicht über die Menge erheben, vielmehr gilt es, mit jedermann auf dem Boden zu bleiben...«

»Sie werden ja furchtbar ernst, Herr Oberst«, bemerkte der Offizier.
»Richtig«, erwiderte der Oberst. »Das wird nicht mehr vorkommen.«
Die Nacht der Töne und Stimmen ging langsam zu Ende. Die Psalmen des Panama Rangers wurden allmählich schwächer. Oberst Dragasès setzte ein Megaphon an den Mund. Breitbeinig, strotzend vor Gesundheit wandte er sich nach Norden zu den Banden und rief lautstark:
»Ihr geht mir auf die Nerven!«
Zu seiner Umgebung sagte er: »Das ist ein wenig geistlos, nicht sehr originell, aber genau das, was ich denke. Übrigens wende ich mich gar nicht so sehr an jene.«
»An wen dann?« fragte Jean Perret.
»Wahrscheinlich an die Zukunft...«
Aus den umliegenden Villen kam gleich die Antwort.
»Aas! Dreckhaufen! Blödel! Schlamper! Schuft!«
»Können nicht mal mehr ›Scheiße‹ sagen«, bemerkte der Oberst.
»Hurenbock! Saukerl! Mörder! Faschist!«
»Faschist«, sagte der Oberst, »Imperialist, Kapitalist, Rassist. Mit Isten beschimpfte ich mich selbst. He! Da oben! Dankt ihnen meinerseits!«
Das Maschinengewehr auf dem Dach der Villa jagte ein paar Feuerstöße hinaus. Es schoß auf Sicht, denn es wurde Tag. Man hörte Zornesschreie und dumpfes Stöhnen Verwundeter. Der Gewehrführer blickte durch das Fernglas.
»Großer Gott, hört auf mit Schießen«, befahl er.
»Was fällt Ihnen ein?« rief der Oberst. »Fehlt Ihnen etwa auch der Humor?«
»Das nicht, Herr Oberst. Aber beinahe hätte ich Pfarrer umgelegt.«
»Und? Berührt Sie das? Wie wollen Sie überhaupt erkennen, daß es Pfarrer sind?«
»Sicher sind es welche, Herr Oberst. Sie haben das Aussehen von Pfarrern, wie ich sie schon lange nicht mehr gesehen habe. Sie kommen die kleine Straße herunter, Richtungswinkel 32, Entfernung 800 Meter...
Sie singen, Herr Oberst! Der erste hat eine Art weißen Spitzhut auf dem Kopf. Er geht unter einem Sonnenschirm mit einem goldenen Ding in den Händen!«
»Eine Bischofsmütze, Schafskopf! Ein Baldachin. Eine Monstranz.«

41.

Sie waren zu zwölft. Zwölf Benediktinermönche der Abtei Fontgembar im Esterel. Elf Greise, dürr wie Weinranken, aber mit so weichen Gesichtern wie der Engel von Reims, und ein kräftiger Fünfziger mit beweglichen dunklen Augen. Alle trugen schwarze Kutten. Um Mitternacht waren sie noch im Kapitelsaal beisammen, um die Rede des Präsidenten der Republik zu hören. Zehn Minuten später hatte sich der Abt, Dom Melchior de Groix, von seinem Chorstuhl erhoben, mit aufrechter Haltung trotz seiner siebenundachtzig Jahre. Er sprach kurz folgendes:

»Meine Brüder, vor drei Jahren haben wir die tausend Jahre alten geheiligten Mauern dieses verlassenen Klosters wieder hergerichtet, trotz der Haßwelle, die unser Werk ausgelöst hat. Wir wissen noch nicht, zu welchem Zweck uns Gott die Anregung dazu gegeben hat. Heute, in dieser Minute, wo das christliche Abendland den größten Gefahren gegenübersteht, ahnen wir es deutlich. Wir sind die letzten meditierenden Mönche eines Ordens, der sich im alltäglichen Tun, im Engagement und in den Wirren dieser Welt aufgelöst hat, die zuerst geleugnet und dann vergessen hat, daß der Mensch nur auf Erden wandelt, um sein ewiges Heil zu erlangen. Wenn in dieser Feststellung Hochmut enthalten ist, möge uns Gott vergeben...«

Im Halbdunkel, in welchem nur ein paar Kerzen flackerten – das elektrische Licht war schon tags zuvor ausgefallen –, sah man eine Silhouette, die mit festem Schritt den Chorstuhl verließ und vor dem Abt auf die Knie sank. Es war der jüngste der alten Mönche, Dom Paul Pinet, Prior von Fontgembar. Mit gesenktem Blick sprach er:

»Es ist Hochmut, Vater. Im Namen des Gekreuzigten, der für alle Menschen gestorben ist, bitte ich Sie ein letztes Mal, darauf zu verzichten.«

»Gegen alle Erwartung hat mich Gott bis zu diesem außergewöhnlichen Tag am Leben erhalten«, erwiderte der Abt. »Das muß wohl einen Grund haben. Lieber Bruder Paul, ich weiß, daß Sie meinen Entschluß mißbilligen und meine Anordnung für gefährlich und vergeblich halten. Soll ich Sie vorübergehend von Ihrem Gehorsamsgelübde entbinden?«

»Ich möchte von keinem Gelübde entbunden werden«, antwortete der Prior. »Die Umstände werden es mit sich bringen oder der Wille Gottes, wenn Sie so wollen.«

»Gut. Gehen Sie auf ihren Platz zurück, Bruder«, fuhr der Abt fort.

Dann schlug er das große Buch des Neuen Testaments bei einer Seite auf, die mit einem seidenen Buchzeichen versehen war, und sagte:
»Meine Brüder, im Morgengrauen dieses Tages würde ich Euch gern an das 20. Kapitel der Offenbarung erinnern.
›Selig und heilig ist der, welcher an der ersten Auferstehung teilhat. Über solche hat der andere Tag keine Macht, sondern sie werden Priester Gottes und Christ sein und mit ihm diese tausend Jahre regieren...‹
So sprach der heilige Johannes von der Gnade, die das Volk Gottes auf seinem harten Lebensweg begleitete, um es zum ewigen Leben und zum Glück der völligen Erkenntnis zu führen. Aber die Zeit der tausend Jahre vollendet sich, meine Brüder.«
Und über das große Buch geneigt las er langsam:
»›Und wenn tausend Jahre vollendet sind, wird der Satanas los werden aus seinem Gefängnis und wird ausgehen, zu verführen die Heiden an den vier Enden der Erde, den Gog und Magog, sie zu versammeln zum Streit, welcher Zahl ist wie der Sand am Meer.
Und sie zogen herauf auf die Breite der Erde und umringten das Heerlager der Heiligen und die geliebte Stadt. Und es fiel Feuer von Gott aus dem Himmel und verzehrte sie. Und der Teufel, der sie verführte, ward geworfen in den feurigen Pfuhl und Schwefel, da auch das Tier und der falsche Prophet war; und werden gequält werden Tag und Nacht von Ewigkeit zu Ewigkeit.
Und der auf dem Stuhl saß, sprach: Siehe, ich mache alles neu. Wer überwindet, der wird alles ererben, und ich werde sein Gott sein, und er wird mein Sohn sein.
Die Verzagten aber und Ungläubigen und Greulichen und Totschläger und Zauberer und Abgöttischen und Lügner, deren Teil wird sein in dem Pfuhl, der mit Feuer und Schwefel brennt; das ist der andere Tod.‹
Die Zeit des Magog ist gekommen, meine Brüder«, schloß der Abt. »Wie Sand am Meer haben die Völker die Stadt überfallen. Die Gerechten werden sich auf den Weg machen und den Leib Christi bis zum zerstörten Bollwerk tragen. Könnt Ihr bis zum Strand marschieren, meine Brüder?«
Ein langes beifälliges Murmeln folgte. Zehn halbtote, wacklige Greise, die vom vielen Knien, Wachen, Fasten und Psalmodieren erschöpft waren, mystische Roboter, ahnten plötzlich die Möglichkeit eines Endes, das ihnen gleichsam als Befreiung und Sinn ihres langen Klosterlebens erschien. »Laßt uns marschieren, laßt uns marschieren«, meckerten sie. Die geistig Behinderten unter ihnen hatten vergessen, in welchem Jahrhundert sie lebten. Andere, die nachts auf Holzpritschen ihrer Zelte frösteln, träumten von einem mitleidigen Gott, der sie in seine Arme nehmen würde. Marschieren, bis zum Ende marschieren! Bestürzt hob Dom Pinet den Kopf und versuchte klar zu denken.

»Verrücktheit, Hochmut und Altersschwäche«, sagte er. »Man fordert Gott nicht heraus. Er hat nie ein Zeichen gegeben. Gott wird nicht antworten. Er hat noch nie derartig geantwortet. Es ist eine Torheit, sich solche Hirngespinste einzubilden. Schlimmstenfalls verratet ihr das Bild, das ihr euch von Gott gemacht habt. Was erwartet ihr denn? Die Masse aufhalten, indem ihr die Hostie schwingt? Sind es nicht die gleichen Illusionen wie damals, als die schwarze Pest den Bischof in seiner Kathedrale hinwegraffte, nachdem er sogar feierlich den Schutz Gottes angerufen hatte?«

Er stotterte, als er diese Worte sprach. Er verkrampfte sich in seine Argumente, weil es ihm einfach unfaßbar schien, sich in eine solche Debatte einzulassen und sich mit abgestumpften Greisen auseinanderzusetzen, die sich wie dreijährige Kinder benahmen. Bald hätte er sich geschämt.

»Seid ihr fertig, Bruder?« fragte der Abt.

Dom Pinet senkte bedrückt den Kopf. Sicher war er fertig. Was hätte er bei dieser Mauer von Dummheit auch noch sagen sollen?

»In diesem Fall«, fuhr der Abt fort, »werdet Ihr, da ihr der jüngste und stärkste unter uns seid, die Hostie bis zur Küste tragen. Ich glaube nicht, daß ich dazu die Kräfte habe, und unsere Brüder müssen alles aufbieten, um den langen Weg zurücklegen zu können. Wir haben Glück. Der Mond scheint. Er wird uns leuchten... Exaudi nos, Domine, erhöre uns, heiliger Herr, allmächtiger Vater, ewiger Gott, und schicke uns vom Himmel deinen heiligen Engel. Er soll Wächter, Stütze, Schützer und Verteidiger von allen sein, die mit ihm verbunden sind. Per Christum Dominum nostrum. Amen.«

Draußen empfing sie eine tödliche Stille. Das kleine benachbarte Dorf unten im Tal, dessen Laternen gewöhnlich die ganze Nacht brannten, war völlig in Dunkel gehüllt. Kein Lichtstrahl drang mehr auf die Windungen der nahen Nationalstraße, auf welcher der Autoverkehr sonst nie verstummte. Man hörte auch die vertrauten Geräusche nicht mehr, die selbst zur Schlafenszeit zu erkennen gaben, daß das Leben keine Pausen kennt. Alles war wie ausgestorben.

Zuerst kamen sie durch verlassene Dörfer. Es waren Winzerdörfer, die mit ihrer Ummauerung Festungen glichen. In Zeiten barbarischer Überfälle ergriff man Pike und Armbrust, und während die Sturmglocke läutete und die Frauen mit dem Pfarrer beteten, kämpften die Männer bis zum Sieg oder Tod. Jetzt waren die Enkel der Enkel geflohen. Abgesehen von den ewig vererbten Weinbergen haben die Einwohner nur einen Wald von Antennen hinterlassen, sowie drei Pakete Kindernahrung, zwei Mischgetränke und eine Wanderausstellung mit satirischen Zeichnungen der Zeitung »La Grenouille« im Jugend- und Kulturhaus, dem einzigen Gebäude übrigens, bei dem die Bevölkerung vergessen hatte, die Türen und Läden zu schließen. Ein Beweis, daß sie sich dort nicht viel aufgehalten und es leichten Herzens aufgegeben hatte oder es mehr oder weniger als Teil des Gesamtverlustes verschmerzte.

Auf dem Transparent, das auf der Vorderseite des Hauses aufgehängt war, konnte man lesen: »Wir sind alle Menschen vom Ganges.« Mit so etwas beschäftigen sich die Kinder unseres Jahrhunderts, statt mit Bällen zu spielen oder Puppen anzuziehen oder Pilze zu sammeln! Und gleich darunter stand auf einem andern Transparent: »Befreit Fontgembar! Wir haben genug von den kapitalistischen Mönchen!« Diese herzigen Kinder... Die Familienväter haben es zugelassen, daß ihre Kinder und deren Manipulatoren mit dem Haß spielen, und haben ihre Autorität erst wiedererlangt, als sie ihren Nachwuchs ins Auto packten und davonfuhren.

Auf dem Marsch über die Nationalstraße sangen die alten Mönche. Es war zwar eher ein gregorianisches Gemecker, half ihnen jedoch, schrittweise voranzukommen, denn mehr ging nicht. Außerdem paßte es zu ihrem körperlichen Zustand, und die Litanei der Heiligen kannten sie auswendig. Unentwegt. Sancte Patre, ora pro nobis, Sancte Patre, ora pro nobis. Und wieviele Heilige gab es doch im Pantheon der römischen Kirche. Der heilige Nikolaus für die kleinen Kinder, der heilige Georg mit dem Drachen, der heilige Anton für verlorengegangene Sachen, die heilige Pulcheria für die wiedererlangte Fruchtbarkeit, der heilige Méloir zum Schutz gegen Unwetter...

An der Spitze des Zuges ging Dom Pinet. Mit zusammengebissenen Zähnen umklammerte er mit seinen Händen die Monstranz. Er hatte den Abt in Verdacht, daß er zur Fortsetzung der Litanei immer neue Heilige erfand, wie er auch einen Gott nach seinen Maßen erfunden hatte. »Heiliger Bastian«, flötete der Abt. »Ora pro nobis«, antworteten die alten Knacker. Im Gehen erfand Dom Melchior weitere und lächelte in seinen Bart, als ob ihn dies alles amüsierte. Gingen sie an einem Brunnen vorbei, suchte er nach einem Beschützer der Brunnen und schon ertönte der Name des heiligen Baptist. Sein Fuß machte ihm zu schaffen. Wer heilt Zehen? Der heilige Pedraton. Es machte ihm ungemein Spaß. Kaum zu fassen, diese vielen Heiligen. Das paßte zu ihm. Hatte er doch auch in einem Saal des Klosters alle sulpizianischen Schreckensbilder, die aus den Kirchen des Bezirks entfernt worden waren, aufgehängt, dazu noch Votivtafeln. Er liebte sie und besuchte sie jeden Abend. Von Zeit zu Zeit kniete er vor einer Statue und betete sie lächelnd an, während Dom Pinet als stummer Zeuge über die üblen Folgen der Greisenhaftigkeit nachdachte. Eines Tages fragte jedoch der Prior: »Wollen Sie diese Sammlung behalten?«

Dom Melchior antwortete: »Solange sie nicht durch anderes ersetzt wird. Sicher, sie ist abscheulich. Aber die Pfarrer von heute haben eine proletarische Seele und daher keinen Geschmack. Und das wissen sie nicht einmal. Sie wollten den Heiligen töten und nicht die Statue...«

Es folgten dann in der Litanei der Heiligen die Reihe der Notre-Dame des Marienkults und alle mythischen Erzengel, Schwert- und Flammenträger mit beliebig gestutzten Flügeln auf dem Billard der Ökumene. Ob richtig oder falsch, sie wurden alle mobilisiert.

Als man sich den Vororten einer kleinen Stadt in der Nähe der Küste näherte, hatte der Abt das Bedürfnis, eine Verschnaufpause einzulegen. Er gab dazu ein Zeichen. Aber keiner der wackeligen Greise wollte sich angesichts des heiligen Sakraments auf die Erde setzen. Sie wären übrigens auch nicht mehr fähig gewesen, sich wiederzuerheben. So blieben sie stur stehen, hüstelnd, ein wenig spuckend und speichelnd, schwankend und mit leerem Blick. Man hätte sagen können, ein lichter Wald aus vom Wind zersausten, kahlen Bäumen.

In der von den Einwohnern verlassenen kleinen Stadt war nur der Haß zurückgeblieben. Ihn konnte man überall lesen. Auf der Stirnseite des Festsaals der Pfarrei stand: »Geld = Todsünde«. Auf den Umfriedungsmauern der herrschaftlichen Villen hieß es: »Tod der kapitalistischen Bourgeoisie.« Im Gegensatz zu andern, bescheideneren Häuser, deren Türen und Läden verschlossen waren, boten diese Villen das Bild eines Schlachtfelds. Die Fenster waren aufgebrochen, die Scheiben zersplittert, das Mobiliar lag zertrümmert auf dem Rasen. Über den eisernen Balkongeländern hingen aufgeschlitzte Matratzen. Blumen lagen zertrampelt im Garten. Nicht umsonst waren die Truppen des Panama Rangers dagewesen. Sie waren jetzt die Bevölkerung. Aber auch diejenigen, welche sahen, wie die Reichen als erste flohen und viel mehr Gepäck in viel größeren Autos verstaut hatten, während sie, obwohl zahlenmäßig stärker, viel weniger Koffer in viel kleinere Autos verladen mußten, waren ergrimmt. Bevor sie abfuhren, hatten sie eine Stunde geopfert, um sich zu rächen. Es war ein düsteres Fest, denn sie hatten es eilig. Sie hatten nicht einmal Zeit zum Lachen oder zum Singen. Auch nicht für einen Tanz um das Freudenfeuer, das sie mit den Sachen der Reichen entfacht hatten, wie zu Zeiten der Mutter der Revolution. Mit der Angst in den Gedärmen und dem Haß im Herzen hatten sie nur flüchtig handeln können. Sie besaßen auch nicht die Kraft, den Gangesbefreiungsmythos aufzugreifen und daraus einen Rammbär, ein Schwert und einen Glauben zu machen. Noch einen heimtückischen Fußtritt beim Weggehen, ohne Risiko, und dann jeder für sich nach Norden fliehen, das war alles. Sie wollten die Reichen krepieren lassen, ohne zu denken, wer ihnen dann Arbeit gibt... Gott weiß, was sie in den letzten Wochen zusammengeschwatzt haben, in ihren kleinen Fabriken, durch die sie recht und schlecht, aber eher gut als schlecht lebten. Die Mauern hingen voll von noch frischen Sprüchen: »Proletarier, Volk vom Ganges, wir alle sind einig in der Freiheit! Keine Vorgesetzten mehr, die Fabriken den Arbeitern...!« Am Schluß der Rechnung Auflösung, Panik und Leere.

»Ich frage mich«, sagte der Abt, als er im Mondlicht die Mauersprüche betrachtete, »warum sie nicht ein für allemal Nutzen daraus gezogen haben. Wenn man eine bestimmte Einstellung hat, muß man die Gelegenheit ergreifen, sie zu verwirklichen. Sonst ist man kein Mann.«

Schwankend setzten sie ihren Marsch auf den Bürgersteigen fort. Ein alter Mönch fiel auf dem Asphalt hin. Mit blutender Handfläche erhob er sich mit Hilfe des Abts, der noch voll bei Kräften zu sein schien. Bei einem andern blutete eine große Beule auf der Stirn. »Ein netter Leidensweg«, bemerkte lächelnd Dom Melchior, als ob er ein Geschenk des Himmels erhalten würde. Seit man nicht mehr auf die Heiligen des Paradieses sang, folgten die Greise verständnislos und fragten jammernd wie müde Kinder: »Vater, ist es noch weit? Sind wir bald da?«

An einer Fabrikmauer am Ausgang der Stadt, im Duft eines Tannenwäldchens hielt der an der Spitze marschierende Dom Pinet plötzlich und drehte sich um. Was nun folgte, war das seltsamste Zwiegespräch zwischen einem Mönch, der das heilige Sakrament, eine weiße Hostie in Form einer goldenen Sonnenscheibe, trug, und dem Träger einer Bischofsmütze.

»Mein Vater«, sagte der Prior, »diese Maskerade muß aufhören. Sie ist Ihrer und meiner unwürdig. Sie entehrt die Unglücklichen, die Sie hinter sich herziehen wie eine Herde alter Tiere. Und sie bringt eine Geisteshaltung zum Ausdruck, die von Ihnen ausgeht. Ich habe Sie kennen gelernt. Wann haben Sie den Glauben verloren?«

Der Priester lächelte. Mit sanfter Stimme bemerkte er:

»Lieber Bruder Paul, Sie dürfen sich nicht zu solchen Worten hinreißen lassen. Sie tragen den Leib Christi.«

»Gut! Dann nehmen Sie ihn. Es ist Ihre Sache. Die Küste ist nicht mehr weit entfernt. Und was soll's! (Er streckte die Monstranz hin.) Das ist nur noch eine Illusion.«

Dom Melchior machte keine Bewegung, aber mit dem Blick auf die Hostie antwortete er:

»Als ob ich es nicht immer gewußt hätte. Ich habe den Glauben nie verloren. Ich habe ihn nie gehabt, wie viele unserer besten Priester und unserer größten Päpste. Wir können sicher sein, daß Benedikt XVI. unter dem Glauben leidet; wir können ja die Auswirkungen davon sehen. Den wahren Glauben, der Berge versetzt, gibt es nicht. Oder vielmehr, er ist nur eine Haltung, und es gibt nichts Stärkeres als eine Haltung. Aber ich hätte so gern gewünscht...«

Er konnte den Satz nicht beenden. Aus dem Tannenwäldchen tauchte ein Mann auf, der sich hier nach einem langen Marsch ausgeruht hatte. Es war ein junger Mann, der mit einer Samthose und einer Lederbluse bekleidet war. Schwarze, gelockte Haare umrahmten ein Gesicht, das trotz Müdigkeit regelmäßige Züge aufwies.

»Wenn Sie wollen, mein Vater, werde ich die Monstranz bis zur Küste oder wohin Sie wünschen tragen.«

»Sind Sie Priester?«
»Ich bin Priester.«
»Wie heißen Sie?«
»Pierre Chassal.«

»Pfarrer Chassal!« rief Dom Pinet, der kein Auge von dem jungen Mann abgewandt hatte. »Sie nicht! Heute verleugnen Sie sich ja!« Vor ein paar Jahren war Pfarrer Chassal bekannt geworden. Als junger Priester hatte er eine glänzende Zukunft vor sich. Aber da hatte er im Erzbistum Paris ein elegantes hübsches Mädchen einer angesehenen Pariser Familie geheiratet, und wie es Mode war, wurden sie Starmitglied der Progressiven Kirche. Als Pfarrfrau hatte sich Lydia einen besonderen Stil zugelegt. Sie wurde viel fotografiert. Mit ihren langen, über den Rücken fallenden Haaren, ihren langen Röcken und schwarzen Stiefeln wirkte sie erotisierend; man wußte aber, daß sie in ihren Priester innig verliebt war. Und er zeigte sein Glück als verheirateter Priester. Er sagte, »für mich führt der Weg zu Christus über Lydia«. Er dachte es und beschrieb es. Man las in vielen Zeitungen seine Unterschrift. Er veröffentliche Bücher und gab bei Funk und Fernsehen Interviews. Als Fahnenträger der neuen Kirche und durch den Erzbischof ermutigt, baute er ein neues Priestertum und dann die Kirche und den Glauben auf. Viele ahmten ihn nach, allerdings mit mehr oder weniger Geschick, da sie auch gewöhnliche, schlechte oder geschmacklose Mädchen heirateten. Unter diesen Pfarrfrauen war Lydia Königin. Dann war es eines Tages still geworden. Man sah das berühmte Paar nicht mehr und man sprach auch von Pfarrer Chassal nicht mehr. Als geprellter Ehemann vergrub er sich und fristete sein Leben in der Pfarrgemeinde eines Vorortes...

»Heute verleugnet sich mehr oder weniger jedermann«, antwortete der junge Priester. »Nur damit kann man seinen wahren Platz im Leben finden.«

»Was soll aber diese Maskerade?« sagte der Prior.

»Ich habe jahrelang andere getragen. Diese löst die andern ab. Es gilt in Schönheit zu enden.«

»Was machen Sie hier?« fragte Dom Melchior.

»Ich bin, wie viele Priester, zur Küste gezogen, um das befreiende Zeichen zu empfangen, nämlich eine Million Christen an Bord dieser Schiffe, die an diesem Morgen die Dämmerung einer neuen und gerechten Welt erwecken werden... Wir waren zu fünft in meinem Wagen. Ein paar Kilometer von hier hatten wir kein Benzin mehr. Dann sind wir zu Fuß weiter. In der kleinen Stadt, wo wir etwas zu essen suchten, haben wir Sie vorbeikommen gesehen. Ich sagte zu den andern: Geht ohne mich weiter, ich treffe euch später wieder. Jetzt folge ich jenen. Ich will die Vergangenheit sterben sehen. Ich bin Ihnen gefolgt und bin erschüttert.«

Was er nicht sagte, war, daß er auf dem ganzen Weg über sich selbst ebenso erschüttert war wie über diese arme Herde kindischer Benediktiner, die auf dem letzten Kreuzzug dahergeschwankt kamen. »Lydia! Lydia!« seufzte er, »warum hast du mich verlassen?« Aber jedesmal, wenn ein Mönch hinfiel und das Blut über die hohlen Wangen floß, verblaßte das Bild Lydias mehr und mehr. Schließlich hatte er sie vergessen, und der Seelenfrieden war wieder bei ihm eingekehrt.

»Haben Sie gehört, was wir vorhin gesprochen haben, Dom Paul und ich?« fragte der Abt.

»Ich habe es gehört.«

»Hat Sie dies nicht von uns abgestoßen?«

»Nein, ich bin über mich ins Klare gekommen.«

»Haben auch Sie den Glauben verloren?«

»Wahrscheinlich, wenn ich überhaupt jemals einen gehabt habe. Aber noch nie war ich so glücklich und zufrieden wie heute morgen. Sicher hatte ich mich in der Haltung getäuscht.«

»Knien Sie nieder, mein Bruder, ich werde Ihnen meinen Segen erteilen. Dann nehmen Sie den Platz meines Bruders Paul ein, von dem wir uns trennen. Er bewahrt seinen Glauben, glaubt aber nicht mehr an den in der Hostie gegenwärtigen allmächtigen Christus. Möge er diesen anderswie verehren. Wir behalten unsern Glauben, so wie er zu uns paßt. Und wenn in der letzten Minute kein göttliches Zeichen uns rettet, was soll's? Wir sind uns dann wenigstens selbst treu geblieben. Benedictat vos omnipotens Deus...«

Als der junge Mann sich wieder erhoben hatte, gab ihm Dom Pinet die Hostie in die Hände, wandte sich um und entfernte sich wortlos mit raschen Schritten.

»Bruder Paul«, rief ihm der Abt nach, »wollen Sie mich nicht umarmen, bevor Sie uns verlassen?«

Der andere blieb wie angewurzelt stehen. Er bog den Rücken wie bei einem Gewitter.

»Man darf nichts übers Knie brechen«, fuhr der Abt fort. »Man muß das Stück, so wie es geschrieben wurde, bis zu Ende spielen. Wir sind die Kirche der letzten Tage und nicht zahlreicher als am Anfang. Da Sie sich entschlossen haben, uns aufzugeben, und zwar schon seit Ihrem Eintritt bei uns, so müssen Sie Ihre Rolle einhalten und mir den Versöhnungskuß geben.«

Die Kirche der letzten Tage jammerte verständnislos. Geistesabwesend trocknete der eine seine durch den Marsch blutig gelaufenen Füße ab. Ein anderer, dessen Gedächtnis Schaden erlitten hatte, murmelte zusammenhanglose Gebetsbrocken. Ein Dritter lächelte zu den Engeln empor, während sein Nachbar, der nicht mehr erkannte, wo er war und warum, wie ein verlassenes Kind weinte. Der Reihe nach stöhnten sie »Vater, ist es noch weit? Sind wir bald da?«

Dom Pinet hörte sie, zuckte die Achseln und eilte weiter. Flucht nach vorne. Mit der Vergangenheit war der Faden gerissen. Alles hat ein Ende und alles einen Anfang. Er lief wie ein Verrückter, als ob er von zwanzig vollendeten Jahrhunderten verfolgt werden würde und fürchten mußte, daß sie ihn einholen würden. Die Straße ging zum Meer hinunter. Bei den ersten Villen an der Küste hielt er erschöpft. Gleich darauf war er von einer Schar junger Leute umgeben, die ihn mit spöttischen Augen betrachtete. Etliche verzogen die Nase wie ein Hund, der einen neuen Geruch wittert. Sie gehörten zu einer Theatergruppe. Statt mit klassischen Worten, drückten sie ihre Verwunderung nur noch banal aus. »So wie du, hübscher Mönch, angezogen bist«, sagte ein dunkelbraunes Mädchen mit langen über den Rücken hängenden Haaren und mit Schatten um die Augen, die ihn verschlangen, »hast du sicher einen alten Rosenkranz mit groben Holzperlen.« Er hatte einen bei sich und zeigte ihn mechanisch. »Pfundig!« sagte das Mädchen. Sie nahm ihn als Halsband an sich. Ein großer junger Mann kam lächelnd aus der Menge herbei.

»Panama«, sagte ein Junge, »hast du gesehen, was wir erleben? Ein Pfarrer.«

»Verdammt noch mal!« sagte Panama Ranger. »Das fehlt uns gerade noch! Sie sind nicht in Uniform. Sind Sie ein richtiger Priester? Halten Sie keinen Beischlaf zwischen zwei Messen? Was wollen Sie hier?«

»Was Sie auch tun«, antwortete Dom Pinet. »Ich warte auf die, welche hier landen. Nicht weit von hier, wo ich herkomme, liegt eine große leere Abtei mit riesigen Feldern ringsum. Ich werde die Ausgehungerten dorthin führen.«

Man jubelte ihm zu. Aber diese Freude schien ihn traurig zu stimmen. Das braune Mädchen nahm ihn an der Hand und sagte: »Ich weiß genau, mein Mönch, was dir fehlt. Du bist noch nicht zu alt und mit deinen dunklen Augen hübsch. Alle meine Halsketten sind Rosenkränze. Wenn ich mich hingebe, sind wir zu dritt und der Junge kann das Kreuz zwischen meinen Brüsten küssen. Ich heiße Lydia und liebe alle Pfarrer. Wir haben nicht mehr viel Zeit. Komm, lieb mich. Du hast es verdient.«

Die Meute machte den Weg für die beiden frei, und alle lachten freundlich und brüderlich. »Vielleicht ist das nötig«, dachte Dom Pinet. »Alles hat ein Ende und einen Anfang.« Lydia drückte zärtlich seine Hand. Es lag eigentlich in allem nichts Gemeines. Dennoch fand er auf dieses Lächeln keine Antwort. Seine Lippen erstarrten. Es kam keine Freude und keine Erregung in ihm auf.

»Was ist los, Pfarrer?« fragte Panama Ranger. »Du bist so unruhig? Wir sind deine Kumpels. Wir lassen dich in Ruhe. Wenn du noch unschuldig bist, mache dir nichts daraus. Lydia bringt dir's bei. Stört dich deine Kutte? Hänge das Geschäft an den Nagel, Pfarrer! Sobald der Tag anbricht, hat diese Kutte keinen Wert mehr.«

Dom Pinet wurde rot.

»Das ist es nicht«, sagte er mühsam... »Aber in wenigen Minuten kommt ein Dutzend alter Mönche mit dem heiligen Sakrament. Der an der Spitze trägt eine Bischofsmütze.«

»Was wollen Sie hier?«

»Sie sagen, die Hostie wird die Landung verhindern.«

Die Jungen und Mädchen brachen in ein schallendes Gelächter aus. Dieser Gedanke belustigte sie ungemein.

»Hört auf, wie Blödel zu lachen«, sagte Panama Ranger. »Diese Geschichte ist hübsch. Da braucht man sich nicht schief zu lachen. Und du, Pfarrer glaubst du daran?«

»Nein.«

»Und jene? Glauben sie daran?«

»Auch nicht.«

»Jetzt verstehe ich nichts mehr«, sagte Panama Ranger, »aber wenn niemand daran glaubt, so lasse sie laufen und kümmere dich um Lydia. Wir haben nichts mit der Sache zu tun. Was drückt dich noch?«

»Man muß sie festhalten. Sie dürfen nicht zum Strand.«

»Jetzt glaube ich, habe ich verstanden«, sagte Panama Ranger. »Du bist nicht immun. Du hast getan, was du tun konntest. Aber es ist fast ein wenig zu spät für dich. Wir werden dir helfen, Du willst, daß ich den Weg derer, die dein Gewissen belasten, sperre. Gut! Es wird geschehen. Deine alten Trottel werden nicht durchkommen. Hau jetzt ab. Ins Bett, Pfarrer! Wenn du zurechtkommst, so wirst du sehen, daß die Hindus und dein Sperma zur gleichen Zeit in Bewegung geraten werden. Heute ist der Tag deiner Geburt. Ich sehe dich schon mit Lydia und einem Haufen Typen vom Ganges in der Abtei. Wir werden dir Jungs schicken, die dir helfen werden...«

Vom nahen Ufer hörte man eine harte metallische Stimme durch ein Megaphon rufen:

»Ihr geht mir auf die Nerven!«

»Das ist Dragasès«, sagte Panama Ranger. »Möge er die Gelegenheit noch ausnutzen. Bald wird niemand mehr davon sprechen.«

Aus allen Villen ringsum kam sofort die Antwort.

»Aas! Dreckhaufen! Blödel! Schlamper! Schuft! Hurensohn! Saukerl! Mörder! Faschist!«

Vom Dach der Villa von Dragasès begann ein Maschinengewehr zu schießen. Einige kurze Feuerstöße.

»Die Kuh!« sagte Panama Ranger. »Er hat noch nicht alle Zähne verloren.«

Aus der Deckung hinter einer Gartenmauer schaute er auf die leere Straße, auf der sich kurz vorher alle aufgehalten hatten. Nach den ersten Feuerstößen hatte die Bande Reißaus genommen. Auf dem Asphalt lag ein Dutzend Verwundeter, die stöhnend nach ihrer Mutter riefen. Manche krochen wie Schnecken dahin und beeilten sich, ins Dunkle zu gelangen. Hinter ihnen zog sich eine lange Blutspur hin. Inmitten der auf dem Boden Liegenden stand unbeweglich wie eine Statue Dom Pinet. Er hielt die Hand Lydias so fest in der seinigen, daß nichts sie trennen konnte. Das Mädchen zitterte und begann zu heulen.

»Mein Gott!« schrie Panama Ranger, »was fällt euch beiden ein! Machst du das absichtlich, Pfarrer? Ihr werdet beide getötet!«

Das Maschinengewehr feuerte eine letzte Salve, und alle begriffen, daß dieser Pfarrer sich von seinem Gewissen frei gemacht hatte. Sein Körper krümmte sich, nachdem die Kugeln ihn durchbohrt hatten. Dann gab er nach und glitt auf den Boden. Seine Hand öffnete sich und gab Lydia frei.

»Lydia! Hau ab!« rief Panama Ranger nochmals.

Es war unnötig. Das Maschinengewehr schoß nicht mehr. Weiter oben näherte sich auf der Straße die Prozession der alten Mönche. Sie hatten einen Seidenbaldachin entfaltet, unter welchem der Abt mit der Hostie ging. Sie sangen »Sancte Paule, Sancte Petre...« Diesmal waren es echte Heilige. Für den Rest des Weges genügten sie. Pedatron und Baptist konnten ihnen in der Stunde der Wahrheit nicht mehr helfen. Sie zogen jetzt zwischen zwei Reihen junger, schweigender Menschen hindurch, unter denen etliche Gesichter sogar Hochachtung zu erkennen gaben. Die Anständigsten unter ihnen zweifelten an sich selbst, so sehr bewegte sie dieses Schauspiel einer verlorenen Sache. Und das ist bei einem jungen Menschen immerhin noch ein gutes Zeichen. Diese verlorene Sache war die ihrige, aber nur ganz wenige gelangten zu dieser Offenbarung. Auf jeden Fall war es zu spät, und was noch schwerer wog, war, daß auch Dom Melchior an nichts mehr glaubte und nur noch einen leeren Kreisel darstellte, der seit zweitausend Jahren lief und nun bald aufhörte, sich zu drehen.

Die Stille wurde unterbrochen und damit die Inbrunst, die viele schon als ungesund empfanden. Vor der Leiche Paul Pinets hielt der Bischof einen Augenblick. Die am nächsten Stehenden hörten ihn murmeln: »Es wäre besser gewesen, dieser Mensch wäre nie geboren worden...«

»Aber nein!« sagte einer. »Nicht solche Worte sprechen!«

Es waren die Worte Christi, als er den Aposteln verkündete, daß einer aus dem Dutzend ihn verraten werde. Zur Anerkennung des Evangeliums taugt ein abtrünniger Pfarrer nicht, denn Gott weiß, daß sie sich dauernd irgendwie zu rechtfertigen versuchen. Einer fügte hinzu:

»Mönche von Fontgembar! Falsche Christen! Grabmäler! Kapitalistenknechte! Alte Schweine!«

Es hagelte Beleidigungen. Die neuen Priester fanden den Anschluß an ihr Jahrhundert, das ihnen behagte. Von allen Seiten kamen die Zurufe. Der Haß hatte nur eine kurze Pause eingelegt, denn wenn er einmal Fuß gefaßt und das Herz vergiftet hat, ist es nicht leicht, ihn zu bändigen.

»Haltet euer Maul!« sagte Panama Ranger. »Laßt sie vorbei!«
Dann wandte er sich zur Villa, wo die Soldaten waren und rief:
»Dragasès! Blödmann! Ich schicke die Verstärkung!«

Diese Verstärkung erheiterte die Bande. Unter ihrem Gelächter entfernte sich das Dutzend taumelnder Mönche. Höhnische Gitarrenmusik gab ihnen das Geleit. Man spielte synkopische Negermelodien. Es war ein komischer Anblick, wie die Prozession dahinwankte; Greis hinter Greis fing sich gegenseitig auf und ging, koste es was es wolle, im Rhythmus nach Art von Possenreißern mit ruckartigen Bewegungen. Pfarrer Chassal marschierte an der Spitze, strauchelte aber nicht. Mit gefalteten Händen betete er. Von Zeit zu Zeit warf er einen Blick zurück, bereit, den Abt abzulösen. Aber dieser zeigte auch keine Schwäche und hielt die Hostie hoch. Als Chassal sich am Ende der Straße kurz vor den Wachposten von Dragasès zum letzten Mal umwandte, kreuzte sich sein Blick mit dem von Lydia.

Nachdem die Gitarristen, ein lächerlicher Haufen, der am Schluß nur noch Spottmusik machte, verschwunden waren, war Lydia ihnen nicht gefolgt. Sie blieb allein unbeweglich mitten auf der Straße stehen. Sie war so perplex, als ob sie die Richtung verloren hätte. Chassal hatte sie erkannt, aber sofort wieder vergessen. Die langen Nächte in den Armen dieser Frau, das Gesicht Lydias der Hostie zugewandt, wenn er sich bei der Weihe über den Altar neigte, all dies hatte es nie gegeben. Pierre Chassal betete. Er wußte nicht, von wem und warum er berufen worden war, aber er fand, daß wenn es Gott gab, Lydia nur geschaffen worden war, um ihn in Versuchung zu führen. Lydia, der Ganges, seine früheren Verirrungen, die Illusion von der Befreiung der Menschen, alles vermischte sich jetzt zu einer ungeheuren Versuchung, die er ganz friedlich abwehrte. Nicht selten lassen verlorene Anlässe, die manchmal schlecht sind oder von der herrschenden Meinung so beurteilt werden, im letzten Augenblick unerwartete Kämpfer aufstehen, die, wenn auch ohne Beweggrund, entschlossen sind und deren Opfer alles Schädliche sühnt und alles rechtfertigt, was man beseitigen wollte. Dann sagt man sich, »vielleicht hatten sie recht?«, aber es ist zu spät, das Rad hat sich gedreht. Die Geschichte ist mit Leichen angefüllt, an die kein Denkmal erinnert und die im Totenreich zweifellos eine andere Welt als die unsrige aufgebaut haben und in der wir uns wie zu Hause fühlen würden, wenn uns nicht der moralische Mut gefehlt hätte...

»Seid willkommen«, sagte eine Stimme von einem Dach herunter. »Aber wie weit wollen Sie gehen?«

Auf der Terrasse seiner Villa stand mit gespreizten Beinen und mit in die Seiten gestemmten Fäusten, als ob ihm die Welt gehören würde, Oberst Dragasès und betrachtete den erschöpften kleinen Haufen. Da die Mönche weder stehen blieben oder den Kopf erhoben noch die Soldaten vor ihnen zu bemerken schienen, rief er ihnen zu:

»Hallo! Vater! Bis zum Strand sind es fünfzig Meter. Wenn sie plötzlich an Land gehen, werden sie euch zertrampeln und wir können nichts für euch tun. Geht nicht mehr weiter. Es wäre Selbstmord!«

Aber sie marschierten weiter, wie Gespenster. Sie sangen nicht mehr, sie klagten nicht mehr, sie schlichen einfach dahin. Man hörte nicht mal mehr ihre nackten Füße auf dem Straßenkies schlürfen. Die Sonne war inzwischen aufgegangen und ihre horizontalen Strahlen entflammten das Gold der Hostie, so daß das heilige Sakrament wie eine Feuerkugel aussah. Über dem Meer, dem Strand, den Villen und der Landschaft lag völlige Stille. Scharen von Möwen flogen ohne Gekreisch vorbei. Auf der ebenen Erde kamen Wald- und Feldmäuse, Maulwürfe und Ratten aus ihren Löchern hervor und flüchteten. Alles was an diesem Küstenstrich noch von der Fauna übrig war, nahm nach Norden Reißaus. Es war wie ein spontaner Aufbruch vor dem Brand.

»Herr Oberst«, sagte Staatssekretär Perret, »was steht in den Militärdienstvorschriften, wenn eine Truppe dem heiligen Sakrament begegnet?«

»Man macht eine Ehrenbezeugung und läßt ein Trompetensignal blasen: ›Achtung, der General geht vorbei...‹ Heute hat keiner mehr Sinn für Feuerwehrtheater. Jeder kann nach seinem Ermessen handeln, und der Soldat noch mehr als andere. Man kann sich den Finger in die Nase stecken, den Rücken drehen oder niederknien, ganz nach Belieben.«

»Gut! Ich glaube, ich werde niederknien.«

»Sie sind die Regierung, Herr Minister«, sagte der Oberst mit lachenden Augen, denn beide standen miteinander auf gutem Fuß, das heißt, sie amüsierten sich. »Sie verkörpern die alleinige Autorität. Die französische Armee gehorcht Ihnen.«

Dann brüllte er:

»Alles auf die Knie da drin! Und wer sich noch an das Bekreuzigungszeichen erinnert, soll sich jetzt bekreuzigen. Stillgestanden! Brust raus! Richt euch! Achtung! Knien!«

Um die Villa herum und unter den benachbarten Bäumen sanken zwanzig Husaren und ein Hauptmann auf die Knie. Am linken Flügel sprachen ein anderer Hauptmann und sechs Mann des Marinekommandos das Gebet der Fallschirmjäger: »... und gib uns, Herr, alles, was niemand will.« Auf dem rechten Flügel hörte man nichts. Es gab keinen rechten Flügel mehr. Liegengebliebene Gewehre markierten die endgültige Desertion. In einem Dickicht versteckt, zögerte noch ein Leutnant, bekreuzigte sich und floh dann hinter einem riesigen Rudel von Ratten her. Ein Gespenst von einer Armee hat einem Gespenst von einem Glauben eine Ehrenbezeugung erwiesen.

Am Strand standen die Mönche mit den Füßen im Wasser und rührten sich nicht. Zwanzig Meter trennten sie von dem aufgelaufenen Bug der

INDIA STAR. Diese zwanzig Meter klares blaues Wasser, das an dieser Stelle nicht tief und im Morgenlicht durchscheinend war, stellte noch den einzigen Abstand zwischen der Vergangenheit und der Zukunft dar. Zwischen zwei Welten war die Kluft zugeschüttet. Für die Verteidigung des Westens blieb nur dieser Rubicon übrig, den ein fünfjähriges Kind überschreiten konnte, wenn es vorsichtig das Kinn über die Wasseroberfläche hielt. Die Rubicons haben nur moralischen Wert. Ihre Ufer werden breiter oder schmaler, je nach der Entschlossenheit oder Lässigkeit ihrer Anrainer. Im vorliegenden Fall bestand keine Ausnahme. Man braucht keine andere Erklärung mehr zu suchen.

Der Oberst war von der Terrasse heruntergestiegen und stützte sich mit den Ellbogen auf das Gartengeländer am Rande des Strandes. Er wartete. Bei ihm befand sich der Staatssekretär, die Armee und auf dem Dach das letzte Maschinengewehr, dessen Lauf auf das offene Meer gerichtet war.

»Es ist fast sechs Uhr«, sagte er. »Die Kanaken verspäten sich. Sie werden erleben, daß in den kommenden Jahren solche Verspätungen massenhaft auftreten werden.«

Er drehte sich um und wies mit ausgestreckter Hand auf einen Punkt seitlich des benachbarten Berges.

»Sehen Sie das Dorf dort? Wenn ich den Befehl zum Rückzug gebe, was nach meiner Meinung bald geschehen wird, dann sammeln wir uns da oben. Machen Sie mit, Herr Minister?«

»Sicher, aber warum gerade in diesem Dorf?«

»Wahrscheinlich gefällt es mir. Ich habe mich schon von weitem in dieses Dorf verliebt. Sehen Sie, wie harmonisch es in der Landschaft liegt. Man verspürt richtig Lust, dort zu leben. Da das Ende kommt, warum nicht ein Schmuckstück wählen, das uns glücklich macht...«

Der alte Herr Calguès, der oben durch das Fernglas blickte, lächelte. Die Handbewegung des Obersten schien ihm alles zu sagen. Da man gleichen Sinnes war, schien es nicht verwunderlich, daß man sich auf Entfernung verstand. Der Westen war auch eine Art auserlesenes Denken, ein Einverständnis unter Ästheten, die Verschwörung einer Kaste und freundliche Gleichgültigkeit dem Gemeinen gegenüber. Diese Einstellung hatten nur noch wenige, aber für sie war der Ablauf des Geschehens leichter zu ertragen.

Auf der Kommandobrücke der INDIA STAR fing die Kindesmißgeburt unter der Mütze plötzlich an zu geifern. Auf dem Oberdeck entstand eine wellenartige Bewegung. Die Menschenmasse wurde mit einem Schlag dichter, denn alle waren aufgestanden. Dieser Vorgang pflanzte sich auf allen Schiffen der Flotte fort.

»Es ist soweit«, sagte der Oberst.

Bestimmt kein historisches Wort! Dennoch faßte es alles zusammen. Ein flüchtiger, spöttischer Gruß war sein Geleit.

42.

Bei der Invasion in der Normandie gab es den längsten Tag. Bei der jetzigen war es der kürzeste. In fünf Minuten war alles vorbei. Wenn der Schock am Strand zusammen etwa zwanzig Tote verursachte, so kann man keinesfalls von einer Schlacht sprechen, auch nicht von einem Kampf, nicht einmal von einem Zusammenstoß. Zweifellos war es der totalste, am wenigsten mörderische Krieg der Weltgeschichte. An was sich die wenigen westlichen Zeugen erinnerten, die später den Historikern zur Verfügung standen, war der Geruch. Sie hatten dafür nur ein Wort: »Es stank! Es war nicht auszuhalten, so stank es!« Nachdem diese Million Männer, Frauen und Kinder, die seit Kalkutta im Dreck und im Kot lagen, sich auf den Decks erhoben und alle, die im Innern des Schiffsrumpfs geschwitzt hatten und durch Urin und Ausdünstungen der Unterernährten eingeweicht waren, sich jetzt auf die Treppen stürzten und der Sonne entgegenstürmten, wurde der Gestank so stark, daß man glaubte, ihn greifen zu können. Und da noch ein starker, heißer Wind aus dem Süden, als Vorbote eines Sturms, auftrat, war es, als ob ein verwestes Monstrum mit aller Kraft seiner faulen Lungen aus offenem Mund blasen würde.

Unter den Gründen, die zur schnellen Auflösung der Mannschaft des Panama Ranger führten, war dies nicht der letzte. Als später die offizielle Geschichte des Tages X der Brüderlichkeit geschrieben wurde, war nur von einer Bewegung der Avantgarde zum Hinterland die Rede, um »die Art des Empfangs« vorzubereiten. Was für ein Schwindel! Im Zwiespalt zwischen Grausen und Überraschung hielten die Lieblinge sich die Nase zu und suchten das Weite. Eine gute Sache, die so schlecht riecht, hatten sie nicht vorgesehen. Mangel an Reife. Eine schlechte Sache, die gut riecht, ist, wie jeder weiß, der Fortschritt, der Komfort, das Geld, der Luxus, der Überfluß, die hohe Moral und das ganze Tamtam. Daran hätten sie denken müssen. Oder haben sie vielleicht plötzlich ihren Irrtum erkannt? Als moralisch Verwundete schrien sie nicht nach der Mutter. Diese saubere Mutter jedoch, in der kleinen, weißen Küche der fünften Etage, Treppe K, Bau C des Wohnblocks im Vorort, war ein bürgerliches Bild, das jetzt im Geist vieler wie ein verlorenes Glück auftauchte.

»Was für ein Haufen!« sagte Dragasès. »Sie nehmen uns die Luft weg. Das stinkt, es ist nicht zu glauben.«

Er machte sich mit dem Taschentuch eine Maske, so daß man unter der Mütze nur noch seine ironischen Augen sah. Er wandte sich zum

Minister und zu den zwanzig Husaren, die ihr Taschentuch im Genick verknotet hatten und fügte hinzu:

»Wenn Verkleidung einen Mönch ausmacht, dann sind wir jetzt vogelfrei.«

»Diesmal ist die Sache klar«, sagte der Minister. »Wenigstens ein Ergebnis. Warum sich jetzt genieren. Übrigens, Herr Oberst, bin ich neugierig, wie Sie sich da rausziehen wollen. Schauen Sie hin. Es sind derart viele, daß man nicht einmal mehr das Wasser zwischen den Schiffen und dem Strand sieht.«

Man sah auch von den Schiffen nichts mehr. Ihre Wände bewegten sich wie eine Schale in einem Ameisenhaufen. An Tauen, die man an Bord gefunden hatte, an Strickleitern und an Flaschenzügen, die längs der Schiffswände hingen, glitt die Menge ins Wasser. Eine Flut von Körpern, deren ununterbrochene Bewegung flüssig zu sein schien. Die Schiffe leerten sich wie eine überlaufende Badewanne. Die Dritte Welt rann herunter, und der Westen diente ihr als Abzugskanal. Rittlings auf den Schultern ihrer großartigen Eltern sitzend, berührten jetzt die Bettler von Kalkutta, alle diese kleinen Mißgeburten der INDIA STAR, als erste die Erde. Sie krochen auf dem feuchten Sand wie Dackel oder wie ungeschickte Seehunde, die ein unbekanntes Ufer erkunden, und stießen fröhliche Rufe aus. Sie glichen Knirpsen, die von einem andern Planeten gekommen waren. Hinter ihnen blieb die Menge noch stehen, denn oben auf der Schiffsbrücke schaute der Zwerg mit der Mütze starren Blickes auf das Ufer, als ob er von seinen schrecklichen Gefährten einen Bericht erwarten würde. Die kleinen Mißgeburten schnupperten, aßen Sand, patschten mit ihren Händen auf den Boden, um sich von der Wirklichkeit zu überzeugen. Nachdem sie offenbar zufrieden waren, schlugen sie mit ihren Stummelbeinen Kapriolen. Das Land gefiel ihnen. Dann drehten sich alle um. Es war wie ein Signal. Ein ungeheueres Geschrei erfaßte die Flotte. Die Flut der Körper neben den Schiffen setzte sich in Bewegung. Einer schob den andern. Die Woge erreichte bald die kleinen Mißgeburten und drängte sie vor sich her.

»Sie sind zu gräßlich«, sagte der Oberst kalt. »Zu unglücklich, zu bejammernswert. Zu erschreckend in ihrem Elend. Wir müssen das Elend töten. Unter solchen Umständen ist es unerträglich. So etwas darf nicht zugelassen werden... Herr Hauptmann!«

Er wandte sich an den Offizier auf dem Dach, der neben seinem Maschinengewehr kauerte.

»Sie werden doch nicht da hineinschießen!« sagte der Staatssekretär.

»Doch! Genau da hinein! Ich hasse dieses Scheusal, das da an der Spitze wie eine Fahne marschiert. Ich werde wenigstens diese Fahne vernichten.«

»Aber das bringt doch nichts!«

»Gewiß. Aber wenn schon das Schicksal besiegelt ist, dann muß man

trotzdem noch etwas Ordnung schaffen. Wir sind nur noch ein Symbol, und auf diese symbolischen Mißgestalten werde ich eine symbolische Salve schießen. Sterben dabei welche, um so besser. Dann weiß wenigstens ich, Konstantin Dragasès, warum. Los, Herr Hauptmann! Wenn Sie noch ein Gewissen haben, dann ist jetzt der Augenblick gekommen, sich darüber hinwegzusetzen. Schießen Sie! Verdammt noch mal!«
Das Maschinengewehr gab einen langen Feuerstoß ab, wie bei Zielübungen, dann schwieg es. Nichts ist schrecklicher als der Todeskampf bei Mißgestalten oder geistig Behinderten. Es sind körperliche Karikaturen, die leiden, stumpfsinnige Blicke, die zu begreifen versuchen. Das Blut fließt aus Wunden eines anormalen Fleisches. Die Klagen solcher Sterbenden sind nicht mehr menschlich. Es waren zehn, die sich im Sand wälzten.
»Hübsches Martyrium«, stellte der Oberst fest. »Damit mache ich der neuen Welt ein Geschenk. Mit ihm wird sie sich aus der Verlegenheit helfen.«
Der Hauptmann auf dem Dach der Villa gab den letzten Schuß in dieser Schlacht ab. Er öffnete den Mund und steckte den Lauf seiner Pistole in den Rachen. Zehn wehrlose Zwerge lagen ermordet am Strand und nun peng... Schluß mit dem schönen Offizier!
»Er hatte keine andere Wahl«, sagte der Oberst teilnahmslos. »Ich wußte es. Seit heute früh fing er plötzlich an, nachzudenken. Was kam, war so sicher, wie die Nase im Gesicht steht. Er hatte Fragen gestellt, aber nicht über sich. Über andere, und damit über sein Verhältnis zu anderen. Wenn er wenigstens wie ein Vorgesetzter gedacht hätte! Aber nein! Ich wette, daß er, als er auf den Abzug drückte, sich als Bruder dieser Scheusale gefühlt hatte. Kaputtgemacht vom Wortterror. Nach langen Erfahrungen muß man zu diesem Ergebnis kommen. Es ist die zeitgemäße galoppierende Syphilis. Wir werden uns jetzt aus dem Staub machen. Es ist höchste Zeit. Der Augenblick ist nicht zum Plaudern geeignet...«
»Sie haben ihn getötet«, sagte der Staatssekretär. »Warum, wenn Sie es wußten?«
»Vor der Ankunft im Dorf«, antwortete der Oberst, »war klar, daß Verräter ausgeschaltet werden mußten, die uns in ihrer Unwissenheit und sogar Gutgläubigkeit ins Verderben gejagt hätten. Solche Menschen sind in der letzten Stunde die gefährlichsten. Nun gut! Das wäre erledigt. Schauen Sie...«
Mit dem Rücken zum Meer gewandt sah Jean Perret nur Stiefelabsätze und gefleckte Rücken, die flüchtend unter den Bäumen verschwanden. Es waren die letzten Husaren, die das Weite suchten. Sie kamen aus der Villa. Es war eine lange, schweigende Menge von Berufssoldaten. Einer rief: »Trotzdem viel Glück, Herr Oberst!« Im Ton seiner Stimme spürte man sein Mißbehagen. Ein trauriges Lebewohl. Die wenigen Worte

sagten alles. Wir können Ihnen nicht folgen, Herr Oberst, wir können nicht anders handeln, wir folgen unserem Gewissen, aber unser Herz bleibt bei Ihnen...«
»Kein Bedauern«, sagte der Oberst. »Aber ich mache mir doch einen Vorwurf. Ich hätte sie samt ihrem Offizier früher töten sollen, wie de Poudis heute nacht. In welcher Welt wollen sie sich bewegen. Sie sind doch jetzt überflüssig! Auf geht's, Herr Minister«, sagte er wieder fröhlich. »›Die Ordnung‹ setzt sich ab...«
Ein Lastwagen genügte! Was von der Ordnung noch übrig blieb, war wenig. Sie zählten ab. Ein Stabsunteroffizier und drei Husaren, der Kapitän des Marinekommandos mit fünf Mann, der Oberst und Jean Perret, insgesamt ein Dutzend.
»Nette Zahl«, meinte der Oberst.
Als er neben dem Fahrer saß, sagte er: »Tummle Dich. Wenn wir draußen sind, fahre nach rechts, dann die zweite Straße nach links bis zum Departementsgebäude. Wenn sich Typen querstellen, fahre drauf los...«
»Und die Mönche?« fragte plötzlich der Staatssekretär.
Der Oberst zuckte die Schultern. Schon rollte der Lastkraftwagen mit erhöhter Geschwindigkeit über die sandige Allee des Parks. Erste, zweite, dritte Kurve. Der Motor heulte auf. Mit der Maschinenpistole auf den Knien schaute Dragasès die Straße entlang, jederzeit schußbereit.
Sie war leer.
»Die Mönche«, antwortete er schließlich. »Lieber Herr Minister, um der Gerechtigkeit unserer Sache willen muß man die Märtyrer verteilen. Die Zwerge auf der einen und unsere Mönche auf der andern Seite. Wenn wir nicht ein paar Märtyrer haben, ist das nicht gesund. Wünschen Sie, daß wir ihnen im Dorf auf dem Kirchplatz ein hübsches Denkmal setzen? Mit einer schönen Inschrift: Dem Dutzend Mönche von Fontgembar, am Ostersonntag grausam ermordet als Opfer der Barbarei... Opfer der Barbarei, wie, das wäre doch richtig?«
Wenn es nur um die Ordnung gegangen wäre, so hätten sie nicht viel Bedeutung gehabt. Sie waren sozusagen schon durch ihren Beruf gekennzeichnet. Als die Zwerge niedergemacht worden waren und in ihrem Blut lagen, waren die guten Mönche, wenige Meter von ihnen entfernt, bestürzt. Es war eine Reflexbewegung. Nach ihrer Herkunft waren sie unantastbar, besonders aber wegen ihres vorgerückten Alters. Als jeder der Greise bei einem der kleinen, ausgestreckten Körper auf den Knien lag, bewegten sie die Lippen und segneten sie mit der Hand. Man kann sich nur schlecht vorstellen, was diese seltsame Haltung bedeutete, denn es ist kaum glaublich. Sie erteilten den Segen! Es war die übliche Zeremonie bei Sterbenden oder schon Toten. Die Gnade Gottes ließ so etwas zu, bevor die neuen Priester auf den Plan traten.

»Ich taufe Dich, Peter, Paul usw. im Namen des Vaters, des Sohnes und des Heiligen Geistes...« Nichts leichter als dies. Zehn Sekunden genügen. Das taten auch diese armen, einfältigen Greise, die plötzlich von der Gnade erleuchtet wurden, denn wie anders soll man diesen Rückfall in einem Zeitpunkt erklären, wo alles zu Ende ging. Zehn Knirpse vom Ganges, verblödet und dumm, im Mittelpunkt eines Elends und nie darüber hinausgekommen, stiegen an diesem Morgen zum Himmel empor, und sicher ertönte ein triumphierender Trompetenlärm, während Millionen Auserwählter sanft ihre Willkommensgrüße diesen unerwarteten Säumigen entgegenriefen. Wenn es im Paradies einen Portier gibt, dann lächelte er wahrscheinlich in seinen Bart, während er gleichzeitig zum Schein seine zornigen Augen rollte. »Wer hatte euch denn solche Vornamen angehängt? Kenne ich nicht, Batitien! Pedraton! Hm! Hm! Kommt trotzdem rein...« Bei ihrem müden Gedächtnis und in der Bestürzung des Augenblicks hatten die alten Mönche hervorgekramt, was ihnen gerade einfiel. Wenn es heute auf der Welt römische Katholiken und Priester gibt, die noch an den Triumph der Taufe glauben, so mögen sie nicht zögern! Pedraton und Batitien sind gute Adressen! Schutz garantiert! Die beiden Mißgestalten, die schön wie Götter und intelligent wie der Geist geworden sind, sitzen zur Linken des ewigen Vaters, der mit ihren heiligen Marotten ein Nachsehen hat. Ora pro nobis...

Zehn Sekunden hat es gedauert. Der Tod hat im Vorbeigehen Mönche und Knirpse mitgenommen. Nachdem die Horde über ihre bunt durcheinanderliegenden Körper hinweggerannt war, sah man auf dem geröteten Strand nur noch eine Hand oder einen nackten Fuß, die Spitze eines Kinns oder einer Nase auftauchen und nur selten ein Gesicht, das undeutlich unter dem Sand wie eine eingebundene Mumie erkennbar war. Der Vorstoß der ersten Reihen der Einwanderer hatte die alten Mönche überrascht, die bei den unglücklichen Mißgeburten knieten. Sie lagen über ihren im Sterben befindlichen Taufanwärtern, Mund an Mund, als ob sich ihre letzten Atemzüge vereinigen würden. Die blinde Menge hatte sie einfach zertrampelt, denn diese Masse machte sich sicher über nichts Gedanken. Sie sah nur die Häuser, verschlang mit gierigen Augen die grünen Bäume und die vom Wind zerknickten Blumen, betastete mit unzähligen Händen die ersten Geländer am Strand, kletterte darüber, zog durch die Salons, kam aus andern Türen wieder heraus, und übergoß in dichten Scharen die Straßen. Dabei war es nur die erste Welle, die über die zwanzig Märtyrerkörper hinweggeströmt war, denn hinten, am Fuß der Schiffe, hörten die Windungen der Menschenschlange nicht auf, sich zusammenzurollen und erneut vorzustoßen.

Seltsam genug bei diesen fünf Minuten des kürzesten Tages, aber fast selbstverständlich, wenn man die Sturmzeichen erkannt hätte, war, daß die Menge sich keine Gedanken machte, daß dieses Land, das sie besetzte, andern gehören könnte. Gewiß, es war menschenleer und bot keinen Widerstand. Aber am Strand hatten sich immerhin, wenn auch aus unterschiedlichen Beweggründen, die Mönche, die Soldaten des Obersten Dragasès und verhältnismäßig zahlreiche Idealisten aufgehalten, die der Auflösung der Truppen des Panama Rangers nicht gefolgt waren. Außerdem trieb sich noch ein entwichener Mörder herum, dem wir später nochmals begegnen werden. Unbeschadet hiervon konnte sich jedoch die Menge ungehindert bewegen.

Wenn sie auf ihrem Weg einige Körper zertrampelte, so hatte sie diese sicher nicht bemerkt. Sie zermalmte sie einfach, weil sie unter ihren Füßen lagen. Ob Mißgeburten vom Ganges oder Mönche aus dem Westen, die Menge machte keinen Unterschied. Sie war jetzt die herrschende Rasse. Eine andere gab es nicht. Die Mönche von Fontgembar kamen auch nicht um, weil sie von weißer Hautfarbe waren, sondern nur, weil sie den Weg versperrt hatten. Dies hat mit den Toten von Gata nichts zu tun. Jene waren Fremde, die der weißen Rasse zugehörten und die das herumirrende Volk einfach abgestoßen hatte. In diesem Augenblick hatte sich die Fremdenfeindlichkeit der Hungerflotte zu der Vorstellung verdichtet, ihre Menschen würden überflüssig werden, eine Auffassung, wie sie auch bei der Fremdenfeindlichkeit der am Limpopo versammelten Afrikaner vertreten war oder bei den braunen Massen, welche die Straßen Londons oder New Yorks beherrschten, oder bei den Massen der Araber und Neger, die aus ihren Kellern in Paris auftauchten. Die Toten von Gata waren für sie die vernichtete weiße Rasse. Sie zählte schon nicht mehr. Sie hätte wie durch ein Wunder aus der Asche auferstehen müssen, damit man erneut auf sie hätte aufmerksam werden können. Am französischen Strand jedoch kündigte sich nichts dergleichen an.

Dies wurde noch deutlicher, als die Menge bei ihrem zweiten Vorstoß den Brei aus Sand und Blut, der die Mönche und Knirpse bedeckte, hinter sich hatte und auf ihrem Weg zwei schwarz gekleidete Männer traf, die sie zu erwarten schienen. Genau gesagt, streckte einer von ihnen, ein Greis, der Menge eine goldene Monstranz entgegen, während der andere mit gefalteten Händen betete. Die beiden Männer waren Dom Melchior de Groix und der Pfarrer Pierre Chassal. Die Menge zeigte keinerlei Neugier. Sie hielt sich auch keine Sekunde auf, noch war sie irgendwo überrascht. Sie sah überhaupt nichts. Weder die in der Sonne glänzende Monstranz, noch die unterschiedliche Kleidung dieser Männer, noch ihre weiße Hautfarbe. Wenn sie auf den Knien gelegen wären, hätte sie das Los der Mönche getroffen. Da sie aber aufrecht standen und beim Zusammenstoß mit den ersten Reihen der zerlumpten Gestalten nicht schwankten, wurden sie von der Masse der Körper einfach umspült, eingeschlossen, gefangen und ohne Aufhebens fortgetragen und dabei nicht mehr und nicht weniger gequetscht wie jeder andere in dieser Masse. Sie wurden somit auch Einwanderer vom Ganges, ohne daß selbst ihre nächsten Nachbarn im Getümmel erkannt hätten, wer sie wirklich waren.

Die beiden hatten auch keine Zeit zum Nachdenken gehabt, insbesondere, ob Haltung oder Glaube den Vorrang genießt, denn beide wurden gleichzeitig hinweggefegt. Nur eines konnten sie noch in der Verwirrung erkennen – den Wahnsinn ihrer Illusionen. Sie hatten dagestanden, hatten der Menge die Hostie entgegengehalten und hatten gehofft, daß diese Menge auch stehenbleibt, und wenn auch nur eine Sekunde lang. Diese hätte sie vor dem Martyrium für alles entschädigt. Die erhoffte Sekunde dauerte aber nicht eine milliardstel Sekunde, sogar kein Milliardstel von einer milliardstel Sekunde. Und dies kam ihnen voll zum Bewußtsein. Als nun Dom Melchior von allen Seiten eingezwängt die Herrschaft über sich verlor, ließ er die Hostie los. Sie fiel dem Menschenhaufen unter die Füße wie ein Ball im Gemenge eines Rugbyspiels. Dom Melchior spürte sofort die Leere zwischen den verkrampften Händen.

Im Strom der Menge, welche sich an einer Wegkreuzung teilte, wurden beide Geistliche voneinander getrennt. Sie sahen sich nie wieder, und keiner weiß, was aus ihnen geworden ist. Man kann nur vermuten, daß der alte Abt mit der Mitra nicht weit vom Strand vor Müdigkeit und Aufregung gestorben ist und daß Pierre Chassal lange ziellos umhergeirrt ist, wie eine leere, entwurzelte Seele.

Auch heute noch irrt in diesem trüben, stumpfsinnigen, unfähigen und geistig armen Dasein eine kleine Zahl jener Überbleibsel der Vergangenheit umher und entgeht gleichsam der neuen Ordnung. Wie in den politischen Gefängnissen nach jeder Revolution, so findet man unter ihnen eine Vielzahl von angesehenen Persönlichkeiten wie Industrielle, Generäle, Präfekten und Schriftsteller, aber auch eine kleinere Anzahl von Menschen aus dem Volk, welche früher die Aristokratie, später das Bürgertum immer in ihrem Kielwasser mit sich zog, weil sie ein Gefolge brauchten und weil eben auch bei kleinen Leuten das Bedürfnis, anders zu sein, vorhanden war.

Die neue Ordnung brauchte keine politischen Gefängnisse mehr. Die Gehirne sind für hundert Jahre, ja sogar für tausend Jahre gewaschen. Daher duldet die neue Staatsgewalt diese Sonderlinge, als ob es sich um eine Art Pennbrüder handeln würde. Sie sind nicht gefährlich, treten auch für nichts ein. Man hat höchstens den Eindruck, daß sie sich in einer Art Verwirrung ablehnend verhalten. Sie vermehren sich auch nicht mehr. Es sind sowieso nur lose Scharen. Sobald mehr als vier oder fünf im Vorhof einer Kirche oder im Schatten der Platanen eines öffentlichen Platzes auftreten, gehen sie nach einem stillschweigenden Abkommen wieder wortlos auseinander, da sie jede Versuchung zu einer Gemeinschaftsbildung meiden. Da sie äußerlich weit übler als die übrige Bevölkerung aussehen und überdies nur aus Weißen bestehen, so sind sie eben nur der Gegensatz zur universalen Rassenvermischung und zur heiligen

Solidarität, die sie ablehnen. Ihre Chancen kann jeder abschätzen...

Ganz anders muß man das Verschwinden der Kumpels des Panama Rangers in der Einwanderermasse beurteilen. Drehen wir das Rad der Ereignisse kurz zurück. Die Menschenmenge war eben über die ersten Geländer der Villen am Strand gestiegen. Dragasès mit seinem Lastwagen rollte schon auf der kurvenreichen Straße bergauf zum Dorf. Nachdem die erste Überraschung vorbei war und die erträumte Begegnung sich ganz anders als vorgesehen entwickelt hatte, kamen aus den Häusern und Gärten alle heraus, die das Ziel ihrer Reise ersehnt hatten. Sie sind dann zur Küste gegangen, wo die Armada vom Ganges lag, um die Menschen zu empfangen und bei den ersten Schritten behilflich zu sein. Diese Geste müssen sie tun. Damit geht endlich ihr Wunsch in Erfüllung. Das Leben ist schön und voll Brüderlichkeit. Sicher spricht man nicht die gleiche Sprache, aber die Blicke werden sich ganz allein verstehen. Man wird sich die Hände reichen und sich gegenseitig umarmen. Vielleicht wird man sich da und dort einen Klaps auf den Rücken geben.

Panama Ranger warf seine Waffen weg. Er gab das Willkommenszeichen. Nachdem sie in einigen hundert Meter Entfernung einen verlassenen Supermarkt voll ausgerüstet entdeckt hatten, machte Panama Ranger den Zugang durch Baken kenntlich. Auf dem Bürgersteig und an jeder Straßenecke warteten Kumpels. Schon schwenkten sie fröhlich ihre Arme wie Verkehrspolizisten, die plötzlich von ihrem Beruf begeistert sind. In den Häusern trafen Mädchen die letzten Vorbereitungen. Endlich trifft der begehrte Gast ein. Einige füllten große Kannen mit warmem Kaffee. Lydia hat weiße Laken aus den Fenstern gehängt, denn weiß ist die Farbe des Friedens. Die Luft wurde zwar immer mehr verpestet, aber die Dagebliebenen merkten es nicht mehr. Diesmal hatten sie sich übertroffen. Gitarren wurden zur Hand genommen. Viele sangen »Ich werde euch mein Reich schenken, denn die Zeit der tausend Jahre vollendet sich, es vollendet sich die Zeit der tausend Jahre...«

Sie ist schon vollendet. In der dicht herangerückten Menschenmenge suchte Panama Ranger ein Gesicht, dem er zulächeln konnte, einen Blick der Freundschaft, den er erwidern konnte. Aber kein solcher Blick traf den seinigen, denn niemand schien ihn gesehen zu haben. Fassungslos streckte er dieser Mauer aus Fleisch seine Hand entgegen, in der Erwartung, daß eine andere die seinige ergreifen und drücken werde. Es wäre eine Dankesgeste gewesen und hätte genügt, was auch hinterher kommen mochte. Aber nichts dergleichen geschah. Einige Sekunden später wurde auch er von der Menschenmasse davongetragen. Er mußte sich freikämpfen, um atmen zu können. In dem Ringen der schweißtriefenden Körper gebrauchte jeder die Ellbogen und schlug wild um sich, um nur rasch vorwärtszukommen, dort hinzurennen, wo Milch und Honig fließt, zu den fischreichen Flüssen und zu den überquellenden fruchtbaren Feldern.

Von allen Seiten bedrängt, sank Panama Ranger auf den Boden. Um ihn herum ein Gewimmel von schwarzen Beinen. Aber er war nicht allein. Noch jemand kämpfte auf der Erde. Es war eine alte Frau, die immer wieder mit Ellbogen und Fußtritten sich freizumachen versuchte. Jetzt wurde Panama Ranger von wildem Zorn gepackt. Seine Fäuste arbeiteten schnell, so daß in der Masse der Körper um ihn herum ein Luftloch entstand, aus dem er atemlos auftauchte und die alte Frau hinter sich herzog, als ob er sie aus dem Wasser heben würde. Ganz mechanisch hatte er sie gerettet und begriffen, daß dies seine letzte Chance war, in dieser wahnsinnigen Menge noch einen Freund zu finden. Sachte hielt er die alte Frau in seinen Armen. Dieses magere Paket aus hagerem Fleisch und Knochen war noch alles, was ihn an das Leben fesselte und an die Illusion, die er sich daraus gemacht hatte. Immerhin hat er den Kern der Sache erfaßt: »Ich habe nichts gegeben. Ich kann nichts geben. Sie brauchen mich nicht. Sie nehmen einfach.«

Die Menschenflut hatte sich indessen geteilt. Sie ergoß sich gleichzeitig in mehrere Straßen, teilte sich an jeder Kreuzung nochmals, so daß der Druck um Panama Ranger herum endlich aufhörte. Er konnte sich jetzt frei bewegen und der Richtung der Menschenmenge folgen. Sachte stellte er seine alte Freundin auf die Beine und sagte zu ihr: »So jetzt geht's. Du siehst, wir haben es geschafft.« Er erntete eine Art Lächeln. Von nun an wird er sie nicht mehr verlassen. Später, wenn die Meute in die Häuser eindringt und sich um die geplünderten Läden balgt, wenn sie den Supermarkt in Unkenntnis des aufgestapelten Reichtums umkrempelt, wird Panama Ranger es wie die andern machen und auf seine Art plündern. Er wird mit unbekannten Schätzen einen Vorrat anlegen und am Abend, wenn er zufällig in einer Scheune oder einem Salon eine Unterkunft gefunden hat, wird er vor der alten Freundin seinen Sack öffnen und sie wird ebenso geblendet sein und sein Vermögen zählen: Kekspakete, Büchsenschinken, Nickeltaschenmesser mit sechs Klingen, Abendschuhe, Zigaretten, Schokoladetafeln, Uhren, Jagdgarnituren, eine elektrische Lampe und was sonst noch.

Als es soweit war, tastete die Alte alles mit ihren Fingern ab oder schnüffelte, und wenn sie den Gebrauch der Sachen begriffen hatte, lachte sie. Auch er lachte. Zusammen entdeckten sie das Paradies. Einige Tage zuvor sagte er noch, als er die Autobahngebührenstation der A 7 besetzt hielt: »Wenn man die Revolution in Gang gebracht hat, hat man zunächst eine herrliche Zeit vor sich.« Aber er dachte jetzt nicht an den zurückgelegten Weg und an den schwindelerregenden Sturz. Vielleicht nur an seine wenigen gesammelten Schätze. Diese Krümel des Wohlstands. Man hat die schöne Maschine kaputt gemacht, und was blieb übrig? Sie wird nie wieder repariert werden. Vielleicht wurde ihm dies irgendwie bewußt. Aber wen kümmert es. Die kauernde Alte lachte aus vollem Herzen und genoß die herrliche Zeit...

Die Kumpane des Panama Rangers, die mehr oder weniger das gleiche erlebt hatten, verschwanden. Nur wenige wurden von den neuen Herren anerkannt, obwohl viele sich bemühten, sich nützlich zu erweisen. Sie suchten in den besetzten Dörfern nach brauchbaren Geschäften, die sie an sich rissen, wobei sie das schützten, was ihnen wichtig schien, zum Beispiel eine Apotheke, eine Garage oder ein Getreidesilo. Sie wurden aber schnell entmutigt. Gewiß, man hörte auf sie, besonders nachdem eine gewisse Ordnung eingekehrt war. Als man jedoch alles verstanden hatte, wurden sie kaltgestellt. Die Intelligentesten unter ihnen merkten bald, daß, wenn sie sich nützlich erwiesen oder sogar unentbehrlich, sie den Haß auf sich zogen. Dann tauchten sie in der Masse unter, wo ihre weiße Haut nach und nach unbemerkt blieb. Besseres konnten sie sich nicht wünschen. Da sie bis zuletzt gegen sich logisch blieben, fügten sie sich allmählich. Heute bilden sie in dieser französischen Provinz mit überwiegend indischer Bevölkerung eine neue Kaste von Parias, die völlig assimiliert, aber gleichzeitig auch isoliert ist. Sie hat keinerlei politisches Gewicht. Aus den beiden ethnischen Gruppen sind neue Führer hervorgegangen, die gern von rassischer Integration und Brüderlichkeit reden und so ihre Stellung halten. Aber an die Lehrherrn, die in der Vergangenheit reichhaltig dazu beigetragen haben, will sich niemand mehr erinnern. Sie haben nichts mehr zu bedeuten. Wenn sie sterben, begräbt man sie jedoch mit einem gewissen Zeremoniell. Ihr Schicksal ist eben das gleiche wie das aller Wegbereiter.

Als zum Beispiel Lydia starb, die als eine der ersten verschwunden war, erinnerte man sich gleich an die weißen Tücher, die sie als Willkommensgruß herausgehängt hatte. Die Schüler, die von ihren Lehrern angefeuert wurden, heulten. Nun, Lydia starb elend als Hure der Hindus in Nizza, angewidert von allem und von sich selbst. Jedes Einwandererviertel besaß einen Bestand an weißen Frauen, die jeder völlig legal umsonst gebrauchen konnte. Dies war sogar eines der ersten Gesetze, die das neue System erlassen hatte: Die weiße Frau mußte ihren Mythos verlieren. Lydia, die am Ostermontag inmitten ihrer weißen Tücher vergewaltigt worden war, folgte, immer noch halb im ursprünglichen Irrtum befangen, einer Horde wilder Hindus, die sie als gemeinsames Eigentum betrachtete, denn sie war sehr schön und von sehr weißer Hautfarbe. Als später wieder Ordnung eintrat und die Banden gezähmt waren, hatte man sie in Nizza in ein Studio eingesperrt, zusammen mit andern Mächen, die das gleiche Schicksal erlitten. Ein Wächter gab ihnen zu essen und öffnete jedem die Tür, der zu ihnen wollte. Das Haus trug sogar einen Namen: »Zentrum für sexuelle Aufklärung der weißen Frau«. Dann verbot man ebenso legal die Nutten. Die Historiker behaupten, sie seien sowieso überflüssig gewesen, denn die weiße Frau hätte schnell den Stolz ihrer Haut verloren. Vielleicht...

Clément Dio starb ebenfalls am Morgen der Landung. Aber allein.

Nachdem er die Rede des Präsidenten der Republik im Hotel Préjoli in Saint-Vallier gehört hatte, ging er wie ein Schlafwandler in die Nacht hinaus. Mechanisch gelangte er zur Küste. Vor seinen Augen stand immer noch das Bild seiner Frau Iris Nan-Chan. Vergeblich hatte er sie zu wecken versucht. Sie war plötzlich in seinen Armen erschlafft – tot.

Da er nicht weit von der Villa Dragasès entfernt abseits am Strand saß, wurde er fast unbewußt Zeuge einer Reihe von Vorgängen, die ihn tags zuvor noch freudig gestimmt hätten, denn er war ein Mann, der gern recht hatte, und was noch mehr wiegt, der sein Leben lang den kleinen Ben Suad, genannt Clément Dio, rächte. Als heute seine Rache triumphierte, fühlte er nichts mehr. Selbst die Auflösung der französischen Armee, die er so gehaßt, bekämpft und bespuckt hatte, ließ ihn völlig gleichgültig. Mit einem traurigen Auge folgte er der Verladung des Dutzend um Oberst Dragasès und ihrer Flucht im Lastwagen, ohne daran zu denken, daß dies zum großen Teil sein Werk war. Beim Ansturm der Einwanderer vom Ganges zögerte er, als ob er sich fragen würde, was er da zu suchen hätte und warum. Dann stand er auf. Etwas kam ihm in Erinnerung, etwas Wichtiges, Bruchstücke eines Satzes, den er ausgesprochen hatte: »Herr Minister... Wenn sie eine Chance haben... Es ist die Armada der letzten Chance.« Jetzt lächelte er. »Es war trotzdem ein verflixter Satz«, sagte er sich. »Jetzt sind sie da! Durch die Kraft der Worte!« Diese Feststellung jagte ihn hoch. »Ich bin es, Dio!« schrie er. »Kommt! Kommt! Löscht mir das alles aus!« Er machte heftige Bewegungen und rief der landenden Menge zu. Da er aber von kleinem Wuchs war, dunkelbraune Haut hatte und feingekräuselte Haare, dazu einen tückischen Blick aus blau geschlagenen Augen und seine Reisejacke aus auffallenden Farben bestand, glich er genau einem Portier, der werbend an der Tür eines Nachtlokals steht.

Der Tod kam zu ihm in Gestalt eines scharzen Riesen, der ein mißgeborenes Kind auf den Schultern trug und von einer großen singenden Menschenmenge begleitet war. Er hielt vor Dio, packte ihn mit der Faust und hob ihn bis zu den Augen der Mißgeburt mit der Schildmütze hoch, die jetzt ihren dritten Schrei von sich gab. Dio, genannt Ben Suad, wußte, daß seine letzte Stunde gekommen war. Aber er hatte nicht einmal mehr Zeit, den Grund seiner Verurteilung zu erfassen. Die Finger des Mistkäfers umklammerten seinen Hals, und wie ein Hampelmann wurde er auf den Strand geschleudert. Unter den Füßen der Massen sah er schnell wie eine ausgeblutete Ziege aus...

Einmal verdammt, kann man wirklich nichts anderes erwarten. Hier haben wir zwei Männer vor uns, von denen jeder auf seine Weise ein Werkzeug des Schicksals gewesen ist. Der eine fuhr über Ozeane, traf den andern, tötete ihn in einer plötzlichen Eingebung, als ob er ihn erkannt hätte. Er war so der einzige freiwillige, vorsätzliche Mörder, an dem die Masse sich schuldig gemacht hatte. Das hat aber keinen Sinn.

Wenn man jedoch darin etwas Symbolhaftes suchen will, so zeichnet sich ein abschreckendes Bild ab: der Wille der Dritten Welt, einerseits niemandem zu etwas verpflichtet zu sein, andererseits die grundlegende Bedeutung ihres Sieges nicht dadurch abzuschwächen, daß sie ihn mit Überläufern teilt. Ihnen zu danken oder sie sogar anzuerkennen, hieße ja, eine Art Unterwürfigkeit fortbestehen zu lassen. So gesehen, hat der Mistkäfer die Frage gelöst. Man kann allerdings geteilter Ansicht sein. Ich habe da eine viel natürlichere Erklärung. die zudem noch einfach ist: Der Kopf Dios reichte eben nicht bis zu der Mißgeburt. Keineswegs!

43.

Dann brach der Sturm los. Ein kräftiger Wind am Morgen hatte ihn angekündigt. Obwohl er über die Ansagen des mittelmeerländischen Wetterdienstes nicht hinausging, war er doch äußerst heftig, aber zeitlich und örtlich begrenzt. Er dauerte nur eine knappe Stunde. Dabei hob er das Meer in einem beschränkten Umkreis wie bei einem Zyklon. Der letzte Einwanderer verließ, bis an die Hüften im Wasser stehend, das letzte Schiff und gelangte gerade noch zum Strand, als ein sintflutartiger Regen auf die Flotte und auf einen ungefähr einen Kilometer tiefen Küstenstreifen niederging. Die Menschen in den Straßen hatten keine Zeit mehr gefunden, noch weiter zu marschieren. Jetzt packte sie die Wasserhose.

Bis zu dieser Minute hatte sich die Menge vom Ganges erst einmal vorgetastet, ohne ein genaues Ziel zu haben. Neugierig sahen sie sich um. Zwischen dem Fabelland, das sich vor ihnen auftat, mit seinen schattigen, sauberen Straßen längs der für sie unfaßbaren Villen und Wohnhäuser und ihrem eigenen Elend bestand ein solcher Unterschied, daß sie sozusagen eher eingeschüchtert waren, zumindest aber Achtung empfanden. Während der langen Überfahrt hatten die Ausgehungerten dauernd von einem Land geträumt, von dem ein Mythos ihrer Vorstellung entsprechend ausging. Jetzt, wo alles greifbar vor ihnen lag, konnten es viele nicht glauben. Vorsichtig betasteten sie die Bäume, die betonierten Straßen, die Wohnungstüren und Gartenmauern, ob sich nicht alles in einer Fata Morgana auflösen würde.

Der Regen setzte jedem Zweifel ein Ende. Die Fata Morgana wurde greifbar. Jetzt begann ein Ansturm auf die Häuser, Kirchen, Lager und Villen, auf alles, was Schutz bieten konnte. Dem Sturm der Menge widerstand keine Tür. Indessen machte sich bereits der Anfang einer Organisation und auch eines hierarchischen Aufbaus bemerkbar. In einem Lager hatte man Eisenstangen und Holzplanken gefunden. Diejenigen, die auf den Gedanken kamen, dieses Material als Rammbär gegen die Türen zu benutzen, wurden schnell Bandenführer und ernteten nach Aufbrechen der Türen reichen Beifall. In einer knappen Stunde waren alle wohlgeborgen untergebracht. Ohne den Regen hätte sich dieser Prozeß in die Länge gezogen. Als er aufhörte und der schwächer werdende Wind die letzten schwarzen Wolken verjagt hatte, wurden Türen und Fenster geöffnet, füllten sich die Balkone, Terrassen und Vorplätze. Bis zu den höchsten Stockwerken sah man in den breiten Fensterrahmen der Wohnhäuser schwarze Gestalten. Über Straßen und Bäume hinweg und von einer Loggia zur andern rief man sich zu. Ein einziges fröhliches Thema beherrschte die Szene: »Alles klar! Wir haben es geschafft!«

Es soll nicht unsere Aufgabe sein, eine Beschreibung zu geben, wie sich die Völker vom Ganges und alle, die noch nachfolgten, in Frankreich niedergelassen haben. Aufbau und Organisation dieses Vorgangs steht in allen Lehrbüchern der neuen Welt im ersten Kapitel. Aber über die entscheidende Rolle, welche der Sturm und der Regen gespielt haben, findet man kein Wort.

Als die erste Freude sich gelegt hatte, wurde allen klar, daß selbst bei den an dichtes Zusammenleben gewohnten Menschen der bisher besetzte Küstenstreifen nicht ausreichen werde. Aber diejenigen, welche zu den obersten Stockwerken der Wohnhäuser gestiegen waren, entdeckten bald die Ausdehnung ihrer Eroberung. So weit das Auge reichte, bot sich ein Land, das ihnen als das schönste, das reichste und das liebenswerteste der Welt erschien. Die Dichte der Ansiedlungen schadete offenbar der Natur nicht. Sie war sogar voll entfaltet, und die vielen Dächer flößten Vertrauen ein. Das war doch anders als eine Wüste! Weiter entfernt, am Fuß bewaldeter Hügel entdeckten die entzückten Späher riesige Felder mit blühenden Bäumen und andere, die grünten und auf eine gewaltige Ernte hoffen ließen. Singend wie Muezzins oder öffentliche Ausrufer gaben sie hiervon Kunde. Die Nachricht eilte von Mund zu Mund. Auf den Straßen, in den Gärten und auf den öffentlichen Plätzen raunte man sich diese Nachricht zu und hielt Versammlungen ab. Der Regen und der dadurch ausgelöste Ansturm hatten ein neues Zusammengehörigkeitsgefühl geweckt. Die erschöpfte Menge hatte wieder zu einer Moral zurückgefunden. Zu einer eisernen Moral. Einer Eroberermoral. Sie wirkte so nachhaltig, daß mehr als Dreiviertel der Gesundesten und Unternehmungslustigsten sich entschlossen, weiterzumarschieren. Später machten die Historiker aus dieser spontanen Bewegung ein Heldengedicht mit der Überschrift: »Die Eroberung des Nordens.« Und da geben wir ihnen recht, aber nur bedingt. Man darf den andern Teil des Diptychons nicht vergessen: die Flucht nach Norden, den jämmerlichen Exodus der wahren Besitzer des Landes, ihre ausgesprochene Selbsterniedrigung, ihren widerlichen Verzicht. Das ist das Antiheldengedicht! Wenn man bei beiden Menschenmassen das Für und Wider abwägt, wird alles klar...

44.

Der Sturm trieb nur wenige Wogen auf den Strand, diese aber mit außergewöhnlicher Stärke. Der erste Stoß war entscheidend. die andern vollendeten nur die Zerstörung der Flotte. Nach einem gewaltigen Schub von hinten, der den Rumpf der KALKUTTA STAR erzittern ließ, war sie plötzlich wieder flott und begann zu schwimmen. Die brutale Erschütterung hatte einen Mann aufgeweckt, der in weiße Lumpen gehüllt völlig allein am Fuß eines Kamins in der Apathie seiner Einfalt dahindöste. Monsignore Bischof, katholischer apostolischer Präfekt vom Ganges, öffnete die Augen. Auf der vom Regen gepeitschten Brücke sah er Rostflecken, die er nie wahrgenommen hatte, solange dort vorher die Menschen während der ganzen Reise dicht nebeneinander gelegen hatten. Das Schiff klang hohl wie ein leeres Grab. In den rissigen Kaminen verfing sich der Wind. Er pfiff in diesen Orgelröhren in höllischen Mißtönen, die von gewaltigem Krachen unterbrochen wurden. Auf dem ganzen Schiff klapperten die Türen. Die Treppenluken hoben sich senkrecht und fielen wieder dröhnend zu. Es klang, als ob der Wind ein ungeheures Fagott blasen würde. Der vielfältige Lärm und die Stöße nahmen kein Ende. Alle Spieren, Leitern, Netze und Fallreeps, auf denen oder mit denen sich die Menschenmasse abgesetzt hatte, schlugen wie bei einem irren Tanz im Rhythmus auf die Bordwand. Es klang ähnlich wie ein Trupp galoppierender Reiter auf einer Metallbrücke oder wie Hagel auf einem Blechdach, nur hundertmal stärker.

Der Bischof drückte seine Hände flach auf die Schläfen, daß es schmerzte, und verstopfte sich die Ohren. Gleichzeitig rief er: »Meine Kinder! Meine Kinder!« Zweifellos dachte er an die Kleinen, die ihm im Schatten des Kamins zu essen und zu trinken gebracht hatten und denen er mit einem freundlichen Klaps auf die Wange oder mit einem Kreuzzeichen auf die Stirn, je nach seinem augenblicklichen Geisteszustand, gedankt hatte. Jetzt war aber das Schiff leer, ebenso alle andern Schiffe ringsum. Der Regen klatschte auf sein erstauntes Gesicht. Die Schauer trafen ihn so stark, daß es ihm den Atem verschlug. Keuchend rief er »Meine Kleinen, meine Kleinen!« Diesmal dachte er an die alten Frauen, die in der Nacht zu ihm gekrochen waren und deren Hände ihm das Paradies auf Erden bereitet hatten. Nun merkte er, daß er allein war und daß man ihn vergessen hatte. Weinend wie ein Kind ließ er die Arme kraftlos niedersinken. Dann machte er seine Ohren frei. Aber der Lärm schmetterte ihn nieder wie ein doppelter Boxerhaken.

Seine Betäubung dauerte nur wenige Sekunden. Als er auf allen Vieren über die Brücke kroch, die sich plötzlich neigte, hatte er unter dem Schock zweifellos einen Teil seines Verstandes wiedererlangt. Das nützte ihm nicht viel. Vom Sturm gepackt, hatte sich die KALKUTTA STAR auf die Seite gelegt. Die Kaminrohre brachen ab und rollten ins Wasser. Die riesige Orgel verstummte. Auf dem Schiff hörte der Galopp der Spiren allmählich auf und man vernahm nur noch das Rauschen des Wassers, das in das Schiff eingedrungen war und sich wie ein Wasserfall über die Brücke ergoß. Er hörte sich murmeln: »Wir werden zwei uneinige Sterbende sein, Herr Konsul, das ist alles.« Der Konsul antwortete ihm: »Im Namen Gottes, Monsignore, pfeife ich auf Sie!« Er glaubte wenigstens solches zu hören. Da er von der Flut weggetragen wurde, die auf der Brücke alles, was von den Oberbauten noch da war, wegriß, sah er im feuchten Nebel nur Schatten von Hunden, die im Dunkel eines Kais in Kalkutta eine Blutlache aufleckten. Im Kampf gegen den Sturm war er heftig gegen eine eiserne Winde gestoßen. Eine von Blut gerötete Hand ging an seinen Augen vorbei. Jetzt begriff er, daß er sterben werde und daß dieses Blut wohl das seinige ist. Ein lateinischer Satz war nicht zu sehen. Der Bischof vom Ganges war nicht mehr verrückt. Er sprach nur noch: »Herr, Dein Wille geschehe!« Dann schlug sein Kopf auf der Reling des Schiffes auf. Sein Körper schwankte einen Augenblick und kippte über Bord ins Meer, das sich bereits beruhigte. »Wer seid Ihr?« brummte eine gutmütige Stimme. »Ich bin der Bischof vom Ganges.« »Hm! Hm!« ertönte die Stimme. »Nicht berühmt! Seid Ihr wenigstens bußfertig?« »Ich glaube wohl.« »Nun gut, tretet ein, lieber Freund! Tretet doch ein! Alles ist vergessen – Dorthin! Dorthin! Folgt. Bastian und Pédraton werden Euch den Weg zeigen...«

Von der Flotte blieben nur noch unförmige Gerippe übrig, die längs des Strandes verstreut lagen. Nur ein kleines Torpedoboot hatte noch seine unklar erkennbare Form behalten. Jedesmal am Ostermontag werden weiße Lilienbanner aufgezogen und der Staat erweist seine Ehrerbietung. Die Volksmenge drängt zur Pilgerfahrt und zieht dann schweigend den ganzen Tag am Strand vorbei. Aber auch hier wird die Geschichte verfälscht. Man hat sich auf Cortez berufen, ein Cortez, der vor der Landung seine Schiffe zertrümmert hätte, statt sie zu verbrennen. Der Mythos spricht hier von einem politischen Willen und einem reiflich erwogenen Plan, wo jeder Handelnde genau wußte, was er tat. Aber damals ist keine bejammernswerte Masse gelandet, sondern eine Armee von Eroberern. Die Schulkinder, welche das Torpedoboot ansehen, spucken voll Stolz darauf. Ich weiß jedoch, daß nur ein paar lächerliche Minuten genügt hätten, und der Sturm hätte mit einem Schlag die Flotte samt ihren schwarzen Passagieren vernichtet. Ich weiß ebenso, daß Gott uns diese gnadenvollen Minuten nicht geschenkt hat.

Der Sturm war schon im Abflauen, als zwei Flugzeuge zur Landung auf dem Flugplatz der Côte d'Azur ansetzen wollten. Wollten, denn ihre Piloten hatten rasch erkannt, daß das Gelände völlig verlassen war. Der Kontrollturm schwieg, der Parkplatz war leer, die Bodenbeleuchtung erloschen, ebenso die Leitblinkfeuer. Trotz des schlechten Wetters wollten sie dennoch landen. Beladen mit Lebensmitteln und vollgestopft mit geistlichen Sturmtruppen, die zwischen Bergen von Kisten höchst unbequem eingeklemmt waren, zogen die beiden Flugzeuge am schwarzen Himmel tapfer ihre letzten Anflugkurven. Das eine Flugzeug war weiß, das andere grau. Wir haben bereits die Musketiere der kämpfenden Nächstenliebe für die Dritte Welt erkannt, diese Helden von Sao Tomé. Auf der einen Seite das weiße Flugzeug des Vatikans, auf der anderen das graue Flugzeug des Ökumenisches Rates der protestantischen Kirchen. Keiner der fliegenden Geistlichen hatte dem vieldeutigen Ruf der Gerechtigkeit widerstehen können. Die Ladungen, die sie brachten, dienten wie immer als Vorwand. Wichtig war, als erste da zu sein und durch die symbolische Gegenwart die Schlüssel zum Abendland anzubieten, das munter geopfert wird, auf daß die neue Welt geboren werde.

Aber das Ende der Zyklone ist oft furchtbar. Der abflauende Sturm holte zum letzten Schlag aus. Eine dicke, schwarze Wolke, von Blitzen durchzuckt, hüllte das kleine Geschwader ein. Die Lichter der Führerkabine erloschen, während gleichzeitig alle Nadeln der Bordinstrumente Null anzeigten. In solchen Fällen gibt man Vollgas und jagt gen Himmel. In der sie umgebenden Nacht taten die Piloten sofort das gleiche. Aber das Auge des Zyklons wachte. Ein riesiges Luftloch in Form eines Kamins war entstanden. Bei niedriger Höhe durften sie daher das Manöver nicht wagen, obwohl der Vorgang ein Phänomen von äußerster Seltenheit war. Fast geordnet wie bei einem Landebahnanflug wurden beide Flugzeuge auf den Boden gedrückt und zerschellten. Zuerst das weiße, dann das graue. Explosion. Brand. Es gab keine Zeugen, außer dem lächelnden Herrn Calguès an seinem Fernrohr, und auch keine Überlebenden. Für wenige elende Minuten, während denen sich Gott seinem Volk entzogen hatte, hat er sich trotz allem immerhin entschädigt.

Etliche Historiker – allerdings nur sehr wenige – haben eine seltsame Hypothese aufgestellt. Danach habe sich Benedikt XVI. in dem weißen Flugzeug befunden und sei bei der Katastrophe umgekommen. Da man hinterher in den Trümmern des Apparats nur verbrannte Knochen gefunden hat und kein Gegenstand oder ein Kleidungsstück die Identifizierung einer Person ermöglichte, so fehlt jeder Beweis für diese Hypothese. Andererseits hörte man aber sonst nichts mehr von Benedikt XVI. Es war, als ob er sich in den labyrinthischen Schluchten des Vatikans verflüchtigt hätte. Seit seiner Botschaft am Karfreitag im Zeichen der universellen Nächstenliebe hatte er kein Lebenszeichen mehr von sich gegeben. Man erzählte sich, er habe sich, ins Gebet versunken, freiwillig in seine Wohnung unter den Dächern des Vatikans eingeschlossen und sei nie wieder erschienen.

Aber immerhin waren so plötzliche impulsive Reisen seine Art. Um das verlorengegangene Ansehen seines ängstlichen Vorgängers wiederzugewinnen, hatte er schon dreimal das Kommando über sein weißes Flugzeug übernommen und war auf einem Schlachtfeld gelandet. Besonders in Rhodesien hatte seine Aufsehen erregende Ankunft den Fall von Salisbury herbeigeführt, wo sich übrigens auch Jean Orelle hervorgetan hatte. Als der Papst allein ins Niemandsland am Rand der Stadt vorgedrungen war, hatte er absichtlich den belagerten weißen Minderheiten den Rücken zugekehrt und die riesige schwarze Menge der Belagerer gesegnet. Gerechterweise muß man erwähnen, daß seine Anwesenheit die völlige Vernichtung der Besiegten verhindert hat.

Als er das letzte Mal anläßlich des Generalstreiks der rebellierenden Bantus nach Südafrika gereist war, wäre die Sache beinahe schief gegangen. Erbitterte Bantus und progressive burische Studenten hatten ihn mit einem begeisterten Gefolge umringt, denn sie verehrten ihn. Ein wahrscheinlich strohdummer Polizist hatte der Begegnung ein Ende gemacht, war aber zu weit gegangen. Er hatte den Papst bei den Schultern ergriffen, ihn als Schild vor sich hergeschoben und rücksichtslos zu seinem Auto und dann zum Flugplatz gebracht. Den Kundgebungsteilnehmern hatte er zugeschrien: »Wenn ihr mir den Weg versperrt, lege ich ihn um!« Die ganze Welt hat vor Empörung gezittert. Wenn jetzt der gleiche Papst zur Armada vom Ganges geflogen sein soll und in seinem Flugzeug verbrannt war, überrascht mich die Hypothese nicht sehr. Um es richtig zu sagen und auch im Hinblick auf vieles, ich finde sie äußerst erfreulich.

45.

»Wollen wir singen?« sagte der Oberst. Er hatte seine Maske entfernt und atmete mit der Miene eines zufriedenen Gastronomen die frische Luft ein, die zur Wagentür hereinkam. Der Lastwagen fuhr auf der kleinen, kurvenreichen Landstraße munter durch die Weinberge. Nach jeder Kehre kam das braune Dorf auf der Höhe näher.

»Mein Gott, wie riecht das gut!« fuhr er fort. »Wir sind wieder unter uns, es ist nichts passiert. Also, was singen wir?«

»Vielleicht die Marseillaise...«, schlug der Staatssekretär witzig vor.

Im Inneren des Fahrzeugs wurde die Armee von einem heftigen Husten und Schluckauf befallen. Unter den Husaren und dem Marinekommando war ein Wettkampf im Gang, wer am lautesten lachen konnte. Jetzt, nachdem sie von allem frei waren, wurden sie urfröhlich.

»Wenn ich dies vorschlug«, warf der Minister ein, »dann nur, um die Volksmoral abzutasten...«

Sie schauten sich beide an und lachten dann auch aus vollem Herzen.

»Gut! Die Marseillaise als Zugabe«, schloß Dragasès. »Herr Kapitän, haben Sie etwas Besseres?«

»Die Blutwurst«, erwiderte der Offizier. »Blöd wie alles. Aber es wäre etwas. Und mindestens kennt jeder den Text.«

»Die Blutwurst«, meinte der Oberst, »die Blutwurst... Wir sind die fremdeste der Fremdenlegionen, fremd allem gegenüber. Also, dann die Blutwurst. Aber es fragt sich, ob sie heute hierher paßt, und was Camerone betrifft, erst recht nicht. Vielleicht morgen, da oben... Ich glaube, ich habe eine bessere Idee.«

Er schaute mit listigen Augen herum, ob man ihm auch zuhören würde, präparierte seine Stimme wie ein Tischsänger und stimmte an:

»Nein, nichts von nichts
Nein, ich bedaure nichts.
Nicht das Gute, das man mir tat.
Nicht das Schlechte, alles ist mir egal.
Nein, nichts von nichts
Nein, ich bedaure nichts.
Tralala, Tralala,
Heute pfeife ich auf die Vergangenheit.«

»Was halten Sie davon?« sagte er am Schluß. »Nicht schlecht, wie? Es ist ein altes Ding. Ich weiß nur nicht mehr genau die Worte, aber so geht's etwa. Kennen Sie das Lied nicht?«

»Nein«, sagte der Kapitän. »Was ist das für ein Lied?«
»Zaralda«, erwiderte Dragasès. »Das Lager von Zaralda in Algerien. Der mißlungene Putsch der Generale. General Challe, erinnern Sie sich? Ein General, der aus dem Vorfall die Lehre gezogen hatte, daß man mit einem Federbett keinen Krieg führen kann. Er sprach dabei von der französischen Armee. Ich war damals 19 Jahre alt und Freiwilliger im I. Regiment. Als dieses aufgelöst war und wir das Lager verließen, hat man das auf allen Lastwagen gesungen. Eine schreckliche Wende! Noch hinterher eine Herausforderung. Wenn man mir damals gesagt hätte, als wir die Schnauze vollhatten, daß ich dies dreißig Jahre später nochmals erleben würde, hätte ich es nicht geglaubt. Vermutlich gibt es immer wieder Widerspenstigkeiten. Man muß eben abwarten, bis alles sich abgeklärt hat.«

»Hier hat sich schwerlich etwas abgeklärt«, sagte der Staatssekretär. »Ein Chor mit zwölf Stimmen!«

»Was wollen Sie wetten, daß wir mit zwölf Stimmen einen Höllenlärm machen?«

»Oh, ich bin bereit. Sie können auf die Stimme der Regierung zählen, Herr Oberst. Sie singt wie üblich falsch, aber diesmal aus vollem Herzen.«

Sie brüllten wie Verlorene. Ihre Stirnadern waren dem Platzen nahe, der Hals geschwollen und das Gesicht scharlachrot. Sie machten mehr Lärm als eine siegreiche katholische Armee, wenn sie in einer Kathedrale das Te Deum singt. In den Kurven schwankte der Lastwagen. Dann schaukelte er nach rechts, wobei seine Doppelreifen fröhlich bis an den Rand der Abhänge rutschten. Der Fahrer bediente das Lenkrad im Takt der Melodie und spielte mit Händen und Armen dazu. Der Offizier vom Kommando trommelte mit seinen Fäusten auf dem Armaturenbrett herum. Bei der Stelle »nichts von nichts« zitterte der Boden des Lastwagens unter den Stößen der Gewehrkolben. Wenn man eine Analyse der inneren Gefühle dieser Schreier machen könnte, so wäre zunächst ihr Freudentaumel zu erwähnen. Der ganze Stamm feierte seine Geschlossenheit. So gering seine Zahl auch ist, er pfeift auf den Rest der Welt. Aber er verrät auch eine Art Angst, wie das Kind, das nachts auf dem Weg laut brüllt, um zu vergessen, daß es allein ist, oder wie der einsame Schiffbrüchige in seinem Boot, der irgend etwas singt, um sich am Leben zu erhalten. So etwas war auch hier der Fall. Die jungen Husaren blickten auf die Bäume in den Feldern und sahen nirgends einen Vogel. Selbst die diebischen Elstern und Raben waren geflohen. Die mit Brettern vernagelten Fensterläden der Winzerhäuser zeugten von der großen Furcht vor der Katastrophe. Es fehlten nur noch die schwarzen Kreuze, mit denen man einst die Wohnungen der Pestkranken gekennzeichnet hatte. Über der ganzen verlassenen Landschaft glühte die Sonne, wie sie ein paar Jahre zuvor auf dem Mond brannte, als Johnson und White sie beobachtet haben, den Tod vor Augen neben ihrem zerstörten Raumschiff.

»Scheiße!« sagte der Fahrer. »Das darf nicht wahr sein! Ein Lumpenkerl. Und ich habe ihn nicht gesehen!«

Sofort waren alle still. Robinson hat Spuren vom Karfreitag entdeckt. Der Mond ist bewohnt. Sechs Räder stehen still. Kurzes Schleudern. Aufheulen des Getriebes. Rückwärtsgang rein. Ein Ganove! Sie lehnten sich alle auf der gleichen Seite hinaus. Freund? Feind? Dragasès nahm seine Maschinenpistole in die Hand.

Da war tatsächlich einer, der friedlich am Straßenrand stand und mit dem Daumen ein Zeichen gab. Zweifellos genoß er belustigt die Situation, denn er lachte dabei. Er war von weißer Rasse, hatte ein offenes Gesicht, war aber wie ein Vagabund gekleidet. Seine Physiognomie sagte einiges aus.

»Nehmen Sie mich mit, Herr Oberst?« fragte er in einem Ton, als ob die Antwort von selbst käme.

»Und wo gehen Sie hin um diese Morgenstunde, mein Lieber?« antwortete der Oberst, der sich auf das Spiel einließ.

»Oh! Ich? Seit ich Sie suche und jetzt gefunden habe, habe ich kein Problem. Ich gehe dahin, wohin Sie gehen. Sie sind wohl Oberst Konstantin Dragasès, der Stabschef der Armee und Oberkommandierender der Ordnungsstreitkräfte im Südraum?«

Er machte ein wenig den Eindruck, als ob er sich über die Welt lustig machen würde. Der feierliche Ton, mit dem er sprach, gefiel den andern. Man fühlte sich schon als Komplizen. Übrigens hatten ihn alle wiedererkannt, trotz des Bartes, der sein Gesicht verdeckte. Ein ganzseitiges Foto in einer Zeitung vergißt man nicht so leicht, besonders wenn man sich an das Rachegeschrei erinnert, das ihn verfolgte. Dragasès setzte im Stil offizieller Besuche das Wortspiel fort.

»Herr Minister, ich stelle Ihnen Herrn Kapitän Luc Notaras vor, Grieche und Kommandant des Frachtschiffs ›Insel Naxos‹. Erinnern sie sich?«

»Der Mann mit den roten Händen«, ergänzte Notaras mit bescheidenem Lächeln. »Das blutrünstige Frachtschiff. Der Völkermord auf den Lakkadiven.«

»Das versteht sich von selbst«, pflichtete der Minister bei. »Hübsche Liste. Meine Glückwünsche. Ich kenne meine Klassiker. ›Wir werden nie Notaras sein!‹ und so fort. Man könnte sagen, es sind schon hundert Jahre vergangen. Waren Sie nicht im Gefängnis?«

»Im Zentralgefängnis in Aix, Herr Minister. Am Samstag waren keine Wächter mehr da. Davongelaufen und alle Türen offen. Ich bin aufs Geratewohl hierher. Hatte eine Vermutung. Von oben sah ich Sie kommen. Da habe ich mir gesagt, was für ein Glück. Die nehmen mich als Anhalter mit.«

»Gut! Steigen Sie auf!« sagte der Staatssekretär belustigt. »Ich weiß nicht, ob ich als Gauleiter von Südfrankreich das Gnadenrecht ausüben kann, aber unter diesen Umständen sind Sie begnadigt. Gefällt Ihnen das, Herr Marineminister?«
»Haben Sie eine Marine, Herr Minister?«
Er schaute sich fragend um, wie einer, der etwas verloren hat.
»Sicher nicht. Aber was bedeutet das schon. Der Oberst hat auch keine Armee mehr oder nur eine kleine. Ich selbst habe auch kein Gebiet mehr. Man kann sich endlich ernst nehmen. Jetzt fängt alles an, wirklich etwas zu bedeuten.«
»Ich glaube, ich habe verstanden«, sagte Notaras. »Kann ich bei Euch mitmachen?«
Mit freundschaftlichem Klatschen auf den Rücken wurde er aufgenommen und mußte alle Hände drücken, die sich ihm entgegenstreckten. Nachdem er so auf dem Ehrenfeld der Husaren von Chamborant und vom Kommando der Marine honoris causa feierlich anerkannt war, stieg er zu dem Dutzend auf den Lastwagen. Jetzt war eine Vereinigung echter Kumpels beisammen ...
Am Dorfeingang stiegen sie ab. Dragasès teilte seine kleine Truppe in zwei Haufen. Der eine blieb beim Lastwagen und erhielt den Namen »Strategische Basis«, was die Moral hob und eine ausgesprochene Fröhlichkeit auslöste. Das Kommando übernahm der Kapitän. Dazu brachte man das schwere Maschinengewehr auf einem kleinen Grabhügel in Stellung.
Der andere Haufen, »Bewegliche Kolonne« genannt, bei dem sich Notaras, Jean Perret und der Oberst befanden, wurde als »Zange« in zwei Linien zu je drei Mann eingeteilt. Sie mußten als Schützen ausschwärmen und nach den Regeln städtischer Partisanen das Dorf auskundschaften. Wie im Kino gezeigt, gingen sie sprungweise vor, nach der Methode, ich decke dich, du springst, du deckst mich, ich springe. So ging es, bis sie an einer kleinen Treppe von fünf Stufen seitlich einer Terrasse angelangt waren. Sie kamen zum Ergebnis, daß im Dorf kein menschliches Wesen mehr da war. Plötzlich ertönte über ihnen eine spöttische Stimme.
»Sind Sie im Manöver, oder was? Von hier aus kann man gut beobachten. Das ist aber unnötig. Außer mir finden Sie keine Person mehr.«
Als Dragasès aufblickte, sah er einen alten Herrn mit weißen Haaren, der eine Leinenjacke trug und eine rotgetüpfelte Krawatte. Er stützte sich auf das Balkongeländer, als ob er an diesem friedlichen Frühlingstag frische Luft schöpfen wollte.
»Wer sind Sie?« fragte der Oberst.
»Calguès, pensionierter Professor der französischen Literatur.«
»Aber was machen Sie denn da, bei Gott?«
Der alte Professor machte ein ehrlich erstauntes Gesicht. Er war sogar

peinlich berührt, daß man ihm eine solche Frage stellte. »Ganz einfach, ich bin hier zu Hause, Herr Oberst.«
»Ganz einfach! Ganz einfach! Sie werden mir doch nicht einreden wollen, daß Sie nicht wüßten, was sich hier tut?«
»Oh, ich weiß alles, ich habe alles gesehen«, sagte der alte Herr. Er deutete auf ein Fernrohr auf einem Stativ neben sich.
»Und das macht nicht mehr Eindruck auf Sie?«
»Es gefällt mir bei mir. Warum sollte ich weggehen. In meinem Alter mag man nicht gern Veränderungen.«
Dies alles sagte er mit einer spöttischen Miene. Der Oberst konnte es nicht fassen.
»Das ist ein sehr gutes Fernrohr«, fuhr der alte Herr fort. »Es vergrößert siebenfach. Heute morgen um sechs Uhr haben Sie im Garten ihrer Villa eine Handbewegung gemacht. Sie haben auf mich und mein Dorf gedeutet. Ich habe sofort verstanden. Später, als Sie in Ihren Lastwagen stiegen, habe ich Sie gezählt. Zwölf.«
»Dreizehn«, verbesserte der Oberst. »Seit der letzten Kehre. Und jetzt sind wir vierzehn«, fügte er lächelnd hinzu.
»Zwölf oder vierzehn, das spielt keine Rolle. Es sind noch genug für die ganze Welt da. Haben Sie keinen Hunger?«
»Hunger? Durst? Meinen Sie das ernst?«
Der Greis verbeugte sich komisch, indem er einen höfischen Kratzfuß machte.
»Herr Minister, Herr Oberst, das Frühstück steht bereit.«
Auf der Treppe gab es einen Ansturm. Jungens! Der Unterricht ist zu Ende. Zurück zum Leben! An dem zur Terrasse führenden Türchen hielten sie plötzlich, völlig verblüfft. Ein Frühstück? Der alte Herr hat wohl einen Hang zum Euphemismus? Auf einem großen langen Tisch, der mit einer karierten Tischdecke geschmückt war, standen Pyramiden von sehr nett aufgebauten feinen Sandwiches, dann feine rote Schinkenschnitten auf riesigen Platten, Schalen dunkler Oliven, verschiedene Teller mit Gurken, Essigzwiebeln, Tomaten, harte Eier in Scheiben. Anchovis in Rosettenform, feingeschälter Ziegenkäse, von allem soviel, wie etwa benötigt wurde. Dazu Wurstsorten, Gänseleber in Steinterrinen, entkorkte Flaschen überall verteilt, auf einem Anrichtetisch Gläser, Zigaretten, Zigarren, Streichhölzer und in einer Ecke ein alter Cognac.
»Sind Sie wirklich allein?« stotterte der Oberst, der als erster wieder das Wort ergriff.
»Ich habe immer gern Büffets hergerichtet. Ich finde den Anblick so schön. Um sechs Uhr fünf habe ich Sie unten abfahren gesehen. Ich habe mich dann sofort an die Arbeit gemacht. Sie werden entschuldigen, daß noch zwei oder drei Sachen fehlen. Ich wollte noch Schlagsahne machen, aber Sie sind früher gekommen, als ich dachte. Jetzt kommen Sie um die Süßspeise.«

»Verdammt noch mal!« sagte plötzlich der Oberst. »Was ist denn das da?«

Er zeigte auf einen jungen Mann, der mit gespreizten Beinen und herunterhängendem Kopf zusammengesackt in einer Ecke lag. Die bis zum Boden gehende Tischdecke hatte ihn zunächst ihrem Blick entzogen. Er hatte schmutzige Haare, trug ein geblümtes Hemd, ein Hinduhalsband und eine afghanische Weste. Ein roter Fleck auf seiner Brust um ein kleines Loch herum ließ an seinem Zustand keinen Zweifel aufkommen.

»Waren Sie das?« fragte der Oberst nur.

»Ja«, antwortete der Greis und senkte den Kopf. »Ich konnte sein Gerede nicht mehr ertragen. Auch in einem verlorenen Krieg braucht man ein paar Tote, sonst ist das nicht anständig. Ich habe gehandelt wie Sie unten. Das war mein eigener kleiner Krieg. Ohne Illusionen, nur zum Vergnügen. Das ist doch drollig«, sagte er und betrachtete die Leiche. »Ich habe ihn völlig vergessen.«

»Ist es schon lange her?«

»Gestern abend.«

»Man muß ihn wegschaffen, bevor er stinkt«, sagte kurz der Oberst.

»Wir werden Sie davon befreien.«

Das war die ganze Grabrede für den jungen Mann.

»Und jetzt zu Tisch!« rief der Minister aus. »Herr Calguès, ich trinke auf die Gesundheit des Dorfes.« Und er fügte in halbernstem Ton hinzu: »Herr Kultusminister! Würde Ihnen das gefallen?«

»Vergessen wir unsere ›strategische Basis‹ nicht«, warf der Oberst ein. Er wandte sich an einen Mann des Marinekommandos. »Sie! Wenn Sie schon Ihr Horn gerettet haben, dann blasen Sie zum Essen. Das wird für die andern schon mal eine Vorspeise sein.«

Wenn man den Text zu diesem Hornsignal kennt, das jetzt zum Himmel ertönte, so kann man auf den Gedanken kommen, daß es wie eine Art Prophezeiung war.

46.

Frankreich hat nachgegeben. Was nicht wieder gut gemacht werden kann, ist eingetreten. Von nun an ist keine Rückkehr zur Vergangenheit mehr möglich, unbeschadet einiger weniger örtlicher Besonderheiten da, wo eben das Verhältnis der moralischen Kräfte dafür geeignet war. Ehrlich gesagt möchte ich ein vollständiges Panoramabild unseres an diesem Ostermontag in Wallung befindlichen Planeten zeichnen. Unsere Zeitgeschichte müßte darüber Bände füllen. Aber wozu eigentlich? Mein Herz ist im Dorf geblieben. Und wenn ich die Kraft finde, noch ein paar Seiten diesem Roman hinzuzufügen, der mich viel Tränen gekostet hat, trotz einer gewissen Komik, die immer wieder das Traurige der Tatsachen überdeckte – denn alles war komisch, nicht wahr? –, dann widme ich sie nur dem Dorf. Ich könnte höchstens zum besseren Verständnis dieses Romans noch in groben Zügen die Schlußfolgerung aus einigen wesentlichen Szenen ziehen. – Mein Gott! Habe ich mich gut verständlich gemacht? Habe ich mich deutlich genug ausgedrückt, wie es der unerbittliche Prozeß des Verfalls verlangt? Und habe ich den Leser von einem Kapitel zum andern in Spannung gehalten, etwa wie Bomben mit Zeitzündern?

Diese Bomben sind überall gleichzeitig explodiert. An den Ufern des Limpopo, in Paris, London, New York... In Frankreich, wo die Lichter freiwillig ausgegangen sind, wird von nun an keine Regierung es mehr wagen, im Alleingang unter ein Verbrechen des Völkermords den Namen zu setzen. Im Zentralpark stieg die schwarze Flut: vierundzwanzig Stockwerke in einer Stunde. »Black is beautiful, und alle Weißen sind Maden.« Der Poet aus Harlem singt dazu: »Man hört nur das Geräusch der Speere, wie sie ins Mark der Unterdrücker gestoßen werden.«

Im fünfundzwanzigsten Stockwerk sinnt Doktor Norman Haller über den Wandel der Zeit nach. Nur zwei Stockwerke trennen die Vergangenheit von der Zukunft. Die Stimme des Bürgermeisters von New York am Telefon kommt ihm beinahe beruhigt vor.

»Ich habe Glück, Norman. Es sind drei Familien aus Harlem. Großartige Kinder. Sie haben nicht einmal darauf gespuckt. Eines habe ich auf den Knien. Es spielt mit meinem Revolver. Natürlich habe ich das Magazin herausgenommen! Norman, was konnte man denn sonst tun?«...

In der Downing Street 10 wird verhandelt. Das Nichteuropäische

Commonwealth Committee hat in der höflichsten Form von London Besitz ergriffen. Nur eine einfache Frage der Statistik. Man rechnete und verglich sich. Wahrhaft, wie unvorsichtig! Man konnte sich nicht vorstellen, wie zahlreich sie waren! Die Königin empfängt die Führer der Pakistani. Eine ihrer Forderungen erregt Erstaunen: Der zweite Sohn der Königin muß eine junge Pakistani heiraten. Ein Mittel, ein Symbol, zu vernichten oder sich anzupassen. Man kann lange darüber streiten. Offensichtlich kümmert sich niemand mehr um Südafrika. Selbst der Haß, den es bei allen erregte, war überflüssig geworden. Wie der Strand unter der Überflutung des Limpopo, so verschwand Südafrika als weiße Nation von der Karte. Es war vielleicht der einzige Trost, daß gleichzeitig seine Pairs mit weggespült wurden, die es so lange mißachtet hatten...

Von den Philippinen, von Djakarta, Karachi, Conakry und auch noch von Kalkutta, aus allen diesen erstickenden Häfen der Dritten Welt erschienen weitere große Flotten in Australien, Neuseeland und Europa. Die große Völkerwanderung entrollte ihren Teppich. Und wenn man in die Vergangenheit der Menschheit blickt, so war dies sicher nicht die erste. Andere, sorgsam registrierte Kulturen, die man in unsern Museen studieren kann, haben schon das gleiche Schicksal erlitten. Aber der Mensch hört nur selten auf die Lehren aus der Vergangenheit...

Zu diesem Kapitel unserer Geschichte wollen wir noch eine letzte beispielhafte Anekdote hinzufügen: die Abreise des französischen Riesendampfers NORMANDIE von Manila, mit einer Mannschaft, die, wie die Gewerkschaften dauernd verbreiteten, es leid war, »den unnützen Privilegierten als Dienstpersonal zu dienen« und nun fünf Millionen philippinische arme Schlucker an Bord aufgenommen hatte. O weh! Die Euphorie der Brüderlichkeit dauerte nicht einmal bis Mitternacht. Um ein solches Festbankett der Armen durchführen zu können, muß man die Erfahrung der »Kleinen Brüder« oder der Heilsarmee besitzen. Eine gewisse Zurückhaltung beim Geben und Disziplin der Armen beim Empfangen müssen sich die Waage halten, wenn das Nächstenliebeventil keinen Schaden nehmen soll.

Es war eine Katastrophe. Nicht etwa, daß die Vorräte an Bord nicht ausreichend waren, um alle satt zu bekommen. Das hieße, unserer bedauernswerten TRANSAT Unrecht antun. Aber als die Philippinos aus den Elendsvierteln von Manila die Fülle der Getränke und hübsch vorbereiteten Speisen auf den auf allen Decks aufgestellten riesigen Tischen entdeckten, stürzten sie sich wie Verrückte darauf. Gewiß, sie aßen und tranken. Aber genauer gesagt, war es ein Plündern, denn das war ihre eigentliche Absicht. Dann plünderten sie die Küchen. Und nach den Küchen die Vorratskammern und Keller. Sogar die aufgerissenen Kühlschränke. Das ganze Schiff wurde durchwühlt. Ein Tornado! Die Laufgänge waren übersät mit zerbrochenem Geschirr, die eleganten Kabinen in Drecklöcher verwandelt, die lackierten Flächen der Salons, der Stolz der NORMANDIE, beschädigt und verschmutzt. Später konnte man in der Zeitung lesen – und das war ein Rekord seiner Art, denn Gott weiß, was für einen Blödsinn die Presse unserer Zeit verspritzt –, daß man in dieser Verwüstungsaktion einen radikalen Protest gegen die zeitgemäße bürgerliche Kunst erblicken müßte! Die Meinung des Barkeepers im Oberdeck lautete allerdings anders: »Dreckig wie die Schweine! Ja! Mir sind jedenfalls die Reichen lieber. Wenn diese kotzen müssen, eilen sie rechtzeitig auf die Toiletten!« Daran hätte man früher denken müssen...

Aber kommen wir zum Ernst der Sache zurück. Merkwürdigerweise kann ich dieses Wort Ernst trotz aller Trostlosigkeit, die sich dahinter verbirgt, nicht schreiben, ohne dabei zu lächeln. Ernst! Um Himmels willen! Hat das alles etwas mit Ernst zu tun? Die Art, wie die Welt auf den französischen Funkwellen die Nachricht von der Landung erfuhr und von der Widerstandslosigkeit Frankreichs, sagt doch alles.

Man erinnert sich, daß am Ostermontag früh Boris Vilsberg in der Funk- und Fernsehzentrale die aufgeregte Menge gut eingeschätzt hatte, die sich in das große Studio drängte, so daß die Luft nicht mehr zu atmen war. Das letzte vernünftige Wort, das er noch sagen konnte und das noch gehört wurde, war: »Mein Gott, öffnet das Fenster, sonst fallen wir um wie die Fliegen!« Dieser Satz ging über den Äther und gab den Ton der Sendung an.

Vilsberg hatte seinen Platz vor einem der Mikrophone der großen Tafelrunde eingenommen. Neben ihm saß Pater Agnellu, aber nur noch als eine flüchtige Symbolfigur und weil der ebenfalls anwesende Sendeleiter es nicht wagte, die Sendung abzustellen. Vilsberg war ganz einfach zur Geisel geworden, so wie er es vorausgesehen hatte. Tapfer versuchte er, der Lage Herr zu werden und die Initiative in den Händen zu behalten. Mit einem Handzeichen zur Regiekabine wollte er sich Gehör verschaffen. Ein zitternder Sprecher eröffnete die Sendung mit der üblichen Formulierung: »Boris Vilsberg berichtet zur Lage...!« Was hat der Unglückliche zu sagen gewagt?: Im Studio verstand keiner mehr den andern. Ein Riesenradau! Ein Sturm auf die Mikrophone der Wortschneider. Überall schrie man: »Boris Vilsberg kommentiert überhaupt nichts! Von nun an kommentiert nur noch das Volk!« Da es mindestens ein Dutzend um die Tafelrunde verteilte Mikrophone gab und vor jedem Mikrophon ein halbes Dutzend aus Rand und Band geratene, brüllende Redner, kann man sich das Ergebnis vorstellen. Da sie alle aber fast das gleiche sagten – neue Welt, Ende der Rassen und der Ausbeutung der Menschen durch den Menschen, allgemeine Religion, Tod dem westlichen Imperialismus, Berufung des Menschen zur Liebe und tausend andere Sahnetorten aus dem gleichen Ofen –, waren die Stimmen nahezu unverständlich. Man kam daher rasch überein, etwas Ordnung in

diesem wirren Chaos zu schaffen. Durch Handabstimmung wurde beschlossen, daß jeder reichlich Gelegenheit bekommen solle, zu reden, was er wollte. Auf zum Karussell! Nehmen Sie Ihre Fahrkarte!
Jetzt ging's los. Es dauerte und dauerte. Aber bald schaltete sich so etwas wie ein Direktorium ein, bestehend aus einem abgerichteten schwarzen Straßenkehrer, einem vietnamesischen Studenten und einem militanten Franzosen. Man stimmte erneut ab. Zuerst brauchte man einen markanten Namen: PVR, Pariser Volksradio, im Dienst der vorläufigen Regierung der vielrassischen Gemeinde von Paris! Der Vorschlag wurde durch Handerheben angenommen. Man weiß nicht, welches geniale Karnickel ihn erfunden hat, aber er machte bald Schule. Ähnliche Komitees tagten fast überall, sogar in der Kathedrale von Paris, wo der Erzbischof alle Tore öffnen und alle Leuchter anzünden ließ – man merkte nicht mal, daß ein zweifelhafter, abergläubischer Vikar das heilige Sakrament weggeschafft hatte – und auch bei der französischen Rundfunk- und Fernsehanstalt, wo der schöne Léo Béon, der starke Mann seit seiner Rolle in Sao Tomé (»man muß lernen, das Elend zu versorgen«) zum vorläufigen Volksverwalter aufgestiegen war. Alle diese Komitees huldigten der vielrassischen Gemeinde von Paris, die es noch nicht gab, aber deren Idee verkündet wurde. Die neue Funk- und Fernsehzentrale trat völlig in den Vordergrund. Man muß zugeben, mit einer gewissen Virtuosität. Die Wortmaschine lief rund. Und immer wurde wieder gewählt. Die Nachrichten gingen über das Direktorium ein, aber das Volk allein kommentierte.

Es fehlte nicht an Nachrichten. Man brauchte sie nicht erst zu suchen. Sie flossen ganz allein aus allen Ecken von Paris. Das motorisierte Paternoster der freiwilligen Nachrichter überschüttete das große Studio mit einer unkontrollierbaren Flut von Worten. Wahres. Falsches. Beides gleichzeitig. Am meisten Interpretiertes, Zugespieltes. Man nennt dies Erlebtes.

»Wo kommst Du her?« – »Von Notre-Dame.« – »War es pfundig?« – »Sehr, sehr, sehr pfundig! Hervorragend! Tausende Kameraden. Aus allen Richtungen. Afrikanische Kameraden. Arabische Kameraden. Esther Bacouba. Sie hat improvisiert. Ich erinnere mich nicht mehr genau. Aber es war fantastisch. Wartet mal... Jetzt habe ich es: ›Mein Bruder Christus‹ oder so ähnlich, ›steig von deinem Kreuz herunter und lebe mit uns, denn heute hörst du auf zu leiden!‹ Der Erzbischof weinte wie ein Kalb. Er hat die alte Esther umarmt... und so weiter!«

Kommentar des Volkes: »Aufgepaßt, daß die traditionelle Hierarchie nicht das religiöse Volksempfinden zurückerobert. Sie sind bösartig, diese Jungs! Seit zweitausend Jahren stecken sie das Volk in die Tasche und wachen bei ihrem Christus am Kreuz, dem Symbol der Entsagung. Warum sollte dies nicht so weitergehen? Seid mißtrauisch und wachsam.«

Chor der Wachsamen, der sich nach Herzenslust austobt, bis er von einem neuen Motorradfahrer unterbrochen wird.

»Und du, woher kommst du?« – »Von der Goutte-d'or-Straße.« – »Und?« – »Es ging hart zu! Sie haben mit den Helfershelfern des Pförtners abgerechnet!« Plötzlich wird das Volk wieder aufmerksam und bereitet seinen Kommentar vor. Der Fall Ben Jalli. Ein trauriger Fall, an den sich jeder erinnert. Die Mordtat eines Pförtners in der Goutte-d'Or-Straße, begangen an einem algerischen Jungen, der ein wenig streitsüchtig und auch ein dreckiger Kerl war. Aber immerhin! Das Leben dieses jungen, nach Paris verpflanzten Algeriers war nicht rosig... »Waren es viele Helfershelfer?« – »Gut fünfzig, wie sie sagen. Man hat sie der Regel nach abgeurteilt. Es war sogar eine Französin, namens Elise, welche den Vorsitz des Gerichts führte. Der Rechtsanwalt war ein Araber namens Mohammed, der heimliche Kadi genannt. Vierzig Todesurteile. Zehn Freisprüche. Ein Pfarrer für die Absolution...« Kommentar des Volkes: Wenn die Helfershelfer nicht alle das Gewehr des Pförtners festhielten, weil er allein war, so hatte er den Schuß doch abgegeben, und daß er allein in seiner Loge war, hat zur Folge, daß man es mit einer anderen Form der Mittäterschaft zu tun hatte. Viel bösartiger. Viel hassenswerter. Einer moralischen Mittäterschaft. Die Billigung eines rassischen Verbrechens. Übrigens, hatten sie nicht alle am Abend der Tat ein Gesuch eingereicht, daß der Mörder vorläufig auf freien Fuß gesetzt wird? Nun, an diesem Tag hatten sie ihr Todesurteil unterschrieben. Durch die vielrassische Gesellschaft nicht mehr revidierbar...

Zur gleichen Zeit sitzen am andern Ende von Paris Marcel und Josiane vor ihrem Radio. Sie sehen sich stillschweigend an. Beide haben verstanden. Josiane sagt: »Geh' sofort zu ihnen. Es wird besser für uns sein.« Schwerfällig steht Marcel auf und betrachtet seufzend seine auf vierundzwanzig Wechselraten laufende hübsche Wohnungseinrichtung. Dann öffnet er die Tür und sagt zu dem schwarzen Kind, das im Treppenflur lauert: »Führe mich zu deinem Papa.« Im fünften Stockwerk, wo in zwei Zimmern die Familie des Herrn Ali mit acht Personen wohnt, darunter eine alte Mutter und fünf Kinder, bringt er es fertig, auf die ehrlichste Art der Welt mit ausgestreckten Händen diese unglaublichen Worte zu sagen: »Da bin ich, Herr Ali. Meine Frau und ich haben gedacht, es ist nicht recht. Sie können nicht dauernd so beengt in dieser kleinen Wohnung leben. Wir sind nur zu zweit. Diese Wohnung würde uns genügen. Wenn Sie in meine Wohnung ziehen, hätten Sie mehr Platz. Nein, das ist nichts Besonderes. Das ist sogar ganz natürlich. Man muß sich heutzutage gegenseitig helfen. Sie sind lieb, Ihre Kleinen und sehr höflich.« Alle Achtung! Ohne persönlichen oder gesetzlichen Druck diesmal. Wer wagte es, zu sagen, daß der Mensch zum Menschen wie ein Wolf sei...?

Und es ging weiter: »Grüß Dich! Woher kommst Du?« – »Vom

Polizeipräsidium.« –»Ah, die Flics (höhnisches Grinsen im Studio).« – »Ja, die Flics. Aber ich bringe fantastische Nachrichten. Zunächst, dort machen nur noch zehn Prozent Dienst. Sodann, alle sind in ihre Kasernen und Kommissariate bestellt worden! Der Polizeipräsident hat eine Erklärung abgegeben (Der motorisierte Reporter zieht ein zerknittertes Papier aus der Tasche). Ich bin keine Stenotypistin, Jungs! (Schallendes Gelächter). Aber ich glaube, ich habe die Hauptsache. Hört her: Der Polizeipräsident hat Vollmacht (Erneutes Gelächter. ›Das würde ihm so passen!‹), lehnt aber den Gebrauch von Waffen ab (›Fehlt ihm sonst nichts?‹). Es gibt keine Strafverfolgung mehr (›Sicher, es gibt ja auch keine Polizei mehr!‹). Der Präsident vertraut dem guten Sinn der Bevölkerung, welcher Rasse oder sozialen Klasse sie auch angehören mag (›Zensiert! Zensiert! Text reaktionär!‹), damit rasch Ordnung wieder einkehrt und die für das Leben des Landes notwendigen öffentlichen Dienste funktionieren, so daß in Ruhe die Grundlagen einer für alle annehmbaren Regierung besprochen werden können (1) (Triumphgeschrei. Beifall, Pfeifen. ›Der Präsident mit uns! Ins Scheißhaus mit dem Polizeipräsidenten! Volksherrschaft! Konzertierte Aktion!‹). Der Polizeipräsident lädt die führenden Persönlichkeiten aller Richtungen ein, die an den Umtrieben (2) beteiligt waren, sowie die Verantwortlichen der öffentlichen Dienste, soweit sie noch in Paris sind (3), sie mögen sich heute nachmittag um drei Uhr in der Arbeitsbörse einfinden. Halt! Das ist noch nicht alles! Der Präsident hat auch gesagt: ›Ich hoffe, daß von dieser hohen Warte der menschlichen Würde aus mehr Glück für jedermann ausgehen wird (4).‹«

Kommentar des Volkes: Vor allem zum ersten Mal betretenes Schweigen. Das Kind, das sich vor dem Glasschrank auf die Erde warf und heulte, weil es alles zerbrochen hatte, ist nun zufrieden. Kein Glasschrank trennt es mehr vom Objekt seiner Begierde. Es hält nun das schöne Spielzeug in Händen und prüft es auf Herz und Nieren. Es schnuppert und merkt, daß es nichts damit anzufangen weiß. Soll es das

(1) Was hätte er auch anders tun können? Ohne Befehle. Ohne Richtlinien. Mit einem kraftlosen Präsidenten der Republik, der am Ende seiner Reden zum tausendsten Mal die Abschaffung der Gewalt erwägt. Soll es in Paris anders laufen als im Süden? Zu spät, viel zu spät. Schon vor Jahren war es zu spät...
(2) Welche präsidiale Beschönigung: Umtriebe, sonst nichts.
(3) Geschickte Redewendungen des Polizeipräsidenten: Versteckte Verurteilung der Geflohenen. Schüchterner Hinweis auf die wesentlichen Merkmale, welche die Gesellschaften beherrschen sollen, Verantwortung, Verwaltung, öffentlicher Dienst. Sonderbare Folge: Er wird seine Stellung retten, von nun an flankiert von einem zwielichtigen algerischen Stellvertreter.
(4) Das war auch nicht dumm. Man hat ja schon immer von diesem Glückszustand gesprochen, der sich allmählich so natürlich entwickelte, daß es niemand bemerkte. Im Gegenteil. Ihn zu erleben war nichts. Dran zu glauben, war alles. Arme, ewig naive Menschheit...

Spielzeug auf die Erde werfen und kaputtmachen oder in eine Ecke stellen und abwarten? Das hat keinen Sinn. Und dann kommt auch Zweifel auf. Was fordert man von ihm im Austausch für ein so schönes Spielzeug? Daß es gut arbeitet? Daß es vernünftig sei?

»Das ist eine Falle!« schrie einer. Es war derselbe, der den Erzbischof bezichtigt hatte, er wolle das religiöse Gefühl wieder erwecken. »Die vielrassische Volksherrschaft ist keine Karnevalsmaske, hinter der sich die alten Privilegierten schamlos verstecken können!« Er sprach lange über dieses Thema und bekam viel Beifall. Bemerkenswert ist, daß dieser kleine untersetzte, rothaarige Mann unbestreitbar der weißen Rasse angehörte. Als er mit seiner Rede fertig war, hörte man eine kräftige sympathische Stimme: »Mein Gott, was bist du für ein Dummkopf! Das sagt dir Mamadou! Ich will kein Bordell. Ich wünsche mir ein Land, wo alles gut läuft. Ich esse gern, du ißt gern. Ich fahre Auto, du fährst Auto. Alle sind zufrieden. Aber damit jeder Auto fahren und essen kann, braucht man Vorgesetzte, Minister und Flics. Sie verstehen etwas. Du verstehst nichts. Was hast du zu bieten, wenn du mal befehlen mußt?« Breit lächelnd setzte er sich wieder hin, und man zollte ihm nicht minder Beifall. »Der Streit ist einfach«, faßte der vietnamesische Student zusammen. »Es handelt sich um die Entscheidung, ob wir eine vielrassische Volksregierung annehmen oder nicht und ob wir für die Zeit eines gemäßigten Übergangs verantwortliche Techniker übernehmen, die einem Regime dienten, das wir beseitigt haben.«

Wie alle primitiven Debatten, so zog sich auch diese bis zur Erschöpfung der Beteiligten hin. Einerseits unterstützten die Eingeborenen der Dritten Welt nebst einigen Schlaubergern den Vorschlag Mamadous. Andererseits standen alle diejenigen, die man früher Extremisten, Anarchisten und unverantwortliche Fanatiker genannt hat, auf seiten des Rothaarigen. Die Müdigkeit brachte schließlich die Einigung zustande. Es war fast drei Uhr, und noch war kein Delegierter für die Sitzung beim Polizeipräsidenten bestimmt worden. Da erinnerte man sich an Boris Vilsberg. Schweigend und von allen vergessen, hatte er geduldig alles mit angehört. Jetzt erwachte er wie aus einer Art Betäubung. Im Verlauf der Stunden war er in einen seltsamen Zustand der Bewußtseinsspaltung verfallen. Jeder Redner hatte sich seiner Stimme und seines Gesichts bemächtigt, als ob Dutzende von Vilsbergs sich am Mikrophon ablösen würden. Alles was gesagt worden war, nicht mehr und nicht weniger intelligent, hatte er schon auf den Wellen des Funk und Fernsehens vorgekaut, und er war sich heute im klaren, daß er, wohl berufsbedingt, besser informiert war. Aber das hatte keinen Sinn mehr. So war auch sein Leben verlaufen: eine Flut von Worten! Als man ihn jetzt wieder etwas respektvoll fragte, wie der Schüler den Lehrer, ob er noch etwas hinzufügen möchte, antwortete er sanft: »Nichts, ich danke Ihnen.« Das war wahrscheinlich sein bester Kommentar. Pater Agnellu, der wie ein

Meisterschwimmer ausgehalten hatte, wurde an seiner Stelle gewählt, sowie Mamadou und das gesamte Direktorium.

Von Boris Vilsberg weiß niemand, was aus ihm geworden ist. Manche glauben, er habe sich still auf einen Kollektivbauernhof zurückgezogen. Man kann sein Ausscheiden mit dem des Direktors von »La Grenouille« vergleichen. Dieser fertigte eines Tages eine Zeichnung, auf der man einen höchst verlegenen Weißen und einen fröhlichen Schwarzen vor einem Laufsteg einer Modenschau sah. Als Text dazu ließ er den Schwarzen sagen: »Du nimmst die schwarzen und ich die weißen Mädchen! Klar?« Im letzten Augenblick kam ihm aber der Gedanke, daß wenn er diese Zeichnung veröffentlicht, seine Zeitung sofort verboten wird. Wenn die Staatsgewalt und die Ideologie sich jäh ändern, dann kann man nur weiter höhnen, spotten und anschwärzen, wenn man seine Weste wechselt. Wie seine Mitarbeiter später aussagten, wurde er anschließend so traurig, daß sein Gesicht den herzzerreißenden Ausdruck eines sterbenden Clowns bekam. Er ging höflich durch seine Büroräume, drückte jedem die Hand und wiederholte fortgesetzt: »Macht ohne mich weiter, wenn ihr könnt, wenn ihr könnt...«

Ich sehe im Geist die Zusammensetzung der multirassischen Volksversammlung der Stadt Paris vor mir, die am Ostermontag um drei Uhr nachmittags in der Arbeiterbörse zusammenkam. Seitens der Vertreter der weißen Rasse waren wenige da, aber genügend viele, die ihre fachliche Zuständigkeit in die Waagschale werfen konnten und auch guten Willen zeigten: der Polizeipräsident, zwei oder drei Minister und einige hohe Beamte. Es waren solche, von denen der Präsident der Republik noch vierundzwanzig Stunden vorher gesagt hat, »daß sie im Hinblick auf das Ereignis schon eine Verschwörung gebildet hätten und vielfachen Kontakt aufnehmen würden und unter der Hand die Bildung einer provisorischen Regierung anstreben würden.« Er hat sie mit den prophetischen Worten gebrandmarkt: »Der Inhalt der Macht kümmert Sie wenig, wenn Sie ihre Ausübung behalten dürfen!« Unter den Verschwörern befand sich ein einziger, zwielichtiger General namens Fosse, von dem man nur wußte, daß er einst aus dem Mannschaftsstand hervorgegangen war und die goldenen Tressen und den Spitznamen »Septiker« dafür erhalten hatte, daß er in Oran das Feuer gegen die eigenen Landsleute eröffnen ließ.

Bezüglich der Kontakte untereinander waren diesmal viele Leute da. Voran die geistigen und moralischen hohen Behördenvertreter, die über die Trümmer wie Fakire über eine Kohlenglut hinweggingen. Natürlich auch der Großmufti. Vertrat er nicht mehr als sechs Millionen Araber und schwarze Muselmanen, die in Frankreich wohnten? Er bekam später in der ersten provisorischen Regierung das Portefeuille der Gleichheit, ein neues Ministerium, so ähnlich wie das Ministerium für menschliche Beziehungen, das gegen rassistische Umweltverschmutzung kämpfte.

Sodann der unvermeidliche Kardinal-Erzbischof von Paris, der rührend vor lauter gutem Willen war. Er umarmte öffentlich den mit einem großen, weißen Burnus bekleideten Mufti, der wie immer undurchschaubar war. Er schenkte ihm dreißig Kirchen, die in Moscheen verwandelt wurden. Das war einer der bewegendsten Augenblicke des Tages.

Ferner Präsidenten verschiedener humanitärer Ligen, mit Ausnahme des wortstärksten unter ihnen, der, wie er angekündigt hatte, in die Schweiz gereist war, »um gleichgesinnte westliche Kollegen zu Rate zu ziehen«.

Sogar der Großrabbiner war da, der vom Antirassismus so übermannt wurde, daß Israel nicht mehr mitkam. Dann der Gesandte vom Ganges in zahlreicher Begleitung seiner Kollegen aus Indien, Bengalen und Pakistan. Alle vier waren Befehlshaber siegreicher Armeen geworden. Und weitere Gesandte der Dritten Welt, die laut redeten, da sie sich angesichts all dieser Flotten, die zur gleichen Zeit ankamen, sehr stark fühlten. Ausnahmslos plapperten alle von brüderlichen Prinzipien. Die Weißen unter ihnen entschuldigten sich beinahe, daß sie die anderen, die Großzügigen, so schlecht empfangen hatten. Die Minderheiten wurden im Namen der »neuen Welt« beruhigt. In der Nacht vom 4. August wurden die Rassenschranken aufgehoben. Die Lerche und das Pferd schworen, sich nicht mehr zu trennen. Den Abschluß der Reihe bildete der Dritte Stand, der drei Viertel der Versammlung ausmachte und mit vollem Gewicht auftrat.

Es war auch eine beträchtliche Anzahl weißer Frauen anwesend, die, wie Elise, mit Männern einer anderen Rasse verheiratet waren. Man hörte sie aufmerksam an, die meisten mit Begeisterung, etliche mehr zurückhaltende Weiße mit einem gewissen Mißbehagen, denn ihnen war bewußt, daß diese Frauen den Tod der weißen Rasse symbolisierten. Einige Jahre zuvor hatte Ralph Ginzburg, ein bekannter amerikanischer Schriftsteller, in der Revue EROS ein Foto veröffentlicht, das viel Staub aufgewirbelt hatte. Auf dem weißen Bauch einer Frau, genau unter ihren Brüsten waren zwei Hände friedlich verschlungen, eine männliche schwarze Hand und eine weibliche weiße. Der Text zum Foto lautete: »Morgen gilt dieses Paar als Pionier einer aufgeklärten Zeit, in welcher Vorurteile tot sind und in der es nur eine einzige Rasse, die menschliche Rasse, geben wird.« Darum ging's auch in dieser Versammlung. Man hörte fast andächtig auf diese Frauen, denn sie sprachen im Namen des Todes. Fest steht, daß nur eine weiße Frau ein weißes Kind zur Welt bringen kann. Wenn sie sich weigert, ein solches zu bekommen, weil sie einen nichtweißen Partner vorzieht, dann treten nach der Vererbungslehre rasch die vielfachen Folgen ein. In der ersten provisorischen Regierung wurde Elise Minister für Bevölkerung.

Es gab auch einige romantische Persönlichkeiten, denn bei der großen allgemeinen Angst und der Ohnmacht der Ordnungskräfte hatten viele ihre kleine Barrikade aufgebaut und verstanden es gut, sie zu nutzen. Es gibt keine Befreiung ohne die überflüssige Verstärkung durch diese schlauen Exhibitionisten Léo Béon, Pater Agnellu, Dom Vincent Laréole und andere. Sie standen im Mittelpunkt eines Haufens von Schreiern aller Art, eine Auswahl aus allen Sorten. Sie diskutierten hin und her, hatten aber keine Bedeutung mehr.

Denn da stand die breite Masse. Finstere Bataillone von Abgeordneten der Dritten Welt in Paris. Und auch sie waren da: der »Doyen« der Schwarzen aus den Vororten, der Chef des Rattenvolkes samt seinen weißen Beratern und dem militanten Straßenfegerpriester, dann der »einäugige Kadi« und sein Stab, der lächelnde Mamadou, und alle Kräuselhaarigen, diese unzähligen Braungebrannten, Verachteten, Gespenster, die Fleißigen des weißen Wohlstands, die Putzer, die Höhlenbewohner, die Widerlichen und Wüstlinge, die Spucker, die Frauenlosen, die Austauschbaren, die Geopferten und Unentbehrlichen. Sie alle sagten nichts Besonderes. Sie sind die Macht, und von nun an wissen sie es und werden es nie vergessen. Wenn sie nicht einig sind, knurren sie einfach, und man bemerkt schnell, daß dieses Knurren die Debatten bestimmt. Denn wohlverstanden, fünf Milliarden Menschen auf der ganzen Erde. Wenn diese knurren! Indessen schließen mit Marcel und Josiane siebenhundert Millionen Weiße die Augen und verstopfen sich die Ohren...

47.

Im Umkreis von zehn Kilometer um das Dorf war das Land verlassen und von jedem fremden Eindringling verschont. Zehn Kilometer hin und zurück ist eine Entfernung, die ein guter Marschierer im Kriegseinsatz zu Fuß leisten kann. Jeden Morgen schwärmten, überwacht von Dragasès, Notaras und Minister Perret unter gegenseitiger Ablösung, vier Spähtrupps von je zwei Mann zu den vier wichtigsten Punkten aus. In der prekären Lage zeichneten sich sehr schnell natürliche Grenzen ab. Auf den Hügeln im Norden lag die Abtei von Fontgembar, die nach einem Handstreich des Marinekommandos von einer starken Einwandererkolonne aufgegeben worden war. In dem im Süden gelegenen Tal zog sich ein sandiger, nicht tiefer Fluß hin, an dessen Ost- und Westufern zwei Winzerhöfe von den Husaren schon am Abend der Dorfbesetzung mittels Plastikbomben eingeebnet worden waren. Jeder Einwanderer vom Ganges oder jeder Sympathisant, den man innerhalb dieses Verteidigungsgürtels entdeckte, wurde ohne Vorwarnung niedergeschossen und die Leiche als abschreckendes Beispiel an Ort und Stelle liegengelassen. Es war von nun ab sehr leicht, mit einem Blick die Grenzen des Westens zu übersehen. Auch wurden sie klar gekennzeichnet durch einen schwarzen Vorhang von Raben, die immer wieder über den Leichen kreisten.

»Dies wird sie an ihr Land erinnern!« sagte der Oberst. Er sprach auch nie von einem Krieg, sondern nur von einer Jagd. Das Dorf jagte den schwarzen Mann, so wie man Hasen nach der Jagdordnung schießt. Dabei fehlte auch die Tabelle der täglichen Abschüsse nicht, die an der Vorderseite des Rathauses im amtlichen, vergitterten Anschlagbrett hing. Hier konnte man noch zuvor die Mitteilungen über den »Kampf gegen den Mehltau« oder über das »Jahresfest der Feuerwehr« verbunden mit einem Boule-Wettkampf auf dem Lilienplatz und einem öffentlichen Ball in der Festhalle lesen. Am gleichen Platz fand sich auch das Heiratsaufgebot von Pierre-Marie Gardaillou, Winzer, mit Valentine Maindive. Gott weiß, was aus beiden geworden ist. Hatten sie überhaupt die Freuden des Hochzeitsmorgens erlebt, wenn die Haare zurechtgemacht werden, der Bräutigam die perlgraue Krawatte eng um den Hals schlingt, der blumengeschmückte Wagen des Schwiegervaters vorgeführt und von den schon leicht beschwipsten Kumpels und Vettern der Brautschleier getragen wird...? Diese drei Aushänge hatte der alte Herr Calguès sorgfältig in einer Mappe aufbewahrt, da er seine Funktionen als

»Kultusminister« sehr ernst nahm. Denn was ist überhaupt Kultur anderes als ein pietätvolles Inventar der Vergangenheit?

In den ersten beiden Tagen zeigte die Jagdtafel ein beachtliches Ergebnis. Der Unteroffizier der Husaren gab sich alle Mühe, sie auf dem laufenden zu halten. Er malte mit dem Pinsel kleine, hübsche, einwandfreie Balken. Daraus konnte man alles erkennen. Immer diese gute alte Tradition mit den Kerben auf dem Gewehrschaft oder mit den gezeichneten Bomben auf dem Leitwerk der Flugzeuge oder den Balken auf den Panzern! Einwanderer vom Ganges: hundertsiebenundsiebzig Balken. Assimilierte: sechzehn Balken.

»Was bezeichnen Sie mit ›Assimilierte‹, Herr Unteroffizier?«

»Alle Weißen auf Seiten der Schwarzen, Herr Oberst. Als ich im Tschad diente, habe ich erlebt, wie einige uns in den Rücken schossen. Wir nannten sie ›Eingenegerte‹.«

»Wie gemein!« sagte der Oberst. »Aber was ist der Unterschied zwischen beiden?«

»Sehr einfach, Herr Oberst. Die Vernegerung geht voraus. Assimilierung ist schon das zweite Stadium. Das ist kein Widerspruch, sondern ein Endzustand. Und da man sie tötet, kann man sie auch vorschriftsmäßig in der richtigen Rubrik einreihen. Heute neun Stück mit einem Schlag. Ohne die zweiundvierzig Typen vom Ganges zu zählen. Der Rest der Bande ist unter Mitnahme der Verwundeten davongelaufen.«

»Man wird sie sobald nicht mehr sehen«, sagte der Oberst. »Wenigstens nicht vor den Flugzeugen.«

»Flugzeuge? Was für Flugzeuge?« warf der Minister ein.

»Gewiß Flugzeuge mit einer blau-weiß-roten Kokarde! Es sei denn, sie nehmen sich Zeit, die Kokarde zu ändern, aber wozu auch? Ich selbst habe kein Flugzeug. Kein Risiko für sie, sich gegenseitig abzuschießen. Nun, ich wette, daß man das erste vor Ende der Woche zu sehen bekommt.«

Auf dem Platz, wo sich »die Regierung« unter den Bäumen erfrischte, saß der Oberst auf einer alten Bank. Sein Funkgerät knisterte.

»In Fontgembar sind Leute«, hörte man den Kapitän des Kommandos sprechen.

»Nur Assimilierte. Vermutlich vier oder fünf. Ich sehe sie schlecht, sie verstecken sich.«

»Gut! Auf was warten Sie noch? Holen Sie sie doch raus, wenn sie derart Schiß haben. Zu zweit gelingt Ihnen das doch!«

»Das ist es nicht, Herr Oberst. Sie geben keinen Schuß ab. Sie haben sogar ein weißes Taschentuch am Ende eines Stockes befestigt und schwenken es schon zehn Minuten lang durch das Guckloch des Tores.«

»Fordern Sie sie auf, mit erhobenen Händen herauszukommen, ich komme. Aber Vorsicht, es könnte eine Falle sein... Gehen Sie mit, Herr Minister?«

»Aber gern! Deshalb sind wir ja da!«

Sie waren zu viert. Der erste, ein alter, aufrecht gehender Herr mit blauen Augen und weißen Haaren, die in Bürstenform geschnitten waren, im Gegensatz zu seinem Schnurrbart, der nach gallischer Art herunterhing, hielt unter dem Arm eine antike, einschüssige Entenflinte, die friedfertig entzwei war. Am Lauf hing ein weißes Taschentuch. Mit der freien Hand gab er Zeichen freundschaftlicher Einstellung. Dazu wiederholte er immer wieder: »Es ist nicht zu früh! Es ist nicht zu früh! Aber es gibt nur einen Weg und Ihr schießt ja auf alles, was sich bewegt. So haben wir es für richtig gehalten, zu warten...« Er stellte sich vor: »Jules Machefer, Chefredakteur des eingegangenen Blattes ›La Pensée Nationale‹, auf der Flucht, aber im guten Sinn!« Nach dieser Erklärung brachte man ihm eine Ovation dar, wenn man dieses geschwollene Wort bei einer so kleinen Menge überhaupt anwenden kann. Es waren ja nur vier Personen da, der Oberst, der Minister, der Kapitän und sein Kommando, das nur aus einem Soldaten bestand.

Der Anblick der zweiten Person löste einige Überraschung aus. Nicht so sehr wegen ihrer anachronistischen Erscheinung, sondern wegen der Komik der Ausstaffierung. Es war ebenfalls ein alter Herr, etwas gebeugter als Machefer. Dennoch drückte er die entgegengestreckten Hände sehr kräftig. »Herr Herzog von Uras«, stellte der Journalist vor. Der Herzog sah aus, als ob er sich in aller Eile mit dem, was ihm gerade in die Hände fiel, angezogen hatte. Wochenendhose aus Flanell und solide Wanderschuhe, was noch gut ausgewählt schien. Dann aber unter einem weißen Ledergürtel ein Jagdgewand der Jägermannschaft von Uras, mit Silberknöpfen, welche die herzogliche Krone trugen. Reiterhut und ein Jagdmesser, das ihm auf die Schenkel schlug, vervollständigten diese seltsame, gemischte Uniform. Als Würze des Ganzen hatte er sich noch eine Gemeindeschärpe umgehängt.

Wie er jetzt so die vergnügten Gesichter sah, sprach er: »Als Herr Machefer mich zu Hause in der Rue Varenne abholte, gab er mir nur fünf Minuten Zeit. Ich habe gegriffen, was ich für die Reise für bequem hielt. Dann habe ich mir gesagt, daß wenn es schon zu Ende geht, dies eine Verkleidung ist, die mir noch etwas bedeutet. Ich bin Schiffskapitän, bevollmächtigter Minister Erster Klasse, Ritter des Malteserordens, Mitglied der päpstlichen Ehrengarde, im Untergrund seit Pius XII. Hübsche Uniformen trotzdem, auf die ich viel hielt. Aber das Jagdgewand, glaube ich, geht noch viel weiter in die Vergangenheit zurück. Zudem bin ich gekommen, um zu jagen. Übrigens habe ich es viel mehr getragen als das übrige. Ich fühle mich darin wohler. Die Schärpe allerdings, mit der bin ich verbunden. Ich wollte Sie nicht aufgeben. Ich bin der sehr republikanische Bürgermeister von Uras, fünfzehn Häuser im Vaucluse, fünfzehn wahrscheinlich erloschene Häuser...«

Er schloß einen Augenblick die Augen, wie wenn er vor einem

Grabstein stehen würde. Doch rasch war die Gemütsaufwallung verflogen, und er fügte hinzu:»Wenn Sie sich jetzt noch über mich lustig machen wollen, bitte schön, ein Bürgermeister ohne Rathaus, ich glaube, wir stehen gleich, Herr Minister!«

»Sie täuschen sich, Herr Herzog! Wir haben die gesamte öffentliche Hand beisammen. Uns fehlt nur ein Bürgermeister. Auch das ist jetzt geregelt. Wir wählen Sie zum Bürgermeiter des Dorfes.«

»Aus was besteht es?«

»Aus gar nichts«, antwortete belustigt der Minister.»Aber die Gesetzmäßigkeit, Herr Herzog, die Gesetzmäßigkeit ist eine heilige Sache.«

»Und wir?« fragten zwei schüchterne Stimmen.»Haben Sie uns bei der Stellenvergebung vergessen?«

Zwei stämmige, schwarzhaarige Burschen von etwa dreißig Jahren, in Cordanzügen und mit dreischüssigen Springfields bewaffnet, lachten fröhlich wie Kumpels.

»Ich stelle Ihnen Crillon und Romégas vor«, sagte der Herzog,»mein Chauffeur und mein Kammerdiener. Beide in Uras geboren. Die Familie ist seit zehn Generationen im Dienst der Uras. Ich wollte sie freilassen, als ich wegging. Aber da war nichts zu machen. Sie bestanden darauf, bei mir zu bleiben, und ich bin froh darüber! Ohne sie wären wir nie hier angekommen. Sie können sowohl kochen als auch schießen.«

»Ich habe eine Idee«, sagte der Staatssekretär.»Wir haben ein Ministerium mit mehreren Ministern, einen Generalstab, eine treue Armee und einen Bürgermeister mit großem Geschäftsbereich. Aber uns fehlt noch etwas Wesentliches. Uns fehlt das Volk!«

»Daran habe ich unverzeihlicherweise gar nicht gedacht«, warf der Oberst ein.»Crillon und Romégas, Ihr spielt das Volk! Seid Ihr einverstanden?«

Die beiden stießen sich mit dem Ellbogen, und Crillon antwortete:

»Mit uns zwei, glaube ich, klappt es. Aber haben wir auch ein Streikrecht?«

»Ein Streikrecht? Jetzt schon?«

»Mit Transparenten und Aufmärschen«, betonte Romégas.»Das müssen wir wissen. Entweder sind wir Volk oder nicht!«

»Es gibt das Streikrecht, wie es gesetzmäßig ist«, sagte der Minister etwas zögernd, aber nachdrücklich, so, als ob er eine Rede im Parlament halten würde.»In der westlichen Welt sind beide Rechte heilig. Ich versichere Ihnen feierlich, daß die Regierung zu Verhandlungen bereit ist, allerdings in vernünftigen Grenzen und soweit die Interessen der Nation nicht nachteilig berührt werden. Natürlich müssen Sie eine Gewerkschaft gründen, oder besser zwei rivalisierende Gewerkschaften, da Sie zu zweit sind. Sie werden zu verschiedenen Zeiten und auf verschiedenen Straßen aufmarschieren. Das ist alles. Der Bürgermeister wird das regeln...«

Der Satz endete in einem allgemeinen Heiterkeitsausbruch. Der Oberst lachte Tränen, der Herzog unterdrückte Glucksen und Schluckauf, so daß sich sein Rücken bog. Machefer und die Armee spendeten Beifall, schrien bravo und schwangen ihre Mützen, während die beiden Kumpels verdutzte Gesichter machten. Angesichts ihrer Isoliertheit und der Hoffnungslosigkeit ihres Unternehmens, wie sich jederzeit die Lage ändern konnte und wie jedem ein nahes Ende bewußt war, erschien ihr Humor irgendwie schwindelerregend. Vor ihnen lag ein Brunnen ohne Boden, in welchem die geltenden Wahrheiten ertranken, nachdem sie zu forsch daraus hervorgegangen waren.

Am Steuer des Lastwagens begann der Oberst auf dem Rückweg zu trommeln. Man sang »Nichts von nichts« und auch »alles für den Herzog hier, mein Herr, alles für den Herzog«, ein Lied, das Machefer aus dem Gedächtnis sang und das ein voller Erfolg wurde. Besonders als der Herzog eine der Springfields anlegte, im Fahren durch die Wagentür zielte und drei große Teufel vom Ganges wegfegte, die unterhalb der Straße Reißaus nehmen wollten. Herzschuß. Ein gutes Safarigewehr.

Beim Ehrentrunk am gleichen Abend anläßlich der Amtsübernahme des neuen Bürgermeisters hielt der alte Calguès eine nette Rede. Er sagte insbesondere: »Ich habe einige Geschichtsbücher gelesen, um mein Gedächtnis aufzufrischen. Denn Ihre Namen, meine Herrn Crillon und Romégas, waren mir nicht unbekannt. Es handelt sich um ein Zusammentreffen wie im Fall unseres Obersten Konstantin Dragasès, aber Sie werden zugeben, daß es großartig ist. In der Schlacht von Lépanto dienten zwei französische Hauptmänner unter Johann von Österreich. Ihre Namen waren Crillon und Romégas. Ich füge hinzu, daß sie dabei ihre Haut verloren und die Geschichte keine Nachkommen von ihnen aufweist...«

Danach speiste man wie immer auf der großen Terrasse. Achtzehn Gedecke, einschließlich derer für die Wachen, die sich gegenseitig ablösten.

48.

Achtzehn Gedecke. Am nächsten Tag legte Romégas zum Mittagstisch noch zwei weitere auf. Dann war der Nachschub endgültig versiegt. Der Westen zählte jetzt zwanzig Mann.

Die Ankunft der beiden Nachzügler ging nicht reibungslos, vor allem nicht ohne Lärm vor sich. Im Morgengrauen wurde das Dorf durch eine furchtbare Schießerei auf der anderen Seite des Flusses im besetzten Gebiet geweckt. Von weitem sah man nur Hungergestalten wie eine Herde aufgescheuchter Zebras über die Wiesen rennen, ohne die Ursache dieses Tumults feststellen zu können. Aber die Schießerei näherte sich dem Fluß, als ob Pioniere in einem Graben auf eine belagerte Stadt vorstoßen. Einer bahnte sich quer durch die Masse der Einwanderer einen Weg zum Dorf, den er sprungweise abkürzte. Nach dem Lärm und der Stärke des Feuers zu schließen, mußten es jedoch zwei oder drei Unbekannte sein.

»Verdammte Gewehre!« bemerkte der Herzog. »Großes Kaliber. Für Rhinozerosse oder Elefanten.«

Man konnte immer noch nicht die Helden dieses Feuerwerks entdecken, aber es wurde jetzt leichter, ihre Spur zu verfolgen. Tote und verwundete Schwarze markierten den Weg des Lärms, der zu den Ruinen des Gutshofs im Westen führte, wo er offenbar auf Widerstand stieß. Es schien, daß die Einwanderer bereits eine Miliz aufgestellt hatten, denn neue Banden bezogen um den Hof herum Stellung. Diesmal waren sie mit Jagdgewehren bewaffnet. Unter ihnen befanden sich »Assimilierte« und ein paar an ihren Uniformen deutlich erkennbare französische Gedarmen. Ein diensteifriger Gendarm gehorcht stets der bestehenden Obrigkeit. Dies ist das Abc der Gendarmerie, ist ihr Rückgrat und oft ihre Schande. Zweifellos hat die provisorische Regierung in Paris Befehl erteilt, den rassistischen Widerstand zu brechen...

»Gendarmen!« sagte der Oberst. »Jetzt schon! Jetzt wissen wir, wer uns die Flieger auf den Hals jagt, früher noch als ich glaubte...«

Über dem Gutshof zeigten sich viele Wölkchen. Dann drang das Krachen einer Explosion bis zum Dorf.

»Handgranaten! Die Schweine! Ich weiß nicht, wer in dem Hof ist, aber wir wollen sie befreien. Herr Bürgermeister, Sie schützen den Platz hier mit ihren Springfields und Ihren Jungs. Herr Calguès, bereiten Sie uns Getränke vor. In zwanzig Minuten sind wir zurück.«

Es war ein denkwürdiges Unternehmen, draufgängerisch und ohne

Verletzungen. Der erste und letzte Sieg. Sechshundert Meter vor dem Gutshof eröffnete man vom Lastkraftwagen aus das Feuer, ohne daß die Geschwindigkeit vermindert wurde. Es sah aus wie ein Torpedoboot im Angriff. Das in aller Eile auf dem Dach befestigte Maschinengewehr fegte großartig über die Straße und das Feld hinweg und wälzte die Flut der Belagerer nieder. Wie eine rasante Mähmaschine in einem Kornfeld stieß der Lkw durch die Horde vom Ganges und die Gendarmen hindurch gegen den Gutshof vor. Die Rettungsaktion im Stil des Handstreichs eines Hubschrauberkommandos dauerte nicht länger als dreißig Sekunden. Die ganze Armee, bestehend aus acht Mann, einem Unteroffizier und einem Kapitän, sprang dauernd schießend vom Fahrzeug herunter und kämpfte zwischen Gutshof und Lkw einen Raum frei.

»Tummelt euch!« schrie der Oberst den noch immer unsichtbaren Belagerten zu. »Der letzte Zug fährt ab! Es gibt sonst keinen mehr! Zehn Sekunden Aufenthalt!«

Zwei schwer angeschirrte Männer kamen herausgerannt. Ihre Brust verschwand unter der Last von Patronengurten. Jeder hatte ein funkelndes Scharfschützengewehr in der Hand.

»Verdammt!« rief der Oberst und hob seine Maschinenpistole hoch. »Ihr! Und der zweite! Wer seid Ihr? Antwortet, oder ich lege euch um!«

Der Mann war nach europäischer Art angezogen, hatte eine schwarze Hautfarbe und ein Gesicht wie ein Hindu.

»Schießt nicht! Ich heiße Hamadura und bin ehemaliger Abgeordneter von Pondichéry.«

Hände zogen ihn mit Schwung auf den Lkw, wo er zwischen die Beine seines Gefährten flog. Eine jähe Kehrtwendung des Fahrzeugs warf alle durcheinander auf den Boden. Fünfzig Meter weiter ließ der Oberst anhalten. Am Rand der Straße stand wie vor den Kopf geschlagen ein Gendarm und betrachtete verdutzt seine zerschmetterte Hand, aus der in dicken Tropfen das Blut floß.

»Wer ist Ihr Vorgesetzter?« sprach ihn der Oberst an. »Antworten Sie schnell, oder ich töte Sie!«

Jetzt wachte der Gendarm auf. Mit einer Grimasse hob er den Kopf. Sicher hatte er Schmerzen, und es kostete ihn Mühe zu antworten.

»Der Befehl kommt aus Paris, Herr Oberst. Direkt vom Innenminister und Verteidigungsminister.«

»Sein Name?«

»General Fosse.«

»Danke!« sagte der Oberst. »Das wollte ich nur wissen.«

Der Gendarm verbeugte sich zu einer etwas komischen Grußform. Mit einem Feuerstoß aus der Maschinenpistole in den Bauch wurde eine ganz normale Beurlaubung vollzogen. Dann sank er zu Boden, mit der Nase im Gras und starren Augen, während der Lastkraftwagen in aller Eile den Hang zum Dorf hinauffuhr...

Als Machefer auf der Terrasse sein Glas erhob, um die Neuangekommenen zu begrüßen, verschwand alles Mißtrauen. Lächelnd sprach er: »Ich weiß sehr wohl, wer Sie sind, Herr Hamadura. Und warum Sie hier sind. Aber ohne Ihnen vor den Kopf stoßen zu wollen, wenn man Sie nicht kennen würde, könnte Ihre Hautfarbe und Ihre Abstammung in unserer Mitte vielleicht Überraschung auslösen. Zufällig habe ich Sie jedoch vor zwei Wochen, soviel ich weiß, in dieser verrückten Sendung der Pariser Funk- und Fernsehstation gehört, als Vilsberg und Rosemonde Réal das Stück spielten, wer bezüglich Geschichte am besten Dreck werfen kann. Ich muß sagen, als ich Sie lachen hörte, habe auch ich sehr gelacht. Aber Sie und ich waren in diesem Fall wohl die einzigen. Würden Sie bei uns nochmals Ihre Antwort zum besten geben, wenn Sie sich noch daran einnern?«

»Ich erinnere mich genau. Ich habe zu den beiden Spaßvögeln gesagt: ›Sie kennen mein Volk nicht, weder seinen Schmutz, seinen Fatalismus und seinen idiotischen Aberglauben noch seine atavistische Fortschrittsfeindlichkeit. Sie haben keine Vorstellung, was Sie erwartet, wenn diese Flotte der Primitiven auf Sie zukommt. Alles wird sich ändern in Ihrem Land, das auch das meinige geworden ist. Durch jene und mit ihnen werden Sie zugrunde gehen . . .‹ Dann hat man mich unterbrochen. Aber ich war noch nicht fertig.«

»Das war nicht übel«, betonte beifällig der Oberst.

»Ich wollte noch etwas anderes hinzufügen«, fuhr der ehemalige Abgeordnete fort. »Weiß sein ist nach meiner Meinung keine Frage der Hautfarbe, sondern ein geistiger Zustand. Unter den Sudisten hat es unbeschadet von Zeit und Land immer Schwarze gegeben, die es nicht als Schande empfunden haben, auf der andern Seite zu kämpfen. Wenn heute die Weißen schwarz geworden sind, warum sollen dann nicht einige Schwarzhäutige weiß bleiben wollen. Ich habe optiert, daher bin ich hier samt meinen vier Gewehren und Herrn Sollacaro, den ich heute morgen auf der Straße getroffen habe und der fabelhaft schießen kann. Ich danke Ihnen, daß Sie uns geholfen haben.«

»Herr Hamadura«, sagte der Staatssekretär, »ich möchte Ihnen einen Vorschlag machen. Es ist noch ein Ministerium zu vergeben, das zu Ihnen wie ein Handschuh paßt. Herr Calguès hat schon das Kultusministerium, der Kommandant Notaras das Marineministerium, Herr Machefer das Informationsministerium und Oberst Dragasès das Kriegsministerium. Wollen Sie Minister werden?«

Beim Anblick der achtzehn lachenden Gesichter vergaß der Abgeordnete von Pondichéry den Ernst seiner soeben gesprochenen Worte. Und das war es genau, was alle im Dorf wieder wünschten. Für sie war es eine Komödie, fröhlich und schnell zu sterben. Für die andern eine bedrükkende Tragödie, die sich stumpfsinnig bis ans Ende hinzog, bis ans Ende einer armseligen Welt der Verfechter der Gleichheit der Menschen.

»Ich nehme an, Herr Minister«, antwortete er lachend.

»Herr Hamadura«, fuhr der Staatssekretär fort. »Sie sind von nun an Minister für die französischen Besitzungen in der Übersee.«

»Wenn Sie das nicht stört«, schloß der Abgeordnete, »so wähle ich lieber die alte Bezeichnung ›Kolonialminister‹.«

Auch er hatte verstanden.

»Und Sie, Herr Sollacaro, was können wir aus Ihnen machen? Uns fehlt ein Geistlicher. Die Hilfe der Religion darf in unserer Lage nicht nachlässig betrachtet werden. Ich sehe, Sie sind ganz in schwarz gekleidet. Würden Sie zufällig den Mann der Kirche spielen?«

Sollacaro war ein großer, schlanker, fröhlicher Mensch mit kantigen Gesichtszügen. Seine strenge Eleganz verriet einen außergewöhnlichen Geschmack. Er trug ein weißes Seidenhemd mit Manschetten, dazu eine alpakafarbene, samtartig glänzende Jacke von tadellosem Schnitt. All dies hatte in den Kämpfen am Morgen gelitten, auch die beschmutzten krokodilledernen Schuhe und die zerrissene Hose. Wenn man indes die ausgezeichnete Kleidung betrachtete, so fiel auf, daß Herr Sollacaro bei der Qualität nicht geknausert hatte. Ein großer Diamant am linken kleinen Finger bestätigte den Gesamteindruck.

»Feldgeistlicher! Feldgeistlicher! Das paßt mir«, sagte er. »Ich bin Korse und Katholik und habe kein einziges Gebet vergessen. Aber Sie sollen auch wissen, daß ich bis zum vergangenen Freitag das schönste und exklusivste Freudenhaus der ganzen Küste besessen habe. ›Die silberne Sünde‹ in Nizza. Zwanzig herrliche Mädchen.«

»Jawohl«, sagte der Oberst, »ich erinnere mich an eine gewisse Cléo. Gratuliere, Herr Sollacaro.«

»Ich auch«, sagte der Herzog. »Ich erinnere mich an eine kleine Negerin von noch nicht sechzehn Jahren. Léa oder Béa...«

»Béa«, bestätigte der Korse. »Das war letztes Jahr.«

»Ja richtig, Béa«, sagte der Minister. »Aber ich hatte Lucky und Silvia lieber. Ein unsagbar schönes Duo, Herr Sollacaro! Was für eine Erholung nach den politischen Kongreßabenden!«

Jetzt wurden sie rührselig. Die vergangene Zeit und das verlorene Glück tauchten auf. Im Westen macht auch Geld glücklich. Es konnte so viele schöne Stunden verschaffen...

»Was ist aus den Mädchen geworden?« fragte der Herzog, der eine flüchtige Träne wegwischte.

»Richtig!« antwortete Sollacaro. »Deshalb bin ich ja hier. Ich habe sie in einem hübschen Autobus evakuiert. Bis Montélimar ging alles gut. Dort bin ich einem meuternden Regiment in die Hände gefallen, das in einer Kaserne einen wahren Zirkus aufführte. Es war alles da in diesem Dreckloch. Araber, entlaufene Gefängnisinsassen, Lumpenpack. Sie haben alle hergenommen, alle meine Mädchen. Und wenn ich sage hergenommen... Eine Schweinerei! Und für nichts. Und in welcher

Umgebung. Erbärmlich. Ekelhaft. Sie müßten sich als Mann schämen. Dort habe ich begriffen, daß jenes Bordell und ich nicht vom gleichen Ufer sind. Aber Sollacaro rechnet immer ab. Zwischen jenem Bordell und mir besteht Krieg. Ich habe dann ein Auto gestohlen, habe kehrtgemacht und bin nun hier. Minister oder Feldgeistlicher, irgend etwas, was Sie wollen, sofern mir Herr Hamadura zwei seiner hübschen Gewehre überläßt...«

Das Glaubensbekenntnis des Freudenhausbesitzers unterbrach glücklicherweise die aufgekommene Rührung. Erst lächelten, dann lachten alle. Es war belustigend, wie Herr Sollacaro sich für sein gutes Bordell einsetzte und das andere in den Dunkelbereich des Tierischen verdammte. Aber niemand war sich im unklaren, daß das tiefgründiger war, als es schien.

Jetzt rechnete der Unteroffizier der Husaren ab. Auf der Jagdtafel im Gemeindehaus brachte er einige weitere Balken an. Der Ganges zählte nun zweihundertdreiundvierzig Balken, die »Assimilierten« sechsunddreißig Balken. Auf dem kleinen Rathausplatz gab jeder wie üblich seinen Kommentar dazu. Indessen sah schon jeder das Ende voraus und war daher nicht mehr sonderlich interessiert. »Die Flugzeuge« dachte der Oberst, »sofern sie nicht zögern...«

»Laßt uns gesetzlich handeln«, sagte plötzlich der Minister. »Ich lese da zweihundertdreiundvierzig umgelegte Einwanderer vom Ganges. Hierzu hat uns kein Gesetzestext ermächtigt. Im Gegenteil. Wenn die Herren Minister einverstanden sind, schlage ich daher folgenden Erlaß vor, der rückwirkende Kraft von drei Tagen bekommt und sofort öffentlich angeschlagen wird. Ich habe ihn soeben verfaßt. Hier.« Er zog ein Papier aus der Tasche und las vor:

»Angesichts des Notstands, der in den Departements des Südens verkündet worden war, werden bis auf weiteres die Bestimmungen des Gesetzes vom 9. Juni 1973 außer Kraft gesetzt, das folgenden Wortlaut hatte:

›Diejenigen, die zur Verächtlichmachung, zum Haß oder zur Gewalttätigkeit gegenüber einer Person oder einer Gruppe von Personen wegen ihrer Abkunft oder ihrer Zugehörigkeit zu einer Volksgruppe, einer Nation, einer Rasse oder einer Religion auffordern, werden mit Gefängnis von einem Monat bis zu einem Jahr und zu einer Geldbuße von 2000 Francs bis 300000 Francs bestraft.

Als Mittäter einer Tat, die als Verbrechen oder Vergehen gilt, werden diejenigen bestraft, die in der Öffentlichkeit durch Reden, Schriften oder Drohungen auftreten, oder Schriften, Drucksachen, Zeichnungen, Gravierungen, Gemälde, Abzeichen, Bilder oder ähnliche Erzeugnisse verkaufen, verteilen, in den Handel bringen oder in der Öffentlichkeit zugänglich machen oder für die Öffentlichkeit Plakate oder Anschläge aushängen oder welche den Hersteller oder die Hersteller unmittelbar aufgeforder:

haben, die besagten Handlungen zu begehen, wenn die Aufforderung zum Erfolg geführt hat.

Gefertigt im Dorf am... gezeichnet...‹«

»Ich gebe zu, daß dies ein wenig spät kommt«, fuhr der Minister fort. »Aber wer hätte es bis heute gewagt. Ich habe das Gesetz nachgeprüft, das einstimmig angenommen wurde. Ich vermute, daß seinerzeit meine Kollegen Abgeordneten die Folgen nicht bedacht haben. Oder wenn sie mehr oder weniger einige Zweifel hatten, so riskierte doch keiner, sie zu äußern. Es ist dies eben jene Art Einmütigkeit, hinter der sich zu verschanzen nie gut sein kann.«

»Haben Sie daran gedacht, Herr Minister«, fragte der Oberst, »daß, wenn dieses Gesetz vom Juni 1973 uns von der Anklage der Rassendiskriminierung freispricht, es auch diejenigen freispricht, die unsere Haut fordern? Das Gesetz hat eine doppelte Wirkung. Es definierte weder den Begriff Rasse noch den der Farbe.«

»Glauben Sie? Bis zum letzten Sonntag habe ich davon nichts bemerkt. Also, was für ein Unterschied. Wir sind die einzigen, die es wissen. War es nicht immer so gewesen?«

Dann gingen sie speisen.

49.

Am nächsten Morgen zur gleichen Stunde erschien ein Flugzeug. Es war Donnerstag nach Ostern. Als es gerade über dem Kirchturm war, konnte man erkennen, daß es seine Originalkokarden trug. Aber es nahm dies keineswegs als Anlaß, zum Zeichen der Freundschaft die Flügel zu schwenken. Es flog zum Fluß und diesen entlang bis zum westlichen Gutshof, zog eine große Kurve bis in Sichtweite von Fontgembar, dann zurück zum Gutshof im Osten und nahm schließlich erneut Kurs auf das Dorf mit aller Kraft seines Düsenantriebs. An den Grenzen bewegten sich Tausende von Gestalten, als ob der Strahlenwind des Flugzeugs sie aufgescheucht hätte. Man hörte Hurraschreien aus voller Kehle. Ein tönender Kreis der Begeisterung rings um das Gebiet.

»Volle Deckung!« schrie der Oberst.

Die Fensterscheiben des Rathauses flogen in Stücke. Von der Fassade bröckelten vom Kugeleinschlag Steine ab. Dröhnend kreiste das Flugzeug wenige Meter über den Dächern und verschwand dann in nördlicher Richtung.

»Das war ein Signal«, sagte der Oberst. »Das ist alles, was es bezwekken wollte. Damit wir wissen, woran wir sind, wenn die andern kommen. Wer weiß? Es war vielleicht ein ehemaliger Kamerad...«

Von Norden her konnte man ein entferntes dumpfes Brummen vernehmen, das von Sekunde zu Sekunde stärker wurde.

»Die Flieger des Generals Fosse«, sagte der Oberst.

Man konnte sie zählen. Sechs Wellen zu je drei Flugzeugen.

»Achtzehn Flugzeuge. Man hat also achtzehn Flugzeugführer gefunden, um die Arbeit auszuführen.«

In Wirklichkeit folgten einander drei Geschwader zu je achtzehn Flugzeugen, in Abständen von fünf Minuten. Sie hatten keine Zeit mehr, sie zu zählen. Das hat sie im Augenblick des Todes zweifellos der Mühe enthoben.

Auf der Terrasse standen alle um Dragasès herum versammelt.

»Es gibt zwei Möglichkeiten«, sagte er noch. »Einen Ausfall versuchen, in Gruppen oder jeder für sich. Aber schauen Sie hin!«

Er deutete auf das Land um das Dorf herum. Man sah nur Horden, die brüllend heranfluteten. Die Straße, die in Schleifen von Fontgembar herunterkam, wimmelte von Tausenden von menschlichen Ameisen, die eine endlose Kolonne bildeten, eine Stachelwalze von Fäusten, Stöcken, Sensen und Gewehren...

»Im Nahkampf in einer Schlächterei unter jenen Menschen zu enden, das hat keinen Sinn.«

»Und die zweite Lösung?« fragte der Minister. Aber alle hatten schon verstanden.

»Ganz einfach hier warten. Es dauert höchstens zwei Minuten. Von den unsrigen getötet zu werden, ist jedenfalls besser. Und dann ist es wenigstens genau das Ende. Wir haben nichts mehr zu bedauern...«

»Meinten Sie dies, als Sie sagten ›ein Ende, das uns entspricht‹?«

»Genau das.«

»Ich wußte es«, sagte der Minister. »Und jeder hier wußte es. Deshalb sind wir Ihnen gefolgt.« Dann drehte er sich um und lächelte, als ob ihm eine lustige Idee gekommen wäre.

»Herr Sollacaro«, sagte er. »Da Sie ein gutes Gedächtnis haben und unser Feldgeistlicher sind, wäre es vielleicht Zeit, ein paar Gebete zu sprechen...«

Diese letzten Worte gingen im Krachen der Bomben unter. Das Haus des alten Herrn Calguès, das im Jahr 1673 gebaut wurde und tausend Jahre auszuhalten schien, war nur noch ein Trümmerhaufen – neben den andern im Dorf.

Als die Gendarmen heraufkamen, um die Toten zu identifizieren, stießen sie auf einen vergitterten Aushangkasten, der inmitten des Schutts merkwürdigerweise ganz geblieben war. Ganges: dreihundertzwölf Balken, Assimilierte: sechsundsechzig Balken.

Das war die letzte Abschußtabelle vom Donnerstagmittag nach Ostern. Ergänzend muß man hinzufügen: Oberst Konstantin Dragasès, Chef des Generalstabs; Jean Perret, Staatssekretär; Calguès, emeritierter Professor der französischen Literatur; Jules Machefer, Journalist; Kapitän Luc Notaras, Kommandant des Frachters INSEL NAXOS; Hamadura, ehemaliger Abgeordneter von Pondichéry; Herzog von Uras, Komtur des Malteserordens; Sollacaro, Bordellbesitzer; das 2. Husarenregiment, genannt die Husaren von Chamborant, mit einem Unteroffizier und drei Reitern; das 1. Marinekommando mit einem Kapitän und fünf Mann; Crillon und Romégas, Einwohner von Uras im Vaucluse. Insgesamt zwanzig Mann.

In memoriam. Das ist wohl das wenigste, an das sich einer erinnern möge.

50.

Ich erinnere mich daran, in der Stunde, wo ich die Erzählung dieser Ereignisse beende. Ich habe mehr für mich geschrieben als in der Absicht, gelesen zu werden, und ich rechne nicht damit, je veröffentlicht zu werden. Ich kann höchstens hoffen, daß meine Enkel mich lesen werden, ohne sich zu schämen, wenn sie daran denken, daß mein Blut auch in ihren Adern fließt. Übrigens, was werden sie verstehen? Wird das Wort Rassismus für sie noch irgendeine Bedeutung haben? Schon zu meiner Zeit war die Meinung darüber so geteilt, daß das, was für mich nur die schlichte Feststellung der Unverträglichkeit der Rassen war, wenn sie in einer gemeinsamen Umwelt leben, vom größten Teil meiner Zeitgenossen als Aufruf zum Rassenhaß und als ein Verbrechen gegen die Menschlichkeit ausgelegt wurde. Was soll's, mögen sie denken, was sie wollen!

Um ihren Zorn zu besänftigen oder ihrer Verwunderung gerecht zu werden, möge ihnen die Kenntnisnahme genügen, daß ich dieses Buch in der Schweiz geschrieben habe. Ich glaube, im Verlauf dieser Erzählung schon darauf angespielt zu haben. Dieses Land schenkte mir eine merkwürdige Schonfrist. Mir und einigen anderen. Ich spreche nicht von den Feiglingen, die zuerst lauter als andere »Hallo« geschrien haben und die ersten waren, die geflohen sind. Ich spreche von denen, die sich auf den Weg in die Schweiz gemacht haben, um zu versuchen, dort fortzusetzen, was sie liebten, ein Leben nach westlicher Art unter Leuten gleicher Rasse. Wunderbares kleines Land! Seit langem schon Gegenstand des Gespötts, weil es sich damit begnügte, glücklich zu leben, ohne sich durch Gewissensbisse zu zerfleischen, und weil sein Gedankenflug kaum über das Streben nach ein wenig alltäglichem Glück hinausging. Schweizer sein bedeutete, einen gelben Stern tragen. Zwischen Haß, Willfährigkeit und Verachtung zeigte die Welt der Konformisten, der sich stets um Anpassung Bemühten, mit strengem Finger auf alle diese Ärgernis erregenden Gimpel, auf diese Schweiz, die es wagte, für sich so anormal egoistische Werte zu beanspruchen. Aber nach diesem Ostermontag wurde sie sehr schnell nur noch eine Zielscheibe des Hasses.

Denn sie machte mobil. Wie immer, wenn ein Weltkrieg um sie herum ausbrach. Sie ernannte einen General. Sie schloß die Grenzen. Und was noch schlimmer war: Sie wies die Schwarzbraunen aus ihrem Gebiet oder begann, sie zu überwachen. Man rief sogar nach Wiedereinführung von Ghettos und Konzentrationslagern. Dies geschah zwar in Wirklichkeit nicht. Das kann ich bezeugen. Richtig ist jedoch, daß eine dunkle Haut sofort Verdacht erweckte. Ich frage mich übrigens, ob es im Bannerträgerland der internationalen Freiheiten nicht schon immer so gewesen ist. Die Vereinten Nationen verließen natürlich die Schweiz samt ihrem eitlen Gefolge der humanitären Abteilungen. Merkwürdigerweise lebten die Menschen in Genf wieder auf. Man braucht nicht darauf hinzuweisen, daß dies nur von kurzer Dauer war. Einige Monate. Nicht einmal ein Jahr.

Auch die Schweiz war im Innern unterwühlt. Auch dort hatte das Tier alles untergraben, aber mit soviel Behutsamkeit, daß es länger dauerte, bis der Widerstand zusammenbrach. Und die Schweiz hat weitgehendst versäumt, sich darüber Gedanken zu machen. Ihr Sturz erfolgte sanfter. Der berühmte Schild der Neutralität beeindruckte nur schwach, und man zog Handschuhe an, um das Hallali zu blasen. Von innen und von außen wurde der Druck zunehmend stärker. Der Fall München. Nicht zu vergleichen. Die Schweiz mußte handeln. Sie konnte dem nicht entgehen. Heute hat sie unterzeichnet.

Um 0 Uhr heute nacht werden ihre Grenzen geöffnet. Seit etlichen Tagen waren sie gewissermaßen schon nicht mehr bewacht. Jetzt wiederhole ich mich langsam, damit ich ihn ganz in mich aufnehmen kann, diesen melancholischen Satz des alten Prinzen Bibesco: »Der Sturz von Konstantinopel ist ein persönliches Unglück, das uns in der letzten Woche widerfahren ist!«

ANHANG

Zeitgenössische Stimmen zum Buch

Jean Anouilh: Eine spannende Handlung, nach welcher Hollywood sich schnell umsehen muß.
Hervé Bazin, Académie Goncourt: Ein eindringliches und mutiges Buch.
Jacques Benoist-Méchin: Es gibt nur wenig Bücher, die mir in den letzten Jahren einen so großen Eindruck gemacht haben. Je mehr ich die Entwicklung der Welt beobachte, desto mehr fürchte ich, daß DAS LAGER DER HEILIGEN einen prophetischen Wert hat.
Bernard Clavel: Gleichzeitig aufwühlend und empörend, dieses Buch, von dem wir befürchten müssen, daß es prophetisch ist.
Michel Délon: Das Lager der Heiligen ist viel mehr als ein faszinierender Roman. Er ist eine sarkastische Tragödie, unser offenes Grab und vielleicht der richtige Ausdruck für das, was das Jüngste Gericht sein wird.
Jean Dutourd: Unser Abendland ist ein Clown geworden. Seine Schlußtragödie könnte gut eine Posse werden. Darum ist dieses schreckliche Buch im Grunde genommen so komisch.
Jean Fourastié: DAS LAGER DER HEILIGEN erinnert auf eine überwältigende Art an die tragische Sackgasse, in die die Welt gerät, seit die westlichen Nationen die Kontrolle verloren haben.
Thierry Maulnier, Académie Française: DAS LAGER DER HEILIGEN, dieses große Buch, gibt uns weniger eine Unterhaltung als eine Mahnung: Die gewaltige Flut, die das alte Abendland zu überrollen droht, nähert sich uns schon. Die alten Sonnenuhren sagen: »Es ist später, als du glaubst.«
Louis Pauwels: Ein römisches Medium des 2. Jahrhunderts in der Umgebung von Celsus hätte den ersten Tod des Abendlandes mit diesem Zorn und diesem Lächeln eines Gebildeten schreiben können. Jean Raspail sieht den zweiten Tod des Abendlandes kommen. Ist es das Jüngste Gericht? Ich glaube nicht. Raspail auch nicht, so scheint mir. Der Gebildete rettet die Zivilisation, wenn er die ewige Ungerechtigkeit, die von der eitlen Dummheit gegen die Intelligenz begangen wird, als Posse betrachtet.
Lawrence Durell: Mein Geist wendet sich immer mehr dem Abendland, dem Erbe zu. Vielleicht muß man viele Schätze aus seinen Ruinen retten... Ich weiß nicht.
A. Solschenizyn: Von außen gesehen nähert sich die Ausdehnung der

Krisen der westlichen Gesellschaft dem Punkt, wo darüber hinaus diese Gesellschaft metastasisch wird und zerfallen muß.

Boumediene, Präsident von Algerien (März 1974): Wir könnten zusammen einen neuen Lebensstil suchen, der den Lebensunterhalt von acht Milliarden Menschen ermöglicht, die schätzungsweise im Jahr 2000 den Planeten bevölkern. Wenn nicht, dann wird keine Atombombe die Springflut eindämmen können, die Milliarden von menschlichen Lebewesen verursachen, welche eines Tages auf der Suche nach einer Überlebenschance aus der südlichen und armen Hälfte der Welt aufbrechen und in die verhältnismäßig leeren und reichen Räume der nördlichen Hemisphäre einbrechen werden.